Retrato do Brasil em Cordel

RETRATO DO BRASIL EM CORDEL

Mark Curran

Ateliê Editorial

Copyright © 2011 by Mark Curran

Direitos reservados e protegidos pela Lei 9.610 de 19 de fevereiro de 1998.
É proibida a reprodução total ou parcial sem autorização, por escrito, da editora.

Dados Internacionais de Catalogação na Publicação (CIP)
(Câmara Brasileira do Livro, SP, Brasil)

Curran, Mark
Retrato do Brasil em Cordel / Mark Curran. –
Cotia, SP: Ateliê Editorial, 2011.

ISBN 978-85-7480-538-2

1. Brasil – História 2. Literatura de cordel
I. Título.

10-11841   CDD-398.2

Índices para catálogo sistemático:
1. Brasil: História: Literatura de cordel:
Folclore   398.2

Direitos reservados à
ATELIÊ EDITORIAL
Estrada da Aldeia de Carapicuíba, 897
06709-300 – Granja Viana – Cotia – SP
Telefax: (11) 4612-9666
www.atelie.com.br / atelie@atelie.com.br

2011

Printed in Brazil
Foi feito o depósito legal

SUMÁRIO

AGRADECIMENTOS............................ 11

PREFÁCIO................................... 13

INTRODUÇÃO 15

ÁLBUM I. DEUS NO ALTO E AQUI EMBAIXO:
    NISTO ACREDITAMOS
  Introdução 21
  1. Jesus, Maria, os apóstolos e os santos 23
      As histórias em verso sobre Jesus 23
      Nossa Mãe Maria 30
      Os apóstolos e os santos 33
  2. Satanás no alto e aqui embaixo................ 36
      Jesus e o Diabo: queixas sobre a corrupção do mundo 36
      São Pedro, os apóstolos, os santos e o Diabo:
        a imaginação folclórica 38
      Satanás e a tradição narrativa do conto de fadas:
        O Casamento de Lusbel 39
      O Diabo, o Inferno e quem se encontra nele: os cangaceiros,
        os comunistas e os maus políticos........... 42
      Os exemplos morais: Satanás e lições de vida e de morte.... 44
      Um fenômeno moderno: Satanás e
        Roberto Carlos........................ 45
  3. Sinais do fim do mundo e a
      visão apocalíptica 47

ÁLBUM II. AS MANIFESTAÇÕES
  1. Sebastianismo, messianismo e
      catolicismo popular 51
      Antônio Conselheiro e a Guerra de Canudos........... 53
      Padre Cícero 55
      O culto a Frei Damião, sucessor de Padre Cícero 61
  2. Católicos, protestantes e cachaça 64
  3. O espiritismo brasileiro..................... 67
      O espiritismo kardecista 69
      Macumba, umbanda e candomblé 72
  4. A volta às raízes: o Papa e a Santa Igreja
      Católica Apostólica Romana................. 75

ÁLBUM III. O QUE NÃO SE DEVE FAZER:
    A RECOMPENSA DO PECADO
  Introdução 79
  1. O pecado e o estado moral do mundo 80

Introdução..........................80
A corrupção geral...................82
A Mulher, a Eva Moderna.............82
Do cabaré à casa de prostituição....86
Os chifres..........................89
O namoro de hoje: "mandando brasa"..90
O banho de mar......................93
Das roupas que se vestem!...........94
Hippies, cabeludos e *rock n' roll*..96
2. O exemplo moral.....................98
3. Os fenômenos.......................102

ÁLBUM IV. UM MODELO DE VIDA: OS HERÓIS DE CORDEL

Introdução............................107
1. Heróis da literatura europeia tradicional recriados em verso......109
   Carlos Magno e os Doze Pares de França..........109
   Histórias maravilhosas das tradições europeias e orientais...........112
   O herói animal adaptado ao Nordeste..............119
   O anti-herói tradicional..........123
2. Um herói da vida real – lembrado e louvado....126
   O cangaceiro nordestino...........127
   O sertanejo valente...............130

ÁLBUM V. A VIDA É UMA LUTA, A VIDA É UMA ODISSEIA

Introdução............................135
1. Os tempos difíceis nos primeiros tempos: a crônica de Leandro Gomes de Barros....137
2. As secas..........................142
   Introdução........................142
   O sertão e a seca.................146
   O primeiro passo: do sertão para as fazendas.....147
   A mudança para o Amazonas.........149
   Martírios do nordestino no Sul....151

ÁLBUM VI. TEMOS NOSSAS DISTRAÇÕES

Introdução............................167
1. O poeta oral de verso improvisado, o cantador e seu duelo poético, a peleja....169
2. O cordel como diversão e lazer...176

O poeta e sua poesia.................177
O mercado e a feira..................184
3. O gracejo.........................188
4. O futebol........................191

ÁLBUM VII. NA POLÍTICA ESPERAMOS, MAS NÃO CONFIAMOS

Introdução............................201
1. A Guerra de Canudos e a República Velha..............203
2. Getúlio Vargas, "pai dos pobres"..208
3. Democracia e caos, 1954 a 1964...213
4. Os governos militares e a *pax militaris*......222
5. A volta ao "normal", de 1985 ao presente......232

ÁLBUM VIII. HÁ UM MUNDO GRANDE LÁ FORA

Introdução............................239
1. A Primeira Guerra Mundial e o sonho do pós-guerra...........241
2. A Segunda Guerra Mundial.........250
3. Os conflitos internacionais da era moderna...................261
4. A sátira do Terceiro Mundo ao Primeiro Mundo..................271

ÁLBUM IX. A VIDA ESTÁ CADA VEZ MAIS DIFÍCIL

Introdução............................275
1. A vida e o mais básico dos direitos: o de nascer......278
2. O direito de ser diferente: a feminista moderna..............282
3. Os direitos do marido e da esposa..285
4. Os direitos das crianças.........287
5. Direitos dos marginalizados: o Brasil *gay* e a AIDS............289
6. Um passo adiante: o caso de Roberta Close.....................295
7. A violência real: a morte nas ruas..297
8. A violência no campo.............301
9. Violência no planeta Terra......305

ÁLBUM X. ISTO NÃO É O FIM

Introdução............................313

— 8 —

1. Utopia na terra: *Viagem a São Saruê* 315
2. Lembrando os brasileiros:
   A Vida e Morte de... 320
3. A chegada no inferno ou no céu 327
4. Tudo na terra tem fim 335

FOLHETOS CONSULTADOS 341

BIBLIOGRAFIA 363

AGRADECIMENTOS

Gostaria de expressar meus agradecimentos às seguintes pessoas do mundo acadêmico, os idos e os vivos, que me encaminharam na odisseia de estudos sobre a literatura popular em verso ("literatura de cordel") desde 1966 até o presente. Quanto ao pessoal de cordel, estão todos em *Retrato do Brasil em Cordel*.

Manuel Cavalcanti Proença	Bráulio do Nascimento
Gastão de Holanda	Edilene Matos
Ariano Suassuna	Renato Almeida
Renato Carneiro Campos	Vicente Salles
Sylvio Rabelo	Thiers Martins Moreira
Liedo Maranhão de Souza	Manuel Diégues Júnior
J. Figueiredo Filho	Ivan Cavalcanti Proença
Luís da Câmara Cascudo	Homero Senna
Juárez Batista	Ana Maria Barbosa
Altimar Pimentel	Sebastião Nunes Batista
Neuma Fechine Borges	Maximiano Campos
Átila de Almeida Filho	Adriano da Gama Filho
Théo Brandão	Orígenes Lessa
José Calasans	Maria Eduardo Lessa
Hildegardes Vianna	Franklin Machado
Vasconcelos Maia	Umberto Peregrino
Jorge Amado	Joseph Luyten
Myriam Fraga	Audálio Dantas
Carlos Cunha	Jerusa Pires Ferreira
Assis Angelo	

E, pela fé que teve neste projeto, a Plinio Martins Filho

E, pelo trabalho longo e árduo de corrigir e melhorar o meu português para esta edição de *Retrato do Brasil em Cordel*, a Geraldo Gerson de Souza.

Se esqueci de alguém, peço desculpas de antemão.

Todos ajudaram a incentivar e manter meu namoro com a literatura de cordel, a cultura brasileira e o povo brasileiro.

Abraços, *Mark J. Curran*

PREFÁCIO

Este retrato de um povo e de seu país não se compara a nenhum outro. Os autores deste retrato são os poetas folclórico-populares do Nordeste do Brasil, poetas que acreditam ter o dom da poesia (um dom que lhes foi dado pelo próprio Deus) e ser "a voz do povo". Os trinta ou quarenta mil livrinhos em verso (segundo avaliação do pesquisador Joseph Luyten) que compõem a literatura de cordel do Brasil são um acervo de crenças, costumes e uma maneira única de ver a vida. Além de ser a fonte principal de diversão e educação para um número significativo de brasileiros, os folhetos de cordel são o "jornal em verso" de seu público tradicional. Sua poesia compartilha e registra muito do que se pode chamar a "essência" do povo brasileiro e de sua vida no século XX.

Desde 1966, percorri vilas e cidades do Brasil que produzem folhetos de cordel, indo a seus mercados e feiras para comprá-los e ouvir os poetas cantarem ou declamarem seus versos diante de um público entusiasmado, além das visitas que fiz às casas desses poetas para aprender mais sobre eles e suas vidas. Consultei grandes bibliotecas e institutos de pesquisa; conheci estudiosos e pesquisadores e, além disso, pesquisei os principais acervos públicos e particulares sobre a literatura de cordel. O resultado é uma coleção própria de mais de três mil originais e dezenas de cópias xerocadas, que formam a base do retrato que tenho a pretensão de fazer neste livro. A poesia de cordel tem sido minha "vocação" desde 1966 e é esta convivência com esta poesia, com seus poetas e com seu público que me permite contar a história da literatura de cordel.

O cordel, como é conhecida hoje esta literatura popular em verso, é o registro escrito da cultura do povo humilde do Nordeste do Brasil, arraigada em seu processo formativo. No meu modo de ver, este tipo de literatura é um dos principais documentos da cultura brasileira, mesmo sendo da cosmovisão do homem comum. Por meio dele pode-se conhecer as raízes culturais de muitos brasileiros. Daí o propósito deste livro: um *Retrato do Brasil em Cordel* diferente e único, baseado no vasto universo dessa literatura.

Que objetivo teria um norte-americano ao escrever um livro sobre o Brasil e essa poesia humilde de feira? É que talvez faça parte importante de minha própria vida como professor de língua portuguesa e estudos brasileiros na Arizona State University desde 1968, e de minha "outra vida" de estudante, viajante e pesquisador no Brasil desde 1966. Mais importante ainda, este retrato existe porque o Brasil importa. Além de desempenhar papel significativo no passado, no presente e no futuro do planeta em virtude da vasta extensão de seu território, de seus recursos naturais e de sua presença econômica e ecológica, o Brasil é também um dos países mais interessantes, mais vibrantes e, culturalmente, mais fascinantes do mundo. Como veremos adiante, supera em muito a imagem transmitida por Carmen Miranda, por Pelé, pela "Garota de Ipanema" e pela floresta amazônica. O Brasil é, além disso, um país que enfrenta as forças homogeneizadoras do capitalismo internacional e de grandes niveladores, como a TV e a internet. Na minha concepção, as raízes do passado têm valor e podemos aprender com elas. Acredito também que a sabedoria das épocas, essa mesma do *folk* ou do povo, neste caso dos poetas e do público do cordel, é talvez de importância pelo menos igual àquela sabedoria da programação de muitos meios de comunicação de hoje.

Nós na América do Norte e vocês, leitores, cidadãos do Brasil moderno atual, podemos aprender com a cultura de cordel e com o sistema de valores que ela expõe. E, de fato, o que motiva este *Retrato...* é a evolução gradual e o desaparecimento de grande parte da realidade documentada na literatura de cordel. Seria triste esquecer o passado e o presente da realidade brasileira que se veem na literatura cordeliana e não dar atenção às suas mensagens.

Escolhemos a literatura de cordel para traçar este *Retrato do Brasil...* porque ela capta a realidade de maneira colorida e correta. Os folhetos elaborados pelos vates populares desde o fim do século XIX, avaliados em quarenta mil, são a matéria-prima deste livro. Estes milhares de histórias em verso consistem, em grande parte, de poemas narrativos de ficção, de duelos poéticos originais e inventados, as chamadas "pelejas", e relatos cordelianos de fatos da vida cotidiana. Um rápido exame dos títulos e subtítulos dos álbuns analisados neste livro revela o vasto universo do cordel e, consequentemente, do próprio Brasil.

Há também motivos pessoais presentes para que me abalancasse a escrever este livro: completar uma carreira, devolver aos poetas e a seu público o que eu, um privilegiado que chegou a conhecer vários Brasis, recebi deles, numa forma de homenagear sua contribuição para o país. E, finalmente, para completar uma visão: um retrato de um povo e de um país únicos. A poesia de cordel é realmente modesta e de raízes humildes. Para o leitor que não vive a realidade cordeliana, o valor dessa literatura (talvez o maior *corpus* de poesia folclórico-popular que restou da tradição ocidental) não reside apenas na qualidade humilde da poesia em si, mas no *dizer* de um povo e de uma nação. Meu objetivo é captar esta mensagem.

Dedico este livro não só ao pessoal do cordel – poetas, editores, público – mas também aos outros brasileiros, àqueles que se interessam por seu país, pela formação cultural de parte significativa de seu povo e pelo que este mesmo povo aprecia, pelos obstáculos que enfrenta e por sua visão de mundo. O sulista que visita o Nordeste ou uma feira "nordestina" em sua própria região, o turista "virtual", o estudante de língua, literatura, política, religião e sociedade brasileiras acharão neste livro algo de interesse. Certamente, o leitor encontrará uma perspectiva inédita do modo pelo qual muitos brasileiros entendem e vivem seu país.

INTRODUÇÃO

Este livro, como já ressaltamos no Prefácio, é um retrato de um povo e de seu país feito através da literatura de cordel. Não se trata de uma pintura, mas de uma fotografia, ou, melhor, de uma série de instantâneos a compor um álbum (capítulo), totalizando dez álbuns que pintam um retrato de parte significativa do Brasil e de seu povo. As fotos serão os próprios folhetos de cordel. Eles nos revelam, em sua essência, as crenças religiosas básicas dos poetas de cordel e do seu público, o comportamento moral consequente, seus modelos heroicos na vida do dia a dia, os problemas que enfrentam há séculos e suas soluções, suas distrações e diversões, suas opiniões sobre os acontecimentos e os líderes políticos do país e do mundo, os desafios no fim do século XX e no começo do novo milênio e, finalmente, suas esperanças e aspirações. Tudo isso expressa, em certo sentido, sua cosmovisão, seu modo de vida. No fim, é o próprio Brasil que é retratado no vasto universo do cordel.

Já disse um desses poetas populares, "para fazer um folheto, só preciso de um título"[1]. Os títulos serão as legendas das fotos que formam os dez álbuns-capítulos do livro. Com efeito, eles nos vão apresentar aos livrinhos em verso que, por sua vez, nos levarão aos brasileiros que escrevem, escutam, leem o cordel e nele acreditam. Assim, uma vez mais, os títulos são as chaves deste retrato; indicarão os denominadores comuns das fotos aqui presentes: quem, o quê, quando e onde. A tarefa do autor e, talvez mais importante, do leitor será acrescentar o "porquê", cada um segundo sua própria curiosidade e satisfação. Assim como os olhos são as janelas da alma, os títulos dos folhetos são as janelas do retrato. Acreditamos, modestamente, que eles por si sós dão uma bela perspectiva do vasto universo do cordel brasileiro.

1. O poeta-editor Rodolfo Coelho Cavalcante, em entrevista em sua casa no bairro de Liberdade, Salvador, em 8 de maio de 1981.

Posto que o objetivo do livro é contar uma estória, recontar o que o cordel (um meio folclórico-popular) diz dos brasileiros e do Brasil, ele não é teórico em sua abordagem; ao contrário, é descritivo e, principalmente, informativo. A terminologia utilizada é a necessária para esclarecer o que dizem os poetas e seus versos (por exemplo, o próprio termo "cordel"). A linguagem do *Retrato...* provém da descrição da vida cotidiana. O livro tem, assim, um sabor muito especial, o da linguagem e "sabedoria" popular. Tem também como fonte de inspiração o pensamento de um dos romancistas mais conhecidos do Brasil, Jorge Amado, que, durante a comemoração de seus cinquenta anos de escritor em 1981, em Salvador, admitiu ter uma dívida cultural e artística com o povo humilde da Bahia. Se existe algo de valor neste retrato, é a criação original dos poetas de cordel.

Uma abordagem acadêmica do cordel em si pode-se encontrar em muitos artigos e livros sobre o fenômeno (no final do livro encontra-se uma bibliografia de obras seletas). Seguem agora um resumo para os que já conhecem o cordel e uma introdução para os iniciantes.

A literatura de cordel – assim chamada porque os folhetos em verso eram muitas vezes vendidos "cavalgando" um barbante (cordel) numa barraca de feira do Nordeste (quando essa literatura surgiu, os folhetos eram expostos como cartas de baralho em cima da mala do poeta-vendedor) – é aquele *corpus* de poesia narrativa folclórico-popular surgida originalmente no Nordeste do Brasil. A tradição folclórico-popular de que o cordel é continuação teve sua origem na Europa, mais especificamente no Portugal do século XVIII, mas também na França, na Espanha e na Itália. Existia sob formas diversas em outros países da América espanhola, como as canções em verso do México dos séculos XIX e XX, os *corridos* e o duelo poético e canções do poeta gaúcho da Argentina.

O cordel é obra de poetas humildes, impressa em folhetos de papel frágil de jornal vendidos nas feiras, mercados, esquinas e praças públicas do Nordeste brasileiro desde o final do século XIX. No começo, era encontrado tanto nas vilas nordestinas do sertão e do interior quanto em suas grandes cidades costeiras como Recife, João Pessoa, Aracaju, Maceió, Natal e Salvador.

No fim do século XIX, grande parte da população pobre do Nordeste foi forçada a fugir, principalmente devido a severas secas no sertão. As migrações persistiram por todo o século XX, numa tentativa desesperada de sobreviver às condições de pobreza e de fome crônica na região. Os poetas de cordel também se mudaram junto com os flagelados; por isso, podem-se encontrar folhetos de cordel na bacia amazônica (os seringueiros recrutados no final do século XIX e de novo durante a Segunda Guerra Mundial eram todos nordestinos), nas mecas industriais de São Paulo e do Rio de Janeiro no Centro-Sul e, a partir de 1960, até em Brasília, a nova capital, construída, em sua maior parte, com mão de obra nordestina).

Desde 1900, os humildes livrinhos em verso, a chamada "literatura de cordel", eram a forma principal de diversão e a fonte de notícias para as massas de nordestinos pobres. Poetas pioneiros, como Leandro Gomes de Barros, Silvino Pirauá, Francisco das Chagas Batista e João Melchíades Ferreira da Silva, das primeiras duas décadas do século XX, foram seguidos por uma infinidade de outros poetas, que, durante a época áurea do cordel, entre a década de 1920 e a de 1950, divertiam, informavam e ensinavam seus humildes leitores. A partir dos anos 1960, com a modernização das comunicações no Brasil através do rádio de pilha e da televisão, a produção do cordel tornou-se mais esporádica.

Na década de 1970 e 1980, o cordel virou moda para uma parte das classes média e alta do Brasil, e isso por vários motivos. Em primeiro lugar, os intelectuais brasileiros passaram a admitir que a tradição cordeliana era, de fato, parte importante da herança cultural nacional. E os estudiosos desse tipo de literatura pediam que o cordel fosse preservado nos arquivos nacionais, ensinado nos colégios e faculdades como variante popular da literatura brasileira e se tornasse tema de dissertação de especialistas na pós-graduação. Em segundo lugar, o cordel tornou-se conhecido no mundo das artes e dos colecionadores graças às pitorescas xilogravuras que ilustravam as capas dos folhetos, especialmente depois dos anos 1950. A xilogravura converteu-se numa forma de arte apreciada pelo público internacional, com a vantagem de não se precisar saber português para apreciá-la. Foi também importante naqueles anos a maior visibilidade que alcançou o duelo poético (a peleja ou a cantoria) pelo cantador que improvisava seus versos no ato. A *performance* do cantador ingressou facilmente no rádio e na TV. Alguns cantadores também imprimiram seus versos, e a forma impressa da peleja oral do século XIX transformou-se em tema importante deste tipo de literatura. Ironicamente, hoje, graças ao declínio gradual da impressão de poemas em folhetos, este aspecto *oral* tornou-se mais visível no Brasil.

Com a grande difusão no país do rádio e da televisão e o alto custo de impressão dos folhetos, sua produção caiu drasticamente. O cordel como "jornal do povo" e principal diversão escrita do seu antigo público – papéis que cumpriu até mais ou menos o término da década de 1960 – existe hoje apenas de forma esporádica. No entanto, esta literatura popular em verso voltou a viver bons momentos: na visita do papa João Paulo II (João de Deus) ao Brasil nos anos 1980, na campanha pelas eleições diretas e na odisseia de Tancredo Neves até 1985, no *impeachment* de Fernando Collor de Melo e na morte de importante figura nacional, Ayrton Senna.

Um grande estímulo ao cordel e ao cantador, conquanto fora de seu "ciclo" normal, foi a celebração dos "100 Anos de Cordel" no Sesc-Pompeia de São Paulo, em 2001, evento chefiado pelo jornalista Audálio Dantas que recebeu publicidade em todo o território através da TV e de revistas como *Época*, *Leitura* e *Isto É*.

O retrato do Brasil e de seu povo pintado pelo cordel é uma realidade secular observada nos milhares de títulos de folhetos. Mas trata-se de uma realidade colorida pela estrutura em que o cordel foi construído: a tradição literária folclórico-popular na Europa antes de sua chegada ao Brasil e sua assimilação no final do século XIX. As histórias em prosa e verso de Portugal, Espanha e França foram adaptadas às quadras, sextilhas, septilhas ou décimas dos poetas cordelistas no Brasil e ofereceram uma visão de mundo e uma estrutura que literalmente explodiam e se convertiam numa visão enciclopédica da vida no Brasil do século XX. Assim, a literatura brasileira de cordel é representada pelas seguintes categorias:

1. As histórias e os poemas populares, principalmente de Portugal e, em seguida, da Espanha e da França, transpostas para o modelo poético nordestino com estrofes de seis ou sete versos, em rima *abcbdb* ou *abcbddc*. Eram principalmente histórias de amor e aventura, de príncipes e princesas, de cavaleiros medievais, de contos de fada ou sobre temas religiosos.
2. A tradição oral do improvisador de versos, o cantador, no duelo poético, ou peleja, tradição tão antiga quanto na Grécia clássica, e viva no Brasil numa variante moderna dos séculos XIX e XX.
3. A assimilação dos temas dos itens anteriores no Brasil pelos poetas pioneiros do cordel, a criação original dos poetas brasileiros durante todo o século XX, e o papel de

"jornal do povo" feito pela "voz do povo", até fins do século XX, que os folhetos de cordel desempenharam.

O mestre dos folcloristas brasileiros, Luís da Câmara Cascudo, já dizia, em 1939, que a cosmovisão do cordel original era essencialmente folclórica: premiar os bons e castigar os maus, uma visão de mundo derivada de uma tradição católica medieval e compartilhada pela maior parte do folclore do mundo ocidental[2]. Essa cosmovisão foi mantida numa espantosa adaptação e até sofreu uma evolução, cujo resultado foi uma resposta criativa ao *corpus* original de histórias em verso na forma de centenas e até milhares de folhetos compostos e produzidos por poetas nordestinos. A soma destas histórias retrata, com efeito, uma enorme parcela da realidade brasileira do século XX.

Este livro falará de um Brasil que, em boa medida, está desaparecendo, um Brasil de crenças tradicionais, valores, costumes, pequenos e grandes acontecimentos da vida interpretados numa perspectiva profundamente moral. Lembrando o título de um conto de um dos melhores contistas norte-americanas, Flannery O'Connor, "Tudo o que sobe tem de convergir" [*Everything that rises must converge*], vimos que tudo o que importa no cordel tende ao mesmo ponto! Enredo, protagonistas e até os usos mais básicos da linguagem podem ser encontrados nos folhetos menos pensados ou esperados. O perverso fazendeiro do século XX assemelha-se muito ao vil conde medieval. Um cangaceiro como Antônio Silvino, em 1918, é descrito como um dos cavaleiros de Carlos Magno. Mas o que todos têm em comum é uma visão de mundo extremamente religiosa e moral, que reflete a luta entre o Bem e o Mal, com um elenco que inclui Deus e o diabo, os santos e os pecadores (os próprios brasileiros) no palco da vida e da morte e, depois, do inferno e do paraíso.

O objetivo de *Retrato...* é apresentar o vasto universo do cordel – o retrato cordeliano do Brasil – nos matizes mais simples, mas também mais brilhantes e simpáticos. Porque o cordel é o produto dos brasileiros pobres e desprivilegiados, é a história "não-oficial" de grande parte do Brasil, isto é, o retrato não-oficial. O tamanho do retrato é espantoso, difícil até de ser tratado devido à sua imensidão, mas revelador pela mesma razão. A solução, usando uma antiga máxima, é "ver o total pela soma de suas partes".

É a seguinte a metodologia usada em *Retrato...* Cada álbum (capítulo) é identificado e introduzido por uma figura de linguagem ou uma máxima que expressa uma faceta importante da vida, observada em centenas de folhetos de cordel em milhares de versos. Já que é obviamente impossível reproduzir, dentro de um único livro, a totalidade do cordel (especialmente dos romances de 32, 48 ou até 64 páginas), citamos (com algumas exceções de textos completos) partes de textos, fizemos resumos, ou ainda parafraseamos certos folhetos, sobretudo os mais conhecidos. Quando for possível e quase sempre ao contar a estória, citamos outros versos dos próprios folhetos. Quando citamos o poema em si, incluímos a paginação do folheto entre colchetes. Assim, recontamos a essência do cordel. Comentários do autor sobre os poemas, ao lado de anedotas de viagem e conversas com os poetas, completam o retrato, tomando emprestado a técnica jornalística do *sidebar*.

Uma relação dos títulos de folhetos realmente consultados para cada álbum segue o texto do livro (relação que corresponde à coleção do autor). O livro, não por coincidência, tem a forma de dez álbuns (capítulos) em homenagem à epopeia tradicional ocidental, já que o retrato cordeliano realmente constitui uma epopeia folclórico-popular brasileira.

---

2. Luís da Câmara Cascudo, *Vaqueiros e Cantadores*, Porto Alegre, Globo, 1939, p. 16.

Ainda que não seja um tema direto deste livro, é importante saber que esta literatura humilde dos pobres do Nordeste já desempenhou um papel bem maior na cultura brasileira, maior até que o dos folhetos em si ou o dos versos dos cantadores de feira. A literatura de cordel e a realidade cordeliana já influíram sobremaneira os artistas eruditos do Brasil, algumas figuras bastante relevantes da cultura brasileira. José Lins do Rego tomou emprestados temas e estilo do cordel e adaptou-os a seus romances do ciclo do açúcar. O romancista mais conhecido do Brasil, Jorge Amado, famoso por suas estórias da Bahia e sua herança afro-brasileira, também utilizou em seus romances tanto a poesia do cordel quanto seus poetas, no papel de narradores. Mesmo João Guimarães Rosa, chamado muitas vezes "o James Joyce do Brasil", compartilha com o cordel, em sua obra-prima *Grande Sertão: Veredas,* um substrato de temas, que refletem, como o cordel, a tradição épica ocidental. E muitos outros: João Cabral de Mello Neto na poesia, Ariano Suassuna na dramaturgia, Alfredo Dias Gomes no teatro e na novela de televisão, Glauber Rocha no Cinema Novo e Elba Ramalho, Alceu Valença, Antônio Nóbrega e outros na música. É pela obra desses artistas que a maioria dos brasileiros de classe média e alta conhece o cordel, embora de maneira indireta e às vezes não reconhecida[3].

Para terminar esta breve introdução e começar o retrato, eis aqui algumas fatias da vida brasileira retratadas pelo cordel:

Álbum I.   Deus no Alto e Aqui Embaixo: Nisto Acreditamos
Álbum II.   As Manifestações
Álbum III. O que não se Deve Fazer: A Recompensa do Pecado
Álbum IV.   Um Modelo de Vida: Os Heróis de Cordel
Álbum V.   A Vida é uma Luta, a Vida é uma Odisseia
Álbum VI.   Temos nossas Distrações
Álbum VII. Na Política Esperamos, mas não Confiamos
Álbum VIII. Há um Mundo Grande lá Fora
Álbum IX.   A Vida Está Cada Vez mais Difícil
Álbum X.   Isto não é o Fim.

---

3. Ver Mark J. Curran, *A Literatura de Cordel*, Recife, UFEPE, 1973, cap. 4.

— Álbum I —
DEUS NO ALTO E AQUI EMBAIXO: NISTO ACREDITAMOS

INTRODUÇÃO

O Brasil é conhecido por ser o maior país católico do mundo: mais de 90% de sua população apresenta algum vínculo, formal ou informal, com esta religião[1]. Além disso, os estudiosos sempre ressaltam a "religiosidade" do povo brasileiro e apontam, como uma das principais características da religião no Brasil, sobretudo seu sincretismo religioso, ou seja, a mistura de aspectos diversos de religiões diferentes[2]. Observa-se esse sincretismo principalmente na mistura entre o catolicismo romano e as variantes afro-brasileiras de religião, resultado de longa história da escravidão, da imposição da fé católica pelo branco a seus cativos negros, e da obediência externa destes às ordens dos senhores, mas mantendo, pelo menos internamente, parte de suas crenças tradicionais. Em consequência, no Brasil de hoje sobrevivem as religiões africanas, desde as mais presas às suas raízes, como o candomblé e o xangô do Nordeste, às variantes mais amorfas, a exemplo da umbanda, mais conhecida no Rio de Janeiro. A essa mistura sincrética somam-se a comunicação com espíritos nas sessões de espiritismo, a crença na reencarnação com base na doutrina de Allan Kardec e vestígios de práticas animistas. O resultado de tudo isso é uma mistura de crenças católicas, africanas e nativas. Completam o quadro o fundamentalismo das seitas protestantes a partir dos anos 1880, os fortes movimentos

---

1. Joseph Page, *The Brazilians*, Reading, MA, Addison Wesley, 1995.

2. Para tais informações, consultem-se Luís da Câmara Cascudo, *Dicionário do Folclore Brasileiro*, tomos I e II, Rio de Janeiro, MEC, 1962; Charles Wagley, *An Introduction to Brasil*, revised ed., New York, Columbia University, 1970; e Page, *The Brazilians, op. cit.*

pentecostais (a Igreja Universal do Reino de Deus, por exemplo) e a evangelização dos mórmons atuais.

Todavia, as profundas raízes da religião brasileira estão arraigadas na fé católica romana, trazida pelos colonizadores portugueses e imposta aos que não nasceram nessa religião. É essa a realidade existente no Brasil há quase quinhentos anos e que deixou marcas no povo e no país, e é essa a realidade religiosa que marca a literatura de cordel e sua visão.

Não deve ser surpresa, portanto, que a religião seja um dos temas principais (segundo alguns estudiosos, o mais importante) do cordel. É, por isso, uma parte seminal deste *Retrato...*[3]. Portanto, a religião no cordel antigo não tem sabor sincrético nem ecumênico. O cordel retrata, sobretudo, o catolicismo romano, mas o catolicismo romano nos moldes brasileiros, enfim o catolicismo específico do Nordeste. É a chamada religião da "velha igreja", acrescida de surpreendentes variantes. Quando a "Santa Madre Igreja" se ausentava, ou se enfraquecia, como acontecia no sertão, onde, devido à falta de padres para atender à sua imensidão geográfica, pouco ou nada de instrução formal da fé era oferecido aos adeptos humildes e muitas vezes analfabetos, e a religião existente era ministrada em doses intensas somente nas missões anuais, podiam acontecer estranhas coisas, e, de fato, aconteciam. Líderes religiosos locais, aceitos ou não por Roma (em geral não o eram), partiam dos recantos menos esperados do interior e, à frente de um rebanho corajoso mas empobrecido, saíam à procura de soluções não--ortodoxas para questões importantes da vida. Daí nasceu um tema importante no estudo do Nordeste: o "misticismo regional", ou, como é conhecido pela elite e pelos não-participantes, "o fanatismo religioso"[4].

No entanto, ortodoxos ou não, os poetas e seu público fazem as mesmas indagações de seus conterrâneos brasileiros mais privilegiados. Existe um Deus? Quem é? Onde está? De que forma o vemos? Há vida depois da morte? Se houver, como chegamos lá? Em que consiste a salvação? Onde está a salvação? O reino de Deus é deste mundo? Se for, como é e quem nos pode levar a ele? Existe um inferno verdadeiro e um diabo? Qual é seu papel? Jesus, a Virgem Maria e os santos são nossos guias? E qual é o papel dos santos locais? E o de líderes como Antônio Conselheiro, padre Cícero Romão ou frei Damião? O que devemos pensar dos protestantes (os "novas-seitas")? E dos espíritas? Não deveriam nossos líderes políticos locais e nacionais seguir as mesmas regras que nós? O que acontece se não se comportarem do mesmo modo? E, finalmente, como tudo termina?

O caleidoscópio da religião brasileira torna-se claro no cordel, porém é muito mais nítido nas variantes católicas tradicionais e populares. A palavra-chave neste caso é "variantes", porque são muitas as surpresas encontradas, a maioria delas no chamado "catolicismo folclórico ou popular". Quando se pergunta aos poetas tradicionais do cordel qual é sua religião, a maioria deles respondem que, originalmente, eram católicos, mas, à medida que o espectro religioso nacional brasileiro foi evoluindo, eles também evoluíram. A maioria deles ainda fazem parte, formalmente, do catolicismo romano, mas agregam-lhe um sabor local. Uma minoria é adepta do protestantismo; outros, do espiritismo de Kardec; e outros ainda,

---

3. Como diz Manuel Diégues Júnior, "Ciclos Temáticos da Literatura Popular em Verso" (em *Literatura Popular em Verso. Estudos I*, Rio de Janeiro, MEC-Casa de Rui Barbosa, 1973), esse tema talvez apareça em 20% da "massa" do cordel, e, com certeza, é seu tema "mais antigo". Diríamos mais: se incluirmos os "ciclos" do padre Cícero Romão, frei Damião e os relatos sobre a moralidade ligados à religião, o tema figuraria entre os maiores do cordel.

4. Waldemar Valente, *Misticismo e Religião*, Recife, MEC, 1963.

de uma variante afro-brasileira. Muitos não sentem a menor dificuldade em escolher a melhor das três (católica, protestante ou espírita), mas todos sabem que, em seus folhetos de cordel, têm de escrever sobre *aquilo em que seu público acredita e aquilo que ele espera;* e isso, até tempos muito recentes, era o catolicismo tradicional do sertão nordestino.

Assim, a formação católica, tal como ocorre no Nordeste, é o ponto de partida da visão religiosa e moral que guiará os poetas durante todo o século xx (e no começo do xxi), particularmente tendo em vista a modernização e a secularização do Brasil, o que, em tempos recentes, vem pondo à prova as velhas crenças e sua aplicação a difíceis questões morais da atualidade. Devido à abrangência do assunto e ao fato de ser a religião o tema mais importante do cordel em seu todo, este livro aborda a questão em dois álbuns: "Nisto Acreditamos" (i) e "Manifestações" (ii). O primeiro falará de Deus e dos santos, do diabo e dos pecadores, e da visão apocalíptica do fim do mundo. Mostrará as crenças básicas, isto é, as crenças tradicionais sarapintadas com nuances de superstição. Delas advém a visão principal do retrato como um todo, a visão religiosa e moral que guia os poetas e seu público na interpretação e reação aos acontecimentos, às pessoas e aos valores que ainda hoje estão presentes num Brasil em rápida mudança na entrada do novo século. Temos então neste primeiro álbum:

1. Jesus, Maria, os apóstolos e os santos;
2. Satanás, no alto e em baixo, a tentação e as chamas do inferno;
3. Os sinais do fim do mundo numa visão apocalíptica.

I. JESUS, MARIA, OS APÓSTOLOS E OS SANTOS

As Histórias em Verso sobre Jesus

No primeiro tipo de folhetos, o catolicismo tradicional do Nordeste aparece tal como é divulgado nas leituras e sermões da missa, com base nos relatos das Sagradas Escrituras, especialmente naqueles que se leem e ouvem na Semana Santa. Observa-se a fé básica do nordestino em Jesus Cristo filho de Deus, salvador da humanidade, principalmente em poemas extraídos das Escrituras, com a citação de grandes trechos dos Evangelhos, como em *Nascimento, Vida e Morte de Jesus de Nazaré*, de José Costa Leite. Com efeito, esses poemas, para os fiéis leitores de cordel, substituem muitas vezes a leitura da Bíblia. Os "ensinamentos" de Jesus durante o tempo em que esteve na Terra são parafraseados em verso e numa linguagem comum ao público do cordel, com uma ênfase especial em sua paixão e morte. Em quase todos os poemas, o tom é sério, o discurso formal, o assunto é tratado com muito respeito. Até essa altura, as histórias, sobre estarem em verso e em português, poderiam ser as mesmas ouvidas do púlpito de qualquer igreja católica, em qualquer país católico, e expressar as mesmas crenças e valores.

O segundo tipo de poema sobre Jesus é bastante diferente. Alguns relatam os milagres de Cristo; não aqueles narrados nos episódios comuns dos Evangelhos, mas aqueles transmitidos pela tradição popular e oral. Mesmo que sigam, às vezes, episódios do Novo Testamento, os poetas baseiam-se em grande parte nas lendas e, em sua criação, misturam

"fatos" bíblicos e a ficção. Frequentemente, os cordelistas realçam com muito humor e ironia as histórias sobre Jesus, São Pedro e suas andanças pelo mundo. E é justamente esse tipo de religiosidade – sério mas matizado de humor e ironia – que é verdadeiramente brasileiro.

O cenário desses poemas é quase sempre o mesmo: Jesus e São Pedro estão viajando e param numa casa para pedir pouso por uma noite. Pedro é impetuoso e nem sempre inteligente. Jesus instiga-o e o resultado quase sempre são complicações, mas que no final Jesus sempre resolve, acrescentando uma lição de moral. Geralmente, Jesus e São Pedro são abrigados por um velho e pobre e sua esposa (aqueles que oferecem hospitalidade sempre são pobres no início), os quais oferecem muito mais do que lhes é possível. Pedro observa o desapego do pobre casal e roga a Jesus que lhes conceda um prêmio. Este, um pouco mais cético do que nos Evangelhos, sabe, obviamente, como irá terminar o caso: a riqueza traz consigo a arrogância e o mal leva embora as virtudes. Mas, para agradar a Pedro e provar sua tese, concede-lhes o prêmio: os pobres ficam ricos, arrogantes e inflexíveis. Devem, portanto, receber uma lição antes de se arrependerem e voltarem à antiga humildade e bondade.

Os poemas que reúnem Jesus e São Pedro são divertidos graças às variantes, expressas, como disse, com humor e ironia, e ao fato de acontecerem num cenário com todas as cores nordestinas: Jesus e São Pedro dormem em redes, e o velho pobre converte-se num rico senhor de engenho e maltrata seus escravos. Numa dessas variantes, Jesus põe o velho à prova, quando, milagrosamente, descasca o arroz com fogo, e o velho, cobiçoso, tenta fazer o mesmo, mas destrói toda a colheita e suas construções, e perde sua riqueza: assim a justiça é feita e o castigo é dado. Em outra variante, um ferreiro arrogante queima a própria mãe na fornalha depois que viu Jesus, "milagrosamente", pelo mesmo processo, tornar jovem uma velha (graças à fé da velhinha no Salvador), um poema inesperadamente rico de humor. Assim, o verdadeiro "Mestre dos Mestres" é Jesus, e não é bom que o ferreiro tente ser maior do que Ele. A arrogância e a ambição induzem ao mal; a fé e a humildade conduzem ao caminho virtuoso e à salvação[5].

Tais poemas demonstram a essência do papel do cordelista: não apenas divertir, mas também informar e ensinar. E, o mais importante, os enredos com seus eventos e personagens, embora divirtam o público, ensinam os valores da fé tradicional. Pode-se observar melhor esse aspecto em outra variante da estória, na qual Jesus concede três desejos a um pobre bom e generoso (obviamente, uma versão das histórias orientais e dos contos de fada), mas a cobiça acaba forçando-o a vender a alma ao diabo. O velho morre sem se arrepender, e não é aceito no céu por São Pedro (por causa de seus pecados), nem no inferno por Satanás (pela esperteza em enganar o próprio diabo), e é condenado a errar pelo mundo rolando em sua própria "maldição".

Outra variante importante da vida de Cristo, mas num tom totalmente diferente e que muito nos revela dos brasileiros e de sua "religiosidade", é o folheto que descreve Jesus como o santo padroeiro e milagreiro de um local de romarias no Nordeste. Aqui se apresenta ao leitor uma realidade brasileira muitas vezes estranha: um catolicismo popular que beira à superstição, um fato básico da vida brasileira tradicional. Basta-nos citar dois casos: o importante santuário de Bom Jesus da Lapa e a igreja do Senhor do Bonfim; o primeiro, no sertão da Bahia, às margens do São Francisco, e o segundo, o principal centro de romarias de Salvador, na Bahia.

Essa variante baseia-se em conceitos originalmente católicos e ortodoxos, mas numa forma que evoluiu às avessas.

5. A história parafraseada é de Manoel d'Almeida Filho, *História de Jesus e o Mestre dos Mestres*, Aracaju, s. d.

Jesus Cristo como filho de Deus e como redentor da humanidade são, certamente, conceitos até então ortodoxos. Mas, nos dois santuários acima citados, Cristo é também o Jesus milagroso, e envolve um costume e uma crença religiosa das mais importantes do catolicismo popular brasileiro: pagar promessa. Quando o ser humano quer algo de seu deus, tem de pedi-lo. E a maneira tradicional da Igreja católica de fazê-lo é através da oração individual, uma das principais características da Igreja ortodoxa. No Brasil, porém (e em muitos outros países latinos católicos), esse costume adquire nova conotação. Se o pedido (ou graça) for atendido – se o câncer entrar em remissão, se se encontrar o emprego, se a namorada voltar – a prova de gratidão e, no mínimo, uma expressão de fé é "pagar a promessa", isto é, fazer algo pelo qual reconheça a ajuda do santo e demonstre crença nos seus poderes. O "pagamento" pode vir na forma de uma foto da pessoa curada, que é colocada diante da imagem do santo na igreja local. No Nordeste brasileiro, existem lugares especiais onde os santos estão muito presentes e são milagrosos, lugares quase sempre distantes e difíceis de alcançar. Nesses lugares, imersos tanto em costumes religiosos quanto em superstição, a ortodoxia diminui sobremaneira. Não são raros e formam a base de uns dos mais interessantes, mais pitorescos e mais importantes traços do retrato cordeliano do Brasil.

Bom Jesus da Lapa é o nome de um desses santuários, localizado numa pequena cidade à beira do rio São Francisco, o chamado rio da "unidade nacional", o rio que liga o Norte e o Sul do país. Corre para o norte a partir de suas nascentes, no interior de Minas Gerais, inflete para o leste após longo percurso pelo seco sertão de Minas Gerais e da Bahia, atravessa a divisa do estado de Sergipe e desemboca no mar em Penedo (AL). O termo "lapa", ou "pedra", descreve bem o cenário: numa terra planíssima dos dois lados do rio, "do nada" ergue-se uma enorme pedra cheia de

grutas, umas de tamanho suficiente para servir de capela ou mesmo de igreja. É a casa do Bom Jesus, santo considerado particularmente milagreiro e que atrai romeiros de todo o Brasil, sobretudo do Nordeste.

* * * *

O autor deste livro chegou a Bom Jesus da Lapa em 1967, numa gaiola (barco a vapor) da velha Companhia de Navegação do Rio São Francisco, entidade já extinta, mas que na sua época áurea foi uma das maravilhas do Brasil. Com um tipo de roda propulsora na popa, estes barcos, importados do rio Reno, na Alemanha, do Mississippi, nos EUA, ou construídos na própria região, transportaram passageiros e carga pelo rio até a década de 1970. Era uma das viagens mais "folclóricas" do Brasil, não muito diferente daquela que

Mark Twain fizera no rio Mississippi, cem anos antes. Em abril de 1967, comprei passagem (por uns vinte dólares americanos, com direito a camarote para duas pessoas e pensão completa) numa gaiola para uma viagem de quatorze dias de Pirapora, Minas Gerais, a Juazeiro da Bahia, com o objetivo de entrar em contato com poetas de cordel e comprar seus folhetos à beira do rio. Conheci um elenco de personagens incomparáveis nas minhas viagens pelo Brasil: corajosos pilotos do rio, treinados na mesma escola de navegação que os pilotos de alto-mar, tripulantes rudes, passageiros – inclusive uma velhinha que tinha o propósito de andar de joelhos do porto de Bom Jesus até a pedra da Lapa, para pagar uma promessa; meninas sertanejas que passavam roupa com ferro a brasa; um capitão de navio do rio Paraná, na fronteira com o Paraguai, que viajava para "comparar" os dois rios; um fazendeiro bravo e assustador, beberrão, portando revólver, que ameaçava atravessar o rio a nado comigo nas costas (isso depois de muitas cervejas, daquelas garrafas grandes); e, finalmente, mas não menos impressionante, um garimpeiro rude (que me fez lembrar um dos personagens do filme O Tesouro de Serra Madre, *com Bogart). Este senhor, numa cena incrível de filme de faroeste de Hollywood, fez um "pssst" para mim ("gringo rico", ao que tudo indicava) enquanto esperávamos atracar no cais de pequeno porto. Oferecia-se para me levar à sua mina de ametistas, turmalinas, águas-marinhas e topázios perto daquela vila do sertão. Mal sabia que o gringo, com orçamento de estudante, tinha apenas o equivalente a trinta reais para chegar ao fim da viagem. Durante sete dias ociosos que passei a bordo, com um companheiro de quarto, um piloto da mesma companhia mas já aposentado, que me enchia os ouvidos com fatos, ficção e lendas do rio, li o romance clássico de Jorge Amado sobre a região,* Seara Vermelha, *uma saga que misturava seca, cangaço e fanatismo religioso. A aventura deveria ter terminado em Juazeiro, mas saltei do barco uns dias antes para me encontrar com uma amiga em Salvador da Bahia. Ali acabei tendo outra aventura ainda mais louca, mas isso já é outra história.*

Bom Jesus da Lapa fica perto do palco da Guerra de Canudos, de 1896–1897 (um conflito que envolveu fanatismo religioso, sobre o qual falaremos mais adiante) e do cenário de um dos melhores romances brasileiros, Grande Sertão: Veredas, *uma epopeia sobre o bem e mal, Deus e o diabo, jagunços valentes e amor no sertão. O santuário chegou a ser o motivo de uma romaria anual de nordestinos humildes, muitos deles leitores de cordel. Os poetas chegavam para contar e vender a história do Bom Jesus. Por isso, o lugar era tão importante para a minha pesquisa.*

O ponto mais importante da pedra da Lapa é a sala dos milagres, cheia de ex-votos (partes de corpos feitas de gesso – dedos, mãos, braços, pernas, até cabeças – deixadas pelos crentes) e de modelos de gaiolas "salvas" do desastre por Bom Jesus. A torre de pedra na entrada da gruta (onde fica a igreja de Bom Jesus da Lapa) faz pensar na torre de um castelo europeu medieval, do tipo descrito nos contos de fada dos irmãos Grimm no século XIX. *Velhas beatas vestidas de preto esperavam a chegada dos romeiros, muitos dos quais percorriam de joelhos os últimos quilômetros. Em nossa visita, em 1967, muitos mendigos acotovelavam-se à entrada da gruta. Toda a sorte de lojas onde se vendem bugigangas e lembranças do Bom Jesus cercavam a praça em frente da torre e do santuário, onde se desenvolvia uma das feiras mais coloridas do Brasil.*

* * * *

Para conhecer o santuário, comecemos pelo folheto História do Monge Francisco da Soledade, Fundador da Lapa[6], de

---

6. Minelvino Francisco Silva, *História do Monge Francisco da Solidão, Fundador de Lapa*, Itabuna, s. d.

autoria de Minelvino Francisco Silva, de Itabuna, cidade da região cacaueira do sul da Bahia. Chamado "O Trovador Apóstolo", devido a seus excelentes folhetos sobre a religião e por ser um católico fervoroso e defensor de Roma, embora impregnado da religião popular da Bahia, o poeta, durante muitos anos, foi frequentador assíduo da festa anual de Bom Jesus. Com base num panfleto religioso patrocinado por um monsenhor local, seu poema fala dos habitantes originais da Lapa, os índios coroados, da chegada ao lugar dos soldados portugueses, dos bandeirantes caçadores de índios e de ouro do século XVII, responsáveis indiretos pela abertura de grande parte da região à colonização. E, finalmente, da chegada do português Francisco Mendonça Mar à capital da Bahia, em 1679, com 22 anos de idade.

Depois de vários percalços na capital, num dos quais acabou atrás das grades, Mendonça Mar teve uma visão que lhe mandava "buscar seu calvário na gruta". Influenciado por ela, viajou pelo interior da Bahia, em difícil travessia, até que se deparou com uma onça ferida na pata. Seguindo o exemplo de São Francisco, Mendonça tirou o espinho da pata do animal, que, depois disso, ficou manso e acompanhou seu benfeitor, defendendo-o de todos os inimigos, na viagem que terminou na pedra da Lapa e sua gruta. Guiado pela imagem de Jesus e pela devoção à Virgem Maria, Francisco permaneceu na Lapa, vivendo como um monge. As notícias de suas boas ações chegaram ao arcebispo, em Salvador, que o ordenou sacerdote em 1702. A fama das obras do monge e os milagres atribuídos à imagem de Jesus Cristo foram o início da fama do local e das romarias.

Um dos poetas cordelistas mais conhecidos das décadas de 1950 e 1960, o "poeta-repórter" José F. Soares, de Recife (PE), descreve em seu poema *Os Milagres do Bom Jesus da Lapa*[7], a festa anual aonde acorrem romeiros de todas as partes do Brasil e até do exterior, e conta sobre os lendários milagres. No seu entender, a Lapa é literalmente a "pedra fundamental" da Igreja Católica, a base de seu dogma e da autoridade do Papa e de Roma!

Outra visão bastante diferente, e muito mais predominante, é a imprecação contra a zombaria feita ao Bom Jesus da Lapa, como, por exemplo, no folheto *A Mulher que Deu a Luz Uma Cobra Porque Zombou do Bom Jesus da Lapa*[8], de Rodolfo Coelho Cavalcante, e no poema de Alípio Bispo dos Santos, *Um Romeiro Viu um Anjo no Caminho do Bom Jesus da Lapa*[9]. Neste último folheto, o autor fala daqueles que fa-

7. José F. Soares, *Os Milagres do Bom Jesus da Lapa*, Recife, s. d.
8. Rodolfo Coelho Cavalcante, *A Mulher que Deus a Luz uma Cobra porque Zombou do Bom Jesus da Lapa*, 2. ed., s. l., 1977.
9. Alípio Bispo dos Santos, *Um Romeiro Viu um Anjo no Caminho da Lapa do Bom Jesus*, s. l., s. d.

zem chacota do santo e sua festa. Discorre sobre os "falsos crentes" e a ralé que é atraída pela festa: ladrões, prostitutas e malandros, mas assegura que os penitentes e crentes receberão no final o justo prêmio. E para provar sua afirmação, conta uma história que ouviu dizer sobre um romeiro que fez 22 viagens à Lapa. em cada uma delas andando a pé por dez semanas! Numa dessas romarias, enquanto descansava, teve a visão de um anjo mensageiro de Deus, que lhe falou dos falsos romeiros, que vão à festa para roubar, mentir, lesar etc. Mas aqueles que têm fé receberão seu prêmio na viagem eterna que farão um dia. Falou ainda da existência na Lapa de um reino encantado, cujo segredo nunca será revelado. Mas, um dia, o rio São Francisco vai secar e Jesus e Maria virão para reunir os fiéis, mas os zombadores só verão agonia. No final do relato, o poeta elogia os padres locais que administram o santuário e que, obviamente, não apoiam os detratores do local.

O segundo santuário do Bom Jesus, o do Senhor do Bonfim, apresenta um caráter bastante diferente; sua história nos revela outro aspecto não menos impressionante da fé dos brasileiros. Localizada no distrito do Bonfim, em Salvador (BA), a bela igreja tem como padroeiro o próprio Jesus Cristo, com um tipo de culto que revela outro fenômeno da religiosidade brasileira: o sincretismo entre o catolicismo (dentro da igreja) e o culto africano do candomblé (fora do templo) – Jesus e Oxum Oxalufã. Um dos espetáculos mais coloridos do Brasil acontece na quinta-feira da novena do Bom Jesus, um feriado religioso no qual dezenas de senhoras negras, vestidas com toda a elegância do culto, lavam as escadas da igreja em homenagem ao Bom Jesus e oferecem cestas de frutas e de flores a Bom Jesus e a Oxalufã, o maior dos orixás africanos.

O melhor poema sobre o fenômeno é talvez o de José Costa Leite, um poeta que conhecia bem seu público e sabia

do que ele gostava. Em *História da Devoção do Senhor Bom Jesus do Bonfim*[10], o autor fala da grande festa popular do Bonfim e de sua romaria. Relata os primórdios do santuário em 1754, quando o marinheiro e herói português Teodósio de Faria trouxe a imagem do Bom Jesus e a entronizou na capela que construiu. A basílica que substituiu a capela original, agora reconhecida por Roma como um "marco de fé", por seus poderes milagrosos, abriga talvez a festa mais famosa do catolicismo, do sincretismo entre o catolicismo popular e as religiões afro-brasileiras, realizada em janeiro, no segundo domingo depois da festa dos Reis. O poeta compara o templo ao santuário do padre Cícero Romão em Juazeiro do Norte (o cenário cordeliano mais importante, que analisaremos adiante) e ao de São Francisco do Canindé, ambos no Ceará.

Nesta obra, José Costa Leite fala igualmente dos romeiros de todo o Brasil que acorrem ao local para pagar suas promessas. Conforme o autor, a novena que lá se realiza é uma festa onde primeiro se paga promessa e depois vai-se brincar no carnaval da Ribeira, que acontece ao lado da igreja, no último dia da novena. Para o poeta, porém, o fato mais importante é a lavagem da escada da basílica pelas baianas que seguem o culto afro-brasileiro do candomblé. Estas senhoras, "ricamente vestidas", acompanham uma procissão que percorre os seis quilômetros desde a igreja da Conceição da Praia, na Cidade Baixa de Salvador, até à península do Itapagipe e à basílica de Nosso Senhor do Bonfim. Lavam as escadarias do santuário e, em seguida, entram na igreja carregando cestas de frutas e de flores para honrar Bom Jesus e Oxalufã, o maior dos deuses africanos, identificado com Jesus. No final, descreve-se a sala dos milagres, presente geralmente em todos os santuários e ponto alto do catolicismo popular do Brasil.

Nossa Mãe Maria

Numa escala menor, porém não menos importante, este *Retrato...* apresenta a figura da Virgem Maria. A Maria oficial, santa canonizada pela Igreja Católica Romana, mãe de Jesus Cristo e padroeira de inúmeras paróquias em todo o mundo, está presente no retrato cordeliano como a Maria do catolicismo popular brasileiro, a Maria das lendas e dos milagres, do culto mariano medieval e moderno.

A Maria "tradicional", mãe de Jesus e mãe sofredora na hora de sua paixão e morte, é retratada em poemas como *As Sete Espadas de Dores da Santa Virgem Maria*[11]. O poeta reconta a profecia de Simeão sobre as sete chagas de Cristo e as

---

10. José Costa Leite, *História da Devoção de Nosso Senhor do Bom Jesus do Bomfim*, Condado, PE, s. d.

11. José Costa Leite, *As Sete Espadas de Dores da Santa Virgem Maria*, Condado, PE, s. d.

consequentes sete dores de Nossa Senhora: a primeira, a própria profecia de Simeão sobre as dores e a paixão de Jesus; a segunda, a fuga para o Egito (modelo narrativo seminal para o motivo da travessia difícil e heroica no retrato cordeliano); a terceira, o desaparecimento de Jesus e sua posterior reaparição no Templo; a quarta, a prisão de Jesus; a quinta, a flagelação de Jesus e os insultos que lhe são dirigidos nas ruas; a sexta, a caminhada de Jesus para o Calvário; e a sétima, a morte do filho nos braços da mãe.

São igualmente importantes as histórias do santuário brasileiro dedicado a Maria, que se originou do aparecimento milagroso de uma imagem em Aparecida (São Paulo), longe da terra original do cordel. Esse importante santuário produziu, no local, grande número de histórias populares sobre os milagres da Virgem Maria, reconhecidos ou não por Roma. Algumas semelhanças com outros santuários dedicados a Nossa Senhora, principalmente com Fátima (Portugal), encontram-se em poemas cordelianos como *A Nova Mensagem de Nossa Senhora Aparecida a uma Jovem em São Paulo*[12]. Segundo o poeta, a Virgem apareceu a uma jovem de nome Margarida e previu terríveis acontecimentos, que teriam lugar entre a época da aparição, 1960, e a década seguinte. Ocorreriam enchentes, o surgimento da URSS e da bomba nuclear, tragédias na Inglaterra, ataques na Itália e em Roma, e até a derrota do ditador Salazar em eleições, em Portugal! Fala ainda de uma revolução no Brasil em 1968 e de enchentes por todo o país. Essa história está ligada ao conceito de "fim de era" e aos episódios do Apocalipse associados à corrupção da humanidade, ao pecado e à necessidade de que o homem se arrependa e se prepare para o Juízo Final (outro tipo de cordel que analisaremos adiante). A Virgem apareceu à jovem num morro, vestida de azul, tendo ao peito uma cruz e *fora* do peito o coração, e entre lágrimas dizia: "O fim está próximo". E apresenta os motivos: a indiferença do homem pela religião, o modernismo, a corrupção, o cinema, o materialismo e a cobiça no mundo dos negócios. Pede que todos se arrependam, amem ao inimigo e ponham fim à prostituição no país. O mundo já foi julgado, e o fim está próximo!

No mesmo padrão das histórias de Jesus, muitos poemas cordelianos relatam as festas nas igrejas consagradas à Virgem Maria. A mais importante é talvez o Círio de Nazaré, festa realizada na basílica de Nazaré, dedicada a Nossa Senhora de Nazaré, padroeira da cidade de Belém do Pará. Como no caso da Lapa ou do Bonfim, a festa em si constitui um espetáculo religioso popular no Brasil, um local de milagres e de histórias exemplares.

12. Sem indicação de autor, *A Nova Mensagem de Nossa Senhora Aparecida a uma Jovem em São Paulo*, s. l., s. d.

Um bom retrato da festa de Nossa Senhora de Nazaré é o poema *O Círio de Nazaré*[13], escrito por um poeta romeiro que, em visita à cidade, assiste por acaso às festividades e oferece seu poema ao povo como uma lembrança do evento. Durante quinze dias, a começar no segundo domingo de outubro, o povo reza, arrepende-se de seus pecados e celebra a festa de sua santa padroeira, conhecida localmente como a Virgem de Nazaré. Como na festa do Bonfim, acorre gente de todo o Brasil e até do exterior, para participar dos festejos com muito fervor e não sem uma certa balbúrdia. A imagem da Virgem é carregada em procissão desde a catedral da Sé até à basílica de Nazaré, pelas ruas que se cobrem de flores à sua passagem. À frente do cortejo, vem o "carro dos fogos para fazer o povo feliz", seguido do "carro dos milagres", no qual o povo atira, literalmente, modelos de cabeças, braços, pernas etc., para pagar sua promessa, em reconhecimento pelas graças recebidas da Virgem. Até mesmo a Marinha nacional participa com um carro oficial. Assim, esta festa popular, celebrada desde 1616, chega ao fim, com muitos romeiros descalços e em grande ar de respeito acompanhando o carro da Virgem.

Por outro lado, à procissão seguem-se dias de festejar, de comer e de beber. Não podem faltar os pratos regionais, como o pato no tucupi. Um parque de diversão alegra as crianças, e para os adultos bebidas regionais como o açaí. Avistam-se turistas por todos os lados, figuras da mídia nacional que vieram para ver e serem vistas, e encontra-se até uma variante do improvisador de verso do cordel, os violeiros de coco. Segundo o poeta, essa festa só se pode comparar aos festejos de São Francisco do Canindé (CE).

São contadas às dezenas as histórias sobre a Virgem, desde homenagens melodramáticas e lacrimosas até histórias exemplares. Encerramos este tópico com aquele que é talvez

13. Cunha Neto, *O Círio de Nazaré*, Belém do Pará, s. d.

o poema mais conhecido sobre a Virgem Maria, *O Castigo da Soberba*[14], registrado em forma oral no início do século XX e depois transposto para o papel. Ficou famoso pela adaptação que fez Ariano Suassuna numa de suas peças dramáticas mais conhecidas, *O Auto da Compadecida*, publicada em 1955. A peça ganhou fama no Recife, depois nos palcos de São Paulo e Rio de Janeiro, no cinema brasileiro nos anos 1970, e, em 2000, numa minissérie da TV nacional. O auto baseia-se principalmente nas histórias de cordel, numa adaptação e recriação dentro de um sofisticado drama brasileiro[15].

14. Este texto do cordel acha-se em Leonardo Mota, *Violeiros do Norte*, Fortaleza, Imprensa Universitária do Ceará, s. d., pp. 201–213.

15. Ver Ariano Suassuna, *Auto da Compadecida*, 4. ed., Rio de Janeiro, Agir, 1964.

No nosso entender, entre os melhores poemas religiosos de todo o cordel figura *O Castigo da Soberba*, ao lado de *O Dinheiro*[16], de Leandro Gomes de Barros (que fala do papel do dinheiro e satiriza seu mau uso pelo clero brasileiro) e de *Debate de um Ministro Nova-seita com um Urubu*[17] (do mesmo poeta e analisado adiante). Há bons motivos para acreditar que os três foram escritos e impressos em cordel pelo grande Leandro Gomes de Barros, ou pelo menos foi esse poeta que transpôs para o verso as variantes orais existentes no Nordeste no final do século XIX.

No que se refere a *O Castigo da Soberba*, poder-se-ia colocá-lo em qualquer lugar deste álbum, pois nesse poema se reúnem inúmeros conceitos e crenças básicas. Trata-se da história do julgamento a que é submetida uma alma arrogante no purgatório, um processo parecido com o que acontece normalmente num tribunal de justiça brasileiro. O acusador e promotor público é Satanás; o juiz é o próprio Jesus; mas quem desempenha o papel mais importante é a Virgem Maria como advogada de defesa, em sua missão de intercessora dos homens, conceito básico do dogma tradicional e popular católico. A estória é extremamente divertida por sua linguagem e pelo humor que provoca no leitor. O que sustenta o poema é o papel de Maria como mãe de Jesus, ao mesmo tempo Deus e Homem, e o corolário humano de filho bom e obediente, que é incapaz de recusar um favor ou pedido à mãe querida. Assim, o pecador recebe uma segunda chance, ainda que Jesus, juiz sério, queira condená-lo "como Deus manda". Já para o diabo, o único consolo que resta é o aforismo: "a mulher se mete em tudo". Resumindo, é esta crença e prática básica, a fé em Nossa Senhora mãe de Deus e intercessora do ser humano, que constitui parte importante do catolicismo de tantos países no mundo e, em particular, do Nordeste brasileiro. Não há exemplo melhor de cordel que retrate a religião de um povo e de uma nação.

Os Apóstolos e os Santos

Para finalizar esta parte do primeiro álbum, resta mencionar aqueles poemas que tratam dos apóstolos e dos santos. Formam um amálgama de histórias ligadas estreitamente aos Evangelhos e/ou aos exemplos exagerados que já vimos no tocante a Jesus e à Santa Virgem Maria. A tradição oral na Europa, através dos séculos, encheu a tradição literária popular com essas histórias, que foram trazidas para o Brasil e aqui adaptadas ou recriadas no cordel. Todas têm o propósito de divertir, mas também informam e ensinam.

Os poetas eram capazes de recontar a história de *Dimas, o Bom Ladrão*[18] num romance (um poema longo, narrativo, neste caso de quarenta páginas) com todas as características de um conto de fadas ou de uma história de aventuras. Foi o que fez João Martins de Athayde, o poeta e "empresário" da "Idade de Ouro" do cordel no Recife da década de 1920 até o final dos anos 1950.

Athayde construiu uma verdadeira "empresa" do cordel, primeiro adquirindo, em 1921, da viúva do finado Leandro Gomes de Barros, os direitos autorais de toda a poesia deste pioneiro e primeiro grande autor de cordel. Mais tarde, fun-

---

16. Leandro Gomes de Barros, "O Dinheiro", em Leonardo Mota, *Violeiros do Norte*, pp. 213-215.

17. Leandro Gomes de Barros, "Debate de um Ministro Nova-Seita com um Urubu", em Gustavo Barroso, *Ao Som da Viola*, Rio de Janeiro, Departamento de Imprensa Nacional, 1949, pp. 429-435.

18. João Martins de Athayde, Proprietário José Bernardo da Silva, *Dimas o Bom Ladrão*, Juazeiro do Norte, CE, Typografia São Francisco, tiragem de 1964.

dou sua própria gráfica e deu trabalho para um grupo de poetas, tornando-se, desse modo, o maior produtor de cordel do Nordeste. Os "arrecifes", como eram chamados os folhetos de verso de sua gráfica, por serem impressos no Recife, foram por muitos anos o nome "genérico" desse tipo de poesia.

Em *Dimas, o Bom Ladrão*, Athayde reconta a lenda de Dimas, um jovem que teve a herança confiscada por um falso credor de seu pai e que não quis lhe conceder nem mesmo um empréstimo para pagar o enterro do velho. Dimas jurou vingança e, após algum tempo, matou o falso credor e se transforma num "bom ladrão" e chefe do mundo do crime em Jerusalém. É nesta qualidade que ele e seu grupo encontram, na estrada para o Egito, um velho, José, uma jovem, Maria, e um recém-nascido, Jesus, que fugiam do rei Herodes. Fizeram amizade com o trio, ajudaram-nos no caminho e, num encontro pessoal e misterioso com o menino Jesus, Dimas ouve a profecia – dita por uma voz misteriosa – de que um dia iria morrer ao lado de Jesus. E a profecia é cumprida quando voltam a se encontrar, crucificados, no Gólgota, quando Jesus lhe promete que teria um lugar a seu lado no paraíso.

Os poetas cordelistas também escrevem histórias engraçadas, os chamados "gracejos", com a finalidade não só de entreter mas também de transmitir uma mensagem. Uma dessas histórias é *Como São Pedro Entrou no Céu*[19], na qual o poeta-repórter José Soares da Silva relata a briga entre São Simeão, o detentor original das chaves da porta do céu, e o novato Pedro, que desejava seu controle. Com o apoio dos santos que chegam às portas do céu ao mesmo tempo que Pedro e com a decisão favorável de Jesus, este consegue seu intento. Contudo, para apaziguar São Simeão, Jesus tomou uma esperta decisão de gerente: nomeou-o guarda-livros do céu, guardião do registro de todas as almas que entram por seu portão.

Os santos, tal qual os deuses gregos da Antiguidade clássica, têm inúmeros atributos humanos, como se pode observar no próprio São Simão[20], que será sempre retratado como um santo esperto, teimoso e persistente, a quem somente o grande nivelador, a Morte, pode convencer a tomar seu lugar no céu, apesar dos divertidos esforços que São Pedro, São Miguel Arcanjo e o próprio Jesus usam para desenredar o santo de sua existência terrena.

Santo Antônio, protetor das jovens virgens, santo casamenteiro e padroeiro daqueles que perdem as coisas, também está onipresente na literatura. Usando uma estrutura semelhante à dos exemplos humorísticos, já vistos no caso das andanças de Jesus e de São Pedro. Neste poema famoso, Santo

---

19. José Soares da Silva, Editor Dila, *Como São Pedro Entrou no Céu*, Caruaru, PE, s. d.

20. Manoel José dos Santos, Editor José Costa Leite, *Vida e Morte de São Simão*, Condado, PE, s. d.

Antônio, na pele de humilde padre do campo, encontra-se com um de seus devotos que havia perdido a fé no santo e explica as razões das mortes seguidas de seu cavalo, de seu filho e de sua esposa, numa aparente contradição com a fidelidade do homem ao santo. Este, com ironia, diz ter agido daquela maneira para salvar a vida e a alma do queixoso. É este o enredo de *A História do Homem que Teve uma Questão com Santo Antônio*[21], uma velha estória de cordel atribuída ao poeta João Martins de Athayde.

Há no cordel um grande número de histórias de santos livro, muitas na forma tradicional de *Vidas dos Santos*, outras no reino da fantasia: *Como Judas Iscariotes Morreu*, *História da Mártir Santa Etelvina a Santa Cearense*, *Vida e Milagres de São Jorge*, e inclusive variantes modernas como *A Revolta de São Jorge com os Invasores da Lua* e centenas de outras. Elas completam esta parte do retrato cordeliano que conta, de um lado, as vidas dos santos e, de outro lado, louva as virtudes dos cristãos que os imitam.

---

21. João Martins de Athayde, Editor Proprietário José Bernardo da Silva, *História do Homem que Teve uma Questão com Santo Antônio*, Juazeiro do Norte, CE, 1954. O autor talvez seja José Galdino da Silva Duda, segundo diz Átila de Almeida, *Dicionário ...*, p. 214.

2. SATANÁS NO ALTO E AQUI EMBAIXO

Se o católico do antigo Nordeste era obrigado a praticar o bem, a obedecer a Jesus, para conquistar a salvação no paraíso (do mesmo modo que seus descendentes espalhados atualmente pelo Rio de Janeiro, São Paulo, Brasília ou ainda no próprio Nordeste), isso significa que não poderia praticar o mal, seguir o "lado escuro" de Satanás e acabar nas chamas do inferno. Assim como Jesus, Maria e os santos dos Evangelhos eram recriados através dos séculos em lendas locais, o mesmo acontecia com Satanás. No entanto, o papel do diabo na religiosidade do público do cordel é não-ortodoxo e surpreendente, tema que vamos abordar neste item. O diabo age tanto à sombra de Jesus quanto de Maria, dos apóstolos e dos santos.

Deus e o diabo: é esta a dicotomia que se difunde tanto na cultura elitista brasileira quanto na folclórico-popular. É a realidade retratada no filme *Deus e o Diabo na Terra do Sol*, de Glauber Rocha, uma das películas mais vanguardistas já produzidas no Brasil, produto do Cinema Novo das décadas de 1950 e 1960. Também na literatura, Deus e o diabo formam a realidade do substrato de um dos melhores romances brasileiros, *Grande Sertão: Veredas*, obra-prima de João Guimarães Rosa, escrita em 1956[22]. O conceito é dominante também na cultura folclórico-popular. Mas por trás de tudo resta o fato de que se trata de uma realidade do catolicismo romano, tanto o ortodoxo quanto o popular, e do cristianismo de hoje.

O Satanás bíblico, chame-se Lúcifer, Belzebu ou qualquer outro denominação, também está presente no cordel, mas o satanás "popular", com presença ubíqua na vida do nordestino. É o diabo da lenda folclórica e da tradição popular católica, que cresceu e evoluiu através dos séculos. Em certo sentido, embora mantenha a possibilidade de assombrar de forma horripilante, este diabo, assim como Jesus, Maria, São Pedro, Santo Antônio e outros santos das histórias do cordel, é quase humano e age como as pessoas que o leitor conhece na vida diária, embora mostre um comportamento um tanto "especial". O diabo é absolutamente necessário na literatura de cordel, do mesmo modo que o é na vida real dos poetas cordelistas e de seu público. E podemos encontrá-lo nas seguintes variantes:

- Jesus e o diabo: queixas sobre a corrupção do mundo.
- São Pedro, os apóstolos, os santos e o diabo: a imaginação folclórica.
- Satanás e a tradição narrativa do conto de fadas: *O Casamento de Lusbel*.
- O diabo, o inferno e quem se encontra no mundo inferior (cangaceiros, comunistas e maus políticos).
- Os exemplos morais: Satanás e as lições de vida e de morte.
- Um fenômeno moderno: Satanás e Roberto Carlos.

Jesus e o Diabo:
Queixas sobre a Corrupção do Mundo

A crença que está por trás destes folhetos é que o mundo criado por Deus, salvo por Jesus e inspirado pelo Espírito Santo já não existe, "entrou pelo cano". Satanás, nomeado pelo próprio Deus senhor do Inferno, está totalmente "estressado", desgastado e esmagado por sua própria boa sorte:

---

22. Ver, sobre esse tema, meu estudo, Prêmio Orígenes Lessa de 1985: " 'Grande Sertão: Veredas' na Literatura de Cordel", em *Brasil/Brazil*, 14(8), 1995, pp. 9–50.

a corrupção da humanidade. Precisa ir ao céu, convencer São Pedro a lhe permitir a entrada no paraíso e ter uma conversa particular com Jesus, para lhe dizer o que está acontecendo com sua criação no mundo. Satanás é muito formalista, já enfrentou a advogada máxima do paraíso, a Virgem Maria; por isso, quer tudo "no escrito", quer um contrato assinado por Deus (Jesus) que lhe conceda o direito de levar para o inferno todos os pecadores corruptos que puder apanhar. Jesus, por seu lado, é mais informal e reage à onda de corrupção com a simples pergunta: "O que há demais no mundo"? É este o enredo da história *O Satanaz Reclamando a Corrução de Hoje em Dia*, de José Costa Leite.

Muitas variantes seguem o padrão descrito acima, mas encontramos a essência num poema clássico de Vicente Vitorino de Melo, do sertão de Pernambuco, *A Segunda Queixa de Satanás a Cristo*[23]. Vicente escreveu a "primeira queixa" em 1940 e, em 1967, o poeta voltou com a "segunda queixa", ou porque ninguém se arrependeu com a primeira, ou, o mais provável, quis aproveitar-se do sucesso de vendas. Satanás, apesar de sua "fama", se quiser entrar no céu, tem de enfrentar São Pedro como qualquer pessoa comum, porque, diz o poeta, o que lhe causou a queda original foi o orgulho, o grande pecado de querer ser igual a Deus. Assim, teve de enfrentar a fila daqueles que queriam entrar no céu e, finalmente, teve a oportunidade de desabafar diante de Jesus. Conta-lhe uma ladainha de males que ocorrem no mundo, numa linguagem quase formulaica, presente neste tipo de poema. O belo mundo está prestes a acabar, a corrupção campeia em toda a parte, o comportamento sexual imoral e vulgar é onipresente, e a religião chegou ao fim. Ninguém dá atenção aos padres católicos e, o pior de tudo, o estado de desordem no adro ou mesmo no interior da igreja é geral! E as festas consagradas a Maria em maio! E, claro, ainda existe o carnaval, três dias de jogos, de dança e de sexo. E as novenas nas vilas do interior! Quando acaba a reza, começa a festa. E, assim, o poeta vai descrevendo deliciosamente qualquer coisa que "cheire" a "mandar brasa" nos dias de hoje.

A resposta de Jesus é simples: "Se se arrependerem, perdoarei a todos". A Virgem Maria entra em cena de improviso, e o diabo, obviamente, perde a compostura: as mulheres sempre se metem onde não devem! Ele e Jesus estavam apenas "batendo um papo" de "homem pra homem", e ela "furou" a festa. Com malícia, o diabo diz que, pelo que pode ver, o céu é administrado por burocratas. Jesus, que não pode recusar um pedido de sua mãe, põe de porta afora o diabo, que jura criar mais males para o mundo. O poeta termina louvando

23. Vicente Vitorino de Melo, *Segunda Queixa de Satanás a Jesus Cristo sobre a Corrução no Mundo*, s. l., 1967.

Jesus – Pai, Messias e Juiz compassivo dos sofrimentos da humanidade. E o diabo acaba tornando-se o bode expiatório.

Estes poemas, que têm o propósito de recordar ao público o estado lamentável do mundo, foram *best-sellers*, porque neles o leitor podia desfrutar da história e ao mesmo tempo observar a religião, isto é, divertir-se com os prazeres vicários que resultam da descrição das atividades pecaminosas do diabo. Os poemas expressam a cosmovisão de muitos brasileiros desde os primórdios do cordel, no final do século XIX, até os anos 1960: as raízes antigas e suas regras de comportamento e estabilidade hoje desapareceram ou ficaram apenas como tema de saudade. O mundo está virado e o povo, louco e desgovernado. Mas, no fim, o leitor ouve a mensagem pura de Jesus: ou retorna ao rebanho dos fiéis, ou sofre as consequências. O poeta e seu público se divertem, mas ninguém esquece a mensagem.

São Pedro, os Apóstolos, os Santos e o Diabo: A Imaginação Folclórica

Das descrições bíblicas e da evolução das crenças e tradições populares através dos séculos provêm as histórias em verso que divertem, ensinam e informam, baseando suas lições na luta do bem contra o mal travada entre os santos e o diabo. Uma das melhores histórias desse tipo é *O Satanás Trabalhando no Roçado de São Pedro*[24], do poeta pernambucano José Costa Leite, conhecido por reunir em seus versos religião e humor. Esta variante de poema, conhecida como gracejo, coloca São Pedro e Satanás como lavradores vizinhos, trabalhando cada um em sua roça, divididas uma da outra apenas por um rio. As terras de São Pedro são muito menores, mas produzem uma safra duas vezes maior; quanto a Satanás, apesar de ser muito trabalhador, é menos inteligente e tem menos sucesso na colheita. Propõe, portanto, um acordo, logo aceito pelo outro: Satanás fará o trabalho e São Pedro cuidará do planejamento. Plantam, sucessivamente, mandioca, milho, fumo, cana-de-açúcar, batata e jerimum, produtos imprescindíveis na agricultura nordestina. Satanás sua a morrer e trabalha "como um diabo" e as colheitas são ótimas. Na hora de dividir a safra, São Pedro, um tanto malandro, engana o diabo.

Primeiramente, no caso da mandioca. São Pedro propõe ao diabo que escolha levar tudo o que está em cima da terra ou tudo o que está embaixo. Satanás, julgando ser melhor a parte verde, acaba escolhendo a parte que não tem valor, e São Pedro fica com a parte boa debaixo da terra. Em seguida, vão dividir o milho. Agora, o diabo "aprendeu" com a outra experiência e não vai passar por otário novamente; é claro, escolhe a parte do milho que está debaixo da terra e dá a São

---

24. José Costa Filho, *O Satanás Trabalhando no Roçado de São Pedro*, Condado, PE, s. d.

Pedro tudo o que ele puder enxergar em cima do solo. E de novo é enganado!

Na feira semanal da vila, o camponês nordestino, o pequeno lavrador, ou mesmo o trabalhador de eito, caem na gargalhada quando escutam que o diabo burro foi enganado, uma vez após outra, pelo malandro São Pedro. Assim, reunindo-se a outros protagonistas e motivos do cordel, São Pedro transforma-se num "quengo", no clássico "amarelinho" nordestino (da índole de João Grilo ou Pedro Malasartes), que é forçado a sobreviver pela astúcia ou morrer de fome.

Satanás e a Tradição Narrativa do Conto de Fadas: O Casamento de Lusbel

Uma das melhores e mais antigas histórias do diabo no cordel intitula-se *O Casamento de Lusbel*[25]. Trata-se de uma estória em que o enredo, os protagonistas e o estilo convergem na poesia folclórico-popular. O tema principal é a luta da antiga religião entre o bem e o mal, dessa vez personificada nas maquinações do diabo contra uma jovem donzela e a defesa da moça, por toda a vida, pela Virgem Maria através de um anjo da guarda. O tema faz parte da tradição do romance, uma narrativa longa de ficção no cordel. O resultado é uma história contada em três volumes, com 32 páginas cada, em estrofes de seis versos, ou sextilhas. A estória conduz o leitor numa longa viagem pela terra, passando pelo purgatório e pelo inferno, misturando a religião com os elementos maravilhosos e fantásticos do romance tradicional.

Considerado um dos clássicos do cordel, é atribuído a João Martins de Athayde, que o teria escrito em seu período áureo, entre a década de 1920 e a de 1950. Vendido,

25. Luiz Costa Pinheiro, Editor proprietário José Bernardo da Silva, *O Casamento de Lusbel*, Juazeiro do Norte, CE, 3 vols., tiragem de 1957.

no final dos anos 1950, a importante editor de Juazeiro do Norte, sobreviveu até os dias de hoje. No entanto, Átila de Almeida afirma, em seu *Dicionário*, que seu autor é Luís da Costa Pinheiro. Trata-se de um texto que revela conceitos de fé, de moral e, ainda mais, mostra a verve criativa do poeta cordelista, reunindo na obra de ficção a fé e o mundo da fantasia.

O primeiro volume fala dos tempos antigos, da época em que Satanás precisava comprar almas para o inferno. Aconteceu que um velho, pai de uma única filha única, queria arranjar um bom casamento para a moça, mas essa concorda desde que o noivo tenha um dente de ouro. O diabo, ao saber disso, entra em cena com a boca cheia de dentes de ouro, e a jovem quer por tudo casar-se com ele. A Virgem Maria, em protesto contra a ousadia do diabo de querer casar-se com uma donzela inocente e religiosa, intervém no caso e dá de presente à moça, que também se chama Maria, um jumento, o

verdadeiro herói da história, que não é outro senão o próprio anjo da guarda de Maria.

O diabo leva Maria para uma grande viagem por outros mundos: o mundo rico-mágico, o mundo de leite e queijo, o mundo da vaidade, do riso, dos brilhantes, dos prazeres, da raiva, da impureza etc., todos eles significando desafios para a fé e a bondade da jovem. Em cada um dos mundos que o diabo lhe mostra, o jumento aconselha e protege a jovem. Num destes mundos, desta vez o da inocência e, coincidentemente, a terra natal do jumento, os cidadãos se reúnem e dão uma surra no diabo, primeiro por ousar casar-se com uma donzela e, depois, por tentar corrompê-la. E o primeiro volume se encerra com a viagem para um mundo de escuridão e chamas de fogo.

No início do segundo volume, o leitor descobre que aquelas chamas do final do volume anterior ainda não são as do inferno, mas do purgatório purificador. Em seguida, percorrem o mundo da paz, que Maria pensa ser o céu, mas lhe dizem que, embora reine ali a felicidade, aquele mundo nunca poderá comparar-se ao paraíso celestial.

Nessas viagens pelos vários mundos percorridos nesta epopeia cordeliana, pode-se encontrar o motivo do viajante, a base do clássico cordeliano *Viagem a São Saruê*, do poeta Manoel Camilo dos Santos, um poema que o escritor Orígenes Lessa – em discurso na renomada Academia Brasileira de Letras – comparou a *Vou-me embora p'ra Pasárgada*, do poeta Manuel Bandeira[26]. Os dois poemas evocam mundos fantásticos para onde o protagonista foge das dores e dos sofrimentos humanos deste mundo. É possível que o modelo de Manoel Camilo tenha sido esta trilogia sobre Lúcifer.

Voltando ao *Casamento de Lusbel*, Maria e o diabo acabam chegando às portas do Inferno. Maria lembra-se do conselho que recebeu da Virgem Maria antes de casar-se com Onofre (nome que diabo adotou no começo da história; até então, Maria não sabia que se tratava de Satanás) e passa a confiar no jumento, que a conduz sem danos pelas chamas infernais. Numa cena que se torna modelo e motivo de todo cordel – bater na porta, gritar para entrar e depois brigar e quebrar a porta[27] – o jumento-anjo da guarda bate na porta do inferno, exige ser admitido e repreende Satanás por tentar a donzela. Aplica outra tremenda surra no diabo. Este, como em outras histórias, reclama dos problemas criados pelas mulheres e jura nunca mais se meter com elas.

Nesta altura da narrativa, ocorre importante mudança de cenário: o jumento leva Maria de volta ao "mundo verdadeiro", advertindo-a de que o mal está em toda a parte e de que, devido à sua extraordinária beleza, deveria vestir-se de homem, se quisesse evitar problemas. Assim, Maria se transforma em "João Maria", mas mantém seu modo independente de pensar. Chegam a uma encruzilhada e a jovem escolhe a estrada da esquerda, o caminho do mal e da perdição. O jumento, triste, se despede, lamentando a mudança no coração da pupila. De repente, Maria se vê no meio de um conto de fadas medieval. Disfarçada de homem, é levada ao castelo de um príncipe, bonito e rico, que em seu coração tem certeza de que "João Maria" é mulher e arquiteta vários truques para descobrir a verdade. O jumento volta e ajuda Maria a escapar das armadilhas, mas o inevitável acontece: ela é descoberta, apaixona-se loucamente pelo príncipe e os dois se casam e têm dois filhos lindos.

Durante o parto das crianças, o príncipe não está presente porque "foi chamado a reinar em outro reino". Recebe, porém, duas cartas informando o nascimento dos bebês,

---

26. Orígenes Lessa, revista *Anhembi*, n. 61, dez. 1955, p. 83.

27. Ver *O Valente Vilela* e várias outras estórias de cangaço no cordel, como *O Encontro de Antônio Silvino com Lampião*, de José Costa Leite.

uma da sogra, uma senhora honesta e digna (coisa raríssima no cordel), e a outra da própria Maria. O diabo intervém e substitui as cartas legítimas, cheias de palavras doces de amor, por outras repletas de maldades. As cartas escritas pelo demo anunciam ao príncipe que Maria deu à luz duas rãs! O príncipe se surpreende, mas mantém-se incrivelmente calmo e fiel a seu amor. Diz, em resposta, que pode amar "suas duas queridas rãs". Esta carta também é interceptada pelo diabo, que, em lugar das serenas palavras do príncipe, ordena que se arranquem os olhos de Maria, cortem seus seios e seja abandonada na floresta com os filhos monstruosos. O diabo fez tudo isso para vingar-se do jumento e das surras que recebera anteriormente.

No terceiro volume, o leitor toma conhecimento dos sofrimentos (ou "martírios", um motivo comum no cordel) de Maria, que, no dizer do poeta, são necessários para que possa receber o justo prêmio no futuro: Maria precisa fazer penitência antes de recebê-lo. (Ainda aqui, este tipo de história é o modelo-padrão da ficção cordeliana extraída das histórias maravilhosas e dos contos de fada.) Então, a vagar pelo mundo, cega, os peitos cortados, com duas pobres crianças ao colo, Maria vai dar numa gruta isolada. Lá, assusta-se com um gigantesco animal que outro não é – o leitor logo fica sabendo – senão seu querido jumento disfarçado. Numa cena que lembra os contos de fada dos irmãos Grimm, o jumento exige que Maria lhe arranque os olhos, esfregue seu sangue nos olhos e lhe bata até que ele desfaleça. O resultado é que, por meio deste ritual, aqui descrito como um ritual de candomblé, Maria deve recuperar a visão e os seios.

Maria, com muito medo e hesitação, segue as ordens do jumento e recobra, fisicamente, o corpo perfeito. Além disso, agora é uma mulher rica e passa a morar numa mansão. O príncipe retorna da viagem, toma consciência das intrigas do diabo, procura Maria e os dois se reúnem felizes. Julgam que vão viver felizes para sempre! Entretanto, o diabo, ainda não satisfeito, arquiteta novos truques, dificultando a vida no palácio. O anjo da guarda, o jumento, mais uma vez aparece para salvá-los, agora sob a forma de um jovem falcoeiro e couteiro do palácio real (aqui o poeta faz uma interessante lista dos pássaros do Brasil). O jovem pega um urubu com que se depara, joga-o numa gaiola e aplica-lhe tremenda surra. Acontece que o urubu nada mais era que o diabo disfarçado. O jovem transforma o urubu num cavalo trabalhador e usa-o para reconstruir o reino, quase matando-o de tanto trabalhar, fazendo com que o diabo pague por seus pecados e ousadia.

Tudo tem que terminar em algum momento e em algum lugar. O diabo está que não aguenta mais, promete deixar Maria em paz e jura nunca mais se meter com as mulheres, nem mesmo deixá-las entrar no inferno! O jovem caçador transforma-se no jumento, mantém uma conversa emocionante com Maria e tudo acaba bem.

Numa espécie de epílogo, o poeta conta mais uma vez a história tradicional de Lúcifer e dos anjos do mal, sua derrota pelas mãos do arcanjo Miguel, e a repetição do tema do poema: o pecado e o castigo do diabo por querer tornar-se uma espécie de deus ou até maior do que o próprio Deus. Seu orgulho antes da queda provoca sua expulsão do paraíso para seu domínio, um inferno criado nas profundezas de uma gruta na Terra. Dessa vez, pagou sua falsidade para com Maria e, indiretamente, para com a Virgem Maria. Assim, o pecado maior de todos os vilões do cordel é o falso orgulho e o mau tratamento dispensado aos outros.

Por longa que tenha sido, a história tinha de ser contada neste retrato devido à sua importância. Através dela, o leitor, além de conhecer uma das histórias mais famosas do cordel, adquire uma perspectiva mais precisa do significado que as tradições da fé e da luta verdadeira entre o bem e o mal, Deus e o diabo, têm para o coração humano. Os tempos mudam, os protagonistas e os assuntos talvez se renovem, mas a essência continua a mesma.

O Diabo, o Inferno e Quem se Encontra nele: Os Cangaceiros, os Comunistas e os Maus Políticos[28]

Uma das histórias mais interessantes que se pode contar neste livro é a dos verdadeiros cangaceiros do Nordeste. Dos bandidos lendários dos séculos XVIII e XIX, como Cabeleira ou Lucas da Feira, àqueles que ainda eram vivos no auge do cordel no século XX, como Antônio Silvino da Paraíba, Lampião e Maria Bonita, a figura do cangaceiro do Nordeste brasileiro é um capítulo à parte da história do país[29].

Numa próxima seção, falaremos do cangaceiro e de seu papel na história e na sociedade brasileiras; aqui procuraremos mostrar sua ligação com as crenças populares, a superstição e a religião. Acreditava-se que os cangaceiros eram dotados de poderes misteriosos, como a habilidade de desviar as balas, poderes derivados de encantamentos e "rezas" que tinham aprendido. Era voz corrente que Lampião simpatizava com os poderes do chamado "Taumaturgo do Sertão", o padre Cícero Romão, e por mais de uma vez foi a Juazeiro do Norte para visitá-lo. Todavia, no tocante a este álbum, se um cangaceiro conseguisse escapar da "lei" de maneira quase milagrosa, acreditava-se que tinha pacto com o diabo. Por outro lado, os cangaceiros, especialmente Lampião, foram considerados a síntese do mal e eram capazes de desafiar os poderes do próprio Satanás. Foi assim que se criou, nas histórias de cordel, todo um subtema de ficção e fantasia sobre o dia em que Lampião ou Antônio Silvino chegaram ao inferno. Nesse tipo de história, os poetas deixam a imaginação voar livre e geralmente agregam-lhes uma boa dose de humor.

O título mais conhecido é *A Chegada de Lampião no Inferno*[30], de José Pacheco, um poema que, ao longo dos anos, foi imitado, plagiado e roubado por outros poetas-editores. Nesta história, Lampião chega ao inferno, põe fogo na feira e na colheita local (tal qual haviam feito, na vida real, os valentes locais nas pequenas vilas do sertão, um episódio muito conhecido do público de cordel). O porteiro do inferno é um moleque (igual a tantos moleques dos engenhos de açúcar do Nordeste) e os diabos, em sua maioria, são pretos (preconceito racial comum, na época, no interior do Nordeste). E este inferno era muito parecido com uma repartição pública das vilas do sertão: uma horrível burocracia a opor obstáculos já tão conhecidos. Por isso, Lampião leva muito tempo para chegar até o "escritório central" e falar com Satanás. O tom empregado pelo poeta é bastante irônico, mostrando que Satanás tem medo de que o cangaceiro lhe roube tudo pelo que lutou e que levou tanto tempo para juntar (como bom cidadão). Chama, então, as tropas, todos os diabos do inferno, todos pretos. Lampião diz com seus botões que parecia estar na Abissínia! O poeta fornece uma lista dos nomes de todos

---

[28]. Os vilões não se restringiam ao Brasil; também foram mandados para o inferno os famosos vilões das guerras internacionais, como o Kaiser Wilhelm, Hitler, Mussolini, Perón e até Saddam Hussein. Em outro álbum, analisaremos o assunto no que se refere à política.

[29]. Há uma grande quantidade de livros e estudos sobre o cangaço no cordel, mas as fontes que nos foram mais úteis através dos anos foram as obras clássicas de Gustavo Barroso, *Ao Som da Viola*; de Câmara Cascudo, *Vaqueiros e Cantadores* e *Flor dos Romances Trágicos*; e um livro mais recente do alemão Ronald Daus, *O Ciclo Épico dos Cangaceiros na Poesia Popular do Nordeste*, Rio de Janeiro, FCRB, 1982.

[30]. José Pacheco, *A Chegada de Lampião no Inferno*, s. ed., Juazeiro do Norte, CE, 1949.

os diabos (como na poesia épica), alguns da tradição nordestina, outros cômicos, e Lampião derrota a todos. E, como nem o paraíso nem Satanás o quiseram, Lampião está de volta ao sertão, e se o leitor não acreditar (diz o poeta), pode escrever ao próprio diabo para confirmar!

O motivo da ida de Lampião ao inferno para "infernizá-lo" criou fama e foi imitado por muitos outros autores de folheto. Surgiram, assim, muitas outras histórias, entre elas aquela que fala do namoro do cangaceiro com a filha de Satanás e de uma sogra "diabólica" (a sogra é uma das personagens mais condenadas do folclore nordestino, ou, melhor, do folclore ocidental). O autor desta história[31], Apolônio Alves dos Santos, um veterano da feira de São Cristóvão no Rio de Janeiro nas décadas de 1970 e 1980, repete parte da trama do poema clássico de José Pacheco, visto atrás, até à grande batalha de Lampião com os diabos. Nesse ponto, o poeta faz uma digressão para falar da chegada da filha do Satanás. Ela joga Lampião por terra, os dois sentem "uma grande sensação" e ali mesmo fazem amor. Todavia, mais uma vez, o objetivo do poeta é divertir: o código de honra do diabo é, ironicamente, o mesmo do nordestino tradicional. Se a filha de Satanás foi "desonrada", o culpado tem de casar-se com ela ou morre. Lampião aceita a noiva, mas quer tudo de forma "legal", por escrito, para que ambos possam ser herdeiros de Satanás. No fim da história, o autor acrescenta uma observação: aquela foi a segunda mulher de Lampião; ele não esquece que o público sabia que Maria Bonita fora a primeira na vida real.

A última foto deste álbum que estamos folheando é *A Briga de Antônio Silvino com Lampião no Inferno*[32]. O poeta adverte que se trata de um enredo moderno! O que seria

31. Apolônio Alves dos Santos, *Lampião no Inferno*, s. l., s. d.

32. José Costa Leite, Condado, PE, s. d.

mais interessante do que um encontro do "Terror do Sertão" (Lampião) com "O Justiceiro do Sertão" (Antônio Silvino)? Não há registro de que tenha ocorrido tal encontro ou briga na vida real (Silvino nasceu quase uma geração antes de Lampião), mas, no cordel, seria uma batalha comparada àquela entre Aquiles e Heitor. Nesta fantasia, Lampião foi eleito prefeito do inferno, que com isso teve suas ruas pavimentadas e iluminadas (uma correlação com a política e o desenvolvimento econômico das pequenas vilas do interior do Nordeste). O bandido está pronto para casar-se com a filha de Satanás, porém numa cerimônia de xangô (uma indicação daquilo que o poeta e o público de cordel pensam dos ritos afro-brasileiros em Pernambuco). Nesse momento, chega Antônio Silvino e desafia Lampião a lutar pelo cargo de prefeito. Segue-se um combate tradicional, com troca de tiros e balas ricocheteando de todos os lados; entram numa luta de morte, corpo a corpo, com as grandes facas usuais. Lampião leva a pior na briga quando Silvino lhe morde o nariz (fato pouco heroico). Chegam os outros diabos para reforçar as tropas de Lampião, mas aparece o arcanjo Miguel e leva Antônio Silvino para o céu a fim de receber o prêmio merecido. O que torna esse poema uma obra-prima é o fato de seu autor extrair da vida real crenças, valores e situações e aplicá-los ao cenário do inferno, levando, assim, para a ficção a vida e sua maneira de vê-la.

É claro que os poetas podiam aplicar os mesmos princípios, o mesmo cenário e o mesmo humor a outro mal igualmente real: o dos comunistas e de outros maus políticos e líderes internacionais do momento. Assim, o leitor pode ler *A Chegada de Stalin ao Inferno*, *A Chegada de Mussolini ao Inferno* e, especialmente, *A Chegada de Hitler ao Inferno*[33].

O comunismo quase sempre será associado ao diabo por seu ateísmo inerente e tradicional e sua visão materialista (em vez de espiritualista) do mundo. O axioma marxista, verdadeiro ou não: a "religião é o ópio do povo", teve consequências sérias no Nordeste católico. Poemas como *Discussão de um Padre com um Comunista*, *O Dragão do Fim da Era* (onde o comunismo é personificado na besta do Apocalipse e no diabo), *Mensagem de Nossa Senhora de Fátima e os Horrores do Comunismo* (com a comunicação de que o comunismo é diabólico e os que o aceitarem acabarão no inferno), e os planos da subversão comunista sempre são vistos como obras de Lúcifer. Assim, não é surpresa que Stalin acabe no inferno do cordel.

Também o corporativismo de Mussolini e o fascismo de Hitler não escaparam à sátira do cordel. Os poetas escreveram histórias hilariantes sobre um Mussolini bufão e um Hitler cheio de apetite sexual, que corria atrás da filha de Satanás (ou da mãe dele) no inferno. Esses fatos serão comentados em outra seção deste livro, mas, nestas histórias sobre o inferno imaginário do cordel, aprendemos muito sobre o caráter e a atitude do nordestino para com eles.

Os Exemplos Morais: Satanás e Lições de Vida e de Morte

Aqui, voltamos a encontrar um paralelo: assim como Jesus, Maria, José e os santos servem de modelos tradicionais e, consequentemente, produzem milagres, também o diabo segue a tradição folclórico-oral e a religião popular, em parábolas, em histórias exemplares, que advertem o público leitor sobre a obrigação de evitar o mal e as chamas do in-

---

33. Todos estes títulos são do poeta popular de Salvador, Cuíca de Santo Amaro, publicados nas décadas de 1940 e 1950. Ver nosso livro *Cuíca de Santo Amaro Poeta-Repórter da Bahia*, Salvador, Fundação Casa de Jorge Amado, 1990.

ferno. Nestes poemas, o diabo está sempre um passo atrás de Jesus, dos santos ou mesmo dos protagonistas humanos; ele tem o "miolo mole" e quase sempre termina enganado e derrotado.

No que se refere a este tema, um dos clássicos do cordel é *O Velho que Enganou o Diabo*[34]. Observam-se nesta história vários paralelos com as histórias de São Pedro. Um velho que vive em condições de miséria pede ajuda a Deus; o diabo escuta o pedido e entra em cena. Oferece ao velho um "negócio": o serviço dedicado do demo e riquezas na vida em troca de seu sangue, que ele precisa "para curar seu pai" doente. Mas o velho, que não é tolo, percebe que está falando com o próprio Lúcifer e arquiteta um plano para sair ganhando do negócio. Pede ao diabo que lhe faça um cercado, coloque dentro um bom rebanho de gado e construa um açude para dar água ao rebanho. Depois de muito trabalho braçal, o diabo está prestes a terminar e pede o fim combinado do "contrato". Mas o velho lhe solicita outro serviço: belas casas para seus trabalhadores numa praça pública cercada de flores (outra vez o modelo das pequenas vilas do sertão). O diabo, já de mau humor, atende ao pedido, mas totalmente cansado de tanto trabalhar. Pede, então, o sangue do velho para concluir o pacto. Este, porém, lhe pede mais uma coisa: que ele corte a forragem no campo dentro do cercado, mas no lugar onde estava enfincada uma cruz. Obviamente, o diabo percebe que não pode enfrentar a cruz e desiste, totalmente enganado pelo velho. O poeta termina dizendo que ele próprio é que saiu ganhando na história, com o lucro de uma boa venda de seu folheto!

Uma variante moderna, produto dos anos 1970 no Brasil, é o poema *O Homem que Ganhou na Loteria Esportiva*

Ajudado pelo Diabo[35]. Nesta história, um homem pede ao diabo que lhe ajude a acertar os treze pontos da loteria esportiva, fica rico e engana o diabo com a introdução, no contrato, de uma cláusula formal e astuta.

Um Fenômeno Moderno:
Satanás e Roberto Carlos

Crenças religiosas, ficção na poesia e a vida real podem reunir-se, por exemplo, num acontecimento que rendeu muito dinheiro aos poetas do final da década de 1960, uma ocasião feliz em que se juntaram vida, folclore e religião. Os Beatles tinham alcançado no palco internacional uma popularidade

---

34. Atribuído a João Martins de Athayde, *O Velho que Enganou o Diabo*, s. l., s. d.

35. Rodolfo Coelho Cavalcante, *O Homem que Ganhou na Loteria Esportiva Ajudado pelo Diabo*, Salvador, BA, s. d.

que não só mudaria a música popular de grande parte do mundo ocidental, mas também os costumes sociais e morais da época. O *rock n'roll*, com raízes no *blues*, na música *country* e no *gospel*, com Bill Haley and the Comets, Carl Perkins, Little Richard, Chuck Berry e, especialmente, Elvis Presley, abriu caminho para o sucesso dos Beatles. Seus cabelos compridos e sua mensagem secular criaram uma maré de mudança nos EUA, que acabou ecoando no Brasil. Um jovem talentoso e bonito do Espírito Santo, apaixonado pela nova música e pela nova moda, adaptou os ritmos, a música e os costumes estrangeiros para a juventude do Brasil. Roberto Carlos e seu amigo Erasmo Carlos, quase sozinhos, revolucionaram o mundo da música brasileira com um estilo, o iê-iê-iê (do *yeah-yeah-yeah* da letra dos Beatles) ou, em outros termos, o *rock* brasileiro. Através de Roberto Carlos, com seu cabelo até os ombros, calça apertada e o *slogan* "é uma brasa, mora", a jovem guarda apaixonou multidões como nunca antes no país.

* * * *

Eu mesmo fui testemunha do novo cenário. Assim como Elvis Presley conquistou o coração dos jovens norte-americanos, nos meados dos anos 1950, com uma apresentação histórica no Ed Sullivan Show, e os Beatles, mais tarde, com um momento similar, Roberto Carlos foi coroado o "Rei do Brasil". Os jovens em massa adotaram o estilo cabeludo, a calça apertada, as gírias novas originárias das letras de suas músicas e, mais do que tudo, o ritmo brasileiro peculiar que resultou da adaptação do rock britânico e norte-americano (incluindo aí o twist). Minha crença sempre foi que era uma vingança dos norte-americanos por não saberem dançar o samba. O movimento abrupto da jovem guarda no final dos anos 1960, quando tentaram dançar a música dos Beatles e de Roberto Carlos, foi um "barato". Era uma época em que este autor podia subir ao palco de uma pequena boate de Campina Grande, no interior da Paraíba, ou mesmo num clube na famosa praia de Boa Viagem no Recife, e tocar um rock n' roll meio esculhambado e ainda fazer sucesso. Deve-se acrescentar que a música iê-iê-iê evoluiu para um rock brasileiro incrivelmente talentoso, bastante sofisticado e original, que dominaria a música brasileira até os anos 1990.

* * * *

Por acaso, uma das primeiras músicas e das mais famosas de Roberto Carlos foi *Quero que Vá Tudo pro Inferno*. Não poderia ter sido melhor para os poetas de cordel! Foram escritos dezenas de poemas, que no final de 1966 e começo de 1967 se vendiam como pão quente nas ruas do Nordeste: *Vida e Sucessos do Cantor Roberto Carlos*, *A Carta que Satanaz*

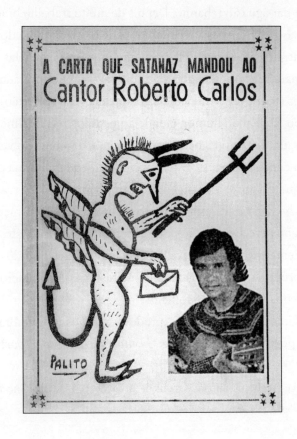

Mandou ao Cantor Roberto Carlos, A Resposta de Roberto Carlos à Carta de Satanás e outros folhetos, aproveitando o sucesso dos primeiros, como *O Encontro de Satanás e Roberto Carlos, A Chegada da Caravana de Roberto Carlos no Inferno*, ou *A Moça que Mordeu o Travesseiro Pensando que fosse Roberto Carlos.*

Até então tínhamos a crença ortodoxa do público do cordel em Jesus, em Maria, nos apóstolos e nos santos, e no diabo, em histórias feitas para divertir o público, desafiando os humanos. Mas o fenômeno Roberto Carlos era algo novo. Na música *Quero que Vá Tudo pro Inferno,* Roberto Carlos demonstra sua raiva contra todos aqueles que não podem ou não querem compreender ou apreciar a música nova, e simplesmente manda todos para o inferno. Isso criou uma onda de folhetos nos quais o diabo se queixa (lembra-se o leitor do tema da queixa, o diabo queixando-se a Jesus da corrupção do mundo) – neste caso por meio de uma carta ao cantor – de que o inferno está lotado! Seus recursos são limitados, portanto pede ao cantor que pare de cantar a música! Obviamente, Roberto vai responder; daí surge uma segunda série de cartas e respostas (em forma de folhetos de cordel), que leva mais dinheiro para os bolsos dos poetas. Foi, portanto, a junção de vários fenômenos sem qualquer relação entre si que criou uma situação que renderia milhares de poemas de cordel sobre o tema: a loucura pelo *rock n'roll* e por Roberto Carlos, a tradição do cordel em si, o papel do diabo na religião popular brasileira, e o encontro inesperado dos três.

3. SINAIS DO FIM DO MUNDO E A VISÃO APOCALÍPTICA

Aceita-se no cordel que Jesus Cristo salvou a humanidade por meio de sua paixão e sua morte na cruz, e que Ele voltará um dia para julgar a todos. Resta saber quando será sua volta e sob que circunstâncias. As respostas encontram-se nos pronunciamentos das Escrituras e nos vaticínios dos profetas de hoje, respostas que constituem parte importante deste livro. O católico tradicional nordestino, que se pergunta muitas vezes se já não sofreu na terra as penas do purgatório, mostra grande interesse pelos "sinais" da chegada do fim do mundo. "Formados" pelas declarações de Jesus no Novo Testamento e, em particular, pelo livro do Apocalipse, os poetas de cordel sabiam que este tema lhes poderia render boas vendas de folhetos. E assuntos não faltavam: os líderes populares religiosos do sertão, alguns deles vozes legítimas da fé a pregar sobre a escritura apocalíptica, outros, os mais famosos, líderes de cultos baseados no sebastianismo, no messianismo, e no arrependimento pessoal e penitência antes do juízo final. Na verdade, ninguém se podia considerar um verdadeiro poeta de cordel se não contasse, entre suas obras, pelo menos um bom título sobre o tema. Mas a forma particular de contar a história varia muito. Assim, o conhecimento que cada poeta tem das Escrituras e sua habilidade de fazer "versos bonitos" determinaram a criação de poemas cada vez mais diferentes uns dos outros.

Quanto aos sinais procurados, alguns podiam ser vistos nos movimentos das estrelas, do Sol e da Lua e, sobretudo, no dos cometas, determinando para a astronomia e a astrologia papéis importantes neste contexto. Outra publicação importante para o público do cordel, além dos próprios folhetos em verso, foi o almanaque. Muitos poetas e editores locais passaram a contar com uma segunda "atividade": a

feitura de horóscopos, que eram impressos nos almanaques vendidos nos mercados e feiras ao lado dos folhetos de cordel[36]. Embora tivessem o propósito principal de orientar a agricultura – quando semear, quando colher – os almanaques transmitiam, muitas vezes, uma certa visão apocalíptica, em particular no tocante às profecias e, ainda mais, aquelas do padre Cícero Romão Batista.

Persistia, porém, uma grande preocupação do leitor: o dia do segundo advento de Cristo. Como se devia interpretar os sinais e o que se poderia fazer para preparar-se para esse dia? São estas as preocupações que permeiam as histórias em verso que vamos analisar. Estes folhetos eram muito populares e fascinavam enormemente o grande público, fato facilmente comprovado pelo sucesso de vendas. Tais quais os poemas sobre o diabo e suas queixas a Jesus Cristo acerca da corrupção do mundo, estas histórias ocupam várias páginas com listas dos prazeres (pecados) do mundo para, supõe-se, o deleite vicário do público. Sugerem, assim, uma variante do velho aforismo de banca de jornais: "Se não podes tê-los, pelo menos podes ler sobre eles".

Quando chegava o dia anunciado do fim do mundo e nada acontecia, atualizavam-se estes poemas, marcando novas datas, mas mantendo o texto e as profecias, indicando talvez (ou mesmo) um cinismo dos poetas ou uma falta de sinceridade. Devemos recordar, porém, que o poeta precisava vender o poema para continuar seu "negócio" e, a acreditar nas vendas e no contínuo sucesso desse tipo de poema, o público acreditava neles e se divertia.

Uma das histórias mais antigas e tradicionais – entre as centenas que existem sobre o tema – é *O Fim do Mundo*, impresso na tipografia de João Martins de Athayde, no Recife[37]. O poeta reconta toda a história da tradição judaico-cristã, desde as palavras de Deus até o profeta Isaías, e adverte ao público que sempre haverá novas profecias sobre a corrupção no mundo, feitas por homens sábios; tem-se, portanto, de prestar muita atenção! As visões de Moisés, de Aarão e de Elias se transformaram atualmente em verdades! Diz ainda o poeta que sempre foi um homem trabalhador e de poucos prazeres na vida; assim, não sente saudade do passado e estará feliz mesmo quando chegar o fim. Fala da criação do mundo por Deus e da disseminação do mal e da corrupção. E, segundo a tradição bíblica, na primeira vez em que Deus ficou desgostoso com sua criação, decidiu acabar

36. Um dos principais astrólogos do cordel foi Manoel Caboclo e Silva, de Juazeiro do Norte (CE). Fizemos uma entrevista com o poeta na sua casa-tipografia, publicada no livro *A Literatura de Cordel*, cap. 3.

37. João Martins de Athayde, *O Fim do Mundo*, Recife, 1948.

com ela e mandou o grande Dilúvio. Agora, os tempos difíceis voltaram, diz o poeta, o cataclismo está perto!

Todavia, como vai acabar o mundo? Às cinco horas (o poeta não diz se da manhã ou da tarde) o azul do céu ficará vermelho, as folhas cairão no chão pela força dos ventos, os rios secarão, os mares ficarão revoltos e o mundo se converterá num "drama funéreo". Chegarão cinco anjos (normalmente são quatro) e queimarão os quatro cantos do mundo com ventos e chuvas de fogo, e a humanidade morrerá escaldada. Os mortos acordarão em suas tumbas e caminharão para o juízo final. São Jorge descerá da lua (a crença de São Jorge de espada na mão a cavalgar seu corcel), trazendo uma balança para pesar os pecados dos homens (geralmente, São Miguel Arcanjo é que será encarregado dessa pesagem). Os anjos tocarão suas trombetas celestiais, anunciando o fim do mundo. A Morte em pessoa virá, com sua foice afiada, recolher sua parte da colheita. São Pedro e todos os santos (o poeta relaciona os nomes de mais de trinta) virão para receber os justos, e Lúcifer virá para fazer a coleta dos condenados. O poeta se diverte ao fazer a lista dos pecados que levarão os desgraçados às dez portas do inferno e seus trinta compartimentos. Nem Dante nem o espanhol Quevedo chegaram perto dos poetas de cordel na descrição desse cenário: os médicos e os advogados ocuparão grande parte do espaço do inferno; desse modo, o leitor vê que pouca coisa mudou no mundo. Acontece, porém, que o inferno está lotado!

Manoel Tomaz de Assis aproveitou a passagem de um cometa, cujo nome ele não diz, para escrever um dos melhores poemas apocalípticos, *O Planeta É um Aviso do Mundo ser Castigado*[38]. Sua tese e a crença básica dessas histórias é que o cometa significa um aviso: Deus sempre manda um aviso quando quer castigar a humanidade por suas transgressões. Neste caso, vai haver um verdadeiro "pega-pega". A luta marcará uma verdadeira travessia para o homem. As causas são claras: o cinema e a nudez na praia das moças com seus biquínes. "O diabo está solto na rua." Outro sinal é a guerra contra o comunismo, e por trás de tudo está Satanás! O poeta lembra ao leitor: "Quando o santo está no carro, o diabo está no banco de trás", e a prova é que nas novenas existe mais samba que reza! Mais um sinal: um rádio em cada casa toca "música indecorosa", que seduz a juventude e semeia a podridão moral com suas "palvras desastrosas".

A que conclusão chega o leitor? As histórias mais recentes sobre cometas são declarações de poetas das grandes áreas urbanas e da era das redes nacionais de televisão, do homem na lua (episódio em que muita gente do cordel não acreditava na época), do celular e da internet. Alguns têm conhecimento da ciência e sabem que o cometa é apenas um

---

38. Manoel Tomaz de Assiz, *O Planeta É um Aviso do Mundo Ser Castigado*, s. l., s. d.

fenômeno da natureza, como Apolônio Alves dos Santos, em *Nova Aparição do Cometa Halley*. O poeta diz que os cordelistas mais antigos "narraram / que o mundo ia acabar / ... / que um cometa de fogo / vinha o mundo incendiar" e contavam muitas histórias das pessoas que tinham medo de chegar esse dia. No entanto, os poetas mais novos não negam a ideia do fim do mundo, do juízo final e da existência do pecado no mundo. Mas a grande maioria dos poemas sobre o "fim do mundo" provêm de uma época bem anterior no Nordeste, e mesmo representa essa época. As crenças em Deus e no diabo, no Bem e no Mal, o prêmio aos justos e o castigo dos maus, o segundo advento do grande juiz e o juízo final permeiam o cordel tradicional e as manifestações religiosas que serão apresentadas no próximo capítulo de *Retrato*...

— Álbum II —
AS MANIFESTAÇÕES

I. SEBASTIANISMO, MESSIANISMO E CATOLICISMO POPULAR

Como já se disse na introdução ao Álbum I, a visão da religiosidade brasileira apresentada pelo cordel estende-se da ala mais tradicional da Igreja Católica Romana às variantes locais do catolicismo popular e, daí, passa para o protestantismo, o espiritismo kardecista e as opções afro-brasileiras. Depois do componente católico-tradicional visto em Álbum I, a maior parte, sem dúvida, do cordel religioso é dedicada, primeiramente, aos folhetos que tratam do padre Cícero Romão Batista, o "Taumaturgo do Sertão", e, em segundo lugar, aos poemas que celebram o missionário evangelizador e o pregador das Missões, o capuchinho frei Damião, que muitos consideram o sucessor do padre Cícero. Contudo, para compreender um ou outro caso, devemos analisar a figura que deu origem a um fato extremamente importante e se converteu na personagem pioneira do cordel: o líder religioso Antônio Conselheiro e a Guerra de Canudos. E para entender com mais clareza o que ocorreu no arraial de Canudos, precisamos, antes de tudo, conhecer o sebastianismo português.

O sebastianismo é um fenômeno que se originou de um fato real da história portuguesa, ocorrido em 1578. É uma crença folclórico-popular, transmitida a um setor da população brasileira, formado principalmente pela massa inculta e pobre do interior nordestino. Waldemar Valente, um estudioso do "misticismo nordestino" e que se ocupou da história do sebastianismo, atribui a crença e sua divulgação a nada menos que o famoso missionário jesuíta Antônio Vieira, nos primórdios da colonização portuguesa. Segundo essa crença, D. Sebastião, jovem rei de Portugal do final do século XVI, um extremista cujas convicções religiosas, sonhos sobre a missão de Portugal beiravam o fanatismo, liderou pequeno exército de soldados portugueses no norte da África, na atual região de Marrocos, na luta contra os infiéis, os muçulmanos. Na sua mente, ele estava apenas dando continuidade à guerra de reconquista de Portugal aos muçulmanos, uma guerra que chegara a seu término no final do século XII. Mas, nessa empresa utópica e tola, o pequeno exército foi derrotado e todos foram mortos, inclusive o rei. Seu corpo, porém, nunca foi encontrado, o que deu origem, lenta, certa e incrivelmente, à crença de que um dia o jovem rei D. Sebastião voltaria em toda a sua glória para conduzir o pequeno Portugal a novos píncaros de grandeza. Criou-se, assim, a ideia de uma figura messiânica "secular", de certa maneira um novo salvador[1].

Esta crença, estranhamente modificada, fincou raízes no sertão nordestino. Com efeito, as massas pobres, desprivilegiadas, impotentes e miseráveis passaram a esperar não só o segundo advento de Cristo no plano espiritual, mas também a chegada de outro tipo de messias, o único capaz de salvá-los da dor e do sofrimento neste mundo. Na mente de muitos, os dois "messias" acabaram entrelaçados um ao outro.

Incidentes reais de messias autoproclamados ou proclamados por outros foram causa de importantes acontecimentos no Nordeste, os quais, de certa maneira, mudaram o futuro do país. Um desses, que não foi documentado em cordel porque ocorreu antes da existência deste registro folclórico-popular da vida brasileira, foi o caso aterrador de Pedra Bonita, no sertão de Pernambuco, ocorrido em 1825––1826. Nele, um autoproclamado messias, carismático, levou à morte seus fanáticos seguidores locais. Apoiados na crença de que o rei D. Sebastião ou outro Messias viria salvá-los, os membros do culto atiraram adultos, crianças e cães do alto de Pedra Bonita. Seu sangue "limparia, purificaria e prepararia o caminho", tal qual o sangue do Cordeiro de Deus[2].

Um segundo acontecimento foi a Guerra de Canudos, desta vez registrado por poetas folclóricos, inclusive pelo poeta-soldado participante do embate, um dos pioneiros do cordel[3]. Em 1896–1897, um líder popular autodeclarado, Antônio Conselheiro, conduziu uma ralé de sertanejos, em sua maioria lavradores pobres e rudes jagunços, a uma luta contra a polícia local, a milícia estadual e, finalmente, o próprio exército nacional. O relato iria figurar entre os primeiros do veio jornalístico-popular do cordel. Além disso, a guerra foi tema de uma das maiores obras da literatura brasileira, uma verdadeira epopeia nacional, *Os Sertões*, que Euclides da Cunha, um repórter da campanha de Canudos, escreveu a partir de suas notas e reportagens sobre o conflito.

No entanto, o culto popular mais dilatado e duradouro, maior no cordel, em número de folhetos impressos, do que as histórias sobre Jesus, Maria, os apóstolos e os santos, foi aquele dedicado à pessoa do padre Cícero Romão Batista, motivo das maiores romarias religiosas em todo o Nordeste[4]. Sem ele, este nosso livro ficaria incompleto. Este jovem padre, bondoso e dedicado, foi conhecido a princípio

---

1. Waldemar Valente, *Misticismo e Religião*, Recife, MEC, 1963. Ver também Luís da Câmara Cascudo, *Dicionário do Folclore Brasileiro*, 2. ed. Rio de Janeiro, MEC, 1962, pp. 686-689.

2. Na área da ficção, vale a pena ler José Lins do Rego, *Pedra Bonita*, Rio de Janeiro, José Olympio, 1961.

3. A crônica foi escrita pela historiador José Calasans, em *Canudos na Literatura de Cordel*, São Paulo, Ática, 1984. Existe uma versão anterior do mesmo autor: *O Ciclo Folclórico do Bom Jesus Conselheiro*, Salvador, Tipografia Beneditina, 1950.

4. Uma boa fonte para a história é M. B. Lourenço Filho, *Juazeiro do Padre Cícero*, 3. ed., São Paulo, Melhoramentos, s. d. Ver também Edmar Morel, *Padre Cícero o Santo de Juazeiro*, 2. ed., Rio de Janeiro, Civilização Brasileira, s. d.

como um clérigo maravilhoso, ótimo conselheiro, homem de grande caridade e líder em Juazeiro do Norte (CE), pequena vila da região do Cariri, um oásis no centro do árido sertão nordestino.

Um incidente simples mudou tudo: em 1889, enquanto celebrava a missa diante de pequeno grupo de fiéis em Juazeiro, a beata Maria Araújo, ao receber a comunhão, sentiu a hóstia sagrada converter-se em sangue na sua boca. A notícia se espalhou e os pobres e desesperados, primeiramente do sertão e depois de todo o Nordeste, acorreram a Juazeiro para pedir a ajuda de Jesus, de Maria e dos santos por intercessão do padre Cícero. Nasceu um verdadeiro culto popular, com base numa combinação de suas obras de caridade e da crença popular em inúmeros milagres que lhe eram atribuídos. Desse modo, o padre Cícero transformou-se, para o mais humilde dos humildes, numa espécie de Messias, num salvador, uma opção para quem não tinha opções. No final, o líder político-religioso tornar-se-ia, em 1914, o líder espiritual de uma revolução popular contra o governo estabelecido do Ceará. O homem virou lenda e fenômeno no Brasil. Após sua morte, a lenda assumiu um caráter sebastianista, depois que romeiros e poetas escreveram sobre as promessas de padre Cícero de voltar para conduzir todos à salvação. Desse modo, o padre Cícero, ao lado de Jesus e de Getúlio Vargas, passou a figurar entre os maiores personagens da literatura de cordel.

Anos mais tarde, o fenômeno reapareceu com outro sacerdote muito venerado. Frei Damião era um capuchinho e missionário abençoado com uma carreira de pregador mais longa do que a vida de muitos de seus fiéis. Depois da morte de padre Cícero, frei Damião tornou-se, aos olhos dos pobres do Nordeste, seu digno sucessor. Viu-se envolvido também por um culto fanático, que o transformou em outro símbolo do catolicismo popular brasileiro.

Portanto, para apreender melhor as manifestações do catolicismo popular nordestino através do cordel, é necessário analisar essa tríade, o que será feito com mais detalhes nas seções imediatas.

Antônio Conselheiro e a Guerra de Canudos

Entre 1896 e 1897, Antônio Conselheiro, uma figura messiânica e carismática, chefiou uma malta de camponeses pobres e rudes jagunços no que se tornou uma incrível campanha militar contra as forças policiais locais e estaduais e, no final, contra as forças de escol do exército brasileiro. O Conselheiro morreu na luta, assim como quase todos os seus seguidores, mas a história ganhou foros de epopeia nacional através da obra-prima de Euclides da Cunha, *Os Sertões*[5]. Tornou-se, assim, importante página deste álbum do cordel que estamos revendo.

O historiador brasileiro José Calasans, em seu estudo *O Ciclo Folclórico de Bom Jesus Conselheiro*, é que nos apresenta os poemas sobre o homem e o fato em si. As vozes populares e suas crenças são assim resumidas pelo autor:

- Jesus Cristo mandou "Santo Antônio" para livrar seus seguidores do castigo.
- O Bom Conselheiro absteve-se das mulheres e fez voto de castidade para, com sua pureza, poder cumprir sua "missão divina".
- Antônio Maciel, o nome do Conselheiro em sua terra natal, o Ceará, antes de migrar para Canudos, matou a própria mulher e a mãe.
- Obrou milagres ao separar as pedras "más" das "boas" na construção de suas igrejas.
- Sua missão era "divina".

5. Euclides da Cunha, *Os Sertões*, prefácio de Manuel Cavalcanti Proença, Rio de Janeiro, Edições de Ouro, 1966.

- Pregava a volta de D. Sebastião, não como rei de Portugal, mas, antes, como a força que iria opor-se ao novo regime republicano e restaurar a monarquia.
- As forças de polícia e os destacamentos do exército que lutaram contra ele eram todos o verdadeiro Anticristo.
- Dirigia a campanha militar com poderes sobrenaturais.
- A derrota das primeiras três expedições militares mandadas contra ele foi verdadeiramente um milagre.
- Ele mudaria o rio próximo de Canudos, o Vaza-Barris, em sangue e as pedras de Canudos em pão para seu povo.
- E, mais importante, depois de sua morte, voltaria em glória para chefiar seus seguidores mais uma vez numa campanha contra a vil República[6].

São poucos os poemas de cordel sobre Antônio Conselheiro, antes de tudo porque, na época da guerra, em 1896––1897, esse tipo de literatura ainda se encontrava na infância. Mesmo assim, esses poucos são extremamente importantes, porque constituem a base das ideias sobre misticismo e sebastianismo, que irão atingir seu auge nas histórias posteriores sobre o padre Cícero e frei Damião.

O primeiro folheto completo em cordel (há breves poemas e fragmentos de poemas originários de versões orais coligidas por Euclides da Cunha, todos anteriores à visão cordeliana) é de autoria de um participante da campanha, um soldado que virou poeta, João Melchíades Ferreira da Silva[7]. Foi escrito muitos anos depois da campanha, quando o autor já estava aposentado do serviço e trabalhava como poeta-cronista de

---

6. Ver Calasans, *Canudos na Literatura de Cordel*, op. cit.

7. João Melchíades Ferreira da Silva, *A Guerra de Canudos*, s. l., s. d., em José Calasans, *Canudos na Literatura de Cordel*.

uma editora em João Pessoa (PB). Em oitenta estrofes de seis versos, o poeta faz um resumo das primeiras três expedições e conta em detalhe a quarta e última delas, da qual participou como combatente. Além dos pormenores da própria batalha, cita estatísticas sobre os armamentos, sobre o número de soldados e relaciona os nomes de muitos combatentes. Sua perspectiva é clara e direta: o exército brasileiro está lutando contra "um chefe cangaceiro" que "se levantou contra a República" e enganou seus seguidores. Em seu entendimento, a ralé de Antônio Conselheiro é igual a Antônio Silvino e a Lampião, famosos cangaceiros do Nordeste a serem analisados nas próximas seções deste livro. De fato, o poema foi escrito no apogeu do cangaço, e o Conselheiro é descrito nos mesmos termos dos cangaceiros: um homem perverso, de mau instinto. Desertores, ladrões de cavalo, criminosos e feiticeiros são os homens que formam seu exército. O poeta detalha a campanha até o som da corneta vitoriosa no dia 5 de outubro de 1897. Vê na derrota de Canudos uma vitória patriótica da República brasileira contra bandidos, uma vitória do bem sobre o mal.

Uma variante moderna da campanha em si é a *História de Antonio Conselheiro e a Guerra de Canudos*, de Minelvino Francisco Silva[8], poeta que se intitula o "Trovador Apóstolo" e escreve na segunda metade do século XX em Itabuna, sul da Bahia. Defende a tese de que a religião não deveria imiscuir-se na política. Quando o líder religioso se intromete na política, como fez Antônio Conselheiro, abandona a ética de Jesus Cristo e se transforma num "carniceiro". Segundo diz o poeta, Antônio Conselheiro prometeu a salvação a seus fiéis, mas pregando soluções baseadas em profecias extraídas "da sua imaginação". Para muitos, porém, o Conselheiro bebera na fonte de inspiração do padre Cícero e com ele aprendera a arte de fazer sermões, o que nos leva à próxima foto do álbum.

Padre Cícero

Depois de conhecer as correntes da religião popular nordestina através da História, vistas em acontecimentos como os de Pedra Bonita e Canudos, podemos avaliar um culto mais longo e duradouro no Nordeste: o caso do padre Cícero Romão Batista, em Juazeiro do Norte (CE). Sua história é uma das mais lidas do retrato cordeliano: centenas de poemas de cordel foram escritos sobre este fenômeno da religião popular brasileira. Muitos deles foram produzidos durante sua longa vida. No entanto, depois de sua morte, essa produção continuou, atingindo um número igual ou maior de poemas. A realidade virou mito

---

8. Minelvino Francisco Silva, *História de Antonio Conselheiro e a Guerra de Canudos*, Itabuna, BA, s. d.

e o padre Cícero tornou-se uma figura messiânica, na linha sebastianista[9]. Muitos poemas contam sua vida e seus feitos. Um segundo tipo fala de seus "ensinamentos", com títulos que se referem aos sermões, às mensagens, aos conselhos ou mesmo às profecias. Estes últimos declaram ser testemunhos dos sermões, mas podem ser apenas versões "criadas" e passadas de boca em boca pelos romeiros de Juazeiro. Uma variante final, e talvez a maior em número de folhetos, são as dúzias de histórias baseadas no boato, na lenda e, atualmente, no mito dos "milagres", visões, sonhos, encontros etc. durante e após a vida do padre Cícero.

* * * *

Fiz minha própria romaria em 1966, com o objetivo inicial de adquirir folhetos de cordel para minha coleção e, em segundo lugar, para tentar apreender a importância de padre Cícero. A viagem, feita num ônibus "pinga-pinga", demorou vinte horas. Saiu do Recife, no litoral atlântico, atravessou as três zonas climáticas de Pernambuco, depois cruzou a fronteira entre este estado e o Ceará e, por fim, entrou no oásis de Cariri, onde se localiza Juazeiro. O veículo era semelhante aos ônibus escolares comuns, com bancos retos, rígidos e duros, e pouquíssimo espaço entre eles. Estava lotado de humildes nordestinos que voltavam para suas casas no interior. O calor insuportável durante o dia e os buracos da estrada, causando solavancos, fizeram com que muitos bebês e alguns adultos vomitassem dentro do veículo. No começo, o motorista, de mau humor, limpava o produto com papel-jornal. Com a continuação da viagem, este esforço já não era suficiente e, por fim, a limpeza foi abandonada.

9. O melhor livro recente sobre o fenômeno padre Cícero é da escritora Candace Slater, *Trail of Miracles*, Berkeley, University of California Press, 1984.

A estrada asfaltada, que a companhia de ônibus tanto propagava, não cobria mais que duas horas do percurso, ia até Caruaru, "a Princesa do Agreste", principal cidade da zona pastoril de Pernambuco. Logo depois, o asfalto acabou e os passageiros enfrentamos dezoito horas de calor e ossos esmigalhados até chegar a Juazeiro do Norte. Como disse, a viagem nos levou pela zona úmida, verdíssima e bela da cana-de-açúcar à beira do litoral pernambucano, pela área verde e ondulada de pastoreio perto de Caruaru e, finalmente (minha primeira vez), pelo sertão nordestino extremamente seco e povoado de cactos! Esta terra árida, o sertão, era o lar do vaqueiro nordestino – vestido da cabeça aos pés numa espécie de "armadura" de couro, e por isso chamado de "cavaleiro do sertão" – ou dos cangaceiros e "fanáticos" religiosos. Passamos perto de Serra Talhada, a região onde nasceu o famoso Lampião.

Paramos para o almoço no que chamavam "arraial", uma parada no meio do nada, que mais parecia o fim do mundo. Um "restaurante" à beira da estrada, um cenário rude com mesas e cadeiras incômodas de madeira, debaixo de um "telhado" de palha. Preparado para passar a viagem com pães e biscoitos que havia comprado na rodoviária do Recife, juntei-me aos companheiros de viagem na refeição constituída de arroz, feijão, galinha e charque (esta última, uma especialidade da terra). Comíamos em tigelas "comunitárias", enquanto eu pensava, durante a maior parte do almoço, se não seria esse o começo do meu fim. É que, infelizmente, tenho um dos estômagos mais delicados do hemisfério ocidental, fato que, na década de 1970, foi comprovado pelos estudantes que me acompanharam à Guatemala. Todavia, talvez porque o motivo da viagem fosse o milagroso padre Cícero, minha fé, ainda que incipiente, me protegeu naquele momento.

Chegamos a Juazeiro bem depois de meia-noite, a uma parte desconhecida da cidade, numa escuridão quase total devido à falta generalizada de luz elétrica. Entramos num hotelzinho do lugar e tentamos chamar o porteiro (seguindo o costume nordestino: bater palmas e gritar "ó de casa"). O porteiro demorou a chegar, mas chegou, e foi logo dizendo que não havia lugar. Devido à minha boa sorte, porém, passei pela experiência de um verdadeiro romeiro religioso, isto é, consegui um espaço num rancho de romeiros que custava o equivalente a um real. Os únicos móveis eram uma rede num quarto de chão batido e dois ganchos para armá-la. Dormi com a roupa do corpo, cobrindo a cabeça e os braços com a jaqueta, para me proteger do surpreendente friozinho e do enxame de muriçocas. Passei a noite muito mal. Contudo, tendo em vista o que fora procurar, foi um preço muito pequeno a pagar (e com pouco sofrimento) pela graça recebida.

Nos dias seguintes, creio ter visto quase tudo o que se fazia necessário para captar uma primeira impressão inteligente de Juazeiro e do bom padre: a matriz de Nossa Senhora das Dores (igreja que padre Cícero construiu a partir da capela original da Fazenda Juazeiro), a última residência do padre (agora convertida em museu), o cemitério com a capela e o túmulo de padre Cícero, a incrível sala de milagres onde os fiéis deixam a prova de ter pago sua promessa (local que deixou em mim uma forte impressão) e, finalmente, o Horto, a realização dos sonhos de padre Cícero, um grande complexo fora da cidade na época.

O que realmente me impressionou foram algumas imagens isoladas, queimadas na cabeça e nos corações, coisas ligadas ao "culto" a padre Cícero. Lembro-me das vozes altas dos fiéis, principalmente das mulheres e das beatas, numa cerimônia de vésperas na igreja principal, da multidão no campo santo, na capela e no túmulo do padre, e das velhas, sujas beatas de roupas pretas e remendadas, que quase me atacaram quando entrei na sala de milagres. Pareciam aquelas harpias da Grécia antiga, enquanto vociferavam ofertas para me contar *a história de "Meu Padim Ciço", por algum trocado. E me senti privilegiado por ver e ouvir um cantador cego que, por uns cruzeiros, cantava modinhas e poemas sobre padre Cícero, acompanhando-as numa rabeca árabe. E me dei conta, em seguida, da absoluta modéstia da casa onde viveu e morreu este padre: a cama que os romeiros beijam em sinal de respeito, a vitrine com os paramentos sacerdotais, as fotos em preto e branco amareladas. Finalmente, pude visitar a imensidão do complexo do Horto, dedicado às obras do taumaturgo.*

* * * *

Em razão da existência, literalmente, de centenas de folhetos de cordel sobre padre Cícero, representa um desafio reduzir tudo à sua essência. Pode-se oferecer um resumo imperfeito num poema de Severino Paulino Silva, *Nascimento, Vida, Morte, Educação, Signo e Sorte do Padre Cícero Romão*[10]. O autor inicia sua narrativa com uma advertência de que seu poema é dirigido somente aos católicos. Fala do nascimento de padre Cícero em 24 de março de 1844, na vila de Crato (CE), filho de Joaquim Romão Batista e Joaquina Vicência. A mãe era membro da Irmandade da Mãe do Verbo Encarnado. O padrinho de crisma de padre Cícero foi um grande fazendeiro e chefe político (coronel) da região. O poeta não poupa palavras para contar. Diz que "bendito seja o ventre da mãe que lhe concebeu" e que, naquele dia, o sol brilhou o tempo todo (como acontece, quase sempre, sobretudo durante as repetidas secas na região). Segue-se a narração do batismo, da primeira comunhão, das lições de latim e das aulas de ginásio sob a batuta do padre local, Inácio Rolim.

Com a morte do pai, Cícero sentiu-se no dever de prover a mãe e as duas irmãs. Assim, em 1865, ingressou no semi-

---

10. Severino Paulino da Silva, *Nascimento, Vida, Morte, Educação, Signo e Sorte do Padre Cícero Romão Batista*, Juazeiro do Norte, s. d.

nário em Fortaleza, capital do estado. Padre Cícero, continua o poeta, foi ordenado em 1870, com a idade de 26 anos, e pouco depois fez uma viagem a Roma, onde foi recebido pelo Papa. Após um período inicial numa pequena vila da região do Cariri, Cícero foi nomeado padre da paróquia de Fazenda Juazeiro. Segundo o poeta, convidou "hereges e chefes do cangaceirismo", entre outros, para as aulas de catecismo, para estudarem "a luz do santo catolicismo". Sua habilidade de ensinar e aconselhar, aliada às obras de caridade durante a seca mais famosa do Nordeste, a famosa "seca de 77", deixou-o famoso.

Tudo mudou, porém, em 1889, por ocasião da celebração de uma missa, em que a beata Mocinha ou Maria de Araújo, ao receber a hóstia sagrada das mãos de padre Cícero, sentiu que em sua boca ela se convertera em sangue. As notícias do "milagre" se espalharam rapidamente pela região, suscitando uma investigação por parte do bispo local, durante a qual padre Cícero foi proibido de ministrar os sacramentos. O autor do poema relata ainda um famoso sermão pregado naqueles dias, no qual padre Cícero pede paciência aos fiéis e a bênção de Deus e continua a pregar sua mensagem de fé, de arrependimento e da necessidade de receber os sacramentos da igreja formal, com uma reverência especial a Nossa Senhora das Dores, a padroeira da igreja de Juazeiro.

Nesse ponto, o poeta muda de assunto e passa a descrever alguns milagres atribuídos ao taumaturgo: o arrependimento de uma mulher "caída", o resgate de uma velha perdida no sertão e vários episódios semelhantes aos do bíblico Lázaro, nos quais padre Cícero resgatou pessoas da morte (um homem esfaqueado, uma menina morta num incêndio etc.). A conclusão do poeta é de que se deve acreditar nesses milagres e adverte que não tem tempo para gastar na tentativa de mudar a opinião dos "hereges". Um dos milagres narrados pelo cordelista envolvia um protestante de pouca fé, o administrador de um engenho de açúcar de Pernambuco, que zombava dos poderes de padre Cícero. Subiu na parte mais alta do engenho, cerca de dez metros de altura, e fez um desafio: se pulasse no chão e não morresse, passaria a acreditar nos poderes do padre. Nisso, falseou o pé e caiu, todo arrebentado, e não morreu como que por milagre, testemunhando desse modo os poderes do taumaturgo.

Em consequência do grande número de milagres, o afluxo de romeiros cresceu ainda mais, a grande maioria em busca de cura, física ou financeira. Vinham também para ouvir os sermões que o padre costumava pregar todas as noites depois da reza do rosário. O culto cresceu tanto que Juazeiro, que no começo era um rancho, depois uma vila, transformou-se numa cidade. Durante sua vida, padre Cícero foi eleito prefeito e, depois de sangrenta guerra local, foi vice-governador do Ceará e, por fim, com a ajuda de seu compadre político Floro Bartolomeu, foi eleito para a Câmara Federal.

O mesmo poeta Paulino conta sobre a morte de padre Cícero, ocasião em que "a imagem do Senhor chorou pregada na cruz, e a terra quase tremia". E transmite um pedido que o padre havia feito aos fiéis antes da morte, em seu último sermão:

> Não faltem a um enfermo
> ....
> Rezem o santo rosário
> da Santa Virgem Maria,
> guardem todos os dias santos,
> e façam jejum no dia
> que pela lei for marcado
> que será abençoado
> pela santa Virgem Pia.
> ....
> não se iludam no mundo
> que é muito corrompido
> ....
> os protestantes nefandos
> mudam as religiões
> e antes do fim da era
> vai correr a besta fera
> destruindo as gerações.

De fato, no 24 de julho de 1934, morreu padre Cícero. O último adeus ao "santo" foi dado através da janela aberta da casa do sacerdote, onde foi colocado o caixão e para onde acorreram milhares de romeiros para lhe prestar homenagem. Nesse ponto, o poeta termina com palavras dirigidas àqueles que irão comprar seu folheto: os bons e os fiéis. Não tem nenhum interesse nos protestantes e nos infiéis, "pois esse livro não foi feito / pra vender a gente ruim". Além disso, aqueles que compram histórias de corrupção somente para gozar com a descrição de pecados não vão interessar-se por sua história. Ela fora escrita para servir de lembrança aos bons católicos que vão a Juazeiro homenagear o "Padim Ciço".

Este longo folheto é igual a dezenas de outros: todos reconhecem os poderes do padre de Juazeiro e os milagres que lhe são atribuídos. Começava o mito. E o culto avolumava-se. Segundo dizia outro poeta, Juazeiro não era nada antes do padre. Ele ministrava os sacramentos aos pobres sem cobrar pelo serviço! Quando foi prefeito de Juazeiro através do voto popular em eleições livres (coisa que não acontecia com tanta regularidade no Brasil dos poetas de cordel), a oposição espalhou o boato de que padre Cícero era cangaceiro. No entender do poeta, é por *essa* razão que o bispo da região o suspendeu de suas obrigações eclesiásticas. No entanto, padre Cícero nunca abandonou os pobres, nem foi abandonado por estes; continuou a distribuir remédios em época de praga, comida em tempo de seca e, o mais importante, esperança sempre. Conta ainda o autor do folheto que os romeiros passavam dias andando a pé para Juazeiro e alguns deles eram salvos, milagrosamente, no caminho do ataque de feras. O boi que padre Cícero tinha ganho, também considerado milagroso, foi deixado a pastar livremente pelas ruas do Juazeiro, um símbolo dos poderes do "santo"! E, agora, o padre foi "canonizado" (a Igreja Católica brasileira pediu a confirmação da canonização do santo de Juazeiro ao Papa João Paulo II durante uma de suas viagens ao Brasil).

Uma parte significativa do culto a padre Cícero tem como base seus "ensinamentos". Um grande número de poemas tratam dos sermões, dos ditos e dos pronunciamentos (verdadeiros ou criados) do taumaturgo. Entre eles pode-se enumerar *A Voz do Padre Cícero*, com suas supostas profe-

cias para os anos futuros, e o *Último Sermão do Padre Cícero em Juazeiro*, com profecias sobre o fim do mundo em 1980 e o advento de Jesus. Embora muitos desses poemas tenham sido escritos após sua morte, seguem os mesmos padrões daqueles vendidos durante sua vida.

De todos os poemas sobre os sermões e conselhos, o mais divertido é *Palavras do Padre Cícero sobre a Guerra Nuclear*[11], escrito, no começo da década de 1960, pelo poeta João José da Silva, de Recife. Diz o poeta que, enquanto caminhava no Parque Dois Irmãos (nas cercanias do Recife, na época), um "padre" surgiu à sua frente e exigiu que ele escrevesse a história que ia lhe dizer. A princípio, a mensagem lhe era familiar: a humanidade será destruída porque o homem quer ser maior do que Deus, quer ter os mesmos poderes.

11. João José da Silva, *Palavras do Padre Cicero sobre a Guerra Nuclear*, Recife, s. d.

Os homens querem não só saber os segredos de Deus, mas também ocupar seu trono (tal qual na história de Lúcifer retratada no Álbum I).

A partir daí, a mensagem torna-se mais contemporânea e mesmo singular. O homem quer ir para a Lua para ficar mais perto de Deus. Diz o padre ao poeta: o Sol, a Lua e as estrelas são "as casas / que meu Pai Celestial / preparou para seus filhos / na vida espiritual" (p. 6). Portanto, a humanidade deve tirar as mãos desses astros! Ainda existem muitos mistérios para descobrir no planeta Terra, diz o poeta: por isso, o homem precisa esquecer essa bobagem de ir para a Lua. Os foguetes que os cientistas mandam ao espaço levam câmeras escondidas e tiram fotos de terras ainda não descobertas no mundo com o propósito de roubá-las dos países subdesenvolvidos, de seu povo. (É contemporânea deste poema a cálida questão da inesgotabilidade dos recursos da Amazônia e sua perda para as potências imperialistas.)

O poeta profetiza que, em breve, seria descoberta, no planeta Terra, uma terra nova e misteriosa chamada "Lua", e que seria mandado para vê-la um esquadrão de aviões e foguetes, seguidos de milhões de turistas. (De fato, uns oito anos após a publicação deste folheto, muitos sertanejos não acreditavam que astronautas norte-americanos tinham desembarcado na Lua em 1969 e achavam que tudo não passava de um truque imperialista.) Assim, diz o poeta, "a corrida ao espaço" é errada, pois ainda existem preocupações maiores a resolver.

As grandes potências conspiram contra Deus para, numa grande guerra, controlar toda a Terra, e vão fazê-lo com a "bomba nucleal". Os testes na atmosfera trarão uma verdadeira praga de doenças de um "modo sifilográfico"! E tudo vai acabar no comunismo! A única solução é que os países pequenos insistam no desarmamento nuclear; do contrário, a bomba com sua radioatividade irá matar todo o mundo. O poeta tenta explicar sua previsão: "O radar de vibrações / de um poder supersônico / que capta do espaço / o som estereofônico / poderá trazer à terra / qualquer raio cosmogônico" (p. 12). E o raio descerá sobre os terráqueos na forma de uma grande "exalação" e destruirá a geração atual!

No entanto, continua o autor, os tempos poderiam ser piores: com a bomba H! Um pequeno erro cometido pelos cientistas e toda a humanidade morrerá, tudo por causa da cobiça e do egoísmo dos cientistas. A exalação radioativa da bomba é uma espécie de fumaça cinzenta que vai produzir epidemias em todo mundo: "de malária e febre tifo / gripes e pneumonia / sarna, sífilis, bouba e lepra / inchação e anemia" (p. 13). O ar no espaço vai-se aquecer, o mundo pegará fogo, e todos seremos "carbonizados". A essa altura, Deus mandará seu Filho para fazer o Juízo Final e depois criará um novo mundo, uma nova geração. Tudo poderá ser evitado, no entanto, se desistirem da guerra. Essa é a mensagem inspirada na visão de padre Cícero Romão que apareceu ao poeta.

O Culto a Frei Damião, Sucessor de Padre Cícero

Essa sucessão, em certo sentido, aconteceu de um modo muito simples. Três anos antes da morte de padre Cícero, mais precisamente em 1931, chegava a Recife, vindo da Itália, um frade capuchinho para pregar as "santas missões". Em suas pregações da santa fé e nas profecias do fim do mundo, trazia aos pobres do Nordeste uma mensagem de arrependimento e salvação. Com o desaparecimento do Taumaturgo do Sertão, seu legado foi imediatamente passado ao frade capuchinho, que assim herdou tanto o papel quanto a fama de seu antecessor.

Frei Damião pregou nas missões até idade bastante avançada e adquiriu visibilidade nacional quando Fernando Collor de Mello, então candidato à presidência da República na campanha de 1989, compareceu a uma de suas missas (uma demonstração indireta de que o candidato era um bom católico nordestino?). Pouco faltou para que frei Damião chegasse ao nível de padre Cícero, apesar das muitas controvérsias favoráveis e contrárias sobre essa questão. Sem sombra de dúvida, porém, frei Damião cumpriu a função e o papel de santo e padre milagroso e, para muitos, é verdadeiramente o substituto de padre Cícero Romão.

De maneira geral, os poetas escrevem sobre frei Damião na primeira pessoa como testemunhas ou mesmo participantes de suas missões. Rodolfo Coelho Cavalcante, de Salvador, por exemplo, um poeta que traz para seus folhetos suas convicções religiosas, admite que escreve, antes de tudo, para agradecer a seu público católico. Em *Frei Damião – o Missionário do Nordeste*[12], diz ser necessário informar ao leitor que os poetas do cordel contam a verdade; os possíveis exageros ficam por conta do leitor, que cria boatos a partir do que lê. Começa sua

12. Rodolfo Coelho Cavalcante, *Frei Damião – o Missionário do Nordeste*, Salvador, s. d.

história dizendo que, no instante em que padre Cícero morreu, Deus mandou "outra figura importante" para pregar Sua palavra. Mas ninguém é profeta em sua terra, e frei Damião não será exceção. Seus detratores tacham-no de "feiticeiro", dizendo que ele tem pacto com o Diabo e só prega bobagem. O poeta nega: ele é o mais verdadeiro de todos!

Diz o autor que estava vendendo folhetos de cordel numa vila próxima da sua quando soube que frei Damião iria pregar na vila. Fez questão de assisti-lo e prometeu que, houvesse o que houvesse, iria escrever uma boa história com boas perspectivas de venda. Passa, então, a descrever a dinâmica das missões: frei Damião chega à vila e, imediatamente, começa a romaria, de maneira geral com uma procissão. Logo o padre sobe numa plataforma, onde já estão instalados um sistema de som e um microfone, saúda rapidamente a multidão e dá início ao sermão (que o poeta parafraseia): o fim dos tempos está próximo, por isso não zombem das ordens do Eterno! Os costumes e as modas de hoje não passam de blasfêmias. O Velho Testamento profetizou o advento de Jesus, a Luz, mas o diabo veio e corrompeu o mundo. O pior de tudo é o materialismo, as novas roupas indecentes etc. A nova geração é corrupta e pecadora. Por isso, está-se aproximando a "Grande Consumação". O homem na Lua e as "máquinas genéticas" são exemplos de que a ciência trabalha contra as leis espirituais de Deus! Sodoma e Gomorra não são nada em comparação com o mundo de hoje!

O frade continua sua pregação; diz que *ele mesmo* não curou ninguém; é Jesus que cura os que nele têm fé, os que rezam a ele. O frade puxa um lenço da batina para enxugar a "face orvalhada", termina o sermão e, um tanto trôpego, desce da plataforma. Para o poeta, frei Damião não é menos importante do que Paulo de Tarso na sua pregação, igual a João Batista no fervor de suas orações, humilde como São Francisco de Assis que fez o povo do sertão feliz. Aqueles que já pecaram se arrependem depois de ouvi-lo.

Lembra o poeta que, afinal de contas, o próprio Arigó (famoso espírita brasileiro e herói pessoal do vate) também foi preso; Galileu foi condenado, Sócrates foi forçado a beber cicuta e Jesus foi morto! A humanidade não aceita a verdade por causa de seu mundanismo. E é frei Damião quem continua a batalha.

É essa a mensagem das missões. Através dos anos, mais de 65 quando este poema foi escrito, a fama de frei Damião espalhou-se pelo Brasil, foram-lhe atribuídos milagres acontecidos durante suas pregações, e o próprio povo colaborou para a criação de seu mito. Tal qual aconteceu no caso de padre Cícero, foram criados no cordel uma miríade de folhetos de cordel, alguns deles os mais fantásticos possíveis. Contam seus milagres e sua mensagem ao povo através de seus sermões, suas visões e seus sonhos.

Talvez inadvertidamente, o poeta Manoel Serafim escreveu um poema que veio a tornar-se o modelo para os que vieram em seguida: *História do Protestante que Foi Matar Frei Damião por Ter Virado num Urubu*[13]. A esse se seguiram *A Mulher que Virou Cobra por Zombar de Frei Damião* e o divertido e mais recente *A Moça que Virou Jumenta porque Falou de Top Less com Frei Damião*. Enfatizamos a importância do folheto de Serafim porque exemplifica o tom de inúmeras histórias espalhadas pelo sertão em consequência

do fenômeno frei Damião e a soma de crenças populares que existem ou já existiram entre o povo humilde.

Numa linguagem rústica, sem lançar mão das imagens de um poeta mais sofisticado da cidade grande, como Recife, João Pessoa ou Salvador, Manoel Serafim conta que frei Damião converteu muitos protestantes, mas um, em particular, lhe causou dificuldades. Seguindo o padrão dessas histórias, diz o poeta que um tal Gastão Quinu declarou que o único jeito de acreditar em frei Damião era se ele Guinu fosse transformado num urubu! Dito e feito. Agora urubu, e um pouco cabisbaixo devido ao fato, foi pedir ajuda a frei Damião. Este lhe perguntou se estava arrependido do que havia feito. E, diante da resposta positiva, é devolvido à forma de "cristão". Mas isso é apenas o começo!

O poeta cria outra cena: o mesmo protestante, querendo vingar-se de frei Damião por tê-lo convertido num urubu,

---

13. Manoel Serafim, *História do Protestante que Foi Matar Frei Damião por Ter Virado num Urubu*, s. l., s. d.

jura emboscá-lo e matá-lo com uma espingarda. No entanto, o tirou saiu literalmente pela culatra, e o protestante ficou cego. Novamente, vai procurar frei Damião, pede-lhe perdão e é curado pelo padre. Temos então o episódio final. Desta vez, o senhor Quinu finge estar doente e faz seus planos para matar o padre: esconde um punhal e pede a presença de frei Damião para ouvi-lo em confissão. Mas este não se deixa enganar, adivinha o plano e manda outro frade para confessar Quinu. Este não concordou com a troca e pediu mais uma vez a presença de frei Damião, que decidiu aceitar a incumbência. Ao chegar na casa do penitente, a mulher acorre e pede ao frade que confesse seu marido porque ele está às portas da morte. Frei Damião lhe responde: "eu vim foi confessar mesmo / o senhor Quinu Gastão / mas ele já morreu com /um punhal preso na mão". E, de fato, estava morto e, devido ao *rigor mortis*, ninguém conseguia tirar-lhe a faca da mão. Depois de muito empenho do delegado, do tenente e do cabo, mandou-se chamar frei Damião novamente e este, invocando a ajuda de Jesus e de Maria, tira facilmente a arma. Nesta história, o protestante, tal qual o Diabo no Álbum 1, não parece muito inteligente e acaba enganado e derrotado pelo herói, neste caso frei Damião.

Um estudo feito por um seminário realizado no Recife relatou nada menos que oitenta "milagres" de frei Damião, transmitidos por informantes de todo o Nordeste. Foi por causa desses milagres que frei Damião tornou-se, de fato, o novo e provavelmente não o último dos "santos do Sertão" (revista *Opinião*). É a mais recente e talvez uma das últimas figuras messiânicas do interior do Nordeste, uma foto importante deste retrato do Brasil feito pelo cordel[14].

2. CATÓLICOS, PROTESTANTES E CACHAÇA

A maior parte do público tradicional do cordel, isto é, os compradores e leitores do começo do século xx até a década de 1960, eram católicos da "velha Igreja". Sua "religiosidade" tinha sido formada por décadas de ensino do catecismo católico, de frequência à missa, de recebimento dos sacramentos e de assistência às missões anuais. Os recém-chegados protestantes (ou "crentes") compartilhavam com os católicos algumas crenças, como, por exemplo, a visão apocalíptica do fim do mundo, com o consequente Juízo Final. No entanto, outras questões os separavam. É necessário um pouco de história para entender os folhetos que tratam desse assunto.

De modo geral, duas grandes ondas de missionários protestantes invadiram o Brasil. A primeira chegou na década de 1880, trazendo seitas tradicionais como os Batistas, a Assembleia de Deus e outras, que enviaram corajosos missionários para um território francamente hostil, inclusive para o Nordeste. A segunda onda veio em anos mais recentes, já trazendo a experiência adquirida na primeira vaga e uma perspectiva nova[15]. No retrato da religião feito pelo cordel, os "velhos" protestantes, os pioneiros na divulgação da palavra com o intuito de aumentar o rebanho, são os mais relevantes para nosso estudo, contemporâneos que são da melhor época do

14. Depois do primeiro rascunho de *Retrato…*, frei Damião veio a falecer, mas os poetas continuam fiéis à sua figura e lançaram novos títulos, contando seu fim e eternizando sua memória. Entre eles podemos citar *Frei Damião o Último Santo do Sertão 1898–1997*, *A Chegada de Frei Damião no Céu* e *Frei Damião o Santo do Nordeste*.

15. Ver Joseph Page, *The Brazilians*, op. cit., pp. 373–375.

cordel. O protestantismo de hoje é, na verdade, um fenômeno diferente daquele que esteve em voga no período áureo do velho cordel, e apresenta uma perspectiva cultural muito diversa daquela de seus predecessores. A maioria dos escritores acadêmicos que se dedicaram ao estudo do cordel, como Gustavo Barroso, Leonardo Mota, Rodrigues de Carvalho e Luís da Câmara Cascudo, falam da atmosfera de suspeita, da falta de confiança e até do ódio vigentes entre os nordestinos com relação aos estrangeiros que vieram divulgar uma mensagem nova, impregnada de crenças e práticas muito diferentes das seu antigo catolicismo. Isso no melhor dos casos, porque, na pior das hipóteses, os protestantes eram vistos como inimigos diretos de tudo aquilo em que os velhos católicos acreditavam, como pessoas que odiavam Roma e o Papa e divergiam da fé verdadeira; e, pior ainda, eram agentes do diabo[16]. Esta atmosfera impregnou os folhetos pioneiros do cordel, com ferozes poemas satíricos contra as novas seitas, como, por exemplo, *O Diabo na Nova Seita*, ou *O Diabo Confessando um Nova-Seita*, de Leandro Gomes de Barros, ou ainda *A Religião contra o Protestantismo*, de João Martins de Athayde.

No entanto, os costumes locais também tiveram seu papel, provocando o surgimento de poemas, os chamados "debates", "discussões" ou "encontros", nos quais os católicos tradicionais e os "crentes" ou "novas-seitas" discutiam práticas específicas da fé ou costumes, como, por exemplo, o de beber cachaça. E, finalmente, os poemas de profecias de líderes religiosos, como padre Cícero ou frei Damião, que sempre invectivaram os protestantes, vendo-os como praticantes da "arte do diabo" e inimigos da verdadeira fé.

O que essas histórias apresentam com mais regularidade é o velho catolicismo sertanejo a desafiar as novas ideias dos primeiros missionários protestantes. No mais das vezes, os relatos são sérios, mas, em alguns casos, os poetas usam da piada e do humor para satirizar os novas-seitas.

A mais famosa e eloquente dessas histórias é *Debate de um Ministro Nova-Seita com um Urubu*[17], escrita nos primeiros anos do século XX e atribuída a um mestre cordelista, Leandro Gomes de Barros. Apresenta poucas novidades no que diz respeito às questões teológicas ou litúrgicas e, como sempre, o protestante está condenado a perder, mas

---

16. Ver as obras já referidas de Gustavo Rarroso, *Ao Som da Viola*; de Leonardo Mota, *Violeiros e Cantadores*; de Luís da Câmara Cascudo, *Vaqueiros e Cantadores*; e de Rodrigues de Carvalho, *Cancioneiro do Norte*, 3. ed., Rio de Janeiro, Instituto Nacional do Livro, 1967.

17. Leandro Gomes de Barros, *Debate de um Ministro Nova-Seita com um Urubu* em *Ao Som da Viola*. O texto completo é repetido em Mark J. Curran, *La Literatura de cordel brasileña: Antología bilingue*, Madrid, Orígenes, 1991.

a linguagem extremamente trabalhada e a carga de humor presente no poema fazem com que se diferencie dos demais. O defensor da fé católica é um urubu nordestino, sarcástico (ave conhecida pela alcunha de "lixeiro do Nordeste"). Este comedor de carne das estradas, como diz o poeta, "talvez seja só um urubu", mas é um urubu que tem fé e defende-a com a própria vida.

Na história, uma velha nova-seita morre. O Mestre Urubu encontra-a e expressa sua sorte a seus colegas urubus. Nesse ínterim, chega um ministro nova-seita para reclamar o corpo da morta, e o urubu e seus camaradas, mesmo admitindo que "o diabo ganhou uma sogra com esta", continuam pensando que não seria desperdício de tempo "roer nesta até chegar alguma outra melhor". Quando o pastor renova seu discurso sobre os direitos ao cadáver, o Mestre Urubu responde: "Carregue, então, sua tinha"! Naturalmente ofendido, o pastor dá início a um debate tradicional, argumentando que, embora um urubu não tenha alma, ele admite que talvez pudesse ser um crente em potencial. Assim, convida-o a juntar-se à sua seita, onde poderá ser batizado.

A resposta do urubu é um ataque feroz aos protestantes. Diz ele: dos novas-seitas nem a pele se aproveita, e começam a discutir sobre o lugar para onde irá a alma do protestante quando morrer. O urubu defende "a velha religião" e argumenta que ela tem "mais poesia": o jejum na Quaresma, os foguetes no dia de São João, a Missa do Galo às vésperas de Natal, e as missões anuais. Já enraivecido, o urubu continua a desfiar suas queixas: por que os protestantes não gostam da cruz com Jesus pregado nela? E a Virgem Maria? Jesus não teve mãe? Até os urubus podem entender essa verdade! O protestante se defende com seu conhecimento da Bíblia e a salvação pela fé. O urubu retruca: "– Mais fácil água dar luz / O sol ficar como gelo / O demo andar

com a cruz"![18] O urubu diz ficar perturbado com os hinos protestantes: "Mais vale um samba de palmas / Do que sua devoção" (*apud* Curran, *La Literatura de Cordel...*, p. 168). Até um urubu sabe rezar melhor. A defesa do protestante é que ele conhece a Bíblia de cabo a rabo, mas isto tem pouca importância para o velho urubu católico, que responde "Você foi excomungado"!

A esta altura, o urubu, cansado de toda aquela discussão, diz ao pastor que pode levar a velha pestilenta. Os protestantes só deixam atrás de si um rastro de fome, de peste e de intriga! Tanto o pastor quanto o urubu trocam insultos. Mas, no clímax do poema, todos estão a favor do urubu: "Eu, sendo um bruto pagão, / Creio, e sigo os mandamentos, / E

18. *Apud* Mark Curran, *La Literatura de Cordel Brasileña: Antología Bilíngue, op. cit.*, p. 168.

tu, sendo batizado, / Negas os ensinamentos, / Corres, como um cão danado / Se se fala em sacramentos! // Um santo que estava ali perto, / Com o diabo também, /– Bravos! era o que dizia, / Este Urubu fala bem! /Morra este vil nova-seita! E o diabo disse, Amém!" (*Apud* Curran, *La Literatura de Cordel...*, p. 170).

No que se refere às histórias que têm como tema o consumo de cachaça, são, na verdade, uma variante dos poemas já analisados, mas com um enfoque muito interessante. A cachaça, destilada da cana-de-açúcar, é a bebida do homem comum e simboliza para os católicos diversão e momento de felicidade. Leandro Gomes de Barros ficou conhecido por seus folhetos hilariantes sobre o tema[19]. Em *Discussão de um Crente com um Cachaceiro*[20], uma das muitas histórias que envolvem católicos e protestantes, poemas que fazem uma severa crítica à bebida, embora sempre enfatizando o bêbado ou cachaceiro, o poeta cria um bêbado feliz que justifica seu vício mediante sua fé. Parafraseando, "tenho religião, por isso bebo Vinho São João; o padre, na missa sagrada, diz: Comei este pão e bebei este vinho; e, quando bebo Cachaça Morro Grande, penso no morro do Calvário!" Obviamente, essas histórias foram escritas para serem engraçadas e divertir o público, mas, nas entrelinhas, tratam de um assunto sério e de uma das grandes diferenças no que tange aos costumes velhos e novos. Leandro Gomes de Barros conhecia os giros linguísticos e a defesa pouco ortodoxa do catolicismo tradicional quando compôs o poema *O Soldado Jogador*[21], no qual um baralho que o soldado sempre trazia consigo serve de "missal" católico para acompanhar a missa.

3. O ESPIRITISMO BRASILEIRO

Eu, como estudante em pesquisa no Brasil, em 1966–1967, para defesa de tese, tinha extrema curiosidade de conhecer e experimentar este aspecto da realidade brasileira, em particular o espiritismo africano. Como estudante e simpatizante da literatura brasileira, não pude deixar de conhecer a obra do romancista baiano Jorge Amado. Este autor transformou sua fonte inspiradora, o sincretismo das religiões africana e católica na Bahia, em parte importante de sua obra; de fato, o valor da cultura afro-brasileira tornou-se sua tese principal (ver especialmente o romance Tenda dos Milagres*). Além de ler Jorge Amado, assisti na*

---

19. Entre outros poemas, Leandro escreveu *O Adeus da Aguardente, A Criação da Aguardente, A Defesa da Aguardente, Discussão do Vinho com a Aguardente*, e *O Filho da Aguardente*. Era sabido que o poeta gostava de tomar um trago enquanto cantava seus versos (Curran, *A Literatura de Cordel*, cap. 2).

20. Vicente Vitorino de Melo, *Discussão de um Crente com um Cachaceiro*, s. l., s. d.

21. Leandro Gomes de Barros, *O Soldado Jogador*, Editor Proprietário José Bernardo da Silva, Juazeiro do Norte, CE, s. d. A história clássica, originária da tradição europeia, sofreu vários plágios e adaptações através dos anos, dando origem a títulos como *O Soldado Francês* ou *O Jogador na Igreja*. O cantor de música *country* dos Estados Unidos, Tex Ritter, produziu um *best-seller* com sua variante em ingles, *Deck of Cards*. O folclorista alagoano Théo Brandão nos contou, em conversa na década de 1970, que tinha um manuscrito de mais de 500 laudas sobre a história, acompanhando o poema desde a Europa até o Brasil, com suas variantes nordestinas.

Bahia, durante os meses de novembro e dezembro de 1966, a muitas rodas de capoeira, uma espécie de dança e defesa própria dos afro-brasileiros.

Em fase anterior de pesquisa no Recife e no interior do Nordeste, em 1966, enquanto morava em Olinda, Pernambuco, fizera diversas visitas aos cultos xangôs e fui apresentado ao espiritismo de Allan Kardec pelo pai de um bom amigo de Campina Grande, Paraíba. Mas, agora, na Bahia, queria presenciar os ritos "mais puros" da religião africana praticados no Brasil, em particular o candomblé baiano. Sem dúvida, o entusiasmo que senti por este aspecto de cultura brasileira me traria de volta a Salvador e ao que chamo "minha trilogia baiana": estudos sobre Jorge Amado, Rodolfo Coelho Cavalcante e Cuíca de Santo Amaro, os dois últimos grandes poetas do cordel baiano por quase meio século, de 1940 a 1986[22].

Somente muitos anos depois é que fui "ducado" na umbanda por uma fonte inesperada, Sebastião Nunes Batista, bom amigo e colega de pesquisa sobre cordel na Fundação Casa de Rui Barbosa, no Rio de Janeiro. Sebastião era filho do famoso Francisco das Chagas Batista, um dos poetas pioneiros do cordel na Paraíba. E também, convencido da reencarnação que ela pregava, foi adepto e praticante da umbanda.

* * * *

Mesmo que o poeta João do Cristo Rei já protestasse contra um espírita kardecista e o chamasse de "protestante" num folheto sobre padre Cícero e seu culto, em Juazeiro do Norte, este aspecto do espiritismo brasileiro está presente no retrato cordeliano de maneira menor. De fato, poucos folhetos tratam do assunto, e nota-se mesmo uma subcorrente que sente desprazer, no sentido genérico, quando os poetas falam de médiuns, de magia etc., que consideram bobagens e obra do diabo.

Grande parte da bibliografia sobre a religião no cordel classifica o espiritismo no Brasil com certo preconceito. No entanto, o lado "espiritual" do catolicismo, isto é, a existência de vida após a morte ou de anjos e aparições da Virgem Maria, é, em geral, bem aceito. Contudo, o chamado "alto espiritismo", o da sessão espírita, a comunicação com os espíritos dos mortos através dos médiuns e, é claro, sua reencarnação são "anátemas" para o dogma tradicional católico, e são tidos, muitas vezes, como obra do demônio. Padre Cícero e frei Damião mantiveram essa interpretação do dogma. Mais incrível ainda, para os católicos, é a crença de que os deuses ou "santos" podem, literalmente, descer à terra e tomar posse do adepto durante o culto, com seus cantos e danças rituais, no candomblé, no xangô ou mesmo na umbanda. E o denominado "baixo espiritismo", de natureza animista, principalmente de origem nativa e africana, é simplesmente ignorado. Por isso, por mais importantes culturalmente que sejam estas crenças religiosas na sua totalidade para o Brasil, sua imagem no cordel e, portanto, para o público cordeliano é, de modo geral, negativa. Os poetas, escrevendo para um público católico tradicional e muitas vezes supersticioso, geralmente fazem brincadeiras com os cultos, assim como fizeram com os protestantes que foram convertidos em urubus, em macacos ou em cachorros por blasfemarem contra padre Cícero ou contra frei Damião. O leitor deve-se recordar, porém, de que os protestantes foram, de modo geral, vistos muito mais como uma ameaça aos costumes antigos do que os praticantes do espiritismo.

---

22. Ver deste autor *Jorge Amado na Literatura de Cordel*, Salvador, Fundação Cultural do Estado da Bahia-Fundação Casa de Rui Barbosa, 1981; *A Presença de Rodolfo Coelho Cavalcante na Moderna Literatura de Cordel*, Rio de Janeiro, Nova Fronteira-Fundação Casa de Rui Barbosa, 1987; e *Cuíca de Santo Amaro Poeta-Repórter da Bahia*, Salvador, Fundação Jorge Amado, 1990.

Exemplos de poemas que tratam dessa questão são *O ABC do Espiritismo*, *O ABC do Médium*, *A Morte de Zé Arigó, o Famoso Médium de Minas Gerais* e *A Verdadeira História de Chico Xavier*, todos escritos pelo conhecidíssimo Rodolfo Coelho Cavalcante, adepto do espiritismo kardecista. Existem, indubitavelmente, muitos outros, mas estes servirão de exemplo para *Retrato...*

No que se refere aos cultos africanos, alguns títulos representativos são *ABC da Umbanda*, *O Feitiço que Virou em Cima do Feiticeiro*, *A Macumba na Bahia*, *Mistérios da Macumba*, *Por que Combatemos a Umbanda*, *São Jorge e o Dragão* ou *Iemanjá Rainha do Mar e seus Admiradores*. Muitas destas histórias foram escritas por poetas de Salvador, a primeira capital colonial do Brasil, uma cidade com uma grande população negra (alguns dos quais são fregueses dos poetas) e, consequentemente, o maior número de terreiros de cultos africanos. Veem-se nos folhetos, principalmente, as referências ao "catimbozeiro", "xangozeiro" etc., usadas num contexto genérico para significar os que usam a magia, a magia negra, o feitiço etc. para conseguir seu intento. Obviamente, essas atividades são condenadas pela velha Igreja como práticas pagãs, ruins e obra do diabo.

O Espiritismo Kardecista

Começaremos com *O ABC do Espiritismo*, folheto de Rodolfo Coelho Cavalcante, escrito pelo poeta em 1968. Traz na capa uma foto-clichê de Allan Kardec, ou Leon Hippolite Denizart Rivail. O poeta se empenha em explicar o fenômeno: como Kardec foi inspirado a reinterpretar as Sagradas Escrituras e criar a doutrina espírita, baseando sua nova lei nas máximas bíblicas: "O homem nasce e renasce / Depois torna a renascer" (p. 1), e, então, nasce de novo (citando o caso de Elias, no Antigo Testamento, que teria renascido em João Batista).

Segundo o autor do folheto, está claro que, aceitando as ideias de Kardec, não se pode admitir a existência do céu nem do inferno. Se fosse assim, Deus seria um tirano. Em vez do paraíso, as almas ou os espíritos dos mortos, aqueles que são merecedores, "gozam as delícias de Planos Elevados". A pessoa que pecou numa outra vida pode resgatar seus pecados numa nova existência. Os espíritas também se baseiam no versículo bíblico: "Há na casa do meu pai / Muitas moradas, É jus / Eu ir à frente de vós" (p. 3). Assim, segundo a interpretação espírita da palavra de Jesus, as mansões "celestiais" são reservadas para os "espíritos de luz". Por outro lado, existem outras "regiões exteriores" onde os pecadores de vidas passadas podem permanecer durante algum tempo, para resgatar suas faltas.

O preceito espírita de "faça aos outros..." baseia-se na máxima "Quem com ferro ferir / mesmo ferro há de sentir". Portanto, não é Deus quem castiga, porque isso é impossível, mas a própria pessoa, de acordo com suas ações durante seu

viver. E acrescenta o poeta: "Lá na Espiritualidade / cada um receberá / o que na terra plantou / isso mesmo colherá ... / Nada de castigo eterno! / Essa invenção de inferno / Apenas na letra está" (p. 4).

Segundo o poeta (acompanhando Allan Kardec), Jesus Cristo ensinou simplesmente que "o inferno / é a triste situação / do estado em que o espírito / esteja em atribulação" (p. 5). Portanto, reafirma, não existe paraíso nem inferno. Assim, é na terra ou no espaço que todos os espíritos atribulados vivem seu próprio "inferno", por se sentirem culpados. Mas, ao mesmo tempo, existem os espíritos "iluminados". E a maior iluminação de todas é o próprio espiritismo: "para aqueles que tateiam / na imensa escuridão / dos erros das ideologias, / das falsas filosofias / fora de concepção" (p. 5). De outra maneira, como se poderia conceber que uma criança nasça aleijada, pobre ou cega e outra seja um gênio como Mozart?

Como exemplo, o poeta lembra o caso do rei Saul, que proibiu seu povo de "consultar os mortos", ainda que ele mesmo tenha consultado uma necromante! E esta não previu o que iria acontecer ao rei? Segundo o poeta, o que fez Saul foi apenas controlar a prática da mediunidade, ao condenar as consultas ao chamado "baixo espiritismo". Na realidade, queria pôr um fim ao comércio e ao fanatismo da época.

O poeta prossegue em sua explicação: o espiritismo é religião e é ciência! Um pai não pode pagar pelo que o filho fez; um filho não pode pagar pelo pai. Cada pessoa paga por suas próprias ações, e a pessoa que sofre neste mundo pecou hoje ou ontem!

No entanto, a comercialização do dom da mediunidade, usando a cartomancia ou acendendo velas, é feitiçaria e nunca espiritismo! Xangô, Dois-Dois, Omolu, tosos são santos do candomblé, que nada tem a ver com espiritismo! Este é a "luz" dos ensinamentos de Jesus!

E o autor encerra seu poema: "Sem usar de fanatismo / E adepto de Espiritismo / O RODOLFO CAVALCANTE" (p. 8). Cabe lembrar que, ao pé de cada página do folheto, o autor cita frases de Kardec. Demos ênfase a este folheto, primeiramente, porque resume as crenças dos kardecistas "puros" do Brasil e, depois, porque este poeta escreveu muitos poemas de cordel dentro dessa perspectiva. Rodolfo Cavalcante convenceu-se de que era seu dever conhecer seu público, principalmente os católicos tradicionais, e escrever para eles. Por isso, o leitor deve prestar muita atenção na leitura de seus poemas e atentar para a "mensagem verdadeira".

Outro poema deste autor trata da história do médium brasileiro que se tornou famoso pelas curas espíritas que realizava. Estamos falando de *A Morte de Zé Arigó o Famoso Médium de Minas Gerais*[23].

* * * *

Uma das principais crenças do espiritismo é na existência de pessoas que nasceram com o dom da cura. Os espíritas acreditam, essencialmente, que este dom é o mesmo de Jesus Cristo, apenas em escala menor. Mas um verdadeiro praticante que possua este dom pode curar em nome de Jesus. Conhecemos em Campina Grande, Paraíba, um indivíduo favorecido com esse dom, o sr. Coelho, bastante famoso na região. Comumente, os vendedores de produtos farmacêuticos, numa doação à "causa", lhe davam suas amostras e remédios que não tinham vendidos. O próprio sr. Coelho me explicou seu dom em detalhes: ao falar com um paciente, ele podia, quase que instantaneamente, determinar se sua doença era mental, física ou espiritual. Se fosse física, receitaria algum remédio de seu impressionante estoque (uma sala inteira da

---

23. Rodolfo Coelho Cavalcante, *A Morte de Zé Arigó o Famoso Médium de Minas Gerais*, Salvador, 1971.

casa, do tamanho de muitas farmácias, cheia de prateleiras de remédios). Se o caso fosse de doença mental, recomendaria um médico. Mas, se fosse espiritual, um caso bastante frequente, rezaria com o paciente e sobre ele, conseguindo muitas vezes excelentes resultados. A prova era a longa fila de pessoas, que se estendia pelo quintal da casa e avançava rua afora, à espera de uma "consulta". O sr. Coelho acreditava, modestamente, que possuía o mesmo dom de curar de Jesus Cristo. Todas as consultas eram gratuitas; ele ganhava a vida com seus postos de gasolina na cidade.

* * * *

Segundo a voz do povo, Arigó fazia cirurgia de catarata sem anestesia, usando como instrumentos cirúrgicos ferramentas rudes, como uma pequena faca. Uma história muito divulgada na época, no Brasil, é que a Faculdade de Medicina da Princeton University enviou uma equipe de médicos para observar o trabalho de Arigó e filmar uma de suas cirurgias de catarata. Ao que consta, o paciente livrou-se da catarata sem quaisquer consequências. A história de Arigó é contada no cordel por Rodolfo Coelho Cavalcante.

Fornece a data de seu nascimento, os nomes dos pais, fala do catolicismo de Arigó, de seus muitos fracassos na vida e de seu êxito final como médium espírita. Atendia os "pacientes", diariamente, das seis às dez horas da manhã, corria para o serviço regular e, depois, voltava à noite para as "consultas". Preso, em 1958, por praticar a medicina sem licença, foi indultado pelo próprio presidente Juscelino Kubitschek (Arigó morava em Congonhas do Campo, Minas Gerais, estado do presidente). Em 1964, voltou a ser preso, mas desta vez, embora tivesse recebido indulto da mesma maneira, preferiu cumprir seu tempo de prisão, durante o qual reclamou muitas vezes das torturas a que assistiu (sua prisão ocorreu na época de maior repressão e tortura do regime militar).

Diz o autor do folheto que, um ano antes do desenlace, Arigó soube que ia morrer e preparou-se para sua "desencarnação". Descreve o desastre rodoviário em que se envolveu Arigó, em 1971, chocando-se de frente com outro carro, depois de rodopiar na pista. Relata também que o médico legista, quando foi fazer a autópsia do cadáver, descobriu, para espanto geral, que ela já havia sido feita! Imediatamente, o povo da região passou a propalar que Arigó "virou santo". E o poeta concorda que o médium era santo, sim, pelo menos nas curas e nas obras de caridade. E assevera que seu grande dom de mediunidade ou de cura nunca foi contestado. Termina seu folheto com a reafirmação de que Arigó podia curar por intermédio de Jesus Cristo, tudo o que importava era "não duvidar".

Outro folheto, desta vez uma longa narrativa de 32 páginas, com novo formato de uma editora cordeliana de São

Paulo, narra a história de Chico Xavier[24], um espírita com um dom diferente do de Arigó. Era um vidente, via espíritos, fatos e pessoas que outros não conseguiam. Diz o autor do folheto que "hoje" Chico Xavier é o maior médium do Brasil, reside em Uberaba, Minas Gerais, onde pratica grandes obras de caridade. "Fez uma ponte entre este mundo e o além" e "vai irradiando luz, paz e compreensão" para todos[25].

Não se sabe quantos leitores de cordel são adeptos do espiritismo kardecista. Embora este álbum de retratos cordelianos possua poucas fotos sobre essas crenças e mesmo que a grande maioria dos poetas e do público do velho cordel fossem católicos tradicionais, *Retrato…* enriqueceu-se com essas histórias, devido à disseminação dessas crenças no Brasil. O mesmo se pode dizer do espiritismo africano e de suas várias manifestações.

Macumba, Umbanda e Candomblé

Repetindo, o cordel, geralmente, não apresenta o espiritismo afro-brasileiro sob uma ótica favorável; o "catimbozeiro" ou "xangozeiro" é visto como praticante de cultos supersticiosos e voltados para o mal. O leitor deve lembrar que a maioria dos poetas e do público de cordel são católicos de nascimento e, em muitos casos, pessoas supersticiosas! Mas nas histórias podem revelar-se vários pontos de vista.

ABC da Umbanda[26] é provavelmente um poema de encomenda, quer dizer, foi feito para servir de propaganda da seita. O poema constitui uma raridade no cordel, primeiramente por seu conteúdo e, depois, por seu autor declarado ser uma mulher, Vicência Macedo Maia. As autoras femininas, embora ouvidas, são extremamente raras na literatura de cordel, mas o editor do poema, Rodolfo Coelho Cavalcante, sempre estava disposto a imprimir um folheto se o preço e o assunto fossem bons. Mesmo adepto do espiritismo kardecista, Rodolfo também era um editor com visão comercial e, além disso, acreditava nos direitos de todas as religiões. O poema usa o formato do ABC, isto é, cada estrofe começa com uma letra do alfabeto. Diga-se de passagem que, na Bahia, durante anos, o poema de cordel foi conhecido genericamente por ABC, mas essa forma de apresentação tem suas raízes na antiga cultura grega.

Como seria de esperar, o poema é uma louvação e aparente explicação da umbanda, pois é, de fato, bastante vago e nebuloso em suas afirmações (talvez devido à própria natureza

---

24. Eneias Tavares Santos, *A Verdadeira História de Chico Xavier*, São Paulo, Prelúdio, s. d.

25. Este livro já estava rascunhado quando Chico Xavier veio a falecer, dando origem a um folheto sobre sua morte, *O Maior Médium do Mundo Morre nos Braços do Povo*, de Gonçalo Ferreira da Silva, Rio de Janeiro, Academia Brasileira da Literatura de Cordel, jul. 2002.

26. Vicência Macedo Maia, Editor Rodolfo Coelho Cavalcante, *ABC da Umbanda*, Salvador, s. d.

da umbanda em si, que é bastante vaga). De sua leitura se conclui que os umbandistas acreditam, antes de tudo, no "Amor, a essência divina", que a primeira obrigação é fazer o bem aos outros, e que aqueles que têm o dom desenvolvido devem dedicar-se a um trabalho duro. Deus é amor infinito e mostra "o caminho bendito" da prática da caridade. Se uma pessoa tem o dom, tem o dever de usá-lo. É sua obrigação "evoluir na senda espiritual", progredir a cada dia e nunca fazer o mal. O melhor exemplo disso foi Jesus Cristo.

A poetisa diz ainda: existem médiuns que compreendem o que é "concentração", que fortalece a "corrente" durante as sessões. São inspirados por "Guias Excelsos" e nunca devem duvidar deles. A fé é tudo, e Krishna, Buda e Maomé são exemplos disso! "A magia – a força divina" da Mãe Natureza é onde se encontra a doutrina da maturidade completa. Na umbanda, este "amor concretizado" está nos guias Oxalá, Ogum e Oxóssi. Cabe observar que. na umbanda, se usam os nomes dos deuses ou santos africanos, mas com referência, muitas vezes, a deuses diferentes. A terminologia pode variar de cidade para cidade, de região para região. Mas, em essência: "O Espiritismo é Ciência / Umbanda é Mediunidade, / Cada um por sua vez / Tem por lema: A CARIDADE! // Planos e planos existem / De correntes, vibrações / Projetando no Universo / Paz em todas direções! (p. 4). Assim, quanto mais o médium praticar o amor, mais perto estará do Ser Supremo.

A autora roga, então, a Deus, o criador-pai da bondade, que olhe com benevolência para todos os médiuns que praticam a caridade. Mas adverte que "Xicaca, Vaso Celeste", pode trazer vibrações contrárias, seguidas de sofrimento! Por outro lado, Iansã, a deusa divina do verde mar, é uma boa influência. A umbanda, reafirma a poetisa, existe para praticar o bem.

O leitor talvez concorde que o relato é um pouco vago. Como, então, poderia ter sentido? É a mesma pergunta que faz o público católico humilde e pouco sofisticado do cordel. Os sermões dos sacerdotes e dos pregadores das missões ensinavam uma realidade simples. Como, por exemplo, quando padre Cícero dizia que o pior de todos os pecados era acreditar que um ser humano pudesse invocar um espírito ou alma do lugar onde o próprio Deus o havia colocado. Portanto, a umbanda é um mal e tem-se de ficar longe dela!

No Brasil, a palavra "macumba" é genérica. Diz respeito a qualquer das religiões africanas de orientação espiritualista e, quase sempre, possui um tom pejorativo. No entanto, Rodolfo Coelho Cavalcante, que provavelmente estava mais afeito a esses assuntos do que qualquer outro poeta de cordel, escreveu um folheto num tom totalmente diferente: A Macumba da Bahia[27].

27. Rodolfo C. Cavalcante, *A Macumba na Bahia*, Salvador, 1978.

Rodolfo adquiriu o direito de falar porque é um dos grandes "buscadores da verdade" no cordel e já investigou muitas variantes religiosas no Brasil. Carlos Cunha, estudioso do cordel em Salvador, alcunhou Rodolfo de "o grande evangelizador" do meio, o que constitui de fato uma análise muito inteligente.

Rodolfo começa afirmando a infinidade de doutrinas do "ocultismo", tais como a teosofia, o esoterismo e o espiritismo com base na mediunidade. Há, por exemplo, a doutrina da umbanda, com seus dogmas de "pontos, cantares e prisma", enquanto a quimbanda, uma forma de macumba, domina a maior parte dos terreiros, segundo o poeta. (Eu, de minha parte, entendia a quimbanda, com base em leituras acadêmicas, como um culto mais ligado ao uso da magia negra, cujo propósito era fazer o mal.)

Acontece, porém, que o poema inteiro constitui nada mais que uma propaganda do turismo de Salvador. Na verdade, o poeta apresenta um relato bastante agradável e colorido do candomblé da Bahia como um folclore que o turista não deveria deixar de ver! É possível que o folheto tenha sido encomendado pela Comissão de Turismo Baiano. Seja como for, representa uma foto interessante desse aspecto da cultura brasileira, que deve fazer parte deste álbum. No que segue, *Retrato...* faz uma paráfrase e um resumo do conteúdo desse folheto.

Diz o poeta que, na região de Salvador, existem mais de cem templos de quimbanda e umbanda, cada um com seu terreiro. O propósito principal da umbanda é a caridade; já a quimbanda tem um papel diferente (talvez corroborando nosso próprio entendimento de que está mais associada à magia negra). Como conta o poema, vêm professores de todas as partes para pesquisar o candomblé (neste contexto, todos os cultos africanos na Bahia), a essência do

"Psiquismo / Onde a Mediunidade / É o alto mecanismo, / Nele a manifestação / Não é mera ficção / Do propalado Animismo!" (p. 3). Qualquer que seja a doutrina, de Ghandi, de Kardec, de Calvino ou Martinho Lutero, de outros como Rostaing, até do imperador Constantino, ou das religiões africanas, todas têm uma missão, "a intercomunicação no Celestial Divino".

Nessa altura, o poeta muda o discurso: a "macumba" é uma religião "pesada", mas é também folclore. A religião afro-brasileira tem seu próprio código: a líder do culto, a mãe de santo, trabalha junto com seu santo ou encantado visando à perfeição. No passado, houve charlatães que tiraram proveito dos membros dos cultos e blasfemavam contra os princípios da umbanda e torciam as ideias da quimbanda, convertendo o que era bom em algo ruim.

Rodolfo relaciona, então, muitos dos principais santos dos cultos africanos e seus equivalentes cristãos: Oxalá – Nosso Senhor do Bonfim, Oxóssi – São Jorge, Iansã – Nossa Senhora dos Navegantes, Omolu – São Lázaro, protetor dos leprosos, Exu – qualquer demônio, e Ogum – Santo Antônio. Todos são santos do culto e descem para trabalhar, uns limpando, *energizando*, as pessoas, outros doutrinando. São seres de outro mundo que carregam poderes profundos, até mesmo o de castigar! Descem durante o ritual, todos em procissão, dançando ao ritmo dos tambores. Os fiéis do culto, os "cavalos", são cavalgados ou possuídos pelos santos, dançam todos num estilo diferente, saudando os santos recém-chegados no canto e no baile.

O poeta diz quando e onde se pode visitar os terreiros e adverte o leitor para a seriedade das celebrações. Se foram pedidos corretamente, o pai de santo ou a mãe de santo podem ajudar os doentes, os pobres e até os alcoólatras.

Embora sejam cultos de uma religião primitiva africana, são parte da literatura e do folclore mundiais. (Rodolfo suspeita que os cultos sejam originários do Islã ou dos Vedas da Antiguidade.) Diz inclusive que a própria Bíblia está cheia de referências às ciências ocultas, e que, por isso, combater o candomblé é certamente um erro. Isso porque "nossa Igreja Católica" também tem seus santos milagrosos, que se manifestam às vezes misteriosa e regularmente e são, nas palavras do poeta, "seres transcendentais das órbitas celestiais". Portanto, a mediunidade dos espíritas tem um lado bom e um mau, funcionando respectivamente para o bem e para o mal.

Como trovador e poeta, Rodolfo julga que, ao escrever o folheto, cumpriu sua missão. Mas a verdade é que o texto parece confuso e às vezes tende a confundir e agrupar todos os ritos africanos, inclusive o kardecismo.

Na próxima e última deste álbum sobre o tema da religião, veremos que existe um retorno às raízes do cordel, que se pode observar na crença, na esperança e na lealdade aos Papas de Roma.

4. A VOLTA ÀS RAÍZES:
O PAPA E A SANTA IGREJA CATÓLICA APOSTÓLICA ROMANA

A base do catolicismo tradicional nordestino está assentada na autoridade do Papa e na Igreja de Roma: "Pedro, tu és pedra e sobre esta pedra construirei minha Igreja". No entanto, nas décadas recentes a Teologia da Libertação e seus adeptos no Brasil focaram em "Pedro" mais de uma vez. Em muitas partes do Nordeste atual, o catolicismo adquiriu novo formato, drasticamente diferente de qualquer coisa já descrita neste livro. Com a realização do

Segundo Concílio Vaticano em Roma, no início da década de 1960, com o importante advento da Igreja Progressista através da Teologia da Libertação (bastante propalada pelos bispos e teólogos brasileiros) e, finalmente, com a reação de Roma à Teologia da Libertação e suas Comunidades Eclesiais de Base, o retrato dos católicos nordestinos e de sua Igreja ficou radicalmente diferente. No centro está a questão da autoridade de Roma e do Papa, o ministério do ensinamento da Igreja e a missão da Igreja na terra. É possível que o reino de Deus esteja no céu, mas não poderia ou deveria estar também no coração do homem aqui e agora e, principalmente, entre os mais pobres?

Os papas sempre foram objeto de grande respeito e obediência, de sorte que um dos temas favoritos do cordel é a morte e sucessão do homem escolhido para ocupar a cadeira de São Pedro. Folhetos como *A Morte do Papa João XXIII*[28] registram a força positiva e alegre que provocou a abertura ou *aggiornamento* entre 1963 e 1964. Depois, a breve viagem de Paulo VI e sua morte súbita em 1978 foram tratadas em folhetos como *O Falecimento de Sua Santidade Paulo VI em Roma*[29]. Todavia, nenhum homem ou acontecimento afetou tanto o Brasil quanto a pessoa e o pontificado de João Paulo II, o "Papa romeiro", mais conhecido por sua missão de evangelização, por levar o Evangelho mais uma vez a todas as nações. Em sua visita ao Brasil, em 1980, ficou conhecido como "João de Deus" e foi o primeiro papa a vir ao país. Foi também o primeiro papa a falar direta e preferencialmente aos pobres, inclusive aos trabalhadores. Convocou a todos para a volta à disciplina e à submissão a Roma, uma Roma agora mais moderna.

28. José Soares, *A Morte do Papa João XXIII*, Recife, 1963.

29. João de Souza Sobrinho, *O Falecimento de Sua Santidade Paulo VI em Roma*, s. l., 1978.

Um dos grandes momentos do cordel moderno foi o número de poemas vendidos nas ruas do país quando da primeira visita de João Paulo II ao Brasil, seguidos um ano depois, pela história do atentado que sofreu, a que voltaremos adiante. Mais de cem relatos diferentes foram publicados por poetas que escreviam sobre sua visita, seguindo certamente sua fé, mas também vendo neste acontecimento grande vantagem econômica. Sabiam que seu público dariam as boas-vindas ao papa, de braços abertos, e que também comprariam as histórias sobre ele como um meio de expressar sua fé.

A infinidade de poemas que relatam a visita do papa em 1980 pôs em ação quase todos os poetas de cordel que ainda trabalhavam naqueles anos. Neles estão representados quase todas cidades dos estados do Nordeste, bem como várias cidades de outros estados de outras regiões. Os poemas, em sua maioria, acompanham o itinerário do papa e os eventos ocorridos em cada uma das paradas. Para o poeta de hoje, foi fácil escrever seu relato, porque cada etapa da viagem era divulgada pela TV em rede nacional. Muitas dessas narrativas são apenas uma transposição da reportagem televisiva para o verso. A partir delas, porém, o leitor pode perceber que as raízes do catolicismo ainda estão bastante vivas no Brasil.

A grande maioria dos folhetos sobre a visita expressam sobretudo o amor, o sentimento religioso, a boa vontade e a esperança para o futuro que essa visita suscitou no Brasil. O papa visitou uma prisão em Brasília, deu impulsivamente seu anel de ouro aos pobres de uma favela do Rio de Janeiro como símbolo de esperança e, desse modo, tocou os corações de todos os brasileiros, no "espetáculo mais sublime e inesquecível que já vi na vida", nas palavras de Apolônio Alves do Santos, em seu folheto *Visita do Santo Papa ao Brasil e seu Encontro com o Presidente João Figueiredo no 30 de junho de 1980*.

Outro poeta, José João dos Santos – Azulão, do Rio de Janeiro, grande defensor dos direitos dos trabalhadores e

adepto do Partido do Trabalhadores (PT), enfatizou o respeito que o Pontífice despertou entre os operários e os camponeses[30]. Um papa que odeia "a prepotência, o poder e a riqueza" e que está do lado dos humildes e dos desprivilegiados é idealizado pelo poeta. E, ainda, um papa que insiste em visitar os bairros proletários da cidade e que beija o chão do país que visita como um símbolo de que Deus deu a terra de presente aos homens, "Dádiva de Deus verdadeiro / Derramando suas bênçãos / Sobre o povo brasileiro" (p. 4).

Rodolfo Coelho Cavalcante, da Bahia, escreveu *A Chegada do Santo Papa João Paulo II à Bahia*[31] da maneira que dele se podia esperar. Observa que o papa é o chefe da religião católica, mas espera que haja uma frente unida de todas as religiões para dar as boas-vindas ao Santo Papa, inclusive o espiritismo de que é adepto.

Passado apenas um ano desde a visita de João Paulo II ao Brasil, um acontecimento fez o mundo tremer, e mais uma vez o cordel o relatou: o atentado contra a vida do Pontífice na praça de São Pedro, durante uma de suas audiências semanais[32]. Um jovem extremista muçulmano da Turquia atirou várias vezes no Santo Padre, seriamente atingido nos intestinos. Levado imediatamente ao hospital, sofreu uma longa cirurgia e recuperou-se lentamente desse crime que assombrou o mundo, porque foi desse modo que o viram

---

30. José João dos Santos – Azulão, *Visita de João Paulo II ao Brasil*, Engenheiro Pedreira, 1980.

31. Rodolfo Coelho Cavalcante, *A Chegada do Santo Papa João Paulo a Bahia*, Salvador, 1980.

32. Flávio Fernandes Moreira, *O Atentado contra o Papa*, Rio de Janeiro, 1981.

os "jornalistas" do cordel, aqueles mesmos poetas que escreveram sobre sua visita em 1980. Descreveram o assassino como um "turco desumano" e um criminoso perverso, sem coração, usando a mesma linguagem com que discorreram sobre o pior dos vilões no ciclo cordeliano dos cangaceiros e valentes. O poeta Apolônio Alves dos Santos, numa de suas histórias, chega à conclusão de que, embora o Brasil também esteja cheio de despotismo, sequestros, bombas, assaltos e terrorismo, nesta hora todos os brasileiros rezam por seu líder, o Papa.

Como seria de prever, Abraão Batista, de Juazeiro do Norte, da terra do padre Cícero, vê nisso tudo um sinal do fim do mundo[33]. Diz ele que o futuro é agora, que a besta do Apocalipse está solta nas ruas e que, se o próprio Deus não intervier, o diabo vai levar tudo. Informa ainda que aprendeu a escrever estudando as profecias, e que São Malaquias havia profetizado este acontecimento quando disse que o papa estaria associado ao sinal do crescente lunar, por coincidência o símbolo da Turquia!

O que mais se observa nestes poemas, seja qual for o método ou a mensagem individual do poeta, é o respeito, senão a crença. O brasileiro, tão eclético em suas crenças religiosas, sente, desde a profundeza de seu ser, respeito e amor por este homem que representou a bondade e a esperança neste mundo. Ele é o representante do próprio Deus, a "pedra" de São Pedro e uma ligação com o começo, e isso apesar do caleidoscópio de crenças e costumes vistos nestes dois capítulos seminais sobre um povo e um país. Como disse do papa o poeta Rodolfo Coelho Cavalcante numa biografia em versos de cordel: "Nossa é uma Nação apostólica / Nascida baixo a bandeira da religião Católica" (p. 8)[34], e é desse modo que é tratada em *Retrato*...

33. Abraão Batista, *A Tentativa de Assassinato do Papa João de Deus*, Juazeiro do Norte, 1981.

34. E, como esperado, com a morte de grande João Paulo II em 2005 sobreveio uma quantidade numerosa de novos títulos sobre sua morte, recontando e louvando sua vida. Os títulos aparecem na relação de folhetos consultados, ao final do livro.

— Álbum III —
O QUE NÃO SE DEVE FAZER: A RECOMPENSA DO PECADO

INTRODUÇÃO

Outro aspecto importante de um povo e de seu país é a existência ou não de um padrão moral. E, como não podia deixar de ser, a moral também foi analisada pelos poetas cordelistas. É, por isso, parte importante deste livro. No Álbum I, tratamos da existência de Deus na forma da Santíssima Trindade, das crenças relativas à Virgem Maria, aos apóstolos e aos santos, e da existência do diabo, dentro dos ditames do catolicismo ortodoxo. No Álbum II, estudamos as variantes deste catolicismo, como o tipo folclórico-popular brasileiro e, em escala bem menor, o protestantismo e o espiritismo kardecista e africano. Na análise de cada uma dessas variantes, podemos observar que a religião em si envolve não apenas a crença mas também uma maneira consequente de viver conforme sua fé. Assim, toda a esfera da moral é um corolário da crença religiosa. É o "caminho" da religião.

Uma das bases em que este livro fundamenta sua argumentação é a moral, uma visão essencial do bem e do mal, aspectos observados em quase todos os poemas cordelianos[1]. Todavia, num sentido mais específico, os poetas e o público do cordel, tanto quanto muitos outros brasileiros, compartilham, em maior ou menor escala, as crenças e o caminho expressos nesta literatura folclórico-popular. Por motivos pragmáticos, os temas tratados neste terceiro Álbum, derivados do que foi discutido no Álbum I, enfatizam e descrevem o que se deve fazer, o que se deve evitar e as consequências de uma ou outra escolha. Em suma, é a descrição, séria e

[1]. É oportuno lembrar que o alicerce da moral foi muito bem estabelecido pelo mestre Luís da Câmara Cascudo, em seu livro seminal *Vaqueiros e Cantadores*, Globo, Porto Alegre, 1939, p. 16.

engraçada, do estado moral do mundo. E tudo se reduz aos males advindos do pecado e, vice-versa, aos prêmios ganhos por evitar o pecado. Assim, este álbum vai além da questão das crenças colocada nos álbuns anteriores.

A questão da moral e seu papel no cordel são tratadas numa combinação entre o "real" e o "fantástico", de personagens e acontecimentos que derivam da vida cotidiana, isto é, o que existe de real e os personagens e acontecimentos imaginados ou sonhados. Como disse alguém, o fantástico no cordel se revela numa narrativa que é a soma dos elementos heterogêneos que provêm de lendas fantásticas e fatos bíblicos misturados a novas realidades, algumas criadas de maneira arbitrária pelos poetas[2]. Na "cultura primitiva" que o mesmo autor atribui aos poetas e ao público do cordel, o real é confundido com o não-real; a história adapta-se ao mito e a um mundo de espíritos, de almas sofredoras, de santos e seus milagres, num lugar onde o homem vive com Deus e com o diabo. Esta mistura será analisada neste álbum por meio das centenas de folhetos de natureza didática, as chamadas "histórias exemplares", que sempre terminam com uma lição moral. Há mais de cem anos que os poetas de cordel escrevem sobre a moralidade, já que é parte essencial de sua vida.

I. O PECADO E O ESTADO MORAL DO MUNDO

Introdução

Uma parte importante deste livro são as centenas de folhetos que se transformam em outras tantas fotos de toda a transgressão moral conhecida pelos poetas e seu público. Geralmente, estes folhetos falam das Sagradas Escrituras ou dos ensinamentos específicos da religião apenas de forma indireta e, mesmo assim, tão-somente como um simples lembrete de que o pecado deve ser castigado. Ressalta-se o ato e suas consequências, mas no final o que se revela é o microcosmo moral do poeta e de seus leitores, o que consideram errado no sentido moral e, por consequência, o que é bom. De modo geral, é resultado da presença da antiga religião, que enfatizava os castigos do inferno, sua fogueira e sua caldeira, mas sem esquecer algumas surpresas.

Quando se observam as ilustrações de capas destas histórias (como as beldades de maiô na praia) e as práticas hedonistas descritas, percebe-se que elas têm em vista algo mais do que a simples expressão de indignação moral. Estes folhetos são o equivalente nordestino do tabloide *sexy* encontrado nas bancas de jornal das grandes cidades: se não podes fazer, podes pelo menos ler sobre eles. Portanto, além da lição moral que anuncia, o poeta também diverte seu público.

Comecemos pelos poemas que tratam da "corrupção geral": *O Povo na Corrução, A Corrução Desfilando no Desfile do Diabo, A Perdição do Mundo* e outros. Em todas essas histórias, a imoralidade equivale ao pecado.

Mais do que tudo, a *mulher* está ligada à maneira de viver moralmente bem ou mal. (Seria porque quase todos os poetas são homens e o público tradicional da feira ou mercado também é masculino?) Então, como se explica o mode-

---

2. "O Mágico e o Fantástico na Literatura de Cordel", *O Povo*, sem indicação de autor, Fortaleza, 25.3.1970, Suplemento de Domingo.

lo feminino da Virgem Maria ou de Maria Madalena? Será a mulher esposa e mãe modelar ou uma prostituta devassa? O resultado é que a mulher de per si é tanto a causa quanto o efeito da falta de moral no mundo. Daí sua presença como parte significativa deste álbum.

Contudo, mesmo que a sedução, a infidelidade seja da natureza da mulher, ela será muito mais conhecida como a prostituta. É aquelas que vivem nessa situação que os folhetos mais antigos do cordel condenam: *A Deuza do Cabaré,* ou *Perto do Cabaré* e outros. Histórias mais recentes, porém, refletem mudanças na sociedade e apresentam uma perspectiva diferente: ABC *da Meretriz, A Vida da Prostituta,* ou ainda *Encontro com uma Meretriz.* Nesses poemas, se a mulher é a raiz de todo mal, recebeu ajuda do homem. Mesmo nas histórias mais condenatórias, os poetas são forçados a admitir que, embora de modo geral o homem seja seduzido pela mulher, é ele que rouba sua honra de virgem, que mancha a reputação da donzela com promessas e mentiras de casamento, que força o sexo com a donzela na mansão do ricaço e que suborna a pobre camponesa com comida e hospedagem temporária em troca de favores sexuais. Numa sociedade semifeudal como a do antigo Nordeste, se a donzela perder a virtude, acabará seus dias na "vida".

Também nessas histórias enganar o marido ou a esposa tem seu lado humorístico, o que não ocorria nos poemas citados acima. Daí a existência de dezenas de folhetos sobre os corneados, como *A Era do Cornudo,* ou *Sindicato dos Cornos,* ou ainda *Não É Crime nem Pecado para o Esposo Enganar a Esposa.* Essas histórias que enfatizam a infidelidade como esporte e "moda" constituem, sem dúvida, um comentário sobre a moral dos tempos.

No entanto, os adultos não são os únicos pecadores. Os hormônios dos jovens têm seu papel nas histórias sobre o galanteio e o namoro. Frequentemente, aparecem títulos com o único intuito de atrair o jovem leitor, como *O Namoro Moderno, Namorando no Escuro* ou *Namorar no Cinema.*

Um corolário é o grande número de poemas que tratam do mesmo assunto na época do carnaval, o símbolo dos tempos imorais! Essas histórias são, muitas vezes, uma variante de antigo tema folclórico: *O tempora, o mores!,* Ó tempos! Ó costumes!, pelo qual os poetas lamentavam a perda de uma Idade de Ouro moral quando as boas qualidades dominavam, época que foi substituída pelos tempos atuais, de corrupção moral e hedonismo. Elas vão dos comentários sobre a nova moda – *A Saia que Suspendeu* – aos relatos de escândalo nas praias: *O Dia na Praia* ou *As Maravilhas que Vê-se na Copacabana.* Os folhetos mais divertidos, porém, são talvez aqueles que falam dos jovens *hippies,* dos cabeludos e do *rock n' roll* da década de 1960. (Durante a "limpeza moral" empreendida pelo regime militar, o poeta Rodolfo Coelho Cavalcante ganhava a vida escrevendo essas histórias). Não se precisa dizer que as centenas de folhetos sobre este tema presentes nos mercados e feiras desde o início do cordel não são nenhum acidente ou anomalia – a imoralidade vende muito!

A Corrupção Geral

Nas histórias que tratam da corrupção, o poeta quase sempre começa com um pedido de desculpas ao público pela ousadia de abordar esses temas de aviltamento moral, mas que se sente *obrigado* a fazê-lo por uma questão de princípio. Geralmente, faz uma relação dos males que campeiam pelo mundo, como fez o poeta Severino Simião em *O Povo na Corrupção*[3]: não existe mais honestidade ou virtude; ninguém confia que o outro pague as dívidas no tempo marcado. Mesmo numa das coisas mais sagradas, o velório de um membro da família, não haverá pranteador se não houver cachaça e comida! E nas tradicionais procissões da Igreja, na frente pode-se encontrar beatas, mas os jovens vêm na cauda, paquerando e "mandando brasa". Meninas frequentam bailes e até bebem álcool, montam bicicletas para dois esfregando-se no namorado. Até jogam futebol (a "religião" do Brasil moderno) e sentam-se no colo do namorado enquanto ele dirige seu carro novo. Os donos das lojas empregam dúzias de garotas bonitas para que o matuto burro compre mais! E o pior de tudo acontece no carnaval, com a safra anual de bebês nove meses depois!

"Xadrez para todos", grita o poeta. Como se não bastasse tudo isso, o mundo está cheio de "veados", cabriolando de batom e ruge, a paquerar os rapazes inocentes. A corrupção generalizou-se que nem praga. Para cada cem virgens há cem mil prostitutas. Por quê? Porque esses pecadores não acreditam em Deus; o dinheiro é o seu deus e vivem no pecado! Mas nem sempre foi assim.

Em 1910, os poetas preocupavam-se com mulheres sem espartilho e sem anáguas e que usavam maquilagem! Os de hoje chegam a usar um discurso vulgar e pornográfico para descrever a falta de controle moral no mundo. Na década de 1960, Erotildes Miranda dos Santos, em Feira de Santana (BA), vendia muito bem seus folhetos porque colocava nas capas fotos de mulheres nuas ou quase nuas e ao mesmo tempo clamava contra a devassidão e o desmantelo do mundo. Descrevia uma olhadela nas coxas, nos seios e até no sexo das garotas, com muito talento e de modo bastante sugestivo, para um público masculino ávido na feira, e todos escutavam com enlevada atenção! Cuíca de Santo Amaro, o "Boca do Inferno" do cordel baiano, da década de 1940 até 1964, gostava de descrever as mulheres de seu tempo em vestidos apertados ("olha o violão"), e todo o escândalo que grassava, na época, em Salvador. Antônio Lucena de Mossoró, em tempos mais recentes, quando descrevia os homossexuais e a AIDS, na sua versão da devassidão moral do Brasil, chegava ao uso extremo da linguagem vulgar, resultando, segundo os padrões de hoje, num excesso verbal, e durante sua *performance* ria o tempo todo.

A Mulher, a Eva Moderna

Virgem Maria ou Maria Madalena? A louvação melodramática da mulher em poemas lacrimosos como *O Valor da Mulher* ou *O Poder Oculto da Mulher Bonita*[4] constitui mi-

---

3. Severino Simião, *O Povo na Corrupção*, s. l., s. d.

4. João Martins de Athayde, *O Poder Oculto da Mulher Bonita*, Juazeiro do Norte, CE, Editor Propriet. José Bernardo da Silva, s. d.

noria entre os textos cordelianos que enfocam o sexo feminino. Este último título, um clássico do cordel antigo, de autoria de João Martins de Athayde, conta que a mulher veio ao mundo para servir de exemplo ao homem, para levar uma vida de atribulações e sofrimentos, para nunca fazer o mal. E bem-aventurado é aquele que tem uma mulher bonita: o velho se vangloria; o fraco fica forte. Atos de grande valentia se praticam na defesa da mulher bonita! A mulher bonita enfeitiça, é encantadora no andar, agradável no falar, e "mata" de amor à primeira vista! Até os padres gostam delas! Nenhuma igreja se constrói, nenhuma procissão se realiza sem ter uma mulher ao fundo! O povo carregará com prazer um andor que pesa uma tonelada se houver uma mulher linda no meio da procissão!

O poeta cita exemplos curiosos da coragem da mulher bonita. Judite matou Holofernes para libertar sua tribo na Palestina! Cleópatra defendeu o Egito, mas, vencida por Roma, teve a coragem de enfrentar a morte pela mordida venenosa de uma áspide. E Lucrécia Bórgia? Não conseguiu tudo o que quis pela virtude e por sua grande beleza? O poeta fica com raiva quando vê uma mulher boa e bonita nas mãos de um vagabundo! E suas últimas palavras são de conselho para o homem jovem: case-se uma única vez na vida, e somente quando souber apreciar "o valor da mulher".

Talvez por associação com exemplos como Cleópatra e Lucrécia Bórgia, não é surpresa se a grande maioria dos trovadores veem a mulher de maneira um pouco diferente, mas não sem humor. Em *Quem Tem Mulher Tem Trabalho*[5], José Costa Leite diz que as mulheres são hipócritas e só cau-

5. José Costa Leite, *Quem Tem Mulher Tem Trabalho*, Condado, PE, s. d.

sam problemas. Em *Os Prazeres da Juventude e a Traição da Mulher*[6], o mesmo poeta nos diz que, quando Deus fez a mulher, não lhe deu uma única migalha de bom senso. No momento em que a entregou a Adão tiveram início os problemas! A mulher é ingrata e infiel; até o diabo foge dela. A questão é que, embora todas sejam falsas, também são boas e gostosas! É uma raridade encontrar uma mulher honesta. As piores são as prostitutas. Convencem o pobre freguês a "botar casa" para elas e, uma vez amancebadas, traem o inocente, que descobre que sua nova namorada já "foi feita" por todos da vila. Assim, a pobre vítima acaba fazendo o papel de "trouxa". E conclui o autor do folheto que no mundo só existem duas mulheres honestas: a mãe de Jesus Cristo e a esposa do poeta! Não existe mulher sem vícios.

Numa variante que imita os sambas populares do carnaval da época, um poeta escreveu *As Proesas da Amélia que É Mulher de Verdade*[7]. Redigido no estilo de poema chistoso, o gracejo, fala da "mulher quente" de hoje. Filha de um protestante e uma católica, Amélia vai a todos os bailes de carnaval vestindo roupas *sexy* e da moda. Quando fala, usa as gírias de última geração. (Há neste livro uma foto especial do Brasil "moderno", o jovem "pra frente", que fala só por meio de gírias modernas, que os da "velha guarda" não conhecem. O modelo foi Roberto Carlos, da década de 1960, com a música iê-iê-iê e tudo o que o cercava no momento. Segundo parecia, a metade dos jovens do país mal conseguiam abrir a boca sem imitar gírias como "morou?" ou "vai mandar brasa".) Mas, neste poema, o leitor percebe que Amélia ganhou de Roberto. Quando viaja para qual-

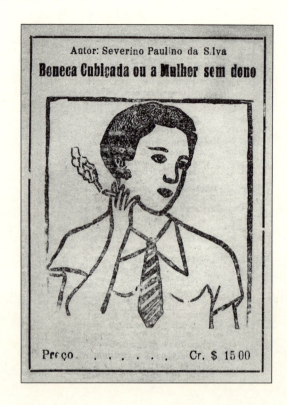

quer parte do Brasil, leva a mala cheia de todos os males morais do mundo.

Todavia, como numa espécie de "ponte" para o dilúvio de folhetos sobre a mulher prostituta, o poeta Severino Paulino da Silva conta, em *Boneca Cubiçada ou a Mulher sem Dono*[8], a história da "mulher perdida" prototípica do cordel. A bela jovem, que não escuta os conselhos dos pais, perde a virgindade e torna-se uma prostituta. Enquanto é jovem e bela, tudo anda bem, mas, quando a beleza se transforma em feiúra e lepra, a vida torna-se cruel. Mesmo assim, ela não abandona a falsidade. Morre e vai bater nas portas do céu; tenta enganar Jesus, São Pedro e Maria, nesta ordem. Estes

6. José Coste Leite, *Os Prazeres da Juventude e a Traição da Mulher*, Condado, PE, s. d.

7. José Luiz, *As Proezas de Amélia que É Mulher de Verdade*, s. l., s. d.

8. Severino Paulino da Silva, *Boneca Cubiçada ou a Mulher sem Dono*, s. l., s. d.

percebem suas mentiras e a condenam ao inferno, mas lá ela cria tanta confusão que o diabo a expulsa! Assim, passa a errar pelo mundo, odiando Lúcifer mas sem poder ser perdoada por Jesus. (Este relato segue o padrão das histórias exemplares, em que o pecador que não se arrepende enfrenta o destino de errar pelo mundo, sofrendo e pagando os pecados e, muitas vezes, convertido em animal.)

Contudo, as piadas e a visão moral subjacente destas histórias "engraçadas" e "fictícias" são, muitas vezes, um reflexo da realidade. O poeta Cuíca de Santo Amaro, de Salvador (BA), escreveu, entre 1940 e 1964, uma infinidade de folhetos cujos temas eram as mulheres imorais e o escândalo que criaram na Bahia. (Isso na metade das histórias, na outra metade ele pintou os homens imorais.) Em *A Mulher que Adulterou o Esposo*[9], o poeta reclama da infidelidade da mulher, a causa de todo o mal! Diz, em termos específicos, que a mulher da classe alta pode ter suas aventuras, porque os repórteres locais acabam recebendo propina para não divulgar nos jornais. Mas ele, como "Guardião Moral da Bahia", não recebeu, por um motivo ou por outro, sua parte do "gaita"; por isso, apresenta a história da mulher infiel, empregada em repartição pública, pega em flagrante no apartamento de... um professor! Cuíca promete revelar os nomes dos protagonistas na "bomba" da semana seguinte. De fato, ele escreveu uma nova versão da mesma história, mas agora citando os nomes, e ofereceu de presente a tiragem completa (uns mil exemplares) às pessoas envolvidas. Na verdade, propôs vender-lhes toda a tiragem por um preço "interessante", se eles quisessem. Do contrário, nos próximos dias os poemas seriam vendidos como "pão quente" nas ruas da Bahia. Às vezes, esse método funcionava; outras vezes, o poeta acabava no xadrez ou era surrado! Mas o povo da Bahia sempre estava à espera da última "bomba" desse autor.

Numa variante de autoria de Cuíca, *A Mulher que Morreu no Tira-Gosto*[10], a empregada de uma família abastada, que morava num bairro elegante da cidade, começou a fazer farra com um guarda de segurança num bar/gafieira/casa de prostituição, num bairro distante de onde morava. Um belo dia, foi encontrada morta e, diz o poeta, a única explicação é que morreu de um "colapso" causado por ser "penetrada por um sputnik enorme". O "Sputnik", nome do primeiro satélite russo a fazer a volta à Terra em 1957, é descrito exatamente dessa forma: um objeto longo, com uma ponta parecida com um foguete. O poeta acrescenta que o guarda tinha fama de possuir um "bom fuzil". Já na introdução do poema, diz Cuíca:

> Certos fatos na Bahia
> Faz vergonha de contar
> Os nossos jornalistas
> É custoso os divulgar
> Pois a maioria
> Faz cabelo arrepiar.
>
> Porém como eu sou
> Da Bahia o Trovador
> Além disto candidato
> A ser vereador
> Contarei toda verdade
> Ao povo de Salvador (p. 1)

---

9. Cuíca de Santo Amaro, *A Mulher que Adulterou o Esposo*, Salvador, s. d.

10. Cuíca de Santo Amaro, *A Mulher que Morreu no Tira-Gosto*, Salvador, s. d.

O epítome das histórias de infidelidade, porém, foi a série de folhetos que Cuíca escreveu, na década de 1940, com base num fato real ocorrido num subúrbio de Salvador: *O Crime de Brotas*[11]. Uma determinada mulher, depois de advertir o marido para que deixasse de brincar com outras "bonecas", entrou em ação, depois que o marido, exausto de uma noite de farra, caiu na cama. Cortou-lhe a "cabeça", acabando assim com sua dignidade e virilidade. Numa segunda história, *A Vingança do Homem de Brotas*[12], a vítima da história anterior se vinga da afronta, esfaqueando a mulher num beco escuro do bairro. O poeta, entusiasmadíssimo com as vendas, deu mais um passo, desta vez na pura ficção, em *O Casamento do Homem de Brotas*[13]. Nesta história, o homem decide casar-se novamente, mas precisa pedir uma nova "cabeça" ao lugar que é famoso por ter as melhores e as maiores: os Estados Unidos. Mas, qual não foi a surpresa do coitado! A nova "cabeça" era tão grande que fez cair o avião que a trazia para a Bahia. E o homem encerra a história lamentando sua perda.

Do Cabaré à Casa de Prostituição

Da infidelidade da mulher à prostituição é um salto pequeno. Das antigas histórias às mais "psicológicas" de hoje, a mulher que "cai" é retratada de forma muito mais séria.

O folheto *Perto do Cabaré*[14] apresenta imagens bastante comuns no cordel antigo. O poeta Apolinário da Cruz relembra os dias passados e aponta as mudanças de "hoje em dia". Nos tempos antigos, os melhores, o cabaré ficava fora da cidade; hoje, está localizado no centro. Se o leitor quiser ver o que acontece na vida de uma cidade, basta-lhe vigiar as portas do cabaré! O homem nasceu para amar a Deus, para ser uma luz em sua presença, mas aquele homem que procura uma prostituta está-se esquecendo de Deus e vaga pelo mundo a uivar como um cão perdido ou abandonado.

No cabaré, a mulher vende seu corpo ao homem pecador; essas mulheres não valem nada! Acabam com a boca cheia de vermes e infestam os próprios filhos e netos. Suas mãos leprosas podem cegar, tirar-lhes a fala e até matar. De fato, são astutas como a serpente, e o homem que as procura é igual ao urubu depois do dilúvio, come carne de cadáveres!

---

11. Santo Amaro, *O Crime de Brotas*, Salvador, s. d. Uma variante deste título em outra edição é *A Mulher que Deixou o Marido Desarmado*.

12. Santo Amaro, *A Vingança do Homem de Brotas*, Salvador, s. d.

13. Santo Amaro, *O Casamento do Homem de Brotas*, Salvador, s. d.

14. Antônio Apolinário da Cruz, *Perto do Cabaré*, s. l., s. d.

O homem que troca a esposa por uma prostituta é um pecador. Quebra o voto sacramental do casamento e sua promessa de fidelidade à esposa. É igual ao voto de castidade que o padre fez perante Deus; neste caso, porém, é um pacto entre o homem e a mulher. O homem que procura a prostituta no cabaré não tem amor a Deus, e seu castigo será a eternidade no inferno. Além disso, o cabaré torna-se um vício, e um vício que nunca se deixa. Esses homens são grandes idiotas!

Por outro lado, *A Deuza do Cabaré*[15] é um poema diferente. Inicia-se com imagens bastante simples criadas pelo autor: a poesia é um jardim, os versos são as flores, e o poeta é a brisa que sopra no jardim e faz que os versos exalem seu perfume em "estrofes de valores". E Adalgiso Oliveira, autor do poema, tem o dom da poesia! Usa o modelo do romance de cordel para narrar uma antiga estória passada no estado de Maranhão. Ressalta, porém, que essa história é apenas um exemplo, uma lição para todas as jovens que "amam falsamente", achando que sua beleza está acima de tudo. Essas garotas que cometem traição no amor irão acabar mal, pedindo perdão por sua falsidade!

Trata-se de uma protagonista comum no repertório do cordel: uma jovem bonita e arrogante que despreza os pedidos honestos de casamento, achando-se bela demais para seus pretendentes. (A protagonista do poema tem a pele morena, os olhos pretos, cabelo louro e ondulado, o melhor dos tipos físicos passíveis de encontrar no Nordeste.) É vaidosa demais para prender-se no casamento, mas, diz o poeta, não consegue negar o ditado: "Ninguém foge a seu destino!" Acaba casando-se, não por amor ao marido, mas por dinheiro. Decola na "Panir" (Pan Air, mais um exemplo da obsessão dos poetas

15. Adalgiso Oliveira, Editor Proprietário João Severo da Silva, *A Deuza do Cabaré*, Bayeux, s. d.

pelo realismo) para passar a lua de mel em Paris. Conhece a felicidade de ser rica mas não a verdadeira alegria. Quando o esposo rico, de volta ao Brasil, viaja para São Paulo a negócios (outra frase-feita do poeta), ela rouba seu dinheiro e foge para a toca do mal, Salvador (BA), onde passa a viver como prostituta de alta classe, convivendo com homens ricos e bonitões da sociedade. É invejada pelas outras prostitutas por seu dinheiro, sua vida de diversões e seu elegante apartamento. É tão vaidosa que troca de roupa três vezes ao dia e passa a ser conhecida como "a Deusa do Cabaré".

Como todos previam, sofre um revés da fortuna e contrai grave doença venérea. Abandonada pelos amigos ricos, gasta todo o seu dinheiro nos hospitais, na busca da cura para seu mal, mas sem sucesso. Agora, sofre horrivelmente por causa de sua vaidade e falsidade e, no final, vaga pelas ruas a pedir esmola, dormindo na sarjeta, sofrendo com suas "feridas gangrenosas". Cumpre seu castigo dormindo na pestilência das ruas! Pede perdão de Deus, arrepende-se e morre.

As histórias mais recentes têm um tom diferente. João José da Silva, que escreveu, na década de 1950, no Recife, conta a história da pobre vítima de um ricaço. Ele se "aproveita" da moça, depois ela perde tudo e vive as desgraças de uma prostituta. Felizmente, porém, acaba por deparar-se com um amor antigo da época de inocência, que a salva e leva para casa, uma residência confortável, onde viveram felizes para sempre.

Rodolfo Coelho Cavalcante, o grande moralista moderno do cordel, veterano de campanhas pessoais contra a licenciosidade de alguns folhetos de cordel que eram vendidos no Mercado Modelo de Salvador, na década de 1940, ex-pregador protestante e depois adepto entusiasta do espiritismo kardecista, é o defensor da prostituta contemporânea. Reclama contra a sociedade brasileira por ter permitido que a prostituição chegasse a índices tão terríveis e implora ao governo e às novas feministas que encontrem solução para o problema. Seus folhetos são importantes fotos modernas que contrastam com o cordel antigo.

Em ABC da Meretriz[16], este poeta começa de maneira lírica (nos termos do cordel, essencialmente uma poesia narrativa): a vida da prostituta é um oceano de má fortuna, um mar de lágrimas em cujas ondas amargas navega o barco do mau destino, até que chega às portas da morte, a seu triste fim: o túmulo! Mas existe esperança para ela: Deus tem piedade dela e sua alma pode ser salva se se arrepender e mudar de vida. Para isso, tem à sua frente um grande exemplo em Maria Madalena, que com os próprios cabelos enxuga as lágrimas de arrependimento vertidas aos pés de Jesus. O poeta recorda de que no paraíso não existe carne humana, e que o prazer do sexo é coisa apenas da vida terrena.

Para ele a prostituta é alguém que foi "jogado fora pela sociedade". O homem que compra seus favores também é um criminoso, e os dois vivem no erro. Desejada na flor da idade, agora bêbada e esmolando nas ruas, é uma vítima da sociedade que lhe roubou a pureza e agora a condena. Seu modelo deveria ser a Virgem Maria, que deu à luz "um anjo".

O poeta dirige-se diretamente às prostitutas e implora-lhes que abandonem essa vida de pecado. Parafraseando, o homem não tem o direito de arrastá-la, virgem pura, para

16. Rodolfo Coelho Cavalcante, ABC da Meretriz, Salvador, s. d.

o pecado! Seu corpo pertence a Deus. Foi Deus quem criou o Éden, mas a primeira mulher se perdeu no pecado por desobedecer a Deus e desejar o fruto proibido! Deus lhe deu a inocência, mas lhe deu também o castigo. Contudo, *continua* a lhe oferecer sua graça, seus "raios de luz" e, se ela aceitar, pode deixar a "vida". O poeta termina com uma oração pessoal à Virgem Maria, pedindo-lhe que leve seu ABC à prostituta e rogue-lhe que abandone este "caminho de fome". Pensa em voz alta: "Talvez este poema a salve", e lamenta: "– Oh! Senhor do Santo ofício / Quando o triste meretrício / Terá fim neste País?" (p. 8). Agora, o leitor pode entender por que o poeta Rodolfo era um "evangelizador" através do cordel.

Os Chifres

Dizem os poetas que, se antes o jeito mais fácil de ser infiel era uma visita à zona de meretrício da cidade, agora é fácil ter uma aventura amorosa com a esposa de outrem! O Brasil encontra-se em meio a uma praga de chifrudos! É, como diz o poeta Azulão, do grande Rio, em *A Era do Chifre*[17]. Com o propósito de ser apenas uma olhadela divertida na atual situação, o poema começa de maneira bastante séria: vivemos hoje numa época de cinismo e de maldade, e o povo está confuso, está sendo levado, por seu livre-arbítrio, a uma época de abusos e escândalos.

É então que têm início as piadas. Nos tempos antigos, somente os bois e os bodes tinham chifres. Hoje, a coisa virou moda; todos têm chifres ou os querem. Como as roupas, existem chifres de todos os tamanhos e cores. Antes, era o homem casado que usava chifres, mas, agora, não mais! Hoje, noivas jovens botam chifres nos noivos, antes do casamento!

As mulheres que trabalham no centro da cidade e tomam o trem da Central chegam em casa atrasadas e dão desculpas de que o trem demorou a passar ou de que tiveram de trabalhar até tarde. (Azulão refere-se aqui a uma situação comum na grande metrópole carioca, que ele conhece muito bem. Morador num bairro proletário longe do centro, Engenheiro Pedreira, ele e seus amigos pegam o trem da Central do Brasil, que se tornou famosa, recentemente, graças ao cinema, para irem trabalhar no centro da cidade. Não é, porém, nenhuma viagem de luxo, mas uma travessia quente e miserável para os pobres. Azulão descreve essa viagem em poema famoso, que analisaremos adiante. De modo geral, é o morador do bairro distante do Rio que pega o trem

17. José João dos Santos, "Azulão", *A Era do Chifre*, Engenheiro Pedreira, RJ, 1977.

e, depois, o ônibus para a zona sul do Rio, onde trabalha de empregada, lavadeira ou porteiro nos bairros de classe média e alta da metrópole.) As garotas chegam a dizer que a culpa foi do chefe! O homem casado deixa a cama quente de manhã cedo e logo outro homem toma seu lugar. É possível que as garotas dancem "cara a cara" com o noivo, mas estão olhando por cima do ombro do companheiro para a próxima "vítima". Portanto, ser chifrudo é coisa comum da roça à cidade. Por isso, se o leitor quiser evitar o problema, não se case e nem more junto com a namorada. E com o divórcio que vem aí (a lei nacional do divórcio foi aprovada em 1977), a praga tende a aumentar!

Outro autor, no poema *Sindicato dos Cornos*[18], diz que a coisa está tão ruim que já foi criado um sindicato para proteger os chifrudos. E José Costa Leite escreveu um gracejo no Nordeste, *Não É Crime nem Pecado Marido Enganar a Mulher*[19], em que observa que até mesmo sua esposa já lhe botou chifres!

Vendo estes poemas, o leitor lembra-se de Álbum I e se pergunta: O que está acontecendo? Onde está o nordestino religioso? No entanto, é o mesmo poeta e público destas histórias que escreve e lê os comentários sérios ou chistosos sobre o estado moral do mundo de hoje.

O Namoro de Hoje:
"Mandando Brasa"

* * * *

Os sinais destes *"dias imorais"* se encontram, segundo os poetas, no mais das vezes, entre a juventude. São produtos de uma coisa natural: rapazes, garotas e hormônios, especialmente nos trópicos, onde se localiza o Brasil! Um único exemplo explica tudo. Num país que, na década de 1950, no governo de Juscelino Kubitschek, iniciava a produção em massa de automóvel, num país que se tornou famoso com o "Fusca" e depois o "Fuscão" da Volkswagen, num país que inventou um sistema genial em que pessoas de recursos modestos podem ter a chance de adquirir um carro novo mediante um pagamento módico mensal, este com certeza seria um país onde "mandar brasa" no banco de trás iria adquirir um sabor especial. No Rio de Janeiro de 1967, naquele verão quente, os fuscas alinhavam-se na rua que servia de estacionamento à beira da praia de Ipanema, com as janelas nebulosamente escurecidas pela respiração das pessoas em seu interior, e isso com uma temperatura de 38 °C fora! (Será que era isso que fazia a Garota de Ipanema de noite?) Assim eram as longas noites do Rio nos anos 1966–1967.

* * * *

Os poetas sabiam que este assunto era um bom negócio: não só o "mandar brasa no banco de trás", mas também o cenário social e o "namoro moderno" dos anos 1960. Não estavam eles simplesmente cumprindo o papel de "repórteres do povo" e de "guardiães da moralidade pública"? Portanto, escreviam dezenas de histórias, e quanto mais "gostosas", mais vendiam. Estas fotos captaram um momento inesquecível na história do país: o Brasil ingressava na época moderna. Parecia que havia chegado a "terra do futuro" que tanto se previra para o país e não havia prova melhor disso do que a "nova moral".

Como sempre acontece, alguns folhetos são absolutamente sérios, outros fazem uma caricatura ou sátira da época, e outros ainda mantêm-se no meio-termo. Quanto mais antigas as histórias, mais "inocentes" parecem ao leitor de hoje. Um exemplo de cada tipo completa a foto.

---

18. Nenzinho do Violão, *Sindicato dos Cornos*, s. l., s. d.

19. José Costa Leite, *Não É Crime nem Pecado Marido Enganar a Mulher*, Condado, PE, s. d.

No "velho estilo" em poema de 1957, *O Namoro Moderno*[20], um poeta de Juazeiro do Norte, o ninho do conservadorismo religioso, lamenta a mudança dos costumes que ocorre na época de hoje. No tempo antigo, o namoro ocorria quase em segredo, a donzela modesta esperava o namorado em casa e na presença dos pais. Hoje, tudo se faz "na hora", em qualquer lugar. No tempo antigo, as meninas nem conheciam a palavra "namorar", e de modo algum contrariavam a vontade dos pais na escolha de um esposo aceitável. As meninas trabalhavam na fazenda, e sua vida era tecer roupas de algodão! (O poeta representa essa vida como um estado de espírito igual ao Nirvana.) Hoje, faz-se de tudo: o rapaz e a garota se beijam até na feira! O próximo passo será o comunismo! Os homens de agora chegam a pagar para entrar num "arrasta-pé", porque corre o boato de que haverá muita moça bonita. O poeta já viu até garotas cantando e tocando violão; e uma vez viu uma professora de escola primária fazendo a mesma coisa! E as garotas de hoje são muito prevenidas, a inocência de outrora desapareceu. É, o Brasil de hoje está totalmente corrompido, vê-se namoro até nas novenas da Igreja.

No outro lado do espectro estão histórias como as de Erotildes Miranda dos Santos, que se empenha abertamente em despertar os hormônios dos jovens fregueses na feira. É o seguinte o tema de *O Namoro no Escuro*[21]: os dois sexos procuram um lugar escuro, geralmente um muro longe das luzes da cidade, e "mandam brasa". Usando termos de duplo sentido, como, por exemplo, quando diz que a moça ficou grávida porque "comeu a salchicha de José" e outras

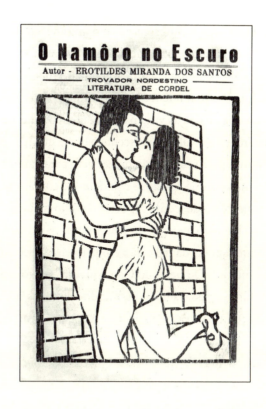

expressões semelhantes, conta o poeta em detalhe a respiração forte, os beijos quentes e, finalmente, o próprio ato sexual praticado de todas as maneiras pelos casais. Descreve o namoro da "jovem guarda", dos esposos adúlteros, e até de casais velhos que, vendo tudo o que está acontecendo à sua volta, querem voltar o relógio para trás. Não é difícil imaginar, nos anos 1960, jovens saudáveis a ouvir na feira esses folhetos e a reagir como adolescentes às fotos da revista *Playboy*. Nesses folhetos, os "vilões" são sempre as garotas "quentes" e "sexy" que arrastam os rapazes para o escuro da rua e reclamam se o rapaz não for "homem" para acabar o que começou!

O poeta Cuíca de Santo Amaro, em *O Namoro no Cinema*[22], é quase tão explícito quanto aquele na descrição

---

20. Sem autor indicado, Editor Proprietário José Bernardo da Silva, *O Namoro Moderno*, Juazeiro do Norte, CE, tiragem de 1957.

21. Erotildes Miranda dos Santos, *O Namôro no Escuro*, Feira de Santana, BA, s. d.

22. Cuíca de Santo Amaro, *O Namoro no Cinema*, Salvador, s. d.

das "misérias" que acontecem nos cinemas de Salvador. Diz ele que os namorados estão fazendo do cinema uma casa de prostituição! O cinema é a antessala da perdição, um livro onde as donzelas aprendem a ser prostitutas, uma escola sem professora que ensina as virgens a perderem o pudor e as esposas a perderem o valor! Acrescenta o poeta que não escreve estas histórias para seu próprio prazer nem para ganhar imortalidade, mas porque os *outros cidadãos* lhe contam tudo e é sua responsabilidade, como repórter de tudo o que acontece na Bahia, chamar a atenção de seus leitores para esses atos e sua verdade (apesar da narração em primeira pessoa do que vira no cinema). O poeta, na vida real, era apaixonado por um bom filme e passava horas assistindo às últimas novidades da tela; portanto, teve tempo de observar ele mesmo o que se passava à sua volta.

A melhor foto do namoro dos jovens de hoje foi tirada pelo excelente poeta do grande Rio, Azulão: *Os Namorados de Hoje*[23]. Trata-se de um poema que se pode chamar de mina de ouro sociológica e, de fato, é uma análise dos brasileiros e do Brasil do final da década de 1960. Em certo sentido, resume tudo o que foi dito até agora, nesse álbum, sobre a moral moderna (e o pecado).

Diz o poeta que pegou papel e caneta para contar em versos sobre os tempos de imoralidade, os *hippies* e a "bossa nova" da juventude que namora no Brasil de hoje. Primeiro, é a inversão das roupas (as *impossibilia* que vêm desde a literatura da Idade Média na Europa): mulheres que se vestem como homens e homens como mulheres, e tudo dentro de uma atmosfera de dança, beijos e corpos grudados – é isto o que o povo quer!

As mulheres usam cabelo curto e os homens, caracóis;

ambos andam na rua numa calça tão apertada que é difícil saber quem é quem. Garotas andam de bicicleta com a calça tão apertada que só se vê a bunda rebolando; rapazes se convertem em pervertidos e velhos babam quando veem a beleza das garotas nas ruas.

Coisa pior acontece no trem que vem do subúrbio, mas isso é apenas o começo. O cúmulo acontece no cinema escuro. E como explica a garota com a barriga inchada que, chorando, escreve uma carta ao consultor sentimental do jornal; e a conclusão deste é que as donzelas não devem brincar com fósforo se não querem fogo! Por isso, o poeta aconselha que tenham cuidado em seus passeios com o namorado, e sobretudo, nos banhos de praia! Não é tumor o que está crescendo na barriga das garotas! E, diz o médico, o que anda por aí só

---

23. José João dos Santos – Azulão, *Os Namorados de Hoje*, Engenheiro Pedreira, RJ, s. d.

se pega num lugar escuro onde haja muita brincadeira, em especial nas gafieiras da cidade durante o carnaval, e de noite ao pé de um muro escuro!

Nessa altura, o gracejo converte-se em humor negro: a "onda", hoje em dia, é a da "serpente" que comete o erro de "botar para fora o tumor", e, se nascer vivo, matá-lo, enrolá-lo num pano e jogá-lo no lixo.

O namoro de hoje é realmente repulsivo: a garota leva o namorado para casa, o pai aperta a mão do moço, deseja-lhe o melhor e dá o fora! Os dois fazem amor na sala, e da cozinha a mãe assiste a tudo. E, quando anoitece, o mesmo "cara" leva a moça ao cinema e, tão logo começa o filme, fica a procurar "pulgas" na blusa da jovem pelo resto da noite. E, após o filme, ele compra pipoca e, enquanto ela come, ele procura a corcoroca! O resultado é o mesmo: gravidez para as que dançam *rock* e *twist* na "desenfreada bossa nova do namoro" dos dias de hoje. Os beijos e farra acabam pagando juros.

As garotas de hoje só querem luxo: um rapaz louro, um carro bacana como um "Cadilac, Aero Willys, Volkswagen ou Buique", a liberdade, o banho de praia, o carnaval, e ... o piquenique! Querem ler revistas escandalosas como *Grande Hotel* ou *Ilusão*, e todas querem ser estrelas de rádio ou de TV, trocando a honra pela boêmia e perdição. As meninas pobres das favelas querem todas ser americanas, tingindo o cabelo de louro, ser bacanas e dizer aos namorados: "Eu sou de Copacabana". Só querem vestir calça apertada e falar inglês e não importa quem seja o paquera. Estão cheias de gíria e vão rebolando pela avenida! E o coitado que se apaixona por elas e gasta toda a grana na farra e nas drogas se afogará num mar de engano.

E o trouxa não é apenas o namorado; essas garotas aceitam do homem casado um bom apartamento e uma vida boa. São muitos na cidade os maridos que gostam de festa e de farra, que compram drinques no boteco da esquina e tiram o pão da boca da família para "dar luxo a mulher ruim".

Por isso, quem comprar este folheto deve aceitar o conselho do poeta: mulheres, que vergonha! Tenham um pouco de dignidade! E vocês, homens! Mostrem um pouco de integridade! Afirmando que não quer ofender ninguém, o poeta diz no final que seu propósito foi apenas descrever um pouco da loucura do namoro novo. O poema se vendeu como pão quente na rua!

O Banho de Mar

Além de falar do namoro e do "mandar brasa", os poetas gostavam de escrever histórias para impressionar o matuto na feira do interior do Nordeste ou mesmo seu freguês na feira nordestina de São Cristóvão, no Rio de Janeiro. Como disse o poeta Manoel Apolinário, em *As Maravilhas que Vê-Se na Praia de Copacabana*[24], folheto "escrito para todos que sabem ler", é conhecido de todos que o brasileiro que mais entende de festa vive no Rio de Janeiro, e o local principal dessa farra é a praia de Copacabana. Vão à praia tomar banho e bebem, e no fim tudo acaba em muita safadeza! O Rio é a capital da orgia no Brasil! Este poema insere-se no estilo do gracejo, e o mote que ele usa do "banho de mar em Copacabana" é, na verdade, uma desculpa para falar dos beijos e abraços e do "mandar brasa", que são piores aqui do que em qualquer outra parte do Brasil de hoje. O poema começa chamando a atenção do leitor com a descrição do maiô que se vê comumente na praia. (O poeta escreve na época anterior ao biquine, à tanga e ao "fio dental".)

24. Manoel Apolinario, *As Maravilhas que Vê-se na Praia de Copacabana*, s. l., s. d.

Faz uma relação das mulheres de todos os tamanhos e cores que vão à praia, vai o "brotinho" e a "balzaquiana". Afirma que até ele sente vergonha de ver tanta carne humana. (Ainda assim, venceu a vergonha e dedicou as seis páginas seguintes à sua descrição.) As meninas, as moças e as senhoras, tão logo chegam à praia, tiram a roupa (uma saia ou vestido modesto dos tempos antigos) e começa a bebedeira, a malandragem e a imoralidade! O resultado são garotas grávidas! E mulheres que botam chifre nos maridos! Hoje, quando vê os namorados grudados nos bancos das pequenas praças, o poeta pensa no lugar onde tudo começou: o banho de Copacabana. Quando a moça, por acaso, levanta tanto a perna que se pode ver "a caverna da onça suçuarana", não há homem que se contenha! O "guardião moral" tristemente (ou alegremente) relata tudo a seus fregueses leais.

Utilizando um estilo e uma capa também sedutores, *O Banho de Praia*[25], de José Costa Leite, segue o mesmo padrão mas sua descrição limita-se ao ocorrido nas praias mais conhecidas de Pernambuco e da Paraíba do Norte. Desta vez, porém, o poeta participa de tudo, fala das morenas e das "escurinhas" que conheceu na praia e da boa farra que resultou.

Das Roupas que se Vestem!

Não foi apenas o maiô ou o biquine que os poetas viram! No início dos anos 1960, algumas mudanças importantes nas roupas acompanharam a chegada de uma nova era. Uma destas foi a "revolução" da minissaia. Azulão, do Rio de Janeiro, em

25. José Costa Leite, *O Banho de Praia*, Condado, s. d.

A Saia que Suspendeu[26], diz aos fregueses que não era preciso ir à praia para "ver perna de mulher"; bastava reparar nas minissaias nas ruas da cidade. São iguais aos foguetes que se lançam no espaço; "seu destino é subir". E não é apenas a jovem que usa minissaia. Uma dona de casa insegura, que, por vontade de ser estrela de cinema, imita Brigitte Bardot ou Gina Lollobrigida (*stars* internacionais que, nos anos 1960, vieram assistir ao carnaval do Rio como "estrela do ano"), é tomada por uma prostituta. O poeta brinca que nem o governo consegue controlar os novos estilos, sejam quais forem. Nem mesmo a SUNAB, superintendência de abastecimento no ramo de alimentos, pode ditar à mulher o tamanho da minissaia. É a mulher que controla.

Assim, tudo representa um sinal da imoralidade da época, do mundo que está virado: mulheres querendo ser homens, homens vestindo como as mulheres, e guitarras em vez de berimbau. Não é a civilização! É a falta de moral e todos estão no caminho da perdição. É uma questão de consciência.

Nenhum poeta pode igualar-se a Rodolfo Coelho Cavalcante em indignação quando ele "está na sua", e o assunto da nova moda foi uma das mais profícuas para ele. Em *As Modas Escandalosas de Hoje em Dia*[27], o autor insiste em dizer que não *gosta* de escrever sobre a devassidão moral, mas tem a obrigação de fazê-lo. Ah! a juventude de hoje! Com sete anos de idade, estão lendo gibis depravados, aos doze os rapazes usam cabelos compridos como as garotas, e aos dezoito querem ser emancipados. São piores do que os tarados sexuais que, hoje em dia, inundam o Brasil.

26. José João dos Santos, "Azulão", *A Saia que Suspendeu*, Engenheiro Pedreira, RJ, s. d.

27. Rodolfo Coelho Cavalcante, *As Modas Escandalosas de Hoje em Dia*, Salvador, BA, 1978.

O país é uma fossa moral; parece que todos querem ir para o inferno. Os rapazes de calça apertada parecem garotas, e as blusas e vestidos decotados que um cavalheiro respeitável vê nas ruas ou nos ônibus passaram da conta! Se é um homem de respeito, tem vergonha de olhar para estas moças levadas, e vira o rosto para o lado porque é grande a "desgraceira". (Rodolfo expulsou uma moça da sala de aula, numa escola primária do Piauí, onde lecionava, porque ela queria dar-lhe um beijo. Disse-lhe ele que, com aquela atitude, ela nunca poderia ser uma de suas "discípulas".) Ah! Os tempos antigos eram diferentes: as viúvas se vestiam de luto perpétuo; as crianças não ousavam fumar. Hoje, todas fumam Hollywood (marco de cigarro da década de 1960). O mundo está-se transformando num abismo!

O motor do poeta estava apenas esquentando! A máquina iria realmente "rodar" quando abordou outro tema aparentado dos anos 1960: a chegada do *rock n' roll* e de tudo o que veio com ele.

Hippies, *Cabeludos* e Rock n' Roll

Boa parte do choque cultural da geração da "velha guarda" (como eram chamados os adultos no Brasil na década de 1960) era a questão de enfrentar os novos costumes dos jovens brasileiros e de conviver com os novos hábitos. Várias circunstâncias se juntaram para criar uma situação fértil de mudança. Primeiramente e o mais importante, foi a importação do *rock n' roll*. Os Beatles chegaram na senda percorrida por Elvis Presley e pelo *rock* americano. Os quatro cabeludos de Liverpool iriam virar o país às avessas. Sua música, suas calças apertadas e seus cabelos compridos causaram, no Brasil, uma revolução que desembocou na era dos "cabeludos". Erasmo Carlos e, sobretudo, Roberto Carlos adaptaram esta música e ritmo novos a um *rock n' roll* brasileiro, a música iê-iê-iê (do *yeah, yeah, yeah* dos Beatles). E, como seria de esperar, a nova música provocou novas atitudes de independência e mesmo de rebelião. Roberto Carlos criou uma nova "gíria" e um português diferente de "bacana" ou "legal", uma fala que usava as gírias mais dominantes da época. Inventou e colocou nas músicas um novo vocabulário. No entanto, atrás disso vieram as subcorrentes da liberação e das drogas. Era inevitável.

Contemporaneamente a isso e, segundo alguns, a verdadeira causa das grandes mudanças, a "brisa fresca" do Concílio Vaticano II soprou sobre o mundo católico e cristão. A mudança radical foi a missa na língua local, com o padre de frente para os fiéis, e, o mais importante de tudo, a ênfase na nova teologia de "Deus é amor", muito bem aceita por aqueles que queriam divertir-se mais na vida em vez de ficar pensando em "pecado e mais pecado" e nas "chamas do inferno" do antigo catolicismo (por exemplo, do padre Cícero e de frei Damião). Nunca é demais dizer que as mudanças na vida quotidiana introduzidas por este guardião da fé e da moral tiveram grande importância para a época.

Havia muito mais coisas, porém! Foi a época também do grande desenvolvimento da ciência e suas mudanças. O rádio-transístor tornou-se disponível para as massas que, até então, apenas tinham sonhado vagamente com as seduções do mundo lá fora (a começar pelo capitalismo e sua propaganda na mídia). Satélites lançados no espaço tornaram-se a base de uma rede de comunicações, que levou, quase da noite para o dia, a TV e depois a TV em cores aos recantos mais longínquos do Brasil. O "materialismo" dos Estados Unidos, em particular, chegou com uma onda de novos programas (e anúncios comerciais) aos quais os brasileiros rapidamente acrescentaram seus próprios produtos, numa incrível onda de criatividade nacional (a era da TV Manchete e da TV Globo).

E junto com tudo isso apareceu um "poder maior": uma ditadura militar com líderes de linha dura que a seu medo e ódio do comunismo internacional e de sua ameaça ao Brasil e ao hemisfério juntaram um desejo quase folclórico de retorno a uma "idade de ouro religiosa e moral". Foi uma era imortalizada pela sátira de Stanislaw Ponte Preta, em *Febeapá: Festival de Besteira que Assola o País*[28], um quase-libelo contra os erros cometidos pelos líderes militares pouco depois da "Redentora" de 1964. As mostras de afeição foram limitadas ou mesmo proibidas; dar as mãos, abraçar-se ou beijar-se em praça pública foram atitudes consideradas contrárias à decência pública e ao alto nível moral da Nação, particularmente em estados conservadores como Minas

---

28. Stanislaw Ponte Preta, FEBEAPÁ – *O Festival de Besteira que Assola o País*, 3. ed., Rio de Janeiro, Editora do Autor, 1966.

Gerais. Foi, então, que, num momento incomum, o poeta foclórico-popular juntou-se ao general na condenação da "nova" moral e de todas as suas manifestações, criando, desse modo, uma foto extremamente importante e colorida para esse *Retrato*... Um único poema resume tudo. Em setembro de 1966, num momento culminante da "Beatlemania" e com constante ascendência da estrela de Roberto Carlos na música popular brasileira, Rodolfo Coelho Cavalcante escreveu *Os Resultados dos Cabeludos de Hoje em Dia*[29].

Diz o poeta que tudo começou em Liverpool, quando os Beatles decidiram introduzir a moda nova no planeta; começaram uma guerra com seus cabelos compridos. Foi uma guerra declarada contra todos os preceitos morais e costumes da época, a anarquia personificada! Quando disseram ser mais populares do que Jesus Cristo, os Beatles não poderiam ter tocado um "nervo" mais frágil ou criado uma melhor oportunidade para os poetas de cordel.

O poeta identifica os cabeludos aos ladrões, *playboys* e efeminados. O governo deve prender a todos eles, raspar suas cabeças e dar-lhes uma boa dose de disciplina! Numa entrevista com este autor em 1981, Rodolfo falou com mais suavidade: "Minha atitude não é puritana. Não sou contra os cabeludos em si; olha só o caso de Jesus ou de Balzac, eles usavam cabelo comprido. Não, é quando são imorais, quando não mostram nenhum respeito pelos outros, quando fumam maconha. Aí sou contra"[30].

No poema, diz, porém, que isso não pode continuar; o Brasil vai degenerar-se numa nova Sodoma ou mesmo numa Roma corrupta. Se um de seus quatro filhos voltasse para casa de cabelo comprido, ele lhe daria uma surra! Pede perdão aos leitores, mas diz que simplesmente não pode aguentar mais e que está revoltado com o "costume estrangeiro". O próximo passo será o nudismo e, depois, o ateísmo! Eis o verdadeiro problema: o comunismo está infiltrado na juventude do Brasil, instigando revoluções, jogando bombas, matando oficiais do governo. (Mais adiante, analisaremos a verdadeira crise do governo nos final da década de 1960.)

Diz ainda o poeta que um país sem ordem com certeza não pode ter progresso ("Ordem e Progresso", o lema positivista estampado na bandeira brasileira); por isso, pede ao futuro presidente, o marechal Costa e Silva, que faça alguma coisa para resolver o problema. Que vergonha para o Brasil!

---

29. Rodolfo Coelho Cavalcante, *Os Resultados dos Cabeludos de Hoje em Dia*, Salvador, BA, 1966.

30. Entrevista com o poeta em sua casa no bairro da Liberdade, em Salvador (BA), maio de 1981.

O poeta disse ainda, na entrevista de que falamos, que o grande número desses folhetos que escreveu na década de 1960 era, realmente, uma campanha pessoal para "combater o que não era decente". Ligava o patriotismo à ordem, a ordem ao respeito e a moda da época com sua ausência de moral a uma falta de respeito e um desafio aos velhos hábitos. Tudo convergiu para a caldeira política brasileira da época, mais um álbum de *Retrato*...

Existem outros tópicos ligados à moral, inclusive alguns novos, específicos da época, como a aprovação do divórcio, o aborto, a ubíqua telenovela brasileira e a AIDS. Fazem parte, porém, de outro álbum. Por enquanto, basta-nos dizer que boa parte deste retrato tratou e continua tratando do comportamento esperado e de suas divergências num país de maioria católica, uma nação obviamente em processo de mudança. No entanto, com a divergência vem o castigo, a essência das próximas fotos.

2. O EXEMPLO MORAL

Este tipo de folheto de cordel, na sua forma mais simples, é uma história didática em verso que apresenta uma lição moral. Sendo um dos tipos de poema mais importantes na tradição cordeliana, é imprescindível para compreender a cosmovisão do poeta e do público cordelista, elenco deste retrato. São poemas que mostram exemplos do "castigo imposto ao homem pelo divino, castigo de gente desobediente às leis do Messias", como Liedo Maranhão os definiu em seu livro *Classificação Popular da Literatura de Cordel*[31]. O termo "desobediente" pode abranger diversos atos, desde o pequeno roubo ao mexerico ou ao adultério, mas, em especial, qualquer ato que seja uma consequência da falta de fé no divino ou da chacota com aqueles que acreditam.

A forma literária chamada de "exemplo" (ou história exemplar) tem suas origens na tradição religiosa e moral da Idade Média em vários países católicos europeus, quando escritores (tanto da Igreja quanto da nobreza) discorreram sobre os costumes sociais e sobre os vícios e virtudes do homem. Os meios que usaram para transmitir a mensagem foram dos mais variados: desde sermões pregados nos púlpitos das igrejas, nos quais faziam uso de estórias, fábulas e lendas (muitas de origem oriental) até livros de contos de origem semelhante à dos sermões. Um desses casos foi a obra em prosa *El Conde Lucanor*, de Don Juan Manuel (Espanha, 1282–década de 1300), um livro de estórias e fábulas que continham no final uma mensagem moral em versos. Em 1585, apareceu a importante obra *Contos e Histórias de Proveito e Exemplo*, de Gonçalo Trancoso. Cito apenas dois casos entre muitos.

Às vezes, a história exemplar usava uma fábula em prosa ou uma história em verso para ilustrar o conceito moral que o autor queria expressar. Essa forma de escrita originou-se, de um lado, dos *exempla* latinos (daí o nome de "exemplo") e, de outro, da fábula ou estória oriental. A forma evoluída que se encontra no cordel brasileiro é bastante dinâmica. Sua estrutura (com variantes) é a seguinte: o pecador é transformado num monstro ou num animal monstruoso por ter maltratado seus familiares ou por ser um "descrente" ou zombar da religião, da fé ou de alguém ligado à fé. Então, o pecador, ao contrário do justo que vive feliz a percorrer sua senda rumo ao paraíso celestial, recebe o castigo de errar pelo mundo, passando por muitos sofrimentos e produzindo muita dor para outras pessoas.

---

31. Liedo Maranhão de Souza, *Classificação Popular da Literatura de Cordel*, Petrópolis, Vozes, 1976, p. 47.

Sônia Brayner, no artigo "O Fantástico na Literatura de Cordel", falou da metamorfose em animal:

A metamorfose é o resultado de um mal associado com um temperamento "tão mau" que, desde sua infância, o pecador desafia a estrutura da família: irmã, mãe, pai. A transformação também pode resultar da falta de respeito a qualquer entidade posta como divina ou quase-divina, como o caso de Padre Cícero. Como se vê, a transformação é a forma de castigo assumida pelo transcendente ou por uma instituição social ameaçada. [...] O aspecto do castigo religioso é fundamental. Este é o aspecto de medo que é desejado por parte do leitor, e está sempre acompanhado por um elemento moral[32].

Assim, estas histórias mostram exemplos e aconselham o leitor a continuar no caminho do bem, porque, do contrário, virá o castigo com certeza. No entanto, é sua forma extraordinária que torna populares essas histórias e suscita sua abundância neste retrato: uma história de ficção com fatos maravilhosos, mas com a aparência de realidade que torna "o caso moral" mais crível, conforme diz Candace Slater em *Stories on a String*[33].

O relato mais conhecido desse tipo no cordel moderno é talvez *A Moça que Bateu na Mãe na Sexta Feira da Paixão*, de Rodolfo Coelho Cavalcante. O poeta, em caráter privado, chamou essas histórias de "bobagens", acrescentando que não perderia tempo com elas se escrevesse apenas para si próprio, mas, na mesma conversa, assegurou que seu público as exigia, pois, além de gostarem imensamente delas, acreditavam no que contavam! Para seus leitores, completou o poeta, as histórias *eram* a realidade. E, mesmo duvidando do que nelas acontece, o importante é saber que estas coisas podem ocorrer. É isso que dá calafrios no humilde sertanejo que compra o folheto[34].

O poeta baiano não está sozinho; muitos colegas cordelistas, dos mais tradicionais do cordel antigo aos contemporâneos que moram e escrevem em cidades cosmopolitas, como Rio e São Paulo, compartilham em seus folhetos a mesma visão. Em levantamento feito no final da década de 1970 pelo autor deste livro, os poetas, particularmente os de Juazeiro do Norte (terra do padre Cícero e das grandes romarias e um dos locais das missões anuais de frei Damião), usaram imagens poéticas para explicar o que pensavam dos "exemplos":

São realmente bons, dando exemplos e combatendo o mal cruel daqueles que os praticam (Manoel Caboclo e Silva, Juazeiro do Norte).

Para defender a fé e o amor que se tem em Jesus, Padre Cícero e Frei Damião, verdadeiro santo vivo do Nordeste Brasileiro (Pedro Bandeira, Juazeiro do Norte).

O povo ouve os sermões. A imagem fica na psique de acordo com os detalhes da mesma. De um momento para outro surge o folheto fantástico. O povo acredita. Dão fé nele. Comentam sobre ele. Aí o poeta escreve (Abraão Batista, Juazeiro do Norte)[35].

Portanto, estas histórias apresentam uma lição moral. São importantes para observar *como* são expressas as crenças religiosas analisadas no Álbum I e no Álbum II: dá-se a trans-

---

32. Sônia Brayer, "O Fantástico na Literatura de Cordel", *Boletim de Ariel*, vol. 1, n. 2, 1973.

33. Candace Slater, *Stories on a String*, Berkeley, University of California Press, 1982.

34. Em entrevistas com o poeta em sua casa no bairro da Liberdade, Salvador (BA), maio de 1981.

35. Declarações publicadas parcialmente no estudo já referido, "Os Poetas e Editores de Hoje em Dia", revista *Lore*.

gressão moral (o pecado) e com certeza deve vir o castigo (imposto por Deus), mas sob as formas mais estranhas e variadas. O que para o leitor sofisticado é puro mito ou fantasia engraçada, para outros é uma realidade. Aceita por todos? Obviamente que não, mas o fator principal é a possibilidade de vir o castigo depois de uma transgressão moral.

Podemos citar uma infinidade de títulos: *A Moça que Bateu na Mãe e Virou Cachorra*, *A Moça que Virou Cobra*, ou histórias que utilizam a estrutura tradicional do pecado/castigo em momentos modernos: *O Marido que Trocou a Esposa por uma Tevê a Cores*, *O Jogador que Quebrou as Imagens porque não Ganhou no Bicho*, ou o divertido *A Moça que Virou Jumenta porque Falou de Top Less com Frei Damião*!

A foto clássica do exemplo moral é *A Moça que Bateu na Mãe e Virou Cachorra*[36], o folheto já mencionado de Rodolfo Coelho Cavalcante, um protótipo do gênero. O autor gabou-se de ter vendido mais de meio milhão de exemplares desse poema! Em tempos particularmente difíceis da vida do poeta, entre 1960 e 1966, ele sobreviveu da venda, nos mercados e feiras do sertão da Bahia, de bugigangas e flâmulas junto com esse título. Conta que enchia a mala de exemplares do poema e saía sertão afora pelas vilas do interior do estado, vivendo apenas desse folheto! Suas melhores histórias são os exemplos morais: mais de 50% dos seus títulos, que, segundo seus cálculos, chegam a mais de 1 700, em seus 45 anos de trabalho no ramo, são histórias exemplares! É coisa bastante adequada à visão mental do poeta, derivada talvez de sua evolução: de católico de nascença para pregador protestante e, no final, para espírita kardecista, dentro de uma moral com fortes traços de puritanismo, fazendo jus a seu papel de "evangelizador do cordel".

36. Rodolfo Coelho Cavalcante, *A Moça que Bateu na Mãe e Virou Cachorra*, 25. ed., Salvador, 1975.

Já no início do poema, diz que irá contar mais um exemplo: o da pessoa incrédula e blasfema que, por ter o coração vazio, condena a religião! Aqueles que zombam de Deus sempre acabam mal. É o caso de Helena Matias que, filha de mãe extremamente religiosa, tornou-se vaidosa e falsa (os pecados capitais do cordel). Numa Sexta-feira Santa em Canindé (CE), um dos lugares mais sagrados do Nordeste, graças à sua basílica de São Francisco, Helena diz à mãe:

– Quero me virar num cão
Se esta tal de Sexta-Feira
Da Paixão, não é besteira
Da nossa religião (p. 2).

A mãe, surpresa e perplexa (dentro do padrão da história), adverte a filha de que aquelas palavras são obra do Anticristo, especialmente no dia em que se comemora a crucificação de Jesus! Helena reage dando um bofetada no rosto da mãe; a velhinha cai ao chão em lágrimas e jura por Deus e pela Virgem Maria e por todos os santos do céu que Helena será transformada numa cachorra por cometer um pecado tão grave: bater na própria mãe e desrespeitá-la (uma crente e que respeita a Deus).

O problema de Helena aumenta, quando ela mastiga um pedaço de charque (era proibido comer carne nas sextas-feiras e, em especial, na Sexta-feira da Paixão) e faz um desafio: "Deus me vire numa cadela / se é que Ele existe ou não!" Zás-trás! Num átimo, o rosto da moça mudou, nasceu-lhe um rabo e ela se transformou numa cachorra furiosa, que vertia espuma pela boca, coisa terrível de ver. Com cabeça humana e as feições originais, "Foi Helena castigada / Uma filha amaldiçoada / O castigo pegou nela" (p. 5). Começa assim sua longa travessia a vagar e sofrer pelo sertão de todos os estados do Nordeste, por vinte anos. No final, Helena se arrepende de tudo o que fez, mas seu pecado é grave demais para alcançar perdão (bater na mãe e zombar de Deus eram coisas sérias nessa história) e seu destino é continuar vagando pelo mundo, em contínuo sofrimento!

O poeta, um ex-palhaço de circo, autor de peças melodramáticas, professor primário e pregador religioso, sabia tirar o melhor proveito do público. Escrevia variantes da história com *performances* diferentes, nas quais a vila onde estava vendendo naquele momento seu poema era o lugar onde a moça fora avistada pela última vez, tornando, assim, mais crível a história. E o poema obteve tanto sucesso que deu origem a um sem-número de outras histórias, variantes do tema original.

O poeta e seus colegas de cordel que escreviam esses exemplos estavam ensinando quando ressaltavam os males que advêm do pecado e a certeza do castigo. No entanto, também estavam divertindo o público, porque a "arte" de um bom exemplo não era apenas o assunto em si (que todo o mundo conhecia e sabia como ia acabar) mas as "variações de um tema", ou seja, a capacidade do poeta de enfeitar o poema com detalhes criativos e linguagem pitoresca. Quanto mais monstruoso fosse o bicho/animal, quanto mais terríveis fossem seus atos, melhor era a história. Não era preciso acreditar no enredo ou no monstro, apesar de muitos leitores o fazerem. O importante era divertir-se e aceitar a *possibilidade*, na verdade a *inevitabilidade* do castigo aplicado por um Deus severo mas justo.

3. OS FENÔMENOS

Um parente próximo do exemplo é o chamado "fenômeno" ou "caso". São histórias igualmente didáticas com uma lição moral, mas que têm como base nascimentos grotescos, ou fenômenos naturais mas difíceis de aceitar devido à raridade, ou ainda acontecimentos totalmente bizarros que o poeta faz parecerem verdadeiros. Falam de pessoas ou de fatos "nunca vistos". Tanto num caso quanto no outro, o acontecimento bizarro ou a pessoa esquisita é o resultado do castigo que Deus impôs a quem cometeu uma transgressão no passado e que acaba tornando-se um sinal do Apocalipse. Para Liedo Maranhão, estes relatos são histórias de "gente na lama do pecado sem acreditar na palavra do deus onipotente" ou "Deus em cima, mostrando os fenômenos"[37].

São conhecidos os títulos: *O Rapaz que Nasceu com a Cabeça Virada Atrás*, *A Porca que Pariu um Menino em Santo Antônio de Jesus*, *O Menino que Nasceu Meio Bode Meia Pessoa*, *Exemplo da Menina Peluda de Paranatama*, ou ainda *As Meninas que Nasceram Pegadas*. Dois acontecimentos da vida real que foram transpostos para folhetos foram *A Moça Nascida Fora da Mãe em Inglaterra* e *O Vaqueiro que Deu a Luz,* um caso famoso ocorrido, nos anos recentes, no sertão alagoano.

Antes de qualquer coisa, esses acontecimentos representam as novidades deste mundo e apelam para o lado "obscuro" das pessoas, daquelas que pagam para ver as monstruosidades nos velhos circos. No cordel, essas histórias constituem uma ligação com a visão moral e religiosa deste tipo de público. É oportuno observar, porém, que o poeta sempre coloca o "fato" em forma de conjectura: isso aconteceu, certamente, por castigo de Deus! Alguém deve ter cometido um pecado, e um pecado muito grave!

No poema *As Meninas que Nasceram Pegadas*[38], relata o poeta um nascimento de siamesas, fato ocorrido em Santo Amaro, na Bahia. (De passagem, ele informa que é a cidade natal de Caetano Veloso, um músico famoso do Brasil contemporâneo.) Já no início, afirma o autor que não sabe se foi milagre ou castigo, porque os motivos de

---

37. Liedo Maranhão, *Classificação..., op. cit.*, p. 50.

38. Joaquim Pergentino, Autor Proprietário, *As Meninas que Nasceram Pegadas*, Salvador, s. d.

Deus são misteriosos. Filhas de um casal pobre, nascidas numa choupana de palha, as duas gêmeas siamesas têm aparência igual mas personalidades diferentes. Uma parece aceitar bem a situação; a outra tem certeza (ou senso de humor) de que, depois de nascer, foi "grudada" à irmã com "durex", e não sabe se sua mãe estava sendo castigada por Jesus.

No entanto, acrescenta o poeta, o que Jesus fez está feito, e aquele que tentar mudar o fato estará abraçando o diabo! O mundo de hoje está cheio de mulheres vaidosas e de moças que perdem a virgindade no primeiro mês de namoro, gente que fica bêbada na época da colheita e donzelas que acabam na "boemia".

Tão logo a notícia do nascimento de siamesas chegou à capital, Salvador, uma equipe de médicos foi mandada para examinar as meninas. Chegaram à conclusão de que tinha sido um caso de nascimento "duplo, mono-ovular" com "manchas embrionárias", explicação que tem tanto sentido para uma pessoa da rua quanto para o leitor nordestino na feira. De qualquer modo, as moças foram levadas a um hospital-maternidade de Salvador e estão sendo criadas lá. Já sabem ler, e uma delas pensa até em namorar. Deduz-se do poema que viajaram para muitos lugares do Brasil, mas não fica claro se por razões científicas ou para expor "um fenômeno esquisito". A capa do folheto, que mostra duas meninas grudadas uma à outra na região do peito e embaixo um único corpo, com certeza chamava a atenção dos fregueses.

Outro poema que narra um fato mais contestável e bizarro mas extremamente divertido é a história *O Menino Que Nasceu Meio Bode Meia Pessoa*[39], de Abraão Batista, de Juazeiro do Norte. Diz o poeta, logo no início, que as coisas

não andam bem no mundo; apareceram sinais de que o fim está próximo, o "signo de Salomão jogado na areia". Estão acontecendo coisas *pouco naturais*. O poeta promete dizer a verdade, porque a verdade é o bem, e por isso o leitor deve acreditar no que ele diz. Deus permite que ocorram certos fatos para lembrar ao homem que está próximo o tempo de fome, de praga e de guerra e que a humanidade não deve esquecer-se de Deus e da oração.

Um fato mais estranho do que a vida acaba de acontecer e sentimos calafrios só em pensar nele! O impossível já aconteceu. Uma cabra deu à luz um cabrito que, de fato, é metade bode e metade homem, tão feio que se parece com Satanás ou a com a própria serpente. Coincidentemente, um fotógrafo esteve na região e registrou o fenômeno numa foto, passada

---

39. Abraão Batista, *O Menino que Nasceu Metade Bode, Metade Pessoa*, Juazeiro do Norte, 1975.

ao poeta, e que ilustra a capa do folheto. (Infelizmente, na segunda edição do poema, a ilustração de capa é uma xilogravura feita pelo poeta.)

Depois de descrever o bode-pessoa em grandes detalhes, o poeta chega à sua mensagem central: o que se tem aqui é fruto da bestialidade! Dá a entender, nas entrelinhas, que um camponês local, um tal de Francisco, talvez tenha tido algo a ver com o nascimento. A humanidade está vivendo no meio da perversidade, contrária às leis da natureza! Tal fato, porém, não era novidade para o poeta, pois soubera de um caso semelhante em 1929, na época de padre Cícero, e de outro no estado de Alagoas. A ciência médica não se dispõe a estudar o caso, mas "todos nós sabemos que o homem 'se casou' com animais também". A ciência nos diz que duas espécies (o poeta diz "raças") não podem cruzar, mas a questão está aberta à discussão!

O autor pergunta ainda: "e quê das lendas do Centauro, o Minotauro, as Sereias ou ainda Medusa"? Hoje em dia, é bode! De qualquer modo, o poeta sugere que todos nós devemos aprender com a experiência. Ponha fim no abuso (na bestialidade); este caso é um protesto da Natureza! Há um precedente na Bíblia: no Antigo Testamento, parece que os irmãos de José "prevaricaram" da mesma forma. E conclui sua história com a consciência tranquila, sabendo que cumpriu sua "missão". No entanto, termina o texto com uma piada: o novo bode-pessoa devia ter procurado o pai e lhe dizer: "que tal papai?" Então, segundo o poeta, poderia ter pedido a bênção familiar tradicional!

José Soares, de Pernambuco, sempre esteve à procura de uma história desse tipo e encontrou no *Exemplo da Menina Peluda de Paranatama*[40]. Afirmando que o mundo está cheio

de miséria e de esquisitice, diz que o fato que vai narrar é, definitivamente, um "fenômeno" e um exemplo de que o fim do mundo está próximo. Por quê? Porque ninguém se lembra de Jesus: as mulheres fazem operação para mudar de sexo, um homem deu à luz e os católicos nem sabem fazer o sinal-da--cruz! Prova disso é a neném peluda, que já tem cinco meses e ainda está no hospital. Rezem a Deus por ela!

Abraão Batista escreveu e publicou *A Moça que Foi Criada Fora da Mãe em Inglaterra*[41], deixando, a princípio, a impressão de que era outro fenômeno, mas ele apresenta uma explicação científica direta e clara para o primeiro bebê de proveta. Procede com cuidado e sem pressa, definindo

---

40. José Soares, *Exemplo da Menina Peluda de Paranatama*, Recife, PE, 1978.

41. Abraão Batista, *A Menina que Foi Gerada fora da Mãe em Inglaterra*, Juazeiro do Norte, CE, 1978.

O acontecimento foi grande notícia em setembro de 1966. Depois, a imprensa alagoana relatou o fato, revistas nacionais como *Manchete* e *Fatos e Fotos*, além da televisão nacional, mandaram repórteres ao local. O poeta-repórter José Soares do Recife e vários outros poetas-colegas também contaram a história. Numa tentativa de obter exclusividade, Soares escreveu em métrica quebrada uma rápida versão, contando poucos fatos (esses detalhes nunca interferem na leitura de uma história!). Esse folheto esgotou-se rapidamente, forçando-o a fazer uma segunda tiragem.

A história começa com uma advertência formulaica observada na maioria dos "fenômenos": o mundo é uma desgraça e o fim está próximo. Por quê? Porque irmãs se casam com irmãos, filhas se amancebam com os pais. Do jeito que as coisas andam, até a religião vai acabar! A humanidade quer desfazer o que Deus fez. Há exemplos em toda a parte: um ateu fez um pacto com Satanás, uma moça se casou com outra em Minas Gerais, um porco nasceu com um dente de ouro, e há um cavalo barbudo em Patos, Paraíba! E agora isto: em Lages (uma vila do interior de Alagoas), um vaqueiro acaba de dar à luz! Dizem alguns que o vaqueiro era mulher; outros, que era homem. A mãe do recém-nascido chama-se Joana da Conceição. Sempre quis um filho homem e, quando Joana nasceu, os pais decidiram dar-lhe o nome de "João" e criaram-na como homem. Com doze anos, "João" bebia cachaça igual a todos os outros rapazes, montava cavalo brabo, vestia-se como vaqueiro e pegava boi como os melhores. Vivia para vaquejar e para a farra; não gostava muito das meninas e, por isso, chegou a ser chamada de "mulher-macho". Mas a natureza é a natureza e os hormônios são os hormônios:

Mas um dia namorou-se
Com Pedro Augusto dos Santos

cada passo até o nascimento do bebê, e conclui dando sua "benção" à ciência e ao avanço do conhecimento humano. O que ele condena são os bebês perdidos pelo aborto e pela pobreza do Brasil.

O "fenômeno" que despertou mais interesse no cordel brasileiro foi uma história contada ao mesmo tempo pelo cordel e pela mídia nacional, *O Vaqueiro que Deu a Luz: Fenômeno dos Fenômenos*[42]. Aconteceu realmente? Foi um caso de hermafroditismo no sertão de Alagoas? E, se for verdade, como aconteceu? E de quem é a culpa? O leitor poderá encontrar as respostas se imaginar a ligação que existe entre este "fenômeno" e o exemplo moral.

42. José Soares, *O Vaqueiro que Deu a Luz, Fenômeno dos Fenômenos*, Recife, 1966.

Pedro que era vivaldino
Levou ele num recanto
Sorrindo por sua vez
Ao cabo de nove mez
O riso tornou-se pranto (p. 5).

Todos na região fizeram brincadeiras sobre o acontecido, e, com certeza, Deus castigará a mãe de Joana, por não ter deixado tudo como devia ser.

Os médicos chegaram e examinaram Joana, concluindo, como era de esperar, que era mulher; não havia caso de hermafroditismo. Mas o pessoal local não acreditou e continuou achando que era um monstro. Joana, quando estava grávida de sete meses, disse em entrevista que não sentia nada de especial, a não ser a barriga crescer. Tentou escondê-la apertando mais o cinto, mas isso acabou machucando um pouco.

Não é este o fim da história. Um poeta que improvisou alguns versos sobre o "Vaqueiro que Deu à Luz" aconselhou aqueles que estivessem em Lages, perto dos "vaqueiros", a tomar muito cuidado! Um vaqueiro sentiu-se ofendido e matou o poeta.

Foi a introdução formulaica do poema que fez a conexão e seguiu o padrão do pensamento tradicional do nordestino: o nascimento foi uma consequência do pecado, da arrogância e orgulho da humanidade, que tenta desfazer o que Deus fez. A história foi, por muito tempo, a alegria das pessoas da região (e do país), sem falar da especulação sobre o nascimento.

Agora que o Álbum III nos contou como *não* nos devemos comportar, o que devemos fazer? A resposta é: imitar os heróis e suas virtudes, tema do próximo álbum de fotos deste *Retrato*...

— Álbum IV —
UM MODELO DE VIDA: OS HERÓIS DE CORDEL

INTRODUÇÃO

Em certo sentido, poderíamos ter dado a cada álbum deste *Retrato...* o nome de algum tipo heroico do universo do cordel: heróis religiosos, políticos etc.[1]. A estes tipos sempre está atrelada uma visão de mundo, inclusive a de milhares de nordestinos, muitos deles espalhados atualmente pelos quatro cantos do Brasil, uma visão que está documentada no cordel e é guiada por princípios religiosos e morais. Estes princípios também aparecem nos modelos vivos, isto é, nos heróis do povo nordestino. Não é nenhuma surpresa, portanto, que estes mesmos princípios conduzam os heróis do cordel ao bom caminho. Suas virtudes mais arraigadas são a honestidade, a integridade e a firmeza. Os vícios daqueles que se lhes opõem, os vilões, também são o contrário da virtude: a mentira, a falsidade e o orgulho, a própria base do vilão, figura fundamental para a estrutura de desafio e resposta no cordel[2].

Também por isso, não é surpresa que os brasileiros que escreveram, publicaram, escutaram e leram os romances e folhetos de cordel, nestes últimos cem anos, tenham, entre seus maiores heróis, figuras religiosas e líderes do passado histórico, muitos dos quais protagonistas dos Álbuns I e II deste

[1]. Foi por isso que os pesquisadores da Casa de Rui Barbosa, em 1961, na importante classificação da literatura popular em verso, decidiram seguir o padrão do heroico na série de livros sobre o cordel. Ver *Literatura Popular em Verso*, Catálogo, Rio de Janeiro, Casa de Rui Barbosa, 1961.

[2]. De acordo com a visão, já indicada, de Luís da Câmara Cascudo, em *Vaqueiros e Cantadores*.

Retrato... Jesus Cristo é "o caminho e a verdade", o maior guia, seguido da Virgem Maria, de São Pedro, dos apóstolos e santos e, em especial, daqueles vultos mais próximos dos nordestinos humildes, padre Cícero e frei Damião. O oposto? O próprio diabo ou alguém que segue seu caminho.

No entanto, os modelos inspirados na vida real ultrapassam o campo da religião organizada e sua moral, embora muitas vezes seus atributos derivem delas. Por essa razão é que, em outras histórias "tradicionais" do cordel, pode-se encontrar o melhor documento e memória destes modelos que abarcam os heróis de *Retrato...* Estes heróis do vasto universo do cordel provêm de uma infinidade de fontes. Segundo Luís da Câmara Cascudo, o maior folclorista brasileiro e talvez o maior estudioso do cordel, a literatura das massas nordestinas tinha origem em três fontes: a literatura oral, a tradicional e a popular. Os heróis do cordel podem ser encontrados nas três[3].

Da literatura oral (que veremos no Álbum VI) provém a figura do consagrado poeta folclórico do Nordeste: o cantador (e improvisador) de verso oral que luta com outro poeta num difícil duelo poético. Da literatura tradicional origina-se a falange de heróis da literatura de romances e folhetos (*chapbooks*) da Europa, gênero em que se basearam os relatos que compreendem uma parte significativa de todo o cordel: heróis das tradições fictícias de cavalaria, contos de fada com príncipes e princesas como personagens, histórias românticas baseadas no amor e na aventura, histórias de heróis animais, e os relatos dos anti-heróis do povo. E, finalmente, da literatura popular brasileira derivou toda a tradição heroica criada, desde 1890, pelos poetas cordelistas do Brasil, histórias originais baseadas nos modelos europeus. Deve-se incluir nesta última categoria as criações originais dos vates nordestinos que têm como base as histórias antigas europeias ou orientais e os heróis da vida real, vistos na tradição de "acontecimentos" e notícias, reproduzidos em folhetos de oito páginas.

Na grande maioria destas histórias em verso, o bem sempre vence o mal, de modo que é imperioso que o herói supere todo e qualquer obstáculo para atingir seu objetivo. A maioria dos poemas de cordel (alguns dizem 70%) que cantam um herói são os poemas narrativos de 16, 32, 48 ou, às vezes, 64 páginas, os chamados "romances" ou "histórias". São os poemas de amor, sofrimento, aventura, com a vitória final do Bem. Quanto mais obstáculos o vilão opuser ao herói, quanto mais sofrimento este experimentar e quanto mais criativo for aquele, melhor será a história. O herói vence por força de seu caráter e de seus feitos, mas também porque acredita em Jesus, em Maria ou em outro qualquer representante do Bem. Com isso mantém-se a visão religioso-moral do poeta e de seu público.

---

3. A teoria de Cascudo é antiga, mas está resumida em "Da Poesia Popular Narrativa no Brasil", *25 Estudios del Folklore*, México, D.F., UNAM, 1971.

I. HERÓIS DA LITERATURA EUROPEIA TRADICIONAL RECRIADOS EM VERSO

Carlos Magno e os Doze Pares de França

Por mais estranho que pareça, a Europa medieval e os cavaleiros da cristandade encontraram, no fim do século XIX, um novo ambiente no interior do Nordeste brasileiro. Por exemplo, muitos heróis da epopeia nacional francesa, *A Canção de Rolando*, chegaram até aos sertanejos humildes, mas não de forma direta. Na Pensínsula Ibérica, foi criada uma sua variante em prosa e utilizando muitos de seus protagonistas: o "romance popular" espanhol e português. Foi essa variante popular que chegou ao Brasil e tornou-se leitura obrigatória nas fazendas do interior nordestino: *A História de Carlos Magno e os Doze Pares da França*[4]. E a versão em prosa das histórias épicas de Carlos Magno foi transposta para a poesia pelos poetas pioneiros do cordel, como Leandro Gomes de Barros, dando como resultado estrofes de seis ou sete versos do cordel no começo do século XX. Foi desse modo que Carlos Magno e seus cavaleiros Rolando e Oliveiros tornaram-se conhecidos dos sertanejos mais humildes, convertendo-se na síntese de sua noção de heroico. Luís da Câmara Cascudo diz que, nos primeiros anos do século XX, quando começava suas pesquisas, encontrou, no Rio Grande do Norte e em outros estados da região, diversos sertanejos com os nomes de Rolando e Oliveiros[5].

Esses poemas cordelianos sobre Carlos Magno e os doze pares de França apareceram, durante todo o século, em diversos títulos, com dezenas de tiragens e centenas de milhares de exemplares vendidos. Tornaram-se o cerne do ciclo heroico do cordel. Baseados apenas de forma superficial na realidade histórica, passaram a simbolizar o Bem do herói cordeliano: sobretudo, os paladinos cristãos que, com o nome de Nossa Senhora nos lábios, enfrentavam obstáculos insuperáveis opostos pelos "turcos" (nome pelo qual eram conhecidos muçulmanos, mouros, sarracenos etc.), sonhavam em converter os infiéis à verdadeira fé do catolicismo romano e foram alçados à condição de campeões da humanidade. A recusa dos turcos a se converterem à fé verdadeira, a única fé, foi o catalisador do combate armado, cujo fim era a conversão forçada ou a morte. Os prêmios eram enormes: o batismo cristão e a salvação da alma! Esses objetivos misturaram-se ao fantástico: batalhas contra milhares e milhares de inimigos, inclusive gigantes, e o inevitável subtema do amor impossível, com casos de troca de identidade e de uso de feitiços. (A partir desse tipo de ficção e dos romances de cavalaria dos séculos XV ou XVI na Espanha e em Portugal foi que Miguel de Cervantes criou sua grande paródia, no *Don Quijote de la Mancha*).

Recontemos uma das histórias prototípicas do cordel, *A Morte dos Doze Pares de França*[6]. O imperador Carlos Magno, rei dos franceses, tem a seu serviço doze cavaleiros que se sobressaíram, dentre eles Rolando (Roldão), Ricarte e Oliveiros. O primeiro é seu sobrinho e o mais querido. Um dos doze pares, Galalão, "era um covarde / infame, vil,

---

4. Graças à gentileza do pesquisador Joseph Luyten, temos uma cópia xerocada da versão em prosa editada pela Livraria Garnier no Rio de Janeiro. Foi esta versão em prosa que chegou às mãos dos pioneiros do cordel, como Leandro Gomes de Barros ou Silvino Pirauá Lima.

5. Fatos revelados em nossa entrevista com mestre Cascudo em sua casa em Natal, em setembro de 1966.

6. Marco Sampaio, *A Morte dos Doze Pares da França*, Juazeiro do Norte, CE, 1941.

traiçoeiro / que se vendia aos turcos / por muito pouco dinheiro / mas teve u'a morte trágica / porque Deus é justiceiro" (p. 2).

Numa época de relativa paz, o imperador mandou Galalão ao reino de Saragoça (Espanha), com a finalidade de cristianizar seus dois reis turcos, Marcírio e Belande. (O leitor deve lembrar-se de que, na época, a Espanha ainda se achava sob o domínio mouro.) A vontade do rei era "que deixassem seus ídolos / Para a Jesus adorar" (p. 3). No início, a missão caminhou muito bem. Galalão, como embaixador da corte de Carlos Magno, foi recebido pelos dois reis, que queriam saber do monarca francês e de seus cavaleiros, numa troca de perguntas e respostas (uma tradição poética épica). Logo os soberanos mouros descobriram que Galalão poderia ser-lhes útil, tornar-se um traidor; "por sua fisionomia / vi-

ram que não tinha valor" (p. 3). Assim, o cavaleiro concorda em preparar uma emboscada para Carlos Magno e seus pares no passo de Roncesvalles, onde os exércitos turcos, escondidos, poderiam facilmente atacá-los e massacrá-los. Nesse momento, o poeta se exalta e reclama:

> Oh! maldito Galalão
> mau desventurado homem
> nasceste de sangue nobre
> a avareza te consome
> sendo rico te vendeste
> botando em lama teu nome!
>
> Tu sendo um príncipe nobre
> de tão alta distinção
> foste escolhido entre todos
> para tão fina missão
> porém com tua vileza
> usaste a negra traição [pp. 4-5].

E o poeta continua nesse tom por mais alguns versos.

Galalão volta à corte de Carlos Magno trazendo presentes dos reis turcos para o líder da Cristandade e mente (o pecado capital do cordel, a falsidade): diz que os turcos querem batizar-se e tornar-se cristãos. O imperador parte, com cinco mil soldados, para Roncesvalles, onde os turcos o esperam com nada menos que noventa mil guerreiros. Roldão, Oliveiros e os outros pares marcham na vanguarda das tropas, enquanto Carlos Magno, Galalão e outros formam a retaguarda. Deparam-se, então, com o exército inimigo.

Roldão luta com muito denodo, mas, vendo a disparidade de força, toca a corneta, num aviso à retaguarda de que precisava de reforços. Todavia, Carlos Magno não escuta o sinal. Roldão mergulha na luta, toca a corneta uma segunda vez e trucida sozinho seis mil turcos! Chegam outros vinte mil e se lançam contra Roldão e os cem cavaleiros cristãos que restam no campo de batalha. No meio da fúria da luta, Roldão descobre entre os turcos o rei Belande e, lançando-se contra ele, corta-lhe o corpo pela metade.

Entrementes, Carlos Magno passa o tempo, inocentemente, a divertir-se com Galalão em jogos de mesa. O rei Marcírio, temendo a chegada iminente de Carlos Magno, bate em retirada para Saragoça e Roldão, nos paroxismos da morte, pergunta a si mesmo por que os reforços e o imperador não tinham chegado. Consola-se, porém, por morrer em estado de graça (tinha-se confessado antes de entrar na batalha) e faz seu último ato de contrição. A única pena que sentia era ter de enfrentar a morte sozinho, sem seus camaradas. Resta-lhe tempo ainda para dirigir-se à sua espada maravilhosa, Durindana, e lembra os grandes feitos que juntos cometeram. Toca a corneta duas vezes com toda a força que ainda lhe sobrava, mas ninguém lhe acode. Tange a corneta uma terceira e última vez, abrindo as feridas que o matavam. Somente então Carlos Magno ouve o chamado. No entanto, o malvado Galalão lhe diz que deve ser apenas um engano; Roldão deveria estar brincando!

Numa cena de morte que rivaliza com as melhores da tradição épica (lembramo-nos facilmente da *Ilíada*), Roldão passa por todas as fases da agonia, beijando a espada, lembrando as batalhas e os camaradas, sempre orando. Rezando em latim (que o poeta do cordel traduz graciosamente para o português), este "herói do mundo" entrega a alma a Deus.

Neste momento, o poeta, seguindo igualmente a tradição épica tanto erudita quanto popular da formulaica mudança de cena, de protagonistas e de narrador, transfere sua narrativa para o Arcebispo de Turpin, enquanto este celebra uma missa dedicada à Virgem Maria. Chega até ele o suave som de vozes de anjos, que lhe contam a morte de Roldão.

Apressa-se a contar a Carlos Magno, no mesmo instante em que chega um dos pares, Valdivino, que, arrancando os cabelos, comunica a morte de Roldão. Todos choram em altos brados e partem para Roncesvalles. O rei Carlos Magno é o primeiro a chegar e, descobrindo o cadáver do sobrinho, cai ao solo em grandes soluços, como que desmaiando de tristeza. Numa ladainha de louvações, lembra as virtudes e façanhas do sobrinho, defensor do mundo, de Nossa Senhora, de toda a humanidade, "amparo dos cristãos, guia puro da verdade, coluna forte da Igreja, alma de honestidade!"

Nesta versão cordeliana de uma das mais famosas lamentações dos tempos, Carlos Magno reza, chora, louva e lastima-se da desgraça sua e do mundo: viver sem Roldão é o mesmo que não viver! (Esta cena transforma-se num modelo para outras cenas heroicas no cordel e até mesmo para a obra-prima brasileira, publicada por João Guimarães Rosa em 1956: *Grande Sertão: Veredas*[7]!

Acendem-se grandes fogueiras e tem início o velório. Nesse ínterim, o imperador prepara sua vingança: manda que encontrem Galalão, amarrem-no e preparem-no para a morte. No dia seguinte, acham também o cadáver do amado Oliveiros, com doze lanças cravadas no corpo inanimado. A fúria de Carlos Magno não tem limites, e ali mesmo jura à Virgem Santa que matará Galalão e os dois reis turcos, para "punir" as mortes de seus pares. Ataca parte do exército turco às margens do rio Ebro e, numa única investida, mata sete mil inimigos e fere os restantes. Nesta altura, um dos sobreviventes cristãos de Roncesvalles, o duque Tietre, conta a Carlos Magno a verdadeira causa do desastre: a traição

---

7. Ver nossa comparação de texto entre a literatura popular em verso do cordel e a obra-prima de João Guimarães Rosa em " 'Grande Sertão: Veredas' e a Literatura de Cordel", *Brazil/Brasil, op. cit.*

de Galalão. A justiça é rápida e definitiva: os membros do covarde são amarrados a quatro cavalos fortes, que partiram em velocidade, esquartejando-o.

O poema termina com o enterro dos restos mortais de Roldão na igreja de St. Roman, com a espada Durindana à cabeça e a corneta aos pés. O rei mandou construir no local uma igreja consagrada ao herói. Os outros cavaleiros caídos foram enterrados em Bordeaux e em Arles, e o imperador é deixado sozinho com sua dor. O poeta conclui com uma fórmula de humildade, pedindo desculpas por sua "história sem arte", e indaga onde se achará um poeta competente que a possa contar. (E, mais uma vez, o leitor recorda cenas da *Ilíada* e de Riobaldo, de *Grande Sertão: Veredas*.)

Cronologicamente, esta história é a última na série de poemas de cordel que tratam do grande imperador e de seus cavaleiros e exércitos na luta contra os males da época, os vis pagãos. São outras histórias: *A Batalha de Oliveiros contra Ferrabrás, A Prisão de Oliveiros, A Batalha de Carlos Magno com Málaco, Rei de Fez*, ou *Rolando no Leão de Ouro*, cada uma maior do que a outra! Centenas de páginas em verso já foram escritas pelos poetas e outras centenas pelos estudiosos dos poetas, mas, para o leitor deste livro, o que importa é a realidade: o fenômeno de cavaleiros cristãos medievais em luta contra o infiel em épocas longínquas e em lugares distantes. Estes atos heroicos e estas almas virtuosas tornam-se o modelo de cem anos de poesia nordestina heroica no cordel.

Histórias Maravilhosas das Tradições Europeias e Orientais: Reis, Rainhas, Príncipes e Princesas, um Pavão Real e Adaptações Nordestinas

Assim como os heróis dos romances de cavalaria da Europa do século XVI encantaram os leitores de Portugal e da Espanha (Santa Teresa de Jesus era grande apreciadora e,

como já dissemos, Cervantes parodiou essas histórias em seu clássico *Dom Quixote*), outros heróis encheriam as páginas de novelas populares e folhas volantes e acabariam tornando-se os heróis da literatura folclórico-popular do Nordeste do Brasil no século XX. Estas histórias seriam povoadas por príncipes, princesas, reis e rainhas e toda a sorte de inimigos maus. Os títulos são extremamente sugestivos: *História do Soldado Roberto e a Princesa do Reino de Canaan*, *O Segredo da Princesa*, *Princesa Rosamunda ou a Morte de um Gigante*, ou, ainda, *História da Princesa Rosa*[8].

Esta parte importante do antigo cordel se compõe de centenas de histórias cuja origem encontra-se nas novelas "tradicionais" da Europa. Transmitidas em prosa, logo foram postas em verso pelos poetas do cordel, como Leandro Gomes de Barros ou Silvino Pirauá. As mais famosas foram analisadas por Luís da Câmara Cascudo, em *Cinco Livros do Povo*: *A Princesa Teodora*, *Roberto do Diabo*, *Princesa Magalona*, *A Imperatriz Porcina* e *João de Calais*.

Quase todas começam com uma lição moral (em prosa, em epígrafe do poema, ou em verso, nas suas primeiras estrofes): "Romance comovente! Sensacional onde o destino cruel lança sobre a mais negra senda da existência de uma jovem. E ela impávida vence todos os sofrimentos, todas as traições obtendo assim o prêmio do seu sacrifício e sua abnegação" (epígrafe de *O Triunfo da Inocência*[9]). Damos outros breves exemplos:

O que é falso nunca triunfa na vida; o que é simples recebe sua recompensa.

8. Fundamental sobre o assunto ainda é a obra de Luís da Câmara Cascudo, *Cinco Livros do Povo*, Rio de Janeiro, José Olympio, 1953.

9. Francisco Guerra Vascurado, Editor José Bernardo da Silva, *O Triunfo da Inocência*, Juazeiro do Norte, CE, Tipog. São Francisco, s. d.

No poder de Deus, o destino é como um livro que só se fecha com a morte.

A fé em Deus traz resultados felizes.

A pessoa falsa com seu cinismo perde só ante a verdade.

O orgulho é o pai da impiedade, o irmão gêmeo do ódio, e os dois engendram o mal e combatem a verdade!

O amor vence a inveja – a verdade, mentiras – e a justiça, a traição!

A beleza e o poder podem parecer todo-poderosos, mas a inteligência às vezes os vence.

Os males e o poder do dinheiro!

Muitas dessas histórias têm suas origens nos contos de fada, em variantes populares de *Ali Babá*, *As Mil e Uma Noites* ou nos contos germânicos de outro lugar ou época encontrados pelos irmãos Grimm. Num romance clássico do Nordeste, Branca de Neve aparece sem os sete anões e na Ásia Menor, onde ela (agora princesa) encontra um príncipe de Troia e os dois lutam contra gigantes, magos, negros e índios, entrando e escapando de feitiços mágicos que fariam a própria cabeça de Dom Quixote rodopiar! Histórias como *O Ladrão de Bagdá*, *Aladim e a Lâmpada Mágica*, *O Príncipe e a Fada*, ou *O Mercador e o Gênio* discorrem sobre a magia, promessas e prêmios, a feitiçaria, terríveis vilões, fadas, tudo numa série complexa e incrível de acontecimentos, terminando com uma lição moral: seja fiel ao destino e tudo acabará bem!

O poema desse tipo mais famoso no cordel é talvez *O Pavão Misterioso*[10]. O autor, João Melchíades Ferreira, colega e contemporâneo de Leandro Gomes de Barros e de

---

10. João Melquíades Ferreira, Proprietárias: Filhas de José Bernardo da Silva, *O Pavão Misterioso*, Juazeiro do Norte, tiragem de 1975.

Francisco das Chagas Batista, é nome importante no cordel tanto pela quantidade quanto pela qualidade dos poemas que escreveu. *A Guerra de Canudos* é um poema seminal de sua autoria, de caráter jornalístico, sobre a grande luta, em 1896–1897, entre os "fanáticos" religiosos do Conselheiro e a polícia e o exército brasileiros. *O Pavão Misterioso* narra as aventuras de um jovem valente, que voa da Grécia para a Turquia numa misteriosa aeronave em forma de pavão, trazendo a bordo uma jovem donzela, seu verdadeiro amor, que ele resgatara de seu palácio. A jovem era filha de "um conde orgulhoso" que se opunha até à morte a qualquer desejo da filha de buscar o amor.

Nosso herói, Evangelista, filho de "um capitalista turco", soube pelo irmão da incrível beleza da condessa Creuza e do fato de seu pai proibir não só seu provável casamento mas também qualquer contato com um possível amante. Era "um Conde muito valente / Mais soberbo do que Nero" (p. 3). Apenas uma vez por ano a bela jovem aparecia à janela do palácio; e então os vassalos reais podiam maravilhar-se com sua beleza. O irmão comprou uma foto de Creuza e dela fez presente a Evangelista. (Os poetas são às vezes anacrônicos e se equivocam quando fazem a narração; segundo o poeta, a casa do herói, que mora na Turquia, fica em Meca.) Ao ver o retrato, Evangelista apaixonou-se loucamente pela jovem e partiu determinado a propor-lhe casamento; do contrário, preferia morrer na forca.

A única maneira de encontrar-se com a jovem seria por meios furtivos; por isso, Evangelista procura um tal de dr. Edmundo, que morava na rua dos Operários e "é engenheiro profundo / para inventar maquinismo / é ele o maior do mundo" (p. 9). De fato, o competente doutor inventou um aeroplano na forma de um pavão: pequeno, feito de alumínio, movido por um motor elétrico e por um tanque de gasolina. Sem buzina, mas com muitíssimas lâmpadas. "Tinha cauda como leque / e asas como pavão, / pescoço, cabeça e bico, / lavanca, chave e botão / voava igualmente ao vento / para qualquer direção" (p. 11). E sua maior vantagem era que o pavão podia ser desmontado num minuto e embalado numa pequena caixa. O inventor ainda deu ao herói, de graça, uma "serra azougada" e um "lenço enigmático" que, se fosse passado no nariz, provocava desmaio.

Evangelista voou no pavão até o teto do palácio do conde, serrou as ripas para abrir um buraco, pendurou uma longa corda e por ela desceu até ao quarto de Creuza. A moça despertou e viu o intruso, mas com o lenço mágico ele cobriu-lhe a boca e o nariz para acalmá-la. Por três noites Evangelista voltou ao quarto de Creuza, a cada vez declarando suas boas intenções e propondo-lhe casamento. Foi então que Creuza percebeu o significado da liberdade de amar e a crueldade do pai, que a mantinha presa em vez de apenas protegê-la. Mas é forçada pelo velho a enganar Evangelista e identificá-lo para que pudessem prendê-lo. Creuza atende ao pai, mas, na noite seguinte em que o jovem apareceu, confessa-lhe o plano. Evangelista percebe, então, que "a moça é inocente em seu papel virginal", e, se ela lhe tiver amor, ele a levará de seu castelo para que possam viver felizes para sempre. De repente, aparece o conde, dá um pontapé na filha, mas desmaia quando Evangelista coloca o lenço em sua boca.

Nossos heróis escapam no "monstro de olho de fogo / projetando os seus faróis" (p. 26) e o pavão misterioso some de maneira muito mais interessante do que o tradicional tapete voador. Os soldados do conde, instruídos para prender os amantes, compreendem a verdade: o orgulho é uma ilusão, um pai pode governar a filha, mas não pode mandar no seu coração. O mau conde morre de ataque de raiva "por não ser vingado". Evangelista e Creuza voam para a Turquia e se casam no mesmo dia. Logo em seguida, recebem um telegrama (!) da mãe, anunciando a morte do pai: tudo estava bem, podiam vir para reclamar a herança! Decolam para Atenas no pavão misterioso, hospedam-se na casa do dr. Edmundo e se reconciliam com a mãe. E termina o romance:

– Minha filha
saíste do cativeiro
fizeste bem em fugir
e casar no estrangeiro
tomem conta da herança
meu genro é meu herdeiro [p. 28].

Este romance tornou-se o protótipo de centenas de outras histórias cordelianas, com cenário nos mais diversos lugares reais e fantasiosos: Escandinávia, Calais na velha Normandia, Turquia, Egito, o reino da Grécia, o Oriente no reino de Nicar, a Ásia perto da Palestina, um subúrbio do reino de um duque, o reino de Orion, a Alemanha, Milão, a Inglaterra na época da rainha Elizabeth, Praga, Lisboa, Alexandria, a província da Arábia, a floresta da África e a própria Sodoma!

As fontes dos poetas eram ainda mais variadas; a História, a literatura erudita e, mais tarde, o cinema seriam temas de romances como *Helena a Deusa de Troia*, *Joana d'Arc*, *A História de Romeu e Julieta*, *A Dama das Camélias* e *Iracema a Virgem dos Lábios de Mel*. Os poetas cordelianos tomaram emprestado da cultura de elite muitas outras histórias dramáticas, recriaram-nas em seus versos e venderam-nas em folhetos nas feiras poeirentas do interior ou nos mercados de Recife e Salvador. Podiam mudar os nomes dos protagonistas, podiam variar os cenários, mas os grandes dramas, a visão moral e o final feliz continuavam iguais.

Assim, esta riqueza de histórias e de mensagens foi transposta para os folhetos de cordel e foi vendida em milhares de exemplares por todo o Nordeste (e, mais tarde, já no século xx, em qualquer lugar para onde migrassem os nordestinos). No entanto, tudo não acabou aí: Leandro Gomes de Barros e seus colegas cordelistas, inspirados nas histórias tradicionais, tomaram inclusive sua estrutura episódica e, certamente, sua visão moral e criaram um gênero inteiramente novo, adaptado à sua época e lugar no mundo. O cenário mudou, o tempo também, os nomes são outros, mas a essência era a mesma. Romances originais, criados por Leandro, como *A Força de Amor* ou *Alonso e Marina*, imitaram os velhos clássicos da Europa. E os novos romances substituíram o drama nordestino, em folhetos como *História da Índia Necy*, *A Fada das Borboremas*, *História de Roques Matheus no Rio São Francisco* e *História de Mariquinha e José de Souza Leão*, que será contada em seguida.

A *História de Mariquinha e José de Souza Leão*[11] conta as aventuras de um jovem boiadeiro (entenda-se: camponês pobre), que foge de uma dura seca no Ceará e encontra trabalho em outro estado nordestino como vaqueiro na fazenda de um homem mau (leia-se: um vil duque ou rei). Resumindo, nosso herói José apaixona-se pela filha do fazendeiro (leia-se: uma princesa ou uma condessa); os dois trocam cartas de amor e ele a carrega na garupa de seu cavalo rumo ao pôr do sol. Na sequência da história, os dois têm de enfrentar uma terrível sede, onças bravas (leiam-se: dragões) e outros obstáculos numa grande travessia (leia-se: odisseia) de um grande deserto do sertão nordestino. Finalmente, os "cabras" (leiam-se: soldados do rei ou duque) do mau fazendeiro perseguem os amantes e entram numa batalha épica, onde José liquida a todos. Então, nosso herói casa-se com Mariquinha numa singela capela da estrada, mas, como eram bons filhos e vir-

---

11. João Ferreira de Lima, *História de Mariquinha e José de Souza Leão*, Editor Proprietário José Bernardo da Silva, Juazeiro do Norte, Typografia São Francisco, s. d.

tuosos, voltam para pedir ao pai da moça que abençoe o casamento. José pede a bênção, de rifle na mão. O pai, diante de tais circunstâncias, não surpreende ninguém e lhes transmite os melhores votos de felicidade. E todos vão celebrar a ocasião com um cafezinho quente, e acabam felizes para sempre.

Do mesmo modo que poetas como Leandro Gomes de Barros e Silvino Pirauá criaram essas histórias para o "velho" cordel de 1890 até 1920, seus sucessores, numa segunda onda, nova e prolífica, continuariam a tradição, mas agora concebendo uma variante moderna das histórias antigas de amor e de grandes aventuras, em que os heróis vencem toda a sorte de obstáculos a seu amor. Centenas de variantes do mesmo tema foram escritas, publicadas e vendidas nas feiras, mercados e esquinas do Nordeste por dezenas de autores no auge do cordel, entre 1920 e 1960. Estes poemas, do tipo do conto de fadas de "João e Maria", continuam a tradição heroica a seu modo, embora se assemelhem pelo enredo e pelo elenco de protagonistas. Depois de ler algumas, o leitor encontrará dificuldade para distinguir entre as centenas de títulos. Contudo, esse fator de maneira alguma tira o valor ou a importância de seus quarenta anos de criação poética no Nordeste. Eram os *best-sellers* da época, e seu público constituía um bom "negócio" para um poeta ambicioso com um pouco de imaginação.

São exemplos *O Triunfo do Amor de Valério e Violeta* ou *História de Pedro e Maria*. A melhor maneira de resumi-los é dizer que eram variantes do mesmo tema. Encontramos neles o verdadeiro amor entre o marido e a esposa, o amor entre a filha pobre e inocente e o jovem rico e bonito, ou entre a filha rica do dono de terra mau e o filho pobre do pequeno lavrador. O vilão é qualquer pessoa que interfira e oponha obstáculos a seu amor e felicidade.

Em *Os Sofrimentos de Eliza*[12], uma vizinha ciumenta do casal Pedro e Eliza conta ao marido desta que sua esposa lhe era infiel. Mariana, a ciumenta, não deixa que nada interfira em sua maldade. Assim, engana a Pedro mais uma vez, quando arranja uma falsa carta de amor, que teria sido escrita por Eliza a um tal de Crispim (nome fictício), junto com uma grande corrente de ouro que o falso amante lhe teria dado de presente, e faz que o marido encontre a carta e o "trancelim" de ouro. Pedro, numa ação precipitada, bate em Eliza, deixando-a, quase morta, amarrada a uma árvore num matagal próximo. Mais tarde, Pedro volta a ser enganado por Mariana: durante alguns anos, vivem "amigados", enquanto a malvada arquitetava outro plano. Quanto a Eliza,

12. Cícero Vieira da Silva, "Mocó", Editor Proprietário Manoel Camilo dos Santos, *Os Sofrimentos de Eliza ou os Prantos de uma Esposa*, Campina Grande, PB, s. d.

depois de entoar uma série infindável de orações e súplicas a toda a hierarquia celeste, é libertada por um caçador, que a salvou das garras de uma onça! Levada ao hospital, acaba empregando-se na maternidade.

O tempo passa e, em pouco tempo, a vil Mariana cansa de Pedro e decide matá-lo, para ficar com seu dinheiro. Todavia, consegue apenas esfaqueá-lo no braço. Ele joga-a no chão (lembremos sua propensão à violência) e corta-lhe o cabelo, as orelhas e uma mão. A polícia é chamada e leva Pedro e Mariana para o hospital, que, por coincidência, é a mesma maternidade onde Eliza trabalha! O tempo passa, Pedro e Mariana ficam curados e são levados à polícia para prestar depoimento. E ambos acusam-se um ao outro. Pedro conta toda a história, desde a traição de Eliza, seu abandono na mata, até sua briga com Mariana. Esta, sem qualquer remorso, persiste em suas mentiras, acusando Pedro de matar a esposa e de tentar assassiná-la. A polícia convoca como testemunha a empregada, que assistiu a tudo desde o começo: a intriga de Mariana para roubar Pedro por meio da falsa carta e do trancelim de ouro. E é, então, que tudo fica esclarecido.

O delegado está pronto a levar os dois, Pedro e Mariana, a julgamento pelos crimes passados. Neste momento, Eliza, disfarçada de freira e tendo escutado todo o testemunho, conta sua história e a verdade vence! Pedro é perdoado e a vil Mariana foge para o sertão onde uma onça a devora (justiça poética porque um caçador, anos antes, tinha salvo a pobre Eliza do mesmo destino).

Como nos velhos filmes de faroeste, é fácil para o leitor descobrir quem é o herói e quem é o vilão, embora não usem nem o chapéu branco dos caubóis do cinema norte-americano, como Roy Rogers e Gene Autry, nem o preto dos vilões dos mesmos filmes. Mas o leitor torce sempre pelos bons. Em *Os Sofrimentos de Eliza,* o marido fiel é um bobo enganado facilmente demais pela vil e sedutora vizinha, e todos parecem meio tolos. Mas, como sempre, tudo acaba bem. Desse modo, pode o poeta terminar sua história com as seguintes palavras:

Quem faz mal ao seu próximo
por si mesmo se estraga
ou neste mundo ou no outro
de qualquer maneira paga
satanaz fica a espera
sem botar outro na vaga [p. 32].

E, a respeito da pobre e sofredora Eliza:

Caros analisadores
Informei uma verdade

Creio que ainda hoje
Eliza tem lealdade
Riqueza, amor e saude
Oposta à desleadade.

Vive com o seu esposo
Indicando o bom caminho
Ele lhe amando demais
Isto sim, é bom carinho
Rei, só Deus o nosso Pai
Amigo, Chefe e Padrinho [p. 32].

O Herói Animal Adaptado ao Nordeste

Variantes das antigas fábulas de animais e de romances clássicos como *O Pavão Misterioso* (que nem era animal mas daria origem a outros poemas famosos de animais heroicos) eram ouvidas e recontadas por gerações de nordestinos através do cordel. Mais uma vez, era posta em ação a maravilhosa criatividade dos versejadores cordelianos, quando o poeta adaptava a antiga história do herói animal a seu próprio meio. Graças ao destino e às circunstâncias, uma dessas histórias figurou entre as melhores de toda a literatura de cordel. Histórias de bois bravos encantados e de cavalos fortes e valentes seriam, naturalmente, as favoritas numa região onde o pastoreio e as fazendas de gado eram a base da economia colonial, no alto sertão, árido e perigoso. Os romances *História do Boi Misterioso*, *História do Boi Mandigueiro e o Cavalo Misterioso* e uma série de variantes seriam famosos e adorados por gerações de sertanejos na criação das famosas penas de Leandro Gomes de Barros e seus colegas. *O Cachorro dos Mortos*, do mesmo Leandro, iria tornar-se um clássico do cordel, com vendas avaliadas num milhão de

exemplares! Nesta última história, a valentia, a inteligência, a fidelidade e a bondade são apenas algumas das caraterísticas do "melhor amigo" do homem.

História do Boi Misterioso[13], de Leandro Gomes de Barros, é um dos poemas mais criativos e divertidos de todo o cordel. Conta a história de um boi que nenhum vaqueiro montado em seu fiel cavalo podia pegar. (O vaqueiro nordestino não usa laço, mas pega o boi pelo rabo e, dando-lhe um tremendo arranque, joga-o ao chão.) Não havia brenhas nem cactos por onde o boi não conseguisse transpor, nem riacho que não saltasse de um pulo, nem corrida em que se cansasse, nem vaqueiro que lograsse pegá-lo. O narrador diz

13. Leandro Gomes de Barros, Editor Proprietário José Bernardo da Silva, *História do Boi Misterioso*, Juazeiro do Norte, Typografia São Francisco, s. d.

ter ouvido a história trinta anos atrás. Datada de 1825, acontecera na fazenda Santa Rosa, no sertão nordestino.

O nascimento do boi precisa ser contado: a mãe do boi era chamada de "Vaca Misteriosa", porque uma noite, às doze horas em ponto, um vaqueiro viu a vaca encontrar-se com duas belas mulheres e um boi falante, que as convidou a montarem em suas costas, a fim de levá-las para casa. A vaca os seguiu e, desde então, ficou conhecida como "misteriosa" e "mágica", alguns dizendo que era a alma de um boi que morrera de fome. No ano de 1824, pouca chuva caiu no sertão e o mesmo aconteceu no ano seguinte, quando morreram muitas cabeças de gado, mas ninguém ouviu falar ou viu a vaca misteriosa. Até que, no dia 24 de agosto, o dia do diabo aparecer naquelas partes, a vaca deu à luz um bezerro grande e nutrido, preto como o carvão.

Passado um ano, com a volta das chuvas e a subsequente vaquejada, a dita vaca apareceu com o bezerro preto, já assombroso no tamanho e na aparência. Um velho vaqueiro índio, que todos na região diziam ser um sábio, jurava que não havia meio de a vaca velha ser mãe daquele bicho! Com um ano e meio, media seis palmos de altura, tinha chifres gigantescos da grossura de um palmo (22 cm, em média) e cascos que faziam cascalho no chão duro. Então, a vaca e o bezerro desapareceram por cinco ou seis anos. Até que um vaqueiro viu o boi e, sabendo ser de seu patrão, tentou pegá-lo, mas o animal deixou-o na poeira. Assim começou a lenda!

Vinham vaqueiros de terras distantes em busca dos valiosos prêmios oferecidos pelo coronel Sezinando, o dono do boi. (A fama, a glória e a riqueza, nada diferentes dos prêmios com que sonhavam os gregos acampados fora das muralhas de Troia.) Seis vaqueiros juntos não conseguiram pegá-lo e espalhou-se o boato de que era um boi encantado! O poeta registra os nomes dos vaqueiros e de seus cavalos, tais quais os heróis da epopeia grega ou os doze pares de Carlos Magno. As caçadas duravam horas e mesmo dias, sem qualquer resultado. O velho vaqueiro índio, de nome Benvenuto, entra e sai da história, sempre às margens da ação, sempre misterioso também. E declara que o boi é encantado, filho de um gênio, amamentado por uma iara do Egito, criado por uma fada na serra local da Borborema. E batizado!

Coronel Sezinando forma a maior de todas as tropas de vaqueiro, desta vez quarenta e cinco dos melhores da região, para pegar o boi. O índio Benvenuto diz, misteriosa e convenientemente, que seu cavalo estava doente e, por isso, não podia campear. Os vaqueiros correm à caçada, mas se cansam e fracassam no jogo.

Foi quando chegou à fazenda um famoso vaqueiro de Minas Gerais, que ouvira falar do boi misterioso. Seu móvel não era o prêmio, já grande, mas o desafio de pegar o boi. Tem início uma corrida épica: boi e paladino montado esparramam-se pelas brenhas e cactos da região, das dez da manhã às três da do dia seguinte. O pessoal desgarrado, que chega muito depois, encontra o vaqueiro exausto, junto a seu cavalo inanimado, e nenhum sinal do boi. Sérgio (o vaqueiro de Minas) passa a acreditar no boato: um boi rápido como um raio ou como um peixe n'água é com certeza encantado! E, envergonhado do fracasso na caçada, não tem ânimo de voltar para casa.

O fazendeiro compra-lhe um novo cavalo com o nome de "Perigoso". O cavalo já havia matado quatro vaqueiros que tentaram montá-lo, mas Sérgio decide experimentá-lo. E começa uma cena incrível, semelhante à dos filmes de faroeste (como o inesquecível *Monty Walsh*): o vaqueiro mineiro tenta dominar o potro xucro, chega-lhe as esporas nas ilhargas, e o animal pula cada vez mais, jogando o vaqueiro e sua sela ao chão (lembrando também a balada clássica do oeste dos Estados Unidos, *The Strawberry Roan*, sobre o maior de todos os potros). Numa narração atenuada, rara no cordel, o vaqueiro diz: "hoje achei um testo [tampa] que deu na minha panela".

Depois do meio-dia, o paladino e o novo cavalo saem mais uma vez e veem o boi que saía de um capão de mato. Desta vez, o boi sobe numa montanha, seguido pelo vaqueiro, ouviram-se os ramos quebrarem, as pedras rolarem, e Perigoso não se cansa. O boi bate violentamente contra as brenhas grandes, corre para outro monte e, de repente, sai de novo no aberto e Perigoso entra em colapso. Finalmente, Sérgio é forçado a admitir que este, com certeza, é um boi encantado e que é demais para ele. O poeta acrescenta que o caminho deixado pelo boi na mata dava para passarem cinquenta e nove cavalos sem tocarem um no outro!

Sezinando, o fazendeiro, junta então *sessenta* cavalos e vaqueiros para entrar na pega do boi, nomeados pelo poeta como se fossem um dos doze pares de Carlos Magno!:

> E outros que aqui não posso
> seus nomes mencionar
> era também impossível
> quem me contou se lembrar
> é melhor negar o nome
> do que depois se enganar [p. 29].

Sérgio de Minas Gerais vai embora, totalmente derrotado, mas o fazendeiro chama mais uma vez o índio Benvenuto. Acontece que este tinha sumido numa sexta-feira à noite, levando embora a esposa. Diz o pessoal que o índio era na verdade um feiticeiro, que uma fada lhe pediu que deixasse de ser vaqueiro e o transformou num veado-galheiro. Outros dizem que foi morto, por obra do coronel. Mas uma velhinha, que morava numa casa vizinha e testemunhou tudo, dá a versão mais coerente: exatamente às doze horas da noite de uma sexta-feira, ouviu vozes na casa do índio. Era o boi encantado que dizia ter vindo para ver Benvenuto. Então, o boi, o índio e a mulher sumiram. A velhinha termina dizendo: "Credo em cruz! [...] aquilo é arte do cão!"

Passam-se dezesseis anos sem qualquer novidade. Na véspera de São João, no alvoroço de uma grande festa na fazenda do coronel, com a costumeira fogueira, de repente à meia-noite aparece o boi preto na frente da casa-grande, escarvando a terra e levantando poeira. O povo foge da festa, até os cachorros correm ganindo e a festa para. No dia seguinte, o índio Benvenuto aparece no alpendre da casa perguntando ao coronel se, por acaso, pegaram aquele boi encantado de anos atrás. O coronel, agora suspeitando do índio, diz que é ele quem deve saber, pois, quando ele sumiu, o boi também desapareceu! O índio Benvenuto responde que se trata de um segredo que não pode revelar, mas que o boi estava de volta e que agora talvez se pudesse pegá-lo.

Nesse momento, chega o vaqueiro Sérgio, vindo de Minas, e diz ter recebido um recado do coronel de que o boi estava de volta e ele estava pronto para tentar novamente. O coronel responde que não lhe mandou recado nenhum e que, portanto, havia algo de errado. Nesse ponto da história, chega um vaqueiro do sertão de Mato Grosso, que mais parecia o diabo. Disse que seu patrão ouviu falar do boi e que o mandara para se juntar à vaquejada. Seu cavalo é mais preto do que a própria noite e os outros cavalos parecem temê-lo, um monstro gigantesco de oito palmas. Os olhos eram cor de brasas, cascos como cinzel, sete círculos marcando-o de cabeça aos pés, e sete signos-de-salomão no lado esquerdo! (No sertão, tradicionalmente, o signo-de-salomão era símbolo de boa sorte e usado para repelir a má sorte ou o raio, mas este animal mais parecia a besta do Apocalipse!)

Cinquenta e nove vaqueiros acompanham o novo paladino que descobre o boi na vizinhança. Boi, cavalo e vaqueiro saem voando, seguidos pelos cinquenta e nove e pelo coronel, que, ao ver o desempenho do caboclo, disse: "ali anda a mão de satanás" (mais uma vez, encontramos semelhança na cultura norte-americana com a balada *Ghost Riders in the Sky*). Chegam, afinal, a uma encruzilhada, o lugar de encontro com o diabo, segundo o folclore nordestino, mas, em vez de cruzarem, o vaqueiro, seu cavalo misterioso e o boi desaparecem no meio da cruz, deixando um foco de luz. E do local saem uma águia e dois urubus. Aqueles que testemunharam o fato juram que a terra abriu um buraco no meio da encruzilhada e que o boi, o cavalo e o paladino pularam dentro!

O coronel e o resto dos homens voltam para casa; o vaqueiro-diabo, seu cavalo e o boi haviam sumido. Dizem que a águia era o boi, convertido por uma fada dentro da terra, que também transformou o vaqueiro e seu cavalo em urubus. Então, o poeta termina a história:

O coronel Sezinando
ficou tão contrariado
que vendeu toda fazenda
e nunca mais criou gado
houve vaqueiro daqueles
que um mês ficou assombrado.

Lá inda hoje se vê
Em noites de trovoadas
A vaca misteriosa
Naquelas duas estradas
Duas mulheres falando
Rangindo dentes, chorando
Onde as cenas foram dadas [p. 48].

Esta história, graças a todo o seu poder e glória, é talvez a melhor do gênero em todo o cordel.

O Anti-herói Tradicional

Uma parte importante da tradição heroica oriunda da Europa é a do anti-herói tradicional, ou seja, aquele herói destituído dos atributos de herói. Esta figura é o herói do povo comum: é pobre, mas inteligente e muito prevenido, sobrevive graças à esperteza. Dizem alguns que está a apenas um passo atrás do diabo. Na Europa, foi conhecido como Pedro Malas-Artes, que no Brasil se converteu em Pedro Malasartes, dando origem a uma multidão de figuras cordelianas, entre elas o Cancão de Fogo e o nordestino João Grilo.

O modelo, seguindo a tradição popular europeia, transforma-se numa figura universal que, através de astúcia, truques e diabruras, diverte as pessoas e triunfa sobre todos os obstáculos que se lhe opõem. É o *pícaro* da tradição espanhola, o famoso Lazarillo de Tormes. Em Portugal, é alvo de gracejos, um pouco bobo, e facilmente enganado. (Será a origem das piadas de portugueses no Brasil?) No Nordeste brasileiro, volta a ser o enganador, sempre da classe humilde, conhecido por vários nomes e tipos populares: é alguém que "usa o quengo", ou é um "amarelo", pálido e doentio, mas um esperto que morrerá de fome se não encontrar uma maneira de persuadir ou roubar os mais afortunados.

O anti-herói consagrado do cordel é João Grilo, um verdadeiro "amarelinho", cuja fama extrapolou a humilde literatura cordeliana graças à adaptação e à recriação, no drama brasileiro, no cinema e na televisão, feita pelo dramaturgo Ariano Suassuna em *O Auto da Compadecida*[14]. Suassuna

utilizou-se dos poemas clássicos e, em 1955, criou, a partir deles, uma peça. É a história deste anti-herói que procuraremos resumir: *As Proezas de João Grilo*[15].

Nascido cristão, inteligente e feio, João veio ao mundo com sete meses de gravidez. Na noite em que João nasceu, houve um eclipse lunar para marcar o acontecimento! Pequeno, magro, com a barriga inchada da criança malnutrida nordestina, pernas bambas e tortas, boca e lábios grandes, era o leva-traz de todos os mexerico da vila. Perdeu o pai com sete anos de idade e morava perto de um rio, onde gostava de pescar e de aprontar as mais diversas brincadeiras, sempre com o intuito de enganar os demais. Numa de

---

14. Indicamos os textos dos romances adaptados e recriados por Suassuna em *A Literatura de Cordel*, 1973, cap. 4.

15. João Martins de Athayde, Proprietárias: Filhas de José Bernardo da Silva, *As Proezas de João Grilo,* Juazeiro do Norte, Typografia São Francisco, tiragem de 1975.

suas diabruras, a um padre católico que passou por sua casa e lhe pediu água João oferece uma coité de garapa. O padre bebeu com gosto e João lhe disse que viera de um bom engenho, oferecendo-lhe uma segunda coité. Diante da oferta, o sacerdote ficou temeroso da reação da mãe do menino, mas João ripostou que podia beber mais, porque tinha muita garapa e dentro estava um rato boiando. O padre, irritado, arrebenta a coité no chão, quebranda-o em mil pedaços. João repreende o padre:

> [...] – Danou-se!
> misericórdia, s. Bento!
> com isto mamãe se dana
> me pague mil e quinhentos
> essa coité, seu vigário
> é de mamãe mijar dentro [p. 4].

Ao ouvir isso, o padre enfiou o dedo na goela e vomitou tudo e disse para o sacristão: "esse menino é o diabo em figura de cristão".

Posteriormente, João decidiu vingar-se do padre que lhe chamara de diabo. Pegou uma lagartixa, amarrou-a pela garganta, botou-a numa caixinha e foi confessar-se. Quando o padre se deu conta de que estava confessando o "diabinho", gritou aos céus, e João soltou a lagartixa. Esta subiu por baixo da batina do padre, que pulava e gritava, e teve de tirar toda a roupa para se livrar do animal. Então, João Grilo zombou:

> [...] – Padre é homem
> pensei que fosse mulher
> anda vestido de saia
> não casa porque não quer
> isto é que ser caviloso!
> cara de matá bebé [p. 7].

Uma segunda aventura também é motivada pela ideia da vingança, quando João se lembra de um encontro anterior com um negociante português. João encontrou o português montado numa égua carregada de duas caixas de ovos para vender no mercado. Grilo pediu licença para sussurrar um recado na orelha da égua, mas, em vez disso, colocou dentro uma ponta de cigarro. A égua espinoteou, jogou o português ao chão, quebrou todos os ovos, e Grilo conseguiu sua vingança.

João foi para a escola com sete anos de idade mas aos dez anos saiu: ninguém o superava na esperteza, nem mesmo os professores. Mestre de adivinhas (da tradição literária antiga da Europa ou do Oriente), dá sempre quinau nos professores. Noutra de suas artes, João Grilo rouba alguns ladrões que dividiam os espólios de um roubo numa capela. Grilo escondeu-se num caixão de defunto, metido numa mortalha e deu tamanho susto nos ladrões, que fugiram achando que era um fantasma do outro mundo. Grilo cumpre assim o ditado: "ladrão que rouba ladrão tem cem anos de perdão".

Grilo, famoso por sua sabedoria, foi convidado pelo rei Bartolomeu do Egito, para decifrar algumas adivinhações. (Aqui o poeta usa a linguagem e os costumes do Nordeste brasileiro; todos tomam cafezinho e falam da seca no sertão.) O rei fez doze perguntas a Grilo, que, se não acertar uma apenas, terá um fim pouco honroso! Grilo responde com acerto a todas e recebe como prêmio uma boa vida na corte; sua única obrigação é responder a algumas perguntas em problemas enrascados para "ganhar a vida". Numa ocasião, na corte, deu um quinau num duque malandro, que queria cobrar de um mendigo, desesperado de fome, a fumaça que saía de suas panelas. João Grilo ressoou ao ouvido do duque o som das moedas no valor da multa que pretendia cobrar e, desse modo, foi feita a justiça! (Essas perguntas e respostas, adivinhas etc. foram adaptadas por Cervantes no episódio do reino numa ilha para o qual Sancho Pança foi nomeado.)

Nesse meio tempo, Grilo foi chamado a outro reino para assombrar o público com sua inteligência. Esperando um homem sábio, elegante e bem vestido, a nobreza do reino viu apenas um Grilo esfarrapado e, mesmo aceitando-o no castelo, não lhe demonstra qualquer respeito. Ainda assim, João Grilo foi convidado para lauto banquete, ao qual apareceu vestido em suas melhores roupas. Na hora da refeição, João derramou tudo em suas vestimentas. Diante da reprovação, Grilo lhes disse que ele não tinha por que comer, já que o banquete fora servido a seus trajes, mostrando assim toda a hipocrisia da corte, pelo que foi muito elogiado.

Igualmente divertida é a adaptação do mesmo João Grilo pelo escritor Ariano Suassuna num moderno drama de moralidade encenado numa pequena vila do Nordeste. Nessa peça, Grilo engana os ex-patrões (que o tinham despedido do serviço), depois um dono de terra, um padre e até um cangaceiro. Chamado a responder por suas mentiras e truques, num processo no céu perante Jesus Cristo, passa a perna no promotor público (o diabo) com a ajuda de um bom advogado (a mesma Virgem Maria, que se compadece dos pobres). Grilo pensa ter conseguido enganar até a Mãe do Céu por esta ter convencido Jesus a deixá-lo voltar para a terra, numa espécie de segunda chance. O drama termina com uma queda e uma lição: não se pode enganar a mãe de Deus que, coincidentemente, é a melhor advogada do mundo e do céu!

Outra história clássica do cordel combina o trapaceiro com as histórias de Carlos Magno. Em *O Soldado Jogador*[16], Ricarte (por coincidência ou não, é o mesmo nome de um dos doze pares da França) um soldado que gostava de jogar cartas

16. Ver o Álbum II (p. 67) n. 21 sobre *O Soldado Jogador*.

está assistindo a uma missa, a que eram obrigados pelos comandantes. No entanto, durante a missa, tirou o baralho do bolso e ali mesmo ficou a embaralhá-lo, e acaba preso. Levado à presença do comandante da tropa, explica em sua defesa que, por ser um soldado raso (embora um jogador viciado), o soldo que ganhava não dava para comprar um missal, daí a razão de rezar no baralho. Acusado de blasfêmia, defende-se explicando o sentido religioso de cada carta: o ás está associado ao Criador, que é Uno; o rei lembra Jesus Cristo; a rainha se liga à Virgem Maria; e assim desfia a explicação para todas as cartas. No final da história, o leitor duvida se se trata de um homem sincero e fiel, ou simplesmente do maior trapaceiro. O folclorista brasileiro Théo Brandão reuniu dezenas de variantes internacionais dessa mesma história, dando como resultado um volume de cerca de quinhentas páginas de texto. Nos EUA, T. Texas Tyler compôs, no final da década de 1940, uma versão *country* dessa história, gravada pelo cantor Tex

Ritter com o nome de "Deck of Cards", que chegou a figurar na lista de *hit-parade* nacional.

O cordel é rico de "quengos" como João Grilo ou mesmo como "Mestre Urubu" (analisado no Álbum II), o anti-herói que é, por acaso, um reles urubu, mas é também um defensor da fé católica, que luta contra os recém-chegados protestantes. São os heróis do gênero fictício do cordel. Mas não se pode esquecer muitos outros, entre eles um tipo de herói oriundo da experiência da vida real do Nordeste e do público cordelista.

2. UM HERÓI DA VIDA REAL — LEMBRADO E LOUVADO

Outro tipo de herói, louvado pelos poetas cordelianos e lembrado pelo público do cordel, podemos encontrá-lo em centenas de livros em verso durante todo o século XX, livros mais ligados à vida real. É o herói-modelo que deriva da existência e experiência diária do nordestino, quando morava no coração do Nordeste e, agora, quando migrou para a região amazônica, para o Centro-Sul industrial, São Paulo e Rio de Janeiro, ou mesmo para Brasília, por muito tempo um sonho utópico de muita gente.

O essencial deste herói é que ele (ou ela) exista na vida real e seja lembrado no cordel. Embora este herói seja fruto de várias possibilidades de vida, suas características foram moldadas segundo os heróis tradicionais já analisados neste álbum. Prevalecem as mesmas virtudes e os mesmos vícios dos famosos vilões, mas agora em outro contexto, nos versos cordelianos modernos.

A forma e o formato dessas histórias heroicas cordelianas são os mais variados. Mais próximo do herói "tradicional" do antigo cordel temos a figura do cangaceiro nordestino, que a princípio era apresentado de maneira quase-jornalística e, agora, virou mito. Uma figura que se baseia em menor grau em modelos da vida real, mas que, ainda assim, lembra um "tipo" comum na vida das fazendas é o "sertanejo valente", personagem ligado aos romances já vistos de amor, sofrimento e aventura. Um terceiro tipo é a pessoa real, um vulto da vida local ou nacional ou mesmo do mundo exterior. Pode ser um tipo popular como "Nascimento Grande", um "valentão" do Recife no começo do século XX, ou como Cosme de Farias, chefe de grandes campanhas de alfabetização na Bahia, ou uma figura como Getúlio Vargas, líder político e presidente que se tornou símbolo das esperanças e aspirações das massas, ou ainda, o que é mais provável hoje em dia, um grande jogador de futebol, um cantor ou uma cantora, ou mesmo um ator das ubíquas novelas de televisão.

Este grupo final será descrito e detalhado em outros álbuns, por pertencerem mais à função jornalística do cordel, como um acontecimento do dia, mas vestidos nas roupas do herói tradicional (ou, às vezes, do vilão). Getúlio Vargas, "pai dos pobres", ou Tancredo Neves, "Mártir da Nova República", estarão presentes, portanto, no Álbum VII, "Na Política Acreditamos mas Não Confiamos". Já os arquetipos do mal, como Mussolini, Hitler ou Juan Perón, serão estudados no Álbum VIII, "Há um Mundo Grande Lá Fora", e Pelé, Mané Garrincha, Roberto Carlos e Luiz Gonzaga terão lugar no Álbum VI, "Temos Nossas Distrações". De uma maneira ou de outra, todos são admirados, e, ocasionalmente, os poetas farão descrições heroicas de seus atos, empregando termos e fórmulas das histórias e romances tradicionais já analisados.

O Cangaceiro Nordestino

Mais próximos do velho espírito heroico do cordel oriundo da Europa e dos primeiros modelos do Nordeste temos os poemas, em grande número, que tratam do cangaceiro do Nordeste e de seu parente próximo, o sertanejo valente. Essas histórias usam às vezes enredo, descrição de personagens e a base religioso-moral dos heróis do cordel tradicional[17]. Vejamos, primeiramente, o cangaceiro.

O bandido heroico é um tema vasto no cordel: é uma combinação do bandido nordestino, do pistoleiro, do criminoso, ou daquele que luta em prol de justiça para os pobres nordestinos. No cordel recente, este herói é menos o cangaceiro e mais um tipo épico, maior do que a vida, um verdadeiro "cavaleiro" ou paladino do sertão. Em lugar de armadura e espada, veste as perneiras, o gibão e o chapéu de couro do vaqueiro nordestino, mas com o chapéu enfeitado de "signos-de-salomão". Pode ostentar cartucheiras a cruzar o peito, um pesado revólver de um lado da cintura, um facão afiadíssimo no outro, e pode ter na mão um "papo-amarelo" (fuzil Winchester 44). No cordel, ele é referido por epítetos épicos como: O Rei dos Cangaceiros, O Rei do Sertão, O Terror do Nordeste, O Leão do Norte, O Mestre da Morte, e, no caso de Lampião, cego de um olho, "O Galo Cego". É, na verdade, o parente moderno e folclórico do cavaleiro medieval de Carlos Magno, de Roldão ou Oliveiros. A cena de um Carlos Magno em soluços a chorar a morte de um paladino querido será repetida num poema sobre o Robin Hood do Nordeste, Antônio Silvino, quando este chora a morte de seus camaradas. A mesma cena será repetida mais de uma vez, e não por coincidência, quando Riobaldo lamenta a perda de

---

17. Ver Luís da Câmara Cascudo, *Flor dos Romances Trágicos*, Rio de Janeiro, Editora do Autor, 1966.

seus companheiros e de seu amor em *Grande Sertão: Veredas*, de João Guimarães Rosa.

No processo narrativo folclórico do cordel, a realidade é idealizada e, nesse sentido, convertida em mito e em lenda. Neste caso, o cangaceiro tanto poderia ser uma figura histórica quanto um herói baseado nas velhas histórias e criado a partir delas. Do primeiro não há um exemplo melhor do que Lampião, que aterrorizou o Nordeste por mais de vinte anos, até 1938, quando ele e Maria Bonita foram mortos numa emboscada por oficiais da lei (uma cena que lembra o clímax do filme americano *Bonnie and Clyde*, baseado na lenda e vida americanas). Deste modo, o verdadeiro Lampião, que vivia pelo código da violência e da vingança, foi transformado em herói romantizado, feito mito e folclore, uma imagem totalmente diferente da vida que levava.

Um fenômeno semelhante ocorreu com outro cangaceiro, Antônio Silvino, da Paraíba, que, originalmente, roubava os fazendeiros e brigava contra aqueles que se colocassem em seu caminho. Hoje é visto como um "Robin Hood" cordeliano, que roubava dos ricos e dava aos pobres.

Segundo o folclorista Luís da Câmara Cascudo, o cangaceiro era, originalmente, um criminoso errante que roubava os cidadãos, saqueava pequenas vilas do interior do Nordeste e, consequentemente, era perseguido pela polícia. Se fosse preso, seria morto a sangue frio ou levado para o xadrez. Na visão dos cordelistas, porém, o cangaceiro era uma vítima da sociedade e foi forçado a "entrar no cangaço" devido à falta de justiça no sertão. A história de Antônio Silvino e de Lampião é praticamente a mesma: o pai ou um parente foi morto e a justiça local não agiu para encontrar o responsável. Muitas vezes, os homens da lei eram padrinhos ou parentes do assassino. Então, Antônio Silvino ou Lampião agiam sozinhos e puniam os assassinos com a morte; a consequencia era a inevitável perseguição do então "bandido" pelos protegidos da lei. Quase sempre, os cangaceiros estavam dispostos a "deixar o cangaço", por saudades de casa e da família, e sempre almejavam a paz e a justiça.

Antônio Silvino foi apanhado, preso e processado pela polícia pernambucana. Permaneceu longo tempo na penitenciária do Recife, onde se tornou um preso-modelo, reabilitando-se e ganhando o suficiente para mandar os filhos à escola. Lampião, por seu turno, foi cravado de balas numa pequena fazenda de Sergipe. Sua cabeça e a de Maria Bonita foram cortadas, colocadas em latas de querosene e levadas numa odisseia macabra pela região, para provar aos sertanejos incrédulos que eles estavam realmente mortos. Depois, colocadas em vitrines do Museu Nina Rodrigues, ao lado da Faculdade de Medicina de Salvador, foram exibidas por mais de trinta anos, até que a opinião pública pôs fim a este espetáculo. (Este autor teve a oportunidade de vê-las em 1966.)

Sendo um dos principais temas do cordel, com vasta bibliografia a respeito, as histórias dos cangaceiros figuram entre as mais coloridas do gênero. Sociólogos e cientistas políticos veem os bandidos como vítimas da sociedade ou como revolucionários sociais incipientes, vítimas da injustiça de classe. Já para os folcloristas são a personificação, em certos casos, do herói de épocas passadas e, em outros, do anti-herói. São figuras centrais da literatura brasileira, do cinema e do drama moderno da televisão, mas, quase sempre, são idealizados e, muitas vezes, retratados em total desacordo com a fria e dura realidade que representavam no Nordeste: homens do interior que enfrentavam a falsa justiça do sertão com o grande desafio de sobreviverem num mundo cruel e violento. Foram retratados ora como vítimas, ora como fautores da justiça, como homens valentes e fortes, homens de integridade em luta contra o mal. Mas a realidade em que viviam pautava-se por um código severo do "comigo ou contra mim", segundo o qual honravam-se e protegiam-se os amigos fiéis e liquidavam-se friamente os inimigos quando atacados. Eram, portanto, vítimas ou criminosos? Heróis ou vilões? Centenas de histórias e folhetos de cordel registraram, documentaram e cantaram seus feitos, no início no estilo jornalístico contemporâneo a suas vidas e, depois, por meio da ficção, elevados à categoria de heróis pelos poetas e pelo público, que careciam de heróis reais que se opusessem àqueles de outros lugares e épocas fictícios.

Contam-se às centenas as histórias cordelianas sobre Antônio Silvino e Lampião; por isso, *Retrato...* escolheu para comentar um folheto moderno, de pura ficção, mas bastante representativo da totalidade dos poemas sobre o cangaço. A partir de *O Encontro de Lampião com Antônio Silvino*[18], de José Costa Leite, do interior de Pernambuco, procuramos captar a essência e o sabor destes heróis modernos da vida real.

Diz o autor do folheto que escreveu esta história para aqueles que gostam de estórias de "valentes", de homens que sangram os inimigos e limpam a faca nas mãos! Descreve primeiramente Silvino, um homem da região do Pajeú, onde se montam bois brabos em vez de cavalos, onde os mais fracos, quando pequenos, bebiam leite de onça! Lampião, por outro lado, é considerado por ele "o terror da região", mau desde o nascimento e não temia trocar a vida pela morte. Ambos são perversos, piores até do que Satanás! Esses homens nunca morrem na cama.

Costa Leite apega-se então à lenda em torno de Silvino, segundo a qual era um homem bom e justo, que entrou no cangaço porque um fazendeiro rico matou seu pai e a polícia do lugar nada fez! Daí sua lei do sertão: vive-se com o revólver na mão, só os fortes é que têm razão.

---

18. José Costa Leite, *O Encontro de Lampião com Antônio Silvino*, Condado, PE, s. d.

O crime, o roubo e a morte
era a lei que havia
só se falava em bandido
e ninguém não resistia
dum lado a bala zoava
do outro o sangue corria [p. 2].

Por isso, Silvino pegou em armas, vingou a morte do pai e começou a matar gente; por isso, a polícia, os soldados e os mercenários perseguiam-no incansavelmente. Como não conseguiu um emprego honesto, passou a roubar correios, bancos, trens e fazendas para sobreviver. Sua fama cresceu no sertão. Escapou misteriosamente de ser capturado e morto muitas vezes, devido às "rezas" ou encantamentos que aprendera. (Veja-se o romance *História do Boi Misterioso* e a presença do índio Benvenuto.)

Entrementes, Lampião é informado da presença de Silvino na área e tem apenas um desejo: sangrá-lo com sua faca de dois palmos. Seu rifle "relampejou" em tantas lutas de noite que ele ficou conhecido como "Lampião". Sua parceira e sua mulher, Maria Bonita, fora antes esposa de um sapateiro, e, encantado com sua beleza, o cangaceiro a raptou. Seu grupo era composto de 62 homens, "de tipos que bebem sangue", brigam na mão contra onças e nunca fogem de uma luta. Viver é brigar, enfrentar o destino, num confronto com a morte; se sobrevier a morte, é o destino, nada mais! Por suas inúmeras pelejas, Lampião ficou conhecido em seis estados do Nordeste.

O poeta, numa mudança de narrativa semelhante àquela da morte de Roldão, fala do encontro destes dois terrores do sertão. Silvino está hospedado na fazenda de um amigo, onde a "negrada" come as delícias da terra como pamonha, depois conversa e vai dormir nas redes. Lampião e seu grupo chegam no meio da noite e anunciam sua presença:

Na porta do fazendeiro
com toda força bateu
estrondou a casa toda
Silvino se remexeu
ficou sentado na rede
pra sondar o que se deu [p. 5].

Em todas as histórias cordelianas, os adversários batem nas portas, anunciando sua presença e intenções. (O leitor poderá lembrar-se de um caso similar em *O Casamento de Luzbel*, Álbum 1.)

Segue-se então um tiroteio daqueles, em que as balas zunem em todas as direções e enchem a casa de fumaça. Maria Bonita liquida três homens com um tiro (o poeta diz que ela é pior do que Lampião, sorri quando corta o pescoço do inimigo e depois olha-o a ultimar-se no chão). Silvino pula em cima de Lampião e os dois começam uma briga a faca:

Parecendo duas feras
babando e rangindo o dente
e já ninguém não sabia
quem era o mais valente [p. 6].

Lampião tira o facão de três palmos e diz: "[...] Te prepara para morrer / No punhal de Lampião [...]" (p. 6). Silvino, rápido como um felino, recitando suas rezas mágicas, crava a faca em Lampião, mas esta não consegue penetrá-lo. Lampião, por sua vez, sabendo tantas rezas quanto Silvino, dá uma punhalada neste, mas a faca dobra ao tocar-lhe a barriga. Ambos, enfrentando "ferro frio", pulam como macacos e, no final, chegam a um empate, um olhando o outro como uma jiboia querendo tragar sua vítima.

Chegam à conclusão de que nem um nem outro pode vencer e se reconhecem como os maiores cangaceiros que existem. Tudo acaba bem quando Antônio Silvino e Lampião se abraçam. As feridas são tratadas, os mortos enterrados, e todos tomam um forte, doce e gostoso café para selar a amizade. Foi esse o encontro fictício dos dois cangaceiros mais sangrentos do Nordeste, que nos permite inferir os traços do grande herói: ser forte na batalha, impetuoso, ter grande respeito para com o inimigo, entrar numa luta de vida e morte sem limites e valorizar a amizade eterna com os merecedores. Honra maior não se poderia dar a um inimigo nobre e digno.

O Sertanejo Valente

Outra variante do cordel trata do sertanejo valente, herói de centenas de poemas. É um verdadeiro herói nordestino com os atributos do herói tradicional, já visto nos romances de cordel. O mais famoso deles é *História do Valente Vilela*[19]. O herói destaca-se pela fortaleza e pela destreza nas lutas épicas do sertão. É, porém, um arquétipo diferente daquele do cangaceiro, como Lampião. Tal como o bandido, começa sua vida de assassino com uma tendência ao mal, embora, neste poema, não seja retratado como um assassino igual a Lampião, mas como "um homem condenado ao exílio por seus crimes, escondendo-se da lei, desejando só viver em paz, e incapaz de se entregar à mesma lei. É um homem que vai defender a liberdade até a morte" (Luís da Câmara Cascudo, em *Flor dos Romances Trágicos*).

Neste cordel, Vilela representa os atributos mais admirados do sertanejo valente: um homem simples, casado, fiel à esposa, com uma incrível valentia e traços quase sobre-hu-

---

19. Atribuído a Francisco das Chagas Batista e também a João Martins de Athayde, autor não indicado, Editor José Bernardo da Silva, *O Valente Vilela*, Juazeiro do Norte, Typografia São Francisco, s. d.

com quinze anos, enquanto caçavam, e seu próprio cunhado, aos dezoito anos. A polícia do lugar mandou um contingente de trinta e seis homens para prendê-lo; nenhum viveu para contar a história. Outro contingente, maior do que o último, foi mandado, e também este foi fuzilado.

Finalmente, um bravo alferes promete trazer Vilela à justiça. Depois de longa odisseia pelo sertão, chega à fazenda de Vilela e o desafia, bate à porta de sua casa (o começo formulaico para a batalha no cordel). Os dois se gabam e trocam insultos costumeiros (o desafio e a resposta tradicionais que formam o elemento estrutural básico do duelo poético entre improvisadores de verso, os cantadores, que veremos em outro álbum, e também, para a maior parte dos poemas de cangaceiros e sertanejos valentes).

Os insultos são semelhantes àqueles já vistos na briga entre Antônio Silvino e Lampião. O alferes bate na porta da casa do valente e grita:

manos. Como o leitor verá, Vilela atende ao pedido que lhe faz a esposa para que não mate o alferes que o tentou prender ou matar, de modo que este se enforca depois que perdeu o prestígio ao ser vencido por Vilela. Nosso herói arrepende-se de seus crimes, faz penitência durante quarenta anos no sertão, é salvo, morre e vira santo, tornando-se, por isso, um exemplo, um modelo ideal pela valentia, arrependimento e contrição devota por todo o mal que fizera no sertão. É chamado de "cangaceiro do divino" por Câmara Cascudo e é um exemplo que merece figurar neste álbum de heróis tradicionais do cordel.

O poeta conta a estória de um homem tão valente que a própria lei tem medo dele. De temperamento "tirânico", matou um irmão quando tinha dez anos numa briga pela posse de um brinquedo; o filho do padrinho, alguns anos depois, já

– Vilela, me abre a porta
veja que o cão atiça
meu revólver quebra tranca
ferrolho e dobradiça
meu punhal é sacarrolha
arranca qualquer cortiça[20].
. . . .
Diz o alferes: pois bem
trago 180 praças
negros nascidos em barulho
criados entre as desgraças
que com sede bebem sangue
fazem ponche de arruaças.

20. Este texto foi extraído de Curran, *La Literatura de Cordel brasileña: Antología Bilíngue*, Madrid, Orígenes, 1990, pp. 92-100.

Diz Vilela: seu alferes
hoje aqui ninguém me toca
brigo em pé, brigo deitado
pulo barranco e barroca
a bala batendo em mim
é milho abrindo pipoca.

– Contra 180 praças
brigo nu, brigo vestido
faço ponche do bigode
do praça mais atrevido
e dou meu pescoço à forca
se na luta eu for vencido.
. . . .
– Vilela, eu tenho comido
toucinho com mais cabelo
vou pegar você a unha
arrancar pelo por pelo
salte pro campo da honra
quero ao menos conhecê-lo.

– Seu alferes, cale a boca
deixe de tanto zunzum
o homem que mata cem
pode inteirar cento e um
eu hoje não comi nada
com você quebro o jejum.

– Vilela, tu te enganas
os teus crimes te consomem
tu és o tigre da terra
sou pior que lobisomem
conversa não mete medo
Vilela, também sou homem [pp. 92–94].

Aí Vilela apela para o lado mais humano do alferes, dizendo-lhe que vá para casa, que vá criar sua família, cuidar de sua mulher e da criança, porque, caso contrário, vão ficar sozinhos. O alferes conclui que ou vai levar o Vilela amarrado para o xadrez ou numa rede para o cemitério. Aí Vilela responde:

. . . .
boi solto se lambe todo
eu não me entrego à prisão
quero mesmo que se diga:
morto sim, mas preso, não [p. 95].

Tem início um feroz combate entre os litigantes. Balas zoam pelo ar, a fumaça cobre tudo. As balas que atingem Vilela parecem ricochetear da roupa de couro (tem os poderes mágicos de um Lampião). Com as armas vazias, os bravos rivais se enfrentam a faca, o verdadeiro e o final dos testes de valentia no sertão. (Ver os contos e o grande romance de João Guimarães Rosa.) As facas ao se cruzarem produzem faíscas como a fornalha do ferreiro. O alferes tropeça, cai, e Vilela, de um salto, põe a faca na sua garganta. O alferes jura que caiu, que seu tropeço se deu não porque seja menos homem, reza ao Deus onipotente que tenha piedade dele, um homem de família: "[…] livrai-me de engolir / Este fel tão amargoso". Vilela se prepara para sangrá-lo, mas ouve de perto uma voz: "[…] não mate o homem, marido / tem compaixão desse pobre / Solta esse desvalido!" [p. 99].

Vilela, com raiva, responde:

– Oh! mulher, sai-te daqui
só me trazes aperreio
se o alferes me matasse
tu não achavas tão feio?

como eu vou matar ele
já vens te meter no meio!

— Marido, não mate o homem
qu'ele não te deu motivo
Jesus foi tão judiado
e não foi tão vingativo
se é de matar ele
mate a mim, deixe ele vivo!

— Eu quando ouvi as pisadas
conheci que era você
com certeza deixa a casa
e nem cuida do bebê
mesmo em briga de dois homens
mulher não tem o que ver [p. 99].

Ao que responde a mulher:

Marido, eu nunca vi
um gênio como esse teu
como tu queres matar
a quem nunca te ofendeu?
se tua intenção é esta
solta ele e mata eu.
. . . .
Marido, não mate o homem
que não sabe o que fazia
você matando o alferes
os filhos dele quem cria?
veja que somos casados
precisaremos um dia (p. 99).

Vilela diz então:

— Não sei o que tem mulher
que todas são cavilosas
pra brigarem com os maridos
são danadas de teimosas
mas pra fazerem um pedido
se mostram todas dengosas.
. . . .
— Pois, então, diga ao alferes
que dane-se pela estrada
se não ele sai daqui
vendendo azeite a canada
diga que minha mulher
foi a sua advogada [p. 99].

O derrotado e humilhado alferes vai embora, triste e sem vida. Ficou tão desgostoso com a derrota e com o destino que julgou que não haver outra alternativa senão o suicídio. Vilela, também com raiva porque a briga não chegou à sua conclusão natural e sentindo-se responsável pela morte do alferes, saiu da fazenda acabrunhado. Achou um canto escondido no meio do sertão, arrependeu-se e fez penitência e, depois de quarenta anos, morreu e virou santo. O poeta termina da forma mais épica possível:

Alvíçaras, meus leitores
minha história acabou-se
o alferes foi valente
e de valente enforcou-se
mais valente foi Vilela
morreu, foi santo, salvou-se [p. 100].

O tom incrivelmente épico desta história, sua ligação com as famosas disputas entre cangaceiros cordelianos como Antônio Silvino e Virgulino Lampião, a mulher de

— 133 —

Vilela como esposa e advogada dos necessitados (lembra até o diálogo da Virgem Maria em *O Castigo da Soberba*, o clássico cordeliano que Ariano Suassuna usou como base de seu *O Auto da Compadecida*) e, finalmente, o arrependimento ortodoxo, a contrição e a penitência que resulta na santidade de Vilela – tudo se converterá em modelo para outros sertanejos valentes numa infinidade de poemas de cordel.

— Álbum V —
A VIDA É UMA LUTA, A VIDA É UMA ODISSEIA

INTRODUÇÃO

A realidade dos brasileiros que escrevem, imprimem, vendem e leem cordel é a pobreza, já que pertencem às classes sociais mais desprivilegiadas do Brasil. Ironicamente, porém, são aqueles que produzem um dos retratos mais divertidos dos brasileiros, pois tomam a si mesmos e suas vidas como exemplo para as histórias que transportam para os folhetos cordelianos. São, portanto, a memória e o registro de grande parte da realidade nacional brasileira.

As literaturas folclóricas do mundo sempre retratam a luta dos pobres porque são estes que compõem, cantam ou declamam essas literaturas. A canção-balada-poema dos mexicanos, o *corrido*, por exemplo, tem por tema principal *la miseria*. O cordel não é diferente, e este tema, em particular, é uma das chaves utilizadas neste livro. Os poetas, quando falam das vicissitudes da vida, usam de frases formulares e mesmo de tom formal de voz: "A vida está ficando difícil". Os nordestinos repetem esta frase quase que cantando, em tom menor, com olhos cansados.

As fotos contidas neste álbum revelam esta realidade; mostram tanto a essência dos protagonistas do folheto quanto sua fé, sua visão moral e sua concepção do heroico. Com efeito, a pobreza os define, mas também manifesta sua riqueza de espírito vista na vontade de sobreviver. Desde seu início, no final do século XIX, o cordel discutiu as dificuldades da vida. Entre outros fatores na luta diária pela sobrevivência, um era a questão da carestia da vida. Poetas desde Leandro Gomes de Barros, em 1910, aos mais contemporâneos, das décadas de 1980 e 1990, poetas do Nordeste e até de São Paulo e do Rio, todos ecoam esse tema.

O assunto é sempre estruturado por uma análise de acontecimentos climáticos e desastres nacionais, ou pelos altos e baixos da economia e, muitas vezes, pela política, da qual falaremos em outro álbum deste livro, no que diz respeito à evolução do Brasil no século XX. Também não se pode separar o tema da carestia da questão dos ricos e pobres, em histórias mais "filosóficas" e que apresentam um tom mais resignado do que aquelas que tratam diretamente dos altos preços dos gêneros alimentícios. O texto destas últimas varia muito: estende-se de uma lamentação sombria sobre os tempos a um comentário mordaz, satírico e muitas vezes engraçado.

Seja como for, as centenas de histórias que tratam do assunto dão uma dimensão muito realista e, em certo sentido, bastante correta à imagem dos protagonistas de *Retrato...* Quando se leem os folhetos, é impossível não se deixar levar, emocionalmente, pelas descrições detalhadas da luta diária dos poetas e seu público pela sobrevivência. O Nordeste é a região mais pobre de um país potencialmente rico, e Recife, que por mais de 50 anos do século XX foi o centro do cordel, já foi comparado a Calecute, devido à sua pobreza. Por trás de tudo estão as dificuldades da vida, mas é possível observar nas entrelinhas a mesma visão de esperança e fé, prevendo que, de alguma maneira e em algum momento, chegará alguém para melhorar a situação.

1. OS TEMPOS DIFÍCEIS NOS PRIMEIROS TEMPOS: A CRÔNICA DE LEANDRO GOMES DE BARROS

Uma maneira de observar as dificuldades da vida é através do humor. Num de seus poemas *O Poder do Dinheiro*[1], escrito em 1909, diz o poeta Leandro Gomes de Barros que o dinheiro é quem manda no mundo, cercado que está pela ambição; é a causa do homicídio e da justiça paga.

> Estas questões muito sérias
> Que vão para o tribunal
> Sempre exigem papéis
> Que levem prova legal
> Cédulas de 500 fachos
> É o papel principal [p. 2].

Parafraseando, diz o autor do poema que, com dinheiro, tudo se faz; sem dinheiro, nada se consegue. Moça feia com dinheiro tem muitos namorados. Para provar a tese, Leandro conta a estória engraçada de um inglês que, no enterro de seu cachorro, um ser querido pela família, queria que se rezasse a missa e se cantassem as ladainhas em latim. Quando ouviu a proposta, o padre da paróquia apenas sorriu, até que soube que o falecido deixara um testamento de quatro contos e algumas moedas de ouro para o padre que celebrasse sua missa. "Que animal inteligente! Que sentimento nobre!", diz o vigário. Então, o enterro é feito com todas as cerimônias em latim! Um bispo arrogante e hipócrita soube da farsa e repreendeu o padre; então, este lhe conta que parte das moedas de ouro era destinada à diocese. "Que animal inteligente! Que sentimento nobre", diz o bispo, e cai em lamentações: "Prouvera Deus / que assim morressem uns dez!" E o poeta acrescenta um comentário: Judas vendeu Jesus por algumas moedas e a Santa Madre Igreja sempre dá um jeitinho quando se trata de dinheiro! (O leitor da obra de Ariano Suassuna reconhecerá que o dramaturgo pernambucano adaptou esta história em seu *Auto da Compadecida*.)

Em outro poema, o poeta muda de tom para descrever o apuro do povo no início do século xx. Em *A Carestia da Vida*[2], Leandro fala da fome que observa à sua volta, do preço dos gêneros alimentícios que sempre sobe, e do trabalhador diarista que ganha apenas seiscentos mil-réis (hoje, centavos). Descreve a causa:

> Porque o senhor do engenho
> Passa ordem logo ao cabo
> Você está ficando mole
> Que só mingau ou quiabo
> Meta o couro nesse povo
> Deixe que leve o diabo [p. 12].

Os únicos que têm dinheiro são os usineiros, os grandes comerciantes e os cangaceiros. O pobre é como cachorro, é puxado para onde o dono quer.

Em *O Povo na Cruz*[3], o poeta discorre sobre a triste situação dos brasileiros pobres:

---

1. Leandro Gomes de Barros, *O Poder do Dinheiro/A Carestia da Vida/Crise para Burro*, Belém, Guajarina, s. d.

2. Leandro Gomes de Barros, "A Carestia da Vida", em *O Poder do Dinheiro...*, p. 12.

3. Leandro Gomes de Barros, *O Povo na Cruz/Saudades do Tempo Passado/Encontro de Leandro Gomes com Chagas Batista*, Recife, s. d.

A fome come-lhe a carne
O trabalho gasta o braço
Depois o governo pega-o
Há de o partir a compasso
Alfândega, Estado, Intendência
Cada um tira um pedaço [p. 1].

O médico, o boticário e o juiz tomam seu dinheiro. A herança do pobre, quando morre, é o órfão e viúva; só herdam dele o juiz, o escrivão e o coveiro.

Em *Saudades do Tempo Passado*[4], Leandro Gomes de Barros fala da angustiosa situação da pessoa comum. Os impostos o matam. O Rio de Janeiro (então, 1910, capital do Brasil) é quem pega primeiro sua parte; São Paulo também pega seu quinhão, mas os pobres-diabos de Pernambuco e da Paraíba (estados paupérrimos do Nordeste) estão fora! Cem anos atrás, quando havia monarquia, não era assim. Agora que o Brasil tem governadores e prefeitos, tudo mudou para o que se vê atualmente.

Escrevendo nos primeiros tempos da República Velha (1889–1930), o poeta sempre faz comparações entre ela e a monarquia, uma época, no seu entender, de dias melhores. Diz, em *Misérias da Épocha*[5]:

Se eu soubesse que este mundo
Estava tão corrompido
Eu tinha feito uma greve
Porém não tinha nascido
Minha mãe não me dizia
A queda da monarquia
Eu nasci foi enganado

Para viver neste mundo
Magro, trapilho, corcundo
Além de tudo selado [p. 1].

Os impostos, tão odiados no passado quanto agora, enlouqueciam o poeta. Em *O Dezréis do Governo*[6], editado em Recife em 1907, diz Leandro que agora existe imposto para tudo e que, dentro de pouco tempo, iriam taxar até a chuva, o sol, a poeira e o vento. Antes das eleições sempre prometem melhorar as coisas, mas, depois, tudo sobe cem por cento:

O mundo vai tão errado
E a coisa vai tão feia
A garantia do pobre
É pontapé e cadeia
As crianças já não sabem
O que é barriga cheia.

A semana tem seis dias
Quem quiser andar direito
Há de dar dois ao estado
E dois e meio ao prefeito
E não há de se queixar
Nem ficar mal satisfeito [p. 4].

A conclusão do poeta pode ser vista em *Um Pau com Formigas*[7], de 1912, publicado em Recife:

Chamam este século das luzes
Eu chamo o século das brigas

---

4. Leandro Gomes de Barros, "Saudades do Tempo Passado", em *O Povo na Cruz...*, p. 10.

5. Gomes de Barros, *As Misérias da Épocha*, Recife, 1910.

6. Gomes de Barros, *O Dez-Réis do Governo*, Recife, Typografia Murania, 1907.

7. Gomes de Barros, *Um Pau com Formigas*, Recife, 1912.

A época das ambições
O planeta das intrigas
Muitos cachorros num osso
Um pau com muitas formigas.

Então depois da república
Tudo nos causa terror
Cacete não faz estudo
Mas tem carta de doutor
A cartucheira é a lei
O rifle governador.
....
Ganha o rico a eleição
O pobre ganha a intriga
Sacrificou-se por ele
Ele nem sequer o liga
O pobre finda dizendo
Isso é um pau com formiga (pp. 1 e 5).

O cronista conclui:

O rico faz grande alarme
Pelo pouco que se deu
O pequeno sai calado
Dizendo que não doeu
Deus mora longe daqui
Não viu o que aconteceu.

Em *Lembranças do Passado*[8], o poeta diz que tem saudades dos tempos que se foram. Parafraseando: quinze anos atrás não havia crise e o dinheiro era abundante. Em 1897 os tempos

8. Leandro Gomes de Barros, *Lembranças do Passado*, Recife, 1916–1917.

eram bons, todo mundo andava feliz, mas, então, desvalorizaram o dinheiro e o custo de tudo subiu, menos do açúcar e do feijão que cultivamos. O inverno chegou sem chuva; e a colheita foi fraca. Os pequenos lavradores sabiam que tudo estava perdido; a única solução era virar trabalhador de eito (trabalhar para os outros). No entanto, mesmo assim, as coisas pioraram:

Mas, vez em quando
O diabo se solta
Chega uma revolta
Está nos atrasando
Os grandes brigando
Em questão de nobre
O dinheiro encobre
Tudo que houver n'eles
Os cachorros d'eles
E o povo pobre [p. 4].

Diz Leandro que o mundo inteiro piorou com a guerra na Europa. Ele só sabe que, dez anos atrás, as coisas estavam melhores:

Era um mundo de delícias
Celeste, meigo e risonho
Porém passou como as nuvens
Como a ilusão de um sonho
Nos deixando em seu lugar
O pesadelo tristonho [p. 8].

Esta ladainha de problemas, portanto, virou crônica para os pobres e, na verdade, ficou documentada para a História através dos poemas de cordel. Não há nada de novo debaixo do sol, porque nos oitenta anos seguintes os poetas de cordel nunca deixaram de repetir as mesmas queixas a respeito

do mundo. O tempo passa, os governos vão e vêm, as fortunas dos messias políticos aumentam e diminuem, mas uma constante é certa: a miséria dos pobres e sempre a carestia de vida cada vez mais severa.

Na década de 1940, poetas como Rodolfo Coelho Cavalcante e Cuíca de Santo Amaro iriam discutir o mesmo tema em Salvador, capital da Bahia, em poemas como ABC *da Carestia*[9], em folhetos que são como que tratados sociológicos sobre a época. Cavalcante, que por quase 50 anos foi talvez o mais visível dos cronistas do cordel, se queixa: "O pobre vive chorando / o rico sempre zombando / isto mesmo é o que ele quer" [p. 1]. Fazem greves no transporte público e no sistema de bondes; na mais recente, a da "Circular", uma companhia estrangeira: "E assim o brasileiro / se sujeita ao estrangeiro / sem direito a reclamar" [p. 2]. As ruas vivem cheias de mendigos e o rico não liga; os pobres invadem a terra desocupada, constroem suas favelas, para serem desapropriados pelos advogados dos ricos donos de terra, quase sempre ausentes. O único jeito é ajoelhar-se e rezar a Deus.

O colega e concorrente de Rodolfo, Cuíca de Santo Amaro, o chamado "Boca do Inferno", poeta da classe pobre da Bahia, da década de 1940 até à de 1960, traça um retrato bastante completo do operário comum em *Dívida de Funcionário Não Termina*[10]. Os salários saem atrasados ou

9. Rodolfo Coelho Cavalcante, ABC *da Carestia*, Salvador, março de 1947.

10. Cuíca de Santo Amaro, *Dívida de Funcionário Não Termina*, Salvador, s. d.

nunca saem, de sorte que as necessidades da vida têm de ser "penduradas". Mesmo quando se recebe o cheque, a maior parte é destinada a impostos e a despesas do sindicato. Tudo sobe menos o ordenado: comida, aluguel, até caixão de enterro. Os homens batem nas mulheres de tanta frustração. Os ordenados têm de subir!

Nas décadas de 1960, 1970 e 1980, o regime militar brasileiro prometeu fazer um grande bolo econômico e repartir suas fatias, cada vez maiores, com a população. Para isso, o governo elaborou grandes projetos utópicos (que seus críticos apodaram de "faraônicos"), os quais, com efeito, produziram o "milagre brasileiro", que pouco ou nada trouxe para os pobres. Poetas do Rio de Janeiro, como Azulão, Gonçalo Ferreira da Silva, Apolônio Alves dos Santos, Raimundo Santa Helena e outros, lamentaram os tempos difíceis em brilhantes poemas satíricos. Os títulos refletem a realidade: *A Vaca Misteriosa que Falou sobre a Crise Atual, Os Sofrimentos dos Pobres que Pagam o INPS, A Vida do Pobre Hoje em Dia, A Invasão da Carestia* ou *A Gasolina Subindo e o Povo Passando Fome*. Todos falam da situação dos pobres.

Como se não bastasse a miséria econômica advinda da inflação, da carestia e do desemprego, o povo ainda sofre com os desastres naturais: um ciclo incessante sem chuva ou com chuva demais. Os anais do cordel estão repletos de poemas que tratam das inundações e de outros desastres naturais nos últimos cem anos, com títulos como *Dilúvio Faz Tragédia ao Rio, A Tragédia das Enchentes em Todo Rio de Janeiro*. São registrados também os desastres causados pelo homem, principalmente acidentes de trânsito com caminhões, ônibus, bondes ou trens, usados pelo povo como meios de transporte. A mensagem que fica é

que tudo talvez seja castigo de Deus, em razão dos pecados da humanidade! Drama! Tragédia! Vida! Morte! Estes são os elementos de um grande relato cordeliano. Ao lado da miséria econômica e do desastre natural, o crime é uma constante na vida do pobre. Quanto mais horrível e repulsiva, melhor será a história.

O tema mais representativo destas tragédias é, sem dúvida, a seca do Nordeste, presente em muitas histórias de cordelistas. Este tema, sozinho, representa a odisseia de milhões de brasileiros pobres, e, em certo sentido, é a própria continuação do padrão heróico do cordel. É sobre este assunto que falaremos na segunda parte deste álbum: a vida é uma odisseia.

2. AS SECAS

Introdução

Existe uma vasta bibliografia, além de filmes e programas de televisão, documentários ou ficção, sobre o "ciclo das secas" no Nordeste brasileiro e as marcas que deixam na região e no povo. O assunto é extremamente complexo; portanto, será tratado aqui de forma bastante reduzida. Basta dizer que, para discorrer sobre ele, usamos como documento e registro o próprio *corpus* de folhetos de cordel. Para melhor analisar a chegada da seca e, depois, a fuga dos nordestinos, precisamos primeiro conhecer um pouco da geografia do Nordeste e seus padrões climáticos[11].

A região se divide em três zonas climáticas. Na Zona da Mata, há abundantes chuvas tropicais e um solo bastante fértil, propício, portanto, à economia das fazendas de cana-de-açúcar, existentes até hoje. Uma segunda faixa de terra adjacente à costa recebe uma quantidade de chuva muito menor, mas ainda permite o pastoreio e também certas plantações. É a chamada Zona do Agreste, ondulada e densamente povoada. A terceira zona, a mais conhecida, é o Sertão alto e seco, localizado a oeste da zona pastoril. O sertão é uma sub-região do Nordeste que deu causa a grande parte dos altos e baixos da história e cultura brasileiras. Constitui uma grande área no interior, com muitos trechos de caatingas e brenhas, outros de altos cactos.

O sertão é parte de um Brasil mítico e heroico: a terra do sertanejo valente, capaz de aguentar extremo calor e uma vida bastante difícil. É também a terra de líderes que os incréus chamam "fanáticos religiosos", líderes que deram fama à região com o sangrento sacrifício em Pedra Bonita (PE), no começo do século XIX, e com um conflito com ramificações nacionais, nas terras esquecidas por Deus nas cercanias de Canudos (BA), em 1896. Depois da guerra, travada em 1896 e 1897, com o objetivo de eliminar os fanáticos de Canudos e seu líder, Antônio Conselheiro, as coisas pareceram entrar nos eixos. Mas o século XX produziu um líder mais duradouro, reverenciado como um santo moderno, padre Cícero Romão Batista,

---

11. As nossas fontes para esta introdução à seca e o fundo social são Manuel Correia de Andrade, *A Terra e o Homem no Nordeste*, 2. ed., São Paulo, Brasiliense, 1964; Gilberto Freyre, *Vida Social no Brasil nos Meados do Século XIX*, Recife, IJNPS, 1964; Raimundo Nonato, *Memória de um Retirante*, Rio de Janeiro, Irmãos Pongetti, 1957; e Stephen Robock, *Brazil's Developing Northeast*, Washington, The Brookings Institution, 1963.

o "Taumaturgo do Sertão", em Juazeiro do Norte (CE), e seu sucessor, frei Damião, capuchinho pregador das missões.

Além das massas pobres que almejavam algo melhor para suas vidas e dos autoproclamados e desvairados messias e líderes religosos, a região produziu outro fenômeno: os cangaceiros do Nordeste. Nos séculos XVII e XVIII, valentões isolados converteram-se em heróis folclóricos, como Lucas da Feira, o Cabeleira e tantos outros. Entre o final do século XIX e as primeiras quatro décadas do século XX, o cangaço teve outros representantes, como Antônio Silvino e Lampião. Talvez por coincidência, ao mesmo tempo em que os cangaceiros percorriam o Nordeste, o cordel atingia o auge de sua produção.

Uma série de fenômenos dos mais diversos afetava a vida nesta parte do Nordeste: um sistema injusto de posse da terra em que a maior parte estava nas mãos de poucos, um sistema semifeudal de mão de obra que, após a abolição da escravatura em 1888, existiu de forma ignorada, o coronelismo e um sistema de justiça dos ricos e poderosos que controlavam todos os aspectos da vida, uma religião oficial enfraquecida pelas enormes distâncias entre as paróquias, poucos padres e líderes malpreparados para fornecer educação e, talvez o mais importante, os efeitos do clima.

No Nordeste, existem duas estações climáticas: o inverno (de junho a outubro) e o verão (de dezembro a março). A primavera e o outono quase não são percebidos na região. O inverno caracteriza-se por chuvas pesadas que molham o solo e fazem crescer as plantações. O verão é seco, um período de sol e calor que faz amadurecer as safras e gera bom tempo para a colheita. No entanto, frequentemente, as duas estações não seguem o ciclo normal. Então, a região é devastada por inundações e por secas periódicas, com a predominância destas últimas. A mais famosa foi a "de setenta e sete", ou 1877. As estatísticas variam, mas o número mais citado é que morreram um milhão de nordestinos pelos estragos da estiagem, principalmente no interior do Ceará. Daqueles que não morreram, muitos fugiram. O ciclo sempre existiu, mas, naquele ano, atingiu o auge.

Foi a partir dessa época que muitos nordestinos começaram a migrar, ou para a floresta encharcada do Amazonas e para suas plantações de borracha, onde podiam encontrar trabalho, ou para as cidades litorâneas do próprio Nordeste, na Zona da Mata, onde tinham esperança de encontrar uma vida melhor. Mais importante ainda seria a mudança para o mítico, utópico e rico Sudeste, para as mecas do Rio de Janeiro e de São Paulo. Uma outra região para a qual afluíram os nordestinos, entre 1955 e 1960, foi Brasília, onde a mão de obra nordestina ajudou a construir a utópica e nova capital do Brasil, projetada por Lúcio Costa e pelo arquiteto vanguardista Oscar Niemeyer e realizada pelo político progressista Juscelino Kubitschek. A última saga seria o êxodo para o Oeste, o El Dorado de Mato Grosso e Rio Branco, e ainda para o Norte, Amazonas, Pará e Roraima. Nestes últimos locais, os migrantes ou estabelecem colônias ou invadem as terras na floresta. E aguardam dias melhores.

Esse movimento econômico e social deu origem a um dos períodos mais importantes da cultura brasileira: a literatura e as subsequentes criações artísticas via cinema, música e televisão, que retrataram estas odisseias. Os romancistas do Nordeste, um grupo de escritores movidos política e socialmente pela realidade social, entre eles José Lins do Rego, Graciliano Ramos, Raquel de Queiroz e Jorge Amado, entre a década de 1920 e a de 1960, tornaram conhecidos de todos os brasileiros (e muito estrangeiros via tradução) a região e seus problemas. Algumas obras haviam preparado o caminho, como *Os Sertões*, de Euclides da Cunha, que registrou as condições de pobreza, a falta de esperança e as soluções utópicas messiânicas para os pobres de Canudos, bem como *A*

Bagaceira, de José Américo de Almeida, um relato dos flagelados do sertão que viraram "escravos" nos engenhos de açúcar da Zona da Mata, antecessores dos atuais "boias-frias".

Para muitos brasileiros, este foi, até pouquíssimo tempo atrás, o ponto máximo da cultura brasileira. Muitas obras-primas de literatura foram transformadas em "clássicos" do cinema brasileiro, primeiramente no Cinema Novo das décadas de 1950 e 1960 e, mais tarde, nas décadas de 1970 e 1980 em diante, nos filmes comerciais e nas adaptações para programas dramáticos na televisão. *Vidas Secas*, de Graciliano Ramos, que retrata as consequências da seca para uma família do interior, é uma obra clássica ao lado de outros filmes em preto e branco de um cru realismo. *Seara Vermelha*, de Jorge Amado, romance marxista que juntou o fanatismo religioso, a seca e o cangaço num conto épico da região, também foi importante. No entanto, *Gabriela, Cravo e Canela*, cuja protagonista principal foi, antes, vítima da seca, depois feliz heroína em Ilhéus, converteu-se num exemplo do polido filme comercial dos anos 1970 (e novela de televisão que conquistou o público nacional). Além destes, outros renomados romancistas também deram sua contribuição ao retrato do Nordeste: José Lins do Rego e sua análise quase fotográfica do ciclo do açúcar, dos cangaceiros e cantadores, e Raquel de Queiroz, com seu retrato sombrio da seca em seu Ceará nativo.

A tradição sofisticada de poesia erudita no Brasil também retratou a seca, como em *Morte e Vida Severina*, de João Cabral de Melo Neto. A versão para a TV da mesma obra ganhou renome nacional e internacional, em parte devido à sua bela música, composta por uma estrela que crescia rapidamente no Brasil: o compositor e cantor Chico Buarque de Holanda.

O próprio Chico Buarque faria com que as classes urbanas média e alta no Brasil não se esquecessem da situação do nordestino pobre migrado para o Sul quando compôs sua canção *Pedro Pedreiro*, na década de 1960. Este poema-canção mostrou a realidade, vertida agora para o mito do migrante nordestino, a outro público: os estudantes universitários, que tinham sede de igualdade e de justiça social na época da ditadura militar e de repressão no País. Além de Chico Buarque, um cantor folclórico-popular do Nordeste, Luiz Gonzaga, o "rei" do baião e conhecido por gerações de brasileiros, sintetizou o mito do migrante no que a maioria iria chamar de "hino nordestino nacional", a música *Asa Branca*.

O leitor de *Retrato...* precisa conhecer o mito para entender este álbum: quando chega a seca, o nordestino é forçado a fugir com a família, quase sempre com tudo que o possam carregar nas costas, a fim de procurar trabalho em outro lugar. Tem início uma longa odisseia, penosa e perigosa, a pé ou como passageiro num caminhão "pau de arara", como gado que é levado ao mercado, ou, eventualmente, com uma passagem de terceira classe num vapor pelo rio São Francisco ou mesmo no trem pobre de Pirapora rumo ao Sul. Seu destino pode levá-lo ao verdor dos engenhos de açúcar na Zona da Mata, ou também aos seringais da Amazônia. O destino mais provável, porém, serão as gigantescas metrópoles do Rio de Janeiro ou de São Paulo. Depois de muito sofrimento e da chegada à "terra prometida", ocasionalmente encontra trabalho, talvez como servente de pedreiro, no ramo da construção civil. Então, é explorado pelos donos, cobiçosos capitalistas, mas vai "quebrando o galho". Alimenta o sonho de voltar para seu querido Nordeste, quando chegarem as chuvas, e então "viver a vida". Todavia, é outra a realidade: as chuvas não vêm ou chegam tarde demais, e ele aos poucos se adapta à vida de favelado no Rio ou em São Paulo. Embora não tenha origem no mito mas seja, ironicamente, um seu resultado, o mesmo migrante aproveita-se, como um ser marginal, das vantagens da cidade grande ao se unir com os seus conterrâneos num "pequeno Nordeste", um ou mais bairros de qualquer cidade grande onde more, enquanto seu coração é movido cada vez mais por lembranças nebulosas e idealizadas de tudo o que lhe era caro no velho Nordeste.

A crônica real, a mais crível e emocionante, foi feita pelos próprios protagonistas da saga, os poetas e o público do cordel, e está retratada nos livrinhos em verso. Desse modo se explica o título deste álbum, "A Vida é uma Luta, a Vida é uma Odisseia". Seus protagonistas são heróis sem os apetrechos do herói; são os mais pobres entre os pobres, os maltrapilhos, os desesperados, aqueles que morrem de fome. Mas são também os sobreviventes, e pelo simples ato de viver derrotam os vis inimigos: a seca, o desemprego, a pobreza, a miséria, a fome e a falta de esperança no Nordeste. O capítulo final e irônico da odisseia é que a nova vida talvez seja pior do que aquela que deixou, mas é esse seu destino.

A segunda parte deste quinto Álbum é, portanto, uma reportagem em poesia narrativa nos folhetos de cordel escrita pelos próprios protagonistas, uma reportagem que descreve um dos fenômenos sociológicos mais importantes do Brasil em tempos recentes: o movimento de massa do cenário rural para o urbano, e as vicissitudes da vida que encerra. A parte final apresentará a estória dessa gente atualmente, no início do século XXI, e a vida que levam como seres marginais no grande Rio e em São Paulo.

Devido ao tamanho da saga, dividimo-la em pequenas seções: do sertão à costa do Nordeste, do Nordeste ao Amazonas, e do Nordeste às mecas do Rio e de São Paulo, tudo contando uma evolução do campo para a cidade. Esta história é uma constante no cordel desde o seu início até os relatos mais recentes e constitui um verdadeiro retrato do Brasil do século XX.

O Sertão e a Seca

De vez por outra, os poetas cordelistas compõem versos líricos na sua louvação do árido sertão, como fez o vate João Martins de Athayde em *Suspiros de um Sertanejo*[12], porém o mais comum é o canto de lamentação sobre os "tempos difíceis". Em 1920, numa edição póstuma de seu poema *A Seca do Ceará*[13], o poeta Leandro Gomes de Barros fala da realidade da seca e da consequente fome:

> Santo Deus! Quantas miserias
> Contaminam nossa terra!
> No Brasil ataca a seca
> Na Europa assola a Guerra
> A Europa ainda diz
> O governo do país
> Trabalha para nosso bem
> O nosso em vez de nos dar
> Manda logo nos tomar
> O pouco que ainda se tem [p. 41].

Nos 80 anos seguintes, novos títulos irão contar a mesma história: *Os Horrores e a Seca do Nordeste*, *Quando Há Seca no Sertão*, ou *A Pior Seca na História do Nordeste*. Os poemas falam da mesma realidade, em épocas diferentes do século XX.

Um poema em particular resume muito bem a situação: *Os Horrores e a Seca no Nordeste*[14], de Expedito Sebastião da Silva, de Juazeiro do Norte. A seca está assolando o Nordeste, causando um sofrimento indescritível, fome e ameaça de praga. A terra, que antes parecia o paraíso, agora está mais próxima do Juízo Final. O povo deixou de rir, não se vê nem mesmo aquele sorriso tranquilo. Os homens são forçados a ir às vilas para mendigar nas ruas e procurar emprego. Voltam para casa de mãos vazias e, vendo a mulher e os filhos com fome, enlouquecem de desesperança. Fora de si, retornam à vila, rompem cercos e invadem o mercado e os depósitos de cereais, numa procura desesperada de comida.

O poeta procura explicar esse ambiente de horror: parafraseando, o povo do Sul não tem meios de compreender a situação. Os flagelados chegam em grupos de cem ou mais à vila mais próxima, e os donos do comércio fecham e bloqueiam as tendas e armazéns, como se os flagelados fossem bandidos.

---

12. João Martins de Athayde, Editor Proprietário José Bernardo da Silva, *Suspiros de um Sertanejo*, Juazeiro do Norte, tiragem de 1962.

13. Leandro Gomes de Barros, *A Secca do Ceará*, Guarabira, Pedro Baptista e Cia., 1920.

14. Expedito Sebastião da Silva, Proprietário José Bernardo da Silva, *Os Horrores e a Seca do Nordeste*, Juazeiro do Norte, s. d.

Esquecem que estas criaturas miseráveis antes traziam a riqueza de sua colheita para encher estes mesmos armazéns.

O ouvinte (ou leitor) sente calafrios na espinha quando escuta (ou lê) a verdade simples de uma realidade tão dura, mesmo assim atenuada pelo poeta:

> Pois a fome quando é pouca
> Com paciência se espera
> Mas passando do normal
> Qualquer um se desespera
> Aí se ataca a quem tem
> Pois a fome quando vem
> Tem a presença de fera [s. p.]

Neste ponto, não resta ao sertanejo outra solução senão deixar sua terra, e dirige-se à vila ou cidade mais próxima em busca de provisões de emergência oferecidas aos flagelados. Não encontra nenhuma, e então o refugiado apenas espera num desespero silencioso. O poeta termina sua história com uma oração ao Padre Eterno, pedindo-lhe um bom inverno no próximo ano. Porque, em caso contrário, a fuga recomeça.

O Primeiro Passo: Do Sertão para as Fazendas

A mudança do seco sertão para a vegetação verde e surreal da fazenda de cana-de-açúcar (que, na mente de muitos, é associada aos verdes pastos e águas tranquilas do Salmo XXIII) é descrita num poema, *O Sertanejo no Sul*[15], de Leandro Gomes de Barros, um pouco antes de sua morte, em 1918. Nele, o poeta pinta um retrato sombrio da dura vida do migrante flagelado, ainda no cenário de um engenho de açúcar da região.

15. Leandro Gomes de Barros, *O Sertanejo no Sul*, Recife, s. d.

O leitor conhecedor da literatura brasileira lembrar-se-á, com certeza, de *Morte e Vida Severina*, de João Cabral de Melo Neto. O poeta cordeliano relata a seca e a história dos flagelados que deixam sua terra e vão buscar emprego nos engenhos de açúcar. O dono lhes diz que lá já tem mais trabalhadores "do que povo na Alemanha", e que, se ele não pode ou não quer trabalhar, "ou vai embora / ou apanha". Assim, o flagelado que tiver sorte e conseguir o emprego pode esperar o pior:

> O miserável que vem
> Pela fome perseguido
> Mete-se alí num mucambo
> Julga que está garantido
> Toda roupa serve ao nu
> A questão é está despido [p. 3].

O dono do engenho explica-lhe o "acordo":

> O senhor de engenho diz
> Aqui não se faz desejo
> Morador do meu engenho
> Só tem direito ao despejo
> E eu não vou trabalhar
> Para engordar sertanejo [p. 4].

E continua o poeta:

> Se acaso ele plantar cana
> Diga adeus minha encomenda
> Porque ou toma dinheiro
> Ou então compra na venda
> Deixa o trabalho do ano
> No barracão da fazenda [p. 5].

Se chover em sua terra, o sertanejo está pronto para voltar:

Vai ver se o senhor de engenho
Compra as canas que ele tem
O proprietário diz:
Estou apitando também
Do apurado da safra
Não resta mais um vintém.

Pode deixar suas canas
Se não puder as vender
Volte em setembro ou outubro
Que é tempo de moer
Pode açúcar dar preço
E sua cana render [p. 6].

O pobre vai-se embora, passa o resto do ano sofrendo e volta no ano seguinte:

Volta no ano vindouro
Mói as cannas com vexame
Traz sessenta pães de açúcar
Porém chega no andaime
Coloca tudo no tanque
Ali só dá é retame.

Caiu no tanque, perdeu-se
Inda que o dono reclame
O senhor do engenho diz-lhe:
Vá chorar lá no andaime
Que essa sua buzina
Está agourando o retame.

O senhor de engenho ali
Não ouve queixa nem choro
Diz ele que o mel de furo
É pagamento de foro,
Quem quiser sair em paz
Aguente o desaforo.

Vai trabalhar alugado
Para poder ir embora
Chega em casa e diz, Maria,
Se eu lhe contar você chora
O que eu trabalhei num ano
O cão levou numa hora.

Cortei a cana e moí
Porém perdi meu suor.
Quando tinha a esperança
De voltar de lá mior,
Deixei tudo quanto fiz
No tanque de seu major.

Vou ao Juazeiro e digo
Tudo o que aconteceu
Deixei a roça no sul
O gado entrou e comeu
Moí cana, fiz açúcar
Esse pá, se derreteu.

Mas, meu padrin pade Ciço
Inda está no Juazeiro
Ele há de ser servido
Que eu inda ganhe dinheiro
E com os poderes dele
Inda seja um fazendeiro [pp. 6–8].

É difícil encontrar um documento, seja reportagem de jornal seja tese de doutorado, que descreva em termos melhores a realidade que os sertanejos migrantes enfrentam. E, se não houvesse essa alternativa de migrar do sertão para a engenho, restar-lhes-ia uma única possibilidade: deixar o Nordeste.

A Mudança para o Amazonas

Uma das poucas opções para o trabalhador nordestino, na década de 1920, foi partir para o Amazonas e trabalhar nos seringais. A fonte local de mão de obra, o índio ou o caboclo, havia sido dizimada pelo trabalho forçado, maus-tratos e doença. A demanda da borracha estava no auge, em virtude da invenção e da produção em massa do automóvel nos Estados Unidos e da consequente necessidade de pneus. A demanda cresceu ainda mais nos anos seguintes quando o comércio com a Europa foi interrompido pelos navios nazistas da Alemanha, durante a Segunda Guerra Mundial. Foi então que o Departamento Nacional de Imigração criou um órgão especial: o Semta (Serviço de Mobilização de Trabalhadores para a Amazônia), com o único propósito de recrutar trabalhadores para os seringais da bacia amazônica. Milhares de nordestinos desesperados alistaram-se e o cordel contou sua história.

Um poema, *A Viagem dos Arigós ao Amazonas, Soldados da Borracha*, cujo autor registrado é S. Araújo, mostra na capa de seu folheto um seringueiro com um fuzil e uma cartucheira na mão e, na outra, uma machadinha e um balde para colher o látex. Conta a história a partir de sua perspectiva, aqui parafraseada: a gente sertaneja vivia bem no seu lugar, mas aí chegou a propaganda com promessas de passagem, ouro, comida e remédios para aqueles que quisessem emigrar[16].

Era preciso apenas assinar o contrato. No ponto de embarque, guardas vigiavam os recrutados, antes de subirem no "caminhão cruel". Cada um recebia cinco cruzeiros para comprar comida para a família, e todos enfrentavam os mais diversos sofrimentos na viagem por terra até Iguatu, ainda no Ceará. Então, recebiam dolorosas injeções, comida ruim, um chapéu de palha, um par de calças, uma camisa e alpercatas, e em seguida eram mandados para a costa em Fortaleza.

Na capital, eram comboiados ao escritório do Semta. Assinavam um papel que os obrigava a trabalhar por dois anos e recebiam uma rede, roupa e vinte cruzeiros. Vigiados como criminosos e tratados com desdém, seguiam de barco de Fortaleza para Belém (PA), na foz do rio Amazonas, tendo como provisões charque e jerimum. (Não é por coincidência que, nessa época, a Editora Guajarina, de Belém, passou a ser conhecida pela poesia de cordel.) Em Belém, viviam como presos, sem chance de darem um passeio pela cidade. Depois, eram levados como uma boiada para outro barco. Lá recebiam mais vinte cruzeiros e eram embarcados para Manaus. Então, recebiam mais duzentos cruzeiros, eram levados para outro barco que os levava rio acima.

Chegados ao seringal, começava o sofrimento: sobrevinha a doença, muitos morriam de ataques de onças, mordidas de cobra e febre. A roupa se gastava e custava caro adquirir outra: tinham de comprar a própria comida no barracão. Eram explorados de todas as maneiras. Alguns arriscavam outro ofício qualquer, mas raramente se davam bem. Não tinha jeito de economizar dinheiro para pagar a passagem de regresso. Eram mandados de volta somente se caíssem gravemente doentes.

---

16. Os norte-americanos lembrarão, aqui, do *Dust Bowl* dos anos de 1930, dos flagelados de Oklahoma e da obra-prima de Steinbeck, *The Grapes of Wrath* (*As Vinhas da Ira*), que falou das promessas de um paraíso na Califórnia com jardins de laranja, agricultura intensiva e empregos para os migrantes pobres que perderam suas propriedades por não poderem pagar a hipoteca da terra nem os impostos.

O narrador conta tudo isso e diz ter medo de ser pego, tem "receio da censura", mas afirma que precisa contar a história. A vida continua e o trabalho é devido ao governo[17].

Outro poema, com o título de *A Vida dos Seringueiros*[18], de Francisco Castro Brito, impresso em Manaus, descreve o trabalho e a alimentação dos trabalhadores nos seringais:

> A seringa é um trabalho
> Somente de ilusão
> Trabalha-se o ano inteiro
> Sem se pegar um tostão
> Só se pega na borracha
> Para levar ao patrão [p. 2].

Parafraseamos: "O dinheiro acaba no barracão. A gente pesca para ajudar na dieta, e se tiver sorte, pega surubim, carapanã ou puim. Volta para casa às nove da noite, janta às dez, e está na cama às dez e meia. O café da manhã é café e farinha de mandioca. Lembro de um dia, em novembro, em que tudo que comi foi só a farinha. Se quer saber se falo a verdade, vá ao Juruá perto de Manaus e averigue tudo".

Podemos encontrar outro depoimento sobre este fato em *Canção e Lamentos do Soldado da Borracha*[19]. Conta a história de um alistado que foi para o Acre em 1943, como parte do programa do Semta. O autor, altamente patriótico, diz que fez tudo pelo bem da pátria. Fora convocado pelo serviço militar, mas aceitou ir trabalhar nos seringais com a ideia de que, no fim do prazo, poderia aposentar-se e receber uma pensão. Narra um após outro horripilante incidente, inclusive um em que quase morreu afogado num igarapé que tentara atravessar sem canoa.

Nascido no Rio Grande do Norte, detalha a longa viagem, primeiro por via terrestre, atravessando o Ceará, Piauí e Maranhão, e, depois, por barco rumo ao Acre. As pessoas sofrem ataques de insetos, são acometidas de sarampo, febre, sezão, diarreia, ferimentos. Às vezes, a única comida que têm é a farofa de banha. Perde-se a saúde e os patrões ficam ricos! Nos momentos difíceis, a única coisa de que se lembrava era das promessas do Semta; quando findar a guerra, receberá seu prêmio: a passagem de volta para casa e a pensão.

Para o trabalhador no seringal, a sezão vai e vem, mas houve um dia em que o ataque foi pior: o seringueiro caiu ao chão, imobilizado pela febre. Nisso, aproximou-se uma grande onça-pintada. Morto de medo, "dei um grito de assombrar", e a onça fugiu. Outro dia, porém, a coisa ficou feia. Uma onça matou um queixada e o rapaz tentou tomar do felino; deu-lhe um tiro e ela correu ferida, soltando o porco. Ele seguiu o rastro do animal dentro da floresta e, de repente, ela pulou na vereda, grunhiu e com uma patada tirou-lhe o fuzil da mão e atacou-o. Rezando a Jesus Cristo, depois de muito esforço, conseguiu dar um empurrão na onça, que caiu no chão; o seringueiro conseguiu escapar, trepando numa árvore. No entanto, essa fuga significou saltar da frigideira para o fogo, pois topou com uma casa de cabas na árvore e, enquanto tentava escapar, encontrou-se com imensa cobra de olhos cinzentos. Agarrou a serpente pelo "garguelo" e jogou-a em cima da onça. E os bichos começaram um duelo de morte, mas o seringueiro estava tão atordoado que nem se deu conta do que aconteceu depois. O veneno da cobra venceu a onça, que tombou morta, nosso herói se deixou escorregar pelo tronco da árvore e matou

---

17. O poema parafraseado é de S. Araújo, Salvador, s. ed., s. d.

18. Francisco Castro Brito, *A Vida dos Seringueiros*, Manaus, s. ed., s. d., p. 2.

19. Raimundo Alves de Oliveira, *Canção e Lamentos do Soldado da Borracha*, n. 685, Biblioteca Amadeu Amaral, MEC-FUNARTE-INF, parafraseado, cópia xerocada.

a cobra (com o fuzil, achado no chão). Cambaleando até a barraca, demitiu-se do serviço e dirigiu-se para Rio Branco, para procurar "outro ramo".

Nosso herói-poeta, quando escreveu o folheto, ainda morava em Rio Branco. Continua pobre, mas orgulhoso de haver servido à pátria e ainda espera a pensão em recompensa do seu sacrifício. Apela aos outros seringueiros que comprem o folheto e o ajudem com algum dinheiro. O poema é assinado por Raimundo Alves de Oliveira, rio-grandense-do-norte de Mossoró e conhecido no Acre como Raimundo do Palhal.

Essas histórias parecem exageradas para aqueles que nunca conheceram a dura realidade dos seringais. No entanto, existem muitas outras, desta vez sobre a odisseia para o utópico Sudeste e para as mecas do Rio de Janeiro e de São Paulo.

Martírios do Nordestino no Sul

A maior migração interna no Brasil teve lugar após o grande surto da borracha e envolveu a fuga dos nordestinos para o Sudeste do Brasil, para as cidades do Rio de Janeiro e São Paulo e para as fazendas da região. Avalia-se que, na megalópole de São Paulo, mais de um terço da população é constituída de migrantes nordestinos. Alguns dizem que São Paulo é a "maior cidade nordestina fora do Nordeste", do mesmo modo que o bairro da Liberdade, na cidade de São Paulo, é denominado a "maior cidade japonesa fora do Japão". Foram criados centros culturais nordestinos, que se transformaram em pontos de reunião e de uma feira semanal, onde se vende comida nordestina e música de forró para a diversão dos migrantes e de seus descendentes. Fundaram-se inclusive emissoras de rádio, dedicadas a divulgar notícias e música para um imenso público, tanto para os saudosos de seu torrão natal quanto para os demais interessados na cultura nordestina.

No Rio de Janeiro, os migrantes também formam uma parte significativa da população, principalmente na Baixada Fluminense, a zona industrial fora do Rio. Seu ponto tradicional de reunião no domingo de manhã foi durante anos e ainda é hoje, embora em escala menor, a feira nordestina de São Cristóvão, na zona norte da cidade, que tem uma finalidade semelhante à dos centros culturais nordestinos de São Paulo. A feira de São Cristóvão é o nexo e o símbolo da "odisseia e luta" no Sul.

Em meados da década de 1970, o folclorista Raul Lody, da Campanha em Defesa do Folclore, publicou um ótimo estudo sobre a feira[20]. Pode-se dizer que o autor escreveu

20. Raul Lody, "Feira de São Cristóvão, o Nordeste na Guanabara", *Revista Brasileira de Folclore*, Rio de Janeiro, 13 (38), jan./abril, 1974, pp. 47-48.

poesia em prosa e realmente captou o espírito da feira de São Cristóvão.

[A feira é] o lado comercial, mas, também social e emotivo: o encontro com gente da terra, o sotaque do Nordeste, as "alpargatas", os "cabeças-chatas", o cheiro de arroz e sarapatel, os cantadores e os poetas de cordel. A Feira é, além de tudo, um encontro, um jeito de esquecer as saudades do sertão, das praias verdes com coco, da farinha de mandioca, e do ritmo dos cantadores, porque cada domingo é o dia do Nordeste na Feira de São Cristóvão [p. 47].

Lody fala em detalhe dos poetas do cordel, dos artistas das xilogravuras, dos cantadores, dos pequenos trios e grupos de forró, de toda a gama da cozinha nordestina, descrevendo cada comida, e a medicina folclórica nordestina com seus remédios, alistando os méritos de cada um. Fala dos brinquedos, dos adivinhos, dos fotógrafos lambe-lambe, dos tipos e qualidades de cada marca de cachaça e de fumo-de-rolo. É fácil entender por que as histórias do cordel sempre tratam da feira. Lamentavelmente, a feira de São Cristóvão, como grande parte da realidade vista neste livro, já não se apresenta como antes. A feira diminuiu muito nos anos recentes e acabou-se "descaraterizando", sendo mais festa de forró do que feira.

Em toda a segunda metade do século XX, mesmo nas praças da Zona Sul do Rio, zona residencial de classe média e turística, crescia e diminuía o número de "cabeças-chatas" (termo pejorativo dado aos nordestinos pelos sulistas) que nelas faziam seus pontos de encontro. Não eram eles, os migrantes, os porteiros e empregadas da Zona Sul, parte integrante do mecanismo social? O autor de Retrato... assistiu, na década de 1960, a lindas festas de bumba meu boi (dança oriunda do Norte e Nordeste do Brasil) e a repentes de cantadores no largo do Machado, no bairro do Flamengo.

Os poetas também declamavam seus versos em praças em Copacabana, a dois quarteirões da famosa praia.

O motivo imediato para a migração para o Sudeste industrial e agrícola foi certamente a seca; todavia, as verdadeiras causas são as desigualdades sociais endêmicas e a falta de oportunidade de trabalho para a classe humilde tanto no campo quanto nas cidades nordestinas. A fuga do torrão natal e a luta pela sobrevivência são uma parte importante deste livro: a odisseia da viagem em si, a luta para sobreviver no Rio de Janeiro ou em São Paulo, o processo de adaptação e aculturação, o enfrentamento de graves preconceitos sociais e, finalmente, o sonho acalentado da volta.

Entre os folhetos, muitos tratam das viagens em si, por cerca de nove a dez dias num caminhão "pau de arara", termo que virou metáfora pejorativa para referir-se a todos os migrantes. Os autores destas histórias também viajaram nessas condições ou pelo menos ouviram contar sobre essas "misérias". Aconselhavam seus leitores a não tomarem esse caminho. As estrelas da poesia da feira de São Cristovão eram quase todos migrantes que viajaram em "pau de arara". Há histórias de todos os sabores, e referem-se todas, ao menos de passagem, ao sonho utópico de regressar para o Nordeste tão logo cheguem as chuvas no sertão e a prosperidade volta à região. Os enredos, porém, são muito diferentes, apesar disso. Vale a pena recontar duas dessas histórias: a primeira um folheto clássico do migrante que luta e acaba fixando raízes no Sul; a outra, um relato de fracasso (coisa bastante comum) e a triste volta para o torrão natal.

No clássico *Os Martírios de um Nortista Viajando para o Sul*[21], de Cícero Vieira da Silva ("Mocó"), do Rio de Janeiro, o leitor experimenta a dor e as vicissitudes da viagem, gra-

21. Cícero Vieira da Silva, "Mocó", *Os Martírios dos Nortistas Viajando para o Sul*, s. l., s. d.

ças à mistura de versos narrativos e líricos. O poeta inicia seu relato, falando da terrível carestia da vida no Nordeste, tão grande que, mesmo que houvesse emprego, a pessoa não teria como viver. O cidadão é acossado pela fome diariamente, ao lado da mulher e dos filhos, que choram por um pedaço de pão. Como não há trabalho, precisa caminhar pelas ruas batendo de porta em porta à procura de um trabalho qualquer. Após várias recusas, dias a fio, sabe que não lhe resta outra alternativa senão viajar para o Rio de Janeiro. A mulher diz que, dessa maneira, toda a família vai morrer de fome, mas o marido lhe assegura que vai encontrar serviço (como servente de pedreiro na construção civil) e, dentro de um mês, lhe mandará dinheiro. Nesse meio tempo, ela pode lavar e passar roupa para os mais abastados, com que poderá pelo menos pôr um pouco de pão na mesa.

O marido e pai pede a um parente um empréstimo de dois mil cruzeiros, que promete pagar no final do mês acrescido de mil cruzeiros de juros. Compra a passagem num pau de arara por Cr$ 1 700, e fica com Cr$ 300 para as provisões. Carne-seca, bolacha, fósforo, fumo, rapadura, pão doce, farinha de mandioca e uma garrafa de "Bode Seco" será o mínimo para levá-lo ao Rio e mantê-lo até receber o primeiro cheque. "Sarrabulha" a carne no fogão de lenha, bota tudo numa mochila e está pronto para a viagem: despede-se da família, abençoa os filhos e dá-lhes muitos beijos, "deixando um pé de saudade / no pranto de seus carinhos". Os beijos viram lágrimas quando sobe no caminhão, que sai "cortando a poeira / da longa estrada esquisita" (o poeta, para descrever o caminho que leva ao Sul, usa o mesmo adjetivo que será utilizado nos romances tradicionais para narrar a travessia épica do sertão). De fato, a viagem transforma-se em epopeia nos versos de Mocó. Carregado como boi no caminhão, o migrante enfrenta sol, poeira, lama e chuva fria e se pergunta quando terá fim todo esse sofrimento. Quanto maior a distância de casa, maior é a tristeza e a saudade.

À noite, o caminhão sai da estrada e estaciona; o migrante dorme no chão ou ata uma rede de uma árvore às grades do caminhão. Tenta dormir, mas não consegue, de tristeza; é então que se dá conta de que está indo atrás "duma coisa incerta". (Indaga-se aqui o que diria Chico Buarque de Holanda se tivesse lido este poema ou outro semelhante antes de compor *Pedro Pedreiro*, que na música procura algo "maior do que o mundo"). O migrante inominado passa a noite pensando, ao lado da estrada deserta (outro importante, mas talvez coincidente, paralelo com *Pedro Pedreiro*, "penseiro, pensando, pensando").

Doente e exausto, o pobre migrante, de tão entrevado, quase não consegue se mexer para descer do carro quando chega ao Campo de São Cristóvão, na zona norte do Rio, depois nove ou dez dias de viagem. Caminha pela rua principal da praça sem um cigarro no bolso, a maleta na mão e a roupa cor de barro. "E segue desconfiado / Como um pássaro que não voa" [s.p.], procurando alguém da terra, qualquer um que possa reconhecer, mas não encontra ninguém conhecido.

Pede serviço nas obras de construção, mas fica sabendo que "nem por Nossa Senhora" consegue trabalho ali, porque os tempos estão difíceis. Responde-lhe o encarregado: "não existe vaga agora / pois eu já estou botando / os que tem aqui pra fora". Desesperado e persistente, procura durante três meses até que arranja um serviço de servente de pedreiro, mas descobre que o Instituto leva-lhe a metade do seu dinheiro. Trabalha onze meses, sem faltar um único dia, mas, antes de completar um ano, que lhe garantiria benefícios permanentes, o patrão o despede. Com a "mixaria" do último pagamento, volta arrependido para o Norte, jurando nunca mais botará os pés no Sul. Passado um mês, porém, gasta tudo o que trouxe e, novamente sem recursos, prepara nova viagem. E assim fica pr'a frente e pr'a trás.

Cícero Vieira termina seu poema com estes versos:

> Quem viajou para o Sul
> Lendo este livro me abraça
> Isto passou-se comigo
> E com qualquer um se passa
> A questão é viajar
> Pra no dia que chegar
> Contar a mesma desgraça [p. 8].

Manoel Camilo dos Santos, renomado poeta veterano do cordel nordestino, que permanecera na sua terra a escrever seus folhetos e romances, mostrou uma perspectiva diferente do fenômeno. Camilo é famoso pelo poema talvez mais lírico e utópico do cordel, *Viagem a São Saruê*. Em 1953, escreveu *O Choro dos Nortistas no Rio, Pau de Arara*[22]. A história começa com uma citação da Bíblia: todo homem tem um dom; o dele é a poesia e dá graças a Deus por isso. Vive bem e tem alegria. Muitos, porém, não estão satisfeitos com os dons que receberam e querem "enriquecer", e vão procurar riqueza fácil longe de sua terra e só acham o sofrimento. São assim os retirantes que saem de "nosso querido Nordeste" e vão para o Sul.

O leitor de seu poema vive a odisseia através dos versos do poeta, tudo na terceira pessoa, e percebe a semelhança em todos os textos dos migrantes. Parafraseando, o povo sai daqui para o Rio em cima de um caminhão, exposto à chuva; passa um ano, sofre muito e volta de bolso vazio. Antes de viajar, vendeu a casa ou o roçado, tomou dinheiro emprestado, vendeu até os cereais que guardara para comer.

---

22. Manoel Camilo dos Santos, *O Choro dos Nortistas no Rio, Pau de Arara*, Campina Grande, PB, 1953.

Sua mulher e filhos ficam sujeitos à fome, à nudez, à sedução e à pilhéria.

O migrante gasta o pouco dinheiro que economizou para tirar os documentos a fim de trabalhar no Rio. A atitude do poeta se revela:

> O "besta" que vem do mato
> Já parece um babaquara
> Se trepa n'um caminhão
> Ou seja, um "Pau de Arara"
> E sai danado aguentando
> Poeira e chuva na cara [p. 3].

O motorista do caminhão corre "que nem um danado", os retirantes se batem, perdem os chapéus, viajam de seis a oito dias e dormem ao relento e chegam por fim à zona norte do Rio:

> No largo de São Cristóvão
> Quando o caminhão pára
> Os malandros gritam logo
> Chegou um pau de arara
> Só se conhece que é gente
> Devido à roupa e a cara.
>
> Sujos que parecem porcos
> Ou um bando de aleijados
> Todos de pernas dormentes
> De viajarem sentados
> De barbas e cabelos grandes
> Parecem uns flagelados.
>
> Quando arranja um trabalho
> Ou uma colocação

É p'ra pegar no pesado
Muito mal dá para o pão
Cozinha e lava lá mesmo
E dorme mal pelo chão.
. . . .
Compra uma roupa de lã
Da mais ruim "marca pipoca"
Dá um sotaque na fala
Para imitar carioca
Com um paletó de três cores
Parece um papa mandioca [pp. 4, 5].

Compra anéis baratos e volta para visitar o Norte a gabar‑se da "nova riqueza". O poeta inventa uma paródia da música nordestina que cantarão ao chegarem em casa, "O Xaxado do Retirante":

Na música do XAXADO
Adeus Rio de Janeiro
Já vou p'ro meu sertão
Visitar a minha noiva
A meus pais e meus irmão.
. . . .
Quando eu chegar no Norte
Vou ficar muito contente
De sapato e anelão
E esta roupa decente [p. 6].

Falando "carioca", chega ao lugar, mas, ao saber que a noiva está casada, o retirante bebe e perde tudo. Passa de quatro a cinco meses "aqui no interior / fazendo fita" [p. 7], nunca falando dos dissabores da vida no Sul. O poeta termina seus versos falando de Luiz Gonzaga, o artista mais famoso do forró no Brasil:

O Rio só é bem mesmo
É para Luiz Gonzaga
Por ser um bom sanfoneiro
Que o mundo inteiro propaga
E também como poeta
Ninguém não lhe toma a vaga [p. 7].

E deixa o próprio Gonzaga falar:

Porém hoje aqui no Rio
Disse Gonzaga ao nortista
Vivo bem e passo melhor
Do que um capitalista
E o Brasil todo me tem
Pelo melhor sanfonista [p. 8].

Pode-se observar a mesma atitude em outro poema de Manoel Ferreira Sobrinho, no qual o poeta "canta o mesmo refrão", mas acrescenta que, no Sul, o nordestino perde os bons princípios morais que trouxe consigo. Aconselha ao leitor: "Não vá, não"[23]. Azulão, um dos melhores poetas migrantes, diz ter sido o primeiro poeta de cordel a cantar na feira de São Cristóvão, em 1952, e, de fato, obteve muito sucesso. Mora na Baixada Fluminense e toma o trem ou o ônibus do subúrbio para trabalhar no Rio. Azulão escreveu no mesmo tom um folheto, *Arrependimento do Nordestino*.

* * * *

O autor deste livro conheceu muito bem Apolônio Alves dos Santos, um poeta paraibano radicado no Rio. Fez, durante alguns anos, várias entrevistas com esse cordelista, seja

23. Manoel Ferreira Sobrinho, *O Nordestino no Rio*, s. l., 22 de junho de 1964.

através do correio, seja pessoalmente em gravações no Rio de Janeiro, ou em visitas à sua barraca de cordel na feira de São Cristóvão. Bem vestido, simpático e próspero, Apolônio, já falecido, trabalhou por alguns anos no Rio, no ramo do cordel, e ganhou algum dinheiro. Conseguiu transformar sua casa humilde, na favela do Benfica, numa residência bastante confortável. Em nossa última entrevista, em 1990, contou sobre sua desilusão com a vida na favela, falando de como fora assaltado um dia por um ladrão que queria apenas a pobre galinha que o poeta tinha comprado para o jantar no armazém próximo. Decidiu deixar o Rio e voltar para Guarabira, Paraíba, onde ainda tinha parentes, um dos quais com uma gráfica onde tinha impresso seus folhetos. Ficamos sabendo mais tarde que Apolônio, decepcionado com o Nordeste, voltou para o Rio. Em viagem mais recente ao Brasil, em 2000, tivemos notícia de sua morte. Não houve outra testemunha melhor nem mais verdadeira do título desse álbum: "A vida é uma luta, a vida é uma odisseia", do que o poeta e amigo Apolônio.

* * * *

Apolônio, outro dos cordelistas retirantes que fizeram sucesso no Sul, tornou-se poeta "permanente" na feira nordestina do Rio e escreveu diversas histórias sobre o lado positivo e negativos da odisseia dos migrantes. Em *O Agricultor Nordestino que Veio Trabalhar na Obra no Rio de Janeiro*[24], narra a história otimista de um migrante que trabalha num canteiro de obras e, quando a construção é interrompida, obtém permissão para permanecer no local como vigia noturno. Então, transforma o terreno nos fundos do canteiro num verdadeiro roçado nordestino. E aqui, diz o poeta, não falta sol e não existe seca! A água vem de graça da mangueira da obra. O retirante planta toda variedade de legumes, deixando impressionando o engenheiro da obra, que lhe dá todo o apoio. Depois de algum tempo, a obra recomeça e os colegas do retirante, entusiasmados com a roça, passam a ajudar, complementando com a colheita o salário e a dieta. Até o ministro da Agricultura, sabendo da novidade por reportagens da mídia, louva o engenho dos trabalhadores nordestinos. Como num conto de fadas, o engenheiro leva o engenhoso retirante para administrar seu sítio fora do Rio de Janeiro. Obtém tanto sucesso na empreitada que, tempos depois, acaba por comprar a propriedade. Fica rico e vive feliz o resto dos dias!

Em *Os Nordestinos no Rio e o Nordeste Abandonado*[25], o poeta Apolônio conta uma história diferente. Faz ao mesmo tempo um ataque feroz e uma análise sociopolítica da

---

24. Apolônio Alves dos Santos, *O Agricultor Nordestino que Veio Trabalhar na Obra no Rio de Janeiro*, s. l., 1982.

25. Apolônio Alves dos Santos, *Os Nordestinos no Rio, o Nordeste Abandonado*, s. l., s. d.

causa das migrações para o Sul. Ele diz, em resumo, que os latifundiários do Nordeste são gananciosos e oprimem os pobres lavradores que moram em suas terras arrendadas. A crítica é dirigida tanto aos fazendeiros quanto aos usineiros, que forçaram os lavradores, antes independentes, a trabalhar "de meia" ou alugados; desse modo, eram obrigados a comprar seus suprimentos no "maldito barracão" da fazenda ou da usina, a preços mais altos do que no comércio local. O saldo, no final da semana, não dava nem para fazer a feira. Por isso é que tantos partiram para o Sul do país. No Rio de Janeiro, "vão dar um duro tremendo" nas construções, enfrentando a picareta ou o carrinho de mão. Moram nos subúrbios e levantam-se à meia-noite para não perder o trem da Central e, depois, os ônibus que seguem para o local de trabalho. Ou fazem esta jornada ou têm de morar nas favelas num dos morros do Rio.

No entanto, ao menos recebem um salário e os benefícios sociais, não ficam presos ao barracão, como no Nordeste. O poeta fica quase eufórico quando descreve os direitos, a garantia de emprego, o seguro contra acidentes, a aposentadoria, além da possibilidade de comprar no crediário, tudo o que faltava no Nordeste: "tendo cuidado e capricho / terá a prosperidade" [p. 5]. Poderá comprar utensílios domésticos, rádio, fogão a gás, televisão, geladeira "nas casas eletrobraz" e pagar tudo em prestações mensais.

Fecha em primeira pessoa: "eu também já fui vítima desses cruéis salafrários [do Nordeste]. Por isso [é que] vão para o Rio viver sujeito ao gringo". O migrante nordestino é um bom trabalhador, não tem medo de suar a camisa, e o governo sabe que seu trabalho é necessário para o progresso do país. Assim, o Sul a cada dia fica mais rico, enquanto o Nordeste, "coitado", fica cada vez mais fraco e abandonado.

Enquanto o sulista engorda
o nordestino emagrece.
. . . .
Enquanto o sulista canta
. . . .
o nordestino coitado
chora copiosamente
por se achar desterrado
da sua terra ausente.
. . . .
O que aqui escrevi
mostrei a realidade
quem analisar direito
verá a pura verdade.
. . . .
Agora aqui aconselho
a meus constantes leitores

Levar um livrinho deste
Venham ser meus protetores.

Dezenas de outras histórias em verso, um número demais para serem resumidas aqui, contam a vida do nordestino no Rio ou em São Paulo. Cícero Vieira da Silva, o mesmo poeta que narrou os sofrimentos da viagem do Nordeste até o Rio, trabalhou como cobrador de ônibus e, em *Quanto Sofre o Motorista e o Cobrador de Ônibus*[26], dá mais detalhes sobre este trabalho tão ingrato. O motorista levanta-se "às tantas da madrugada para começar a batalha naquela hora marcada", porque, se chegar atrasado, não pode iniciar a jornada e perde o soldo do dia. Aí volta para a Baixada e "é feliz quando não acha / Ricardão na sua cama" [p. 2].

Na linha tem de pagar qualquer estrago no ônibus, "até um pneu / se riscar no meio fio" [p. 2]. Se um "carro maluco" lhe arrancar o espelho ou quebrar a lanterna,

Pois o motorista paga
lanterna, espelho, bengala
tem que assinar os vales
se ele der uma fala
o chefe manda voltar
e nunca mais vai pegar
está fora da escala [p. 3].

Assim, o motorista que mora na Baixada "só sai na escuridão" para a labuta. Não toma café da manhã nem almoça porque está sempre com pressa; só tem três minutos para comer algo rápido no fim da linha e depois "rodar". Trabalha de nove a dez horas por dia "pegado na direção"; e, embora a maioria dos passageiros sejam bons, existe o bêbado e o malandro que "xinga o chofer". O pior de tudo é quando passa por uma churrascaria e sente o cheiro da comida, "e ele sem alimento / num longo engarrafamento / em busca do pão da vida" [p. 6].

O colega de serviço, o cobrador, que fica por trás da roleta, no seu cubículo perto da porta traseira, não vive melhor do que o motorista. É um escravo da roleta e dos passageiros. Começa o dia "sem um centavo / pra distribuir o troco" [p. 7] e tem de enfrentar o passageiro que sai de casa de mau-humor. Sofre a reclamação do fiscal quando "bandidos" entram ou descem pela porta de trás ao parar o ônibus, sem pagar a tarifa. E ainda sofre com os assaltantes; o cobrador vive constantemente com medo de ser roubado. Se for assaltado e perder algumas parcas moedas para os ladrões, o patrão acha que ele, o cobrador, é cúmplice dos larápios e obriga-o a assinar um vale ressarcindo-o da perda:

26. Cícero Vieira da Silva, "Mocó", *Quanto Sofre o Motorista e Cobrador de Ônibus*, Guarabira, Tipografia Pontes, s. d.

E assim o cobrador
ou paga ou da casa some
n'outra empresa não trabalha
pois fica sujo o seu nome
na justiça vai vencer
mas quando for receber
já tem morrido de fome [p. 8].

É assim a vida e o destino do nordestino no Rio!

O folheto mais conhecido sobre a rotina diária do pobre no Rio de Janeiro é talvez o clássico *O Trem da Madrugada*[27], escrito pelo ótimo poeta migrante da Paraíba, radicado há anos no Grande Rio. Azulão, cujo nome verdadeiro é José João dos Santos, nasceu no estado da Paraíba em 1932, e veio para o Rio com apenas 17 anos de idade. Trabalhou na construção civil e, ao mesmo tempo, escrevia folhetos e romances de cordel, além de improvisar versos como cantador. Até 1949, fez sucesso na emissora de rádio de poesia folclórica no Rio. Voltou ao Nordeste, casou-se e retornou para viver definitivamente no Rio. Trabalhou como porteiro de edifício ao mesmo tempo em que escrevia seus folhetos, tendo sido o primeiro autor a vender seus versos na feira de São Cristóvão. Até o final de 1989, já tinha escrito mais de duzentos livrinhos, era chamado para fazer cantorias e declamações nas universidades e já tinha gravado programas de televisão. Foi também funcionário público lotado na Secretaria de Cultura da prefeitura de Nova Iguaçu, onde já morava por mais de trinta e dois anos, no bairro de Engenheiro Pedreira. Experimentou grande alegria e depois terrível desgosto quando se candidatou a vereador pelo PTB, na época o chamado partido dos trabalhadores, história que iremos contar no Álbum VII, "Na Política Acreditamos, mas Não Confiamos".

O Trem da Madrugada narra, num estilo tragicômico, a vida do cidadão (muitas vezes nordestino) que mora na Baixada Fluminense, região fora do Rio onde vive a maioria dos trabalhadores. É uma história engraçada (em sua maior parte), feita para divertir o público cordeliano que a escutava cantada ou declamada na feira e comprava-a porque era a expressão, de alguma forma, de sua realidade. O folheto apresenta também um subtema do sofrimento diário do trabalhador.

Descreve a "turma da fuleragem", que se aproveitava da situação do trem cheio de gente, que nem sardinha em lata, para beliscar e tocar as mulheres, que se defendiam com alfinete ou com uma bolsada na cara do tarado:

Mulher de anca bem gorda
Diz o cabra, esta é legal

Autor: José João dos Santos (Azulão)

27. José João dos Santos (Azulão), *O Trem da Madrugada*, Rio de Janeiro, Centro de Literatura de Cordel da Casa de Cultura São Saruê/ Fundação Rio-Arte, s. d.

Se acoa por trás dela
Que a coitada passa mal
Dar bronca, dar coice e upa,
O cabra tá na garupa
Só desmonta na Central!
. . . .
Tem mulher que grita, opa
Cuidado com essa tara
Eu estou saindo fora
Este marmanjo não para
Agora seu saliente
Se teimar de novamente
Meto-lhe a bolsa na cara [pp. 1, 2].

O poeta descreve toda a situação da corrida de trem (que se poderia aplicar igualmente à maioria das viagens de ônibus do subúrbio para a cidade). A cada parada o trem enche cada vez mais, "quem entra de mãos pra cima / depois não pode descer". O ar viciado e a "peste" humana são exacerbados pelo calor do verão do Rio. A trouxa da pobre lavadeira, "da roupa tão passadinha / do doutor e da madame" [p. 4] é pisada no meio da confusão. Além disso, há o lado irônico, "o amigo do alheio / rouba e não pode correr" [p. 3]. E ai de todos se o trem enguiçar, porque aí o pessoal quebra a porta e a janela, ou porque está com raiva ou porque precisa respirar ar fresco. No fim, é uma tragédia, adverte o poeta, porque se este trem ficar avariado, é menos um para servir à população.

O autor fala do pequeno comércio que é feito no trem, fala dos vendedores e de seus produtos: cocada, amendoim, pente de chifre e de osso "que não quebra em pichaim" [p. 5]. Aquele que escapa do fiscal grita "olha o rapa entrou agora no trem". É quase um ambiente de festa e de feira a fuga dos camelôs tentando enganar o inspetor.

O poeta termina sua narrativa contando sobre aquele que mora longe e, quando encontra um assento, ferra no sono e acorda no fim da linha. Tonto, volta no trem até sua estação e, quando chega em casa, já está na hora de voltar para outro dia de trabalho! E se o leitor não acreditar, o poeta diz sardonicamente: "Venha conhecer o subúrbio / Com seu povo e seu sistema / Depois que fizer morada / Pegue o trem da madrugada / Que vê todo este cinema" [p. 8]. Azulão é um dos muitos poetas modernos de cordel que escrevem de forma contestatória, e estes versos que citamos são apenas uma lembrança sutil para os turistas brasileiros e estrangeiros que frequentam a feira nordestina e a barraca do poeta, gente que nunca se atreveria a subir no trem daquele "outro Brasil" do povo do cordel.

É esse o relato cordeliano da vida do nordestino no Sul. No entanto, podemos observar outro aspecto muito importante dessa mesma crônica: as histórias chistosas, os gracejos feitos pelos próprios nordestinos sobre o matuto que chega à cidade. Escritas, muitas vezes, por veteranos que conhecem essa odisseia, como Apolônio Alves dos Santos ou o próprio Azulão, e com um estilo bastante irônico, as histórias tendem a descrever as atrapalhadas do matuto ou do caipira na cidade grande.

O leitor deve saber que este humor de autocensura já existia no cordel do Nordeste, quando descrevia as atitudes do matuto que vinha à cidade, ou mesmo à pequena vila do sertão, para a feira semanal. São conhecidos muitos títulos no Nordeste, como *Uma Palestra Matuta* ou *As Palhaçadas de Zé Matuto na Praça*. Uma cena famosa do romance *Vidas Secas*, obra-prima de Graciliano Ramos, descreve a chegada dos protagonistas principais, Fabiano, sua esposa e filhos, à vila para a festa do padroeiro local. A mulher começa sua caminhada para a vila de sapatos de salto alto, que a fazem parecer um pássaro, enquanto o vaqueiro Fabiano anda de

gravata no pescoço quase a enforcá-lo. Tempos atrás, o poeta Leandro Gomes de Barros fez um gracejo sobre um matuto que, com medo do serviço militar durante a Primeira Guerra Mundial, encontrou uma forma de evitá-lo, casando-se com a primeira mulher que lhe aparecesse à frente. Portanto, esses poemas existem desde o começo do cordel.

As histórias sobre o matuto (ou, agora, "paraíba") no Rio ou em São Paulo são um pouco diferentes umas das outras. Em muitas delas, o migrante está rindo de si mesmo, pelo menos em parte. Ele e seus leitores já conhecem o cenário: a odisseia da viagem, as lutas do começo e adaptação na cidade grande. O poeta escreve às vezes de forma incorreta, como deve falar o matuto, indicando os erros de linguagem e de pronúncia através da grafia. Também faz piadas com os malentendidos semânticos entre a linguagem do campo e a da cidade. Mas também, em muitas dessas histórias, existe uma subcorrente que tem o intuito de transformar o matuto em objeto de mofa, mostrando o grave preconceito que o citadino tem para com a população de migrantes. Ainda hoje, o "sulista" ou nativo do Rio ou de São Paulo demonstra fortes sentimentos contra o "nortista", a quem muitos culpam pelo grande atraso que se vê nessas grandes urbes.

Entre os títulos conhecidos estão *Os Matutos na Igreja*, *Zé Matuto no Rio de Janeiro*, *O Mineiro que Comprou um Bonde no Rio de Janeiro*, *Carta de um Pau de Arara Apaixonado pra sua Noiva*, além de discussões ou debates, como *Discussão do Carioca com o Pau de Arara* e *Discussão do "Paraíba" com o Carioca*.

Um clássico deste tema no cordel é *Zé Matuto no Rio de Janeiro*[28], do poeta Azulão, que fala de um Zé que nasceu no interior do sertão nordestino. Apesar de ter sido advertido

---

28. José João dos Santos, "Azulão", *Zé Matuto no Rio de Janeiro*, Engenheiro Pedreira, RJ, s. d.

por sua mãe sobre os males do mundo e da cidade grande, Zé decide investigar por conta própria. Acredita no mito do nordestino que vem para o Rio, arruma um trabalho de servente de pedreiro e acaba ficando rico. Azulão faz um bom trabalho na transposição da fala do matuto para a poesia de cordel, indicando a pronúncia através da grafia; o diálogo do poema vem na fala "matuta," e a narração no português-padrão.

O leitor já conhece todas as peripécias da viagem do migrante: a triste despedida antes de subir a bordo do pau de arara, e o resfriado que o migrante pega devido à poeira, à chuva e à mudança de clima quando passa pela Bahia rumo ao Sul. O caminhão enguiça seis vezes durante a travessia de Minas Gerais! Zé tenta economizar comendo pão e banana e chega ao Rio quase morto de fome, depois de catorze dias de viagem. Sentado num banco no largo São Cristóvão, é interrogado por um policial que, ao saber de sua triste situação, manda-o para a Zona Sul, para Copacabana, "onde arranja esta semana emprego na construção". Briga com o motorista do ônibus que lhe cobra a passagem, pois o guarda da praça nada dissera sobre isso. (Está ficando cada vez mais evidente que o guarda falara uma porção de mentiras apenas para se livrar do "paraíba".) Salta do ônibus numa das paradas mais perigosas, junto à rua Barata Ribeiro, logo depois do túnel de Botafogo, e Zé é quase atropelado pelo tráfego. Passa a primeira noite dormindo no chão no meio de Copacabana, comendo pão e banana para quebrar o galho.

Torna-se engraçado quando Zé vê o mar pela primeira vez: "Ô açude danejo" (no seco Nordeste são construídos açudes para combater a seca). Pensa que, se o sertão tivesse tanta água assim, não haveria nem tristeza nem miséria. Fica de olhos esbugalhados quando vê, na praia, as pessoas dando mergulhos e mais chocado ainda porque as mulheres tomam banho à vista de todos! Sua reação – "Ô safadeza danada! Otas fica arrega-

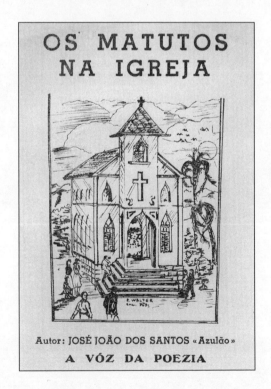

nhada por riba da areia quente. Que farta de arrespeito" – é muito engraçada para o migrante que escuta o poema na feira. Não gostando "dos luxos" de Copacabana, decide procurar outro local, porque aquele não era lugar para ele.

Um vendedor de bugigangas, pensando que o recém-chegado é um desses "suburbanos", manda-o para a Estação Central, de onde os trens partem para os subúrbios (o cenário de filme recente de mesmo título, rodado em 1999). Perto da estação, o matuto urina numa árvore e é pego em flagrante por um guarda e ameaçado de prisão. O guarda solta-o depois de ouvir-lhe a história: no campo de onde vem o pessoal sabe que é para isso que existem as árvores! Zé entra num café e pede uma refeição; servem-lhe um prato de macarrão e "Zé falou como quem briga / que não queria lombriga / queria fava ou feijão". Ao ver soldados marchando nas ruas, pensa nos dias de Lampião e dos cangaceiros do Nordeste! Se houver revolução, milhares vão morrer!

Entra na Central, desce ao subsolo, mas não encontra a bilheteria. Vê um manequim na alfaiataria e, achando que é uma pessoa, entabula uma conversa: "Seu rapás, bom dia / si num fartasse os dois braço / vocimicê tinha os traço / di Mané da minha tia". Tenta chegar mais perto para falar com o manequim, bate na vitrine, quebra o vidro e se fere. Um guarda manda-o à farmácia da Estação, mas "se foi alguma briga, / é bom que você me diga / no posto policial". Zé diz que não precisa, ele só quer comprar uma passagem, quer voltar para o Norte o mais rápido possível.

O guarda explica que não dá, porque não há meios de viajar de trem para o Norte. Tem de ir ao largo São Cristóvão, onde há muito pau de arara que faz essa viagem. O guarda ensinou o caminho e Zé diz que vai mesmo a pé até a agência de caminhão. Lá chora e se lamenta, pedindo que lhe deem uma carona, que ele irá ajudando o motorista. Informam que para ele é melhor esperar o dia seguinte, dia de feira, onde pode se virar para arranjar dinheiro. Miserável e quase histérico, Zé conta sua história aos conterrâneos na feira, retirantes como ele; ligeiro fizeram uma "vaquinha" e Zé pôde comprar sua passagem de volta, mas ficou liso de tudo. No caminho, vendeu a rede, o chapéu, a mala e até a peixeira, só para comer. No final do poema, consegue chegar em casa, mas com vergonha, sentindo um grande desgosto e quase morrendo de fome. Só se sentiu aliviado quando a mãe lhe serviu um prato de feijão. Grato por estar mais uma vez em casa, dá uma figa para o Sul, jurando nunca mais voltar lá.

Apolônio Alves dos Santos, na sua variante *Um Matuto do Sertão Chegando no Rio de Janeiro*[29], conta com muito humor uma história semelhante, mas desta vez o matuto viaja

---

29. Apolônio Alves dos Santos, *Um Matuto do Sertão Chegando no Rio de Janeiro*, s. l., s. d.

de ônibus. O retirante, quando viu o bonde elétrico, "ficou muito admirado / um cipó tirando fogo / aquilo é muito engraçado". Na quitanda da esquina, vê uma maçã argentina importada e pergunta ao quitandeiro: "Meu amigo [...] / me responda quanto custa / estes cajus sem castanha". Um dia foi a praia, como todo o mundo ia, e, quando avistou o mar, exclamou: "ô que açudão pai-dégua", e encheu as duas mãos de água e bebeu:

> Certamente algum navio
> passou aqui carregado
> com uma carga de sal
> e tendo se naufragado
> deixando a água tão boa
> com este gosto salgado [p. 6].

O pessoal na praia caiu na gargalhada com as palhaçadas do matuto. Ao ver uma moça de biquine, quase pelada, ele foi logo dizendo: "as mulheres daqui / gosta de ver o tamanho", e foi tirando a roupa porque queria tomar banho. Ao ver uma "negra assanhada", saiu correndo atrás, querendo namoro ou algo mais mas aí encontrou "uma madame deitada / toda exposta na areia / e quase toda pelada" [p. 7].

> Ele fez que tropeçou
> e caiu por cima dela
> mexeu lá na engrenagem
> o carro acendeu a vela
> aí a turma invadiu
> para assistir a novela.
>
> A madame esperneava
> e o matuto escanchado
> o povo ali todo vendo

o espetáculo animado
naquilo chegou um guarda
para prender o tarado [p. 7].

O guarda prendeu o tarado e puxou-o de cima da "madame", mas o matuto pediu: "deixe eu findar primeiro". A própria madame concordou, também admitindo que "estava com precisão".

Assim, tudo termina bem neste gracejo de oito páginas na praia de Copacabana. Mas o sonho de voltar para o Norte nunca se desvanece. (Veja-se o caso do próprio Apolônio, que quis voltar para a Paraíba depois de uma carreira de êxito como poeta em São Cristóvão.) Tudo se reduz às memórias, agora romantizadas, mas verdadeiras para o sonhador. Um poema final, *Saudade dos Nordestinos*[30], sintetiza a realidade e o mito. Nesta variante, a saudade não é apenas do migrante, mas também da família que ele deixou para trás.

O migrante tem saudades dos lugares onde brincava quando criança, dos lugares onde montava sua arapuca para pegar passarinho, da velha estrada que levava à escola. Lembra-se dos animais e das árvores na natureza: emas, nambus, seriemas, canários, bem-te-vis, juazeiros, oiticicas e juremas. Tem saudade do cheiro das flores da quixabeira, dos enxuís onde se abastecia de mel, das aroeiras, dos mofumbais. Rememora a festa de São João com as fogueiras, os desafios dos cantadores e os aboios dos vaqueiros do sertão. Pensa nos passeios com as irmãs nos açudes e nas lagoas. Tudo é diferente no Sul: as plantas e as árvores. (Para o conhecedor da literatura brasileira, o poema chega a ser uma variante nordestina popular da *Canção de Exílio*, de Gonçalves Dias.) O migrante nunca se esquece, porém, mesmo quando se diverte no Sul, da mãe que deixou chorando na porta, e sempre sonha com ela, imaginando se está viva ou morta.

A história termina com muita emoção. O autor pede desculpas ao leitor pelo "verso pobre" e diz que é apenas um poeta e cantador na feira que pede a Deus um pouco de alegria.

Em certo sentido, os poemas aqui tratados são tão eloquentes como *Asa Branca*, com versos de Humberto Teixeira e cantada por Luiz Gonzaga, e possuem um quê da sofisticação de *Pedro Pedreiro*, de Chico Buarque de Holanda. São compostos numa linguagem que os protagonistas compreendem, e expressam sentimentos que são experimentados durante a grande odisseia, que continua até hoje no começo do novo milênio. Os pobres nordestinos continuarão a deixar o sertão e viajarão para mais longe do que seus antecessores – para a "Nova Meca" do Oeste e para o sul do Amazonas, ou talvez, ironicamente, para o Norte longínquo de Roraima com seu ouro perto da fronteira da Venezuela, deixando para trás o grande buraco de Serra Pelada, agora sem ouro nem promessas, no Pará. Mas as saudades, as memórias e o orgulho do sertão não desaparecem. Este álbum de *Retrato...*, que contou suas lutas e sua saga, é parte imprescindível de sua história e de nosso retrato.

---

30. João Severo de Lima, *Saudade dos Nordestinos*, s. l., s. d.

— Álbum VI —
TEMOS NOSSAS DISTRAÇÕES

INTRODUÇÃO

O retrato de um povo e de seu modo de vida deve incluir suas diversões, isto é, aquilo que faz para gozar a vida. A dura realidade dos nordestinos retratada no Álbum v nem sempre é tão enfadonha. Os nordestinos que escrevem, editam ou leem o cordel compartilham muita coisa com os outros cidadãos do país. Antes de tudo, vão às festas e festivais locais e nacionais, seculares e religiosos. O carnaval nas cidades de Recife, João Pessoa, Fortaleza, Maceió, Natal e, especialmente, Salvador tem um sabor próprio, as mesmas cidades que revelaram grande presença do cordel durante o século xx. As praias do Nordeste gozam da fama de serem as mais lindas do país e de apresentarem a melhor temperatura da água. O público do cordel, como, em sua maioria, é do interior, sonhou muitas vezes com um banho de mar em suas visitas ao litoral, e os poetas aproveitaram o fato para escrever gracejos sobre o primeiro banho de mar do sertanejo.

As antigas feiras e mercados constituíam lugares importantes não só para a vida econômica, mas também para visitar e rever amigos e conhecidos, tanto na pequena vila do interior quanto nas grandes cidades costeiras: o Mercado de São José no Recife, o Mercado Modelo em Salvador, a feira de Feira de Santana na Bahia, o Ver-o-Peso em Belém e as famosas feiras do interior, como Caruaru e Campina Grande, para falar das mais conhecidas.

As festas religiosas, dias do santo padroeiro e outras datas importantes do calendário litúrgico eram, e ainda são, os pontos altos do ano. A principal é a festa de São João, celebrada no dia 24 de junho, seguida imediatamente pela festa de São Pedro, no dia 29. O Natal e a Páscoa, obviamente, também são festividades em destaque no calendário. Igualmente importantes para muitos são as festas locais analisadas nos Álbuns I e II, como a do Bom Jesus da Lapa no rio São Francisco, na Bahia, a do Bonfim em Salvador, o aniversário da morte de padre Cícero em Juazeiro do Norte, os festejos de São Francisco em Canindé (CE) e o Círio de Nazaré em Belém do Pará (estado da região Norte, onde se encontram muitos migrantes nordestinos e uma importante editora de "cordel no Norte").

A "religião" nacional, o futebol, é tão celebrada pelo público humilde do cordel quanto pelos brasileiros das diversas cidades do país, como no Rio de Janeiro, no Maracanã, sobretudo após a chegada do rádio de pilha e da televisão. Muitos poetas conhecidos, como José Soares, do Recife, e Cuíca de Santo Amaro, de Salvador, iniciaram sua carreira de cordelista vendendo folhas volantes em verso sobre os momentos altos e o placar dos jogos. Times locais e estaduais prediletos, os famosos como Santos (na época de Pelé), Flamengo, Fluminense, Cruzeiro, Corinthians, e sobretudo a seleção nacional, com seus altos e baixos na Copa do Mundo, todos são documentados no cordel. A prova da grande veneração dedicada aos jogadores é que uma das pelejas poéticas mais vendidas em tempos recentes foi a *Peleja de Garrincha e Pelé*[1], o duelo imaginado por um poeta e editado com capa colorida por uma editora de cordel em São Paulo.

Além dos folhetos sobre as feiras e os mercados, as tradições folclóricas locais também estão presentes na literatura de cordel: eventos como a vaquejada rural, autos populares como o bumba meu boi, bailes locais, os chamados "arrasta-pés" e a grande música nordestina do forró, todos, sem exceção, estão registrados nessa literatura.

1. Antônio Teodoro dos Santos, *Peleja de Garrincha e Pelé*, São Paulo, Prelúdio, s. d.

A partir do desenvolvimento, nas décadas de 1960 e 1970, da rede de satélites de comunicação, a televisão ganhou presença em todo o Nordeste, inclusive no sertão; desde então, os programas também se tornaram divertimento e foram cantados no cordel. Programas de notícias nacionais, como Repórter Esso e, depois, o Jornal Nacional, o televisionamento de futebol e as novelas tornaram-se a fonte por excelência de diversão, às vezes com prejuízo para o cordel. A TV e o rádio de pilha forneceram assuntos para novos poemas, mas acabaram provocando uma queda das vendas dos folhetos e o mercado entrou em baixa.

Quando se quer, porém, fazer um retrato completo do século XX, cumpre citar os dois principais fatores de diversão aos quais o público do cordel está afeito: os próprios folhetos e romances em verso – porque não só divertem mas também documentam tudo o que é diversão – e o "primo" poético nordestino, o duelo poético improvisado entre dois cantadores, surgido no Nordeste em meados do século XIX e que se tornou um dos precursores do cordel e uma de suas forças principais. Por isso, precisamos analisar, antes de tudo, estas duas fontes de diversão: a poesia do cantador e os folhetos e romances de cordel que servem de diversão para o grande público.

I. O POETA ORAL DE VERSO IMPROVISADO, O CANTADOR E SEU DUELO POÉTICO, A PELEJA

Primeiramente, um fato básico: um dos "ciclos" mais importantes do verso cordeliano é a peleja, o duelo poético oral, ou em variantes imaginadas e criadas diretamente para o cordel, ou em recriações de duelos famosos (e possivelmente) reais do passado. São centenas de títulos conhecidos que registram a peleja! Nenhum poeta tradicional do cordel que deseje o respeito dos colegas e do público pode deixar de compor pelo menos um título. O duelo entre dois poetas, no qual improvisam versos a partir de um tema ("mote") proposto na hora, recebeu vários nomes: desafio, peleja, repente ou cantoria. Quanto ao debate, encontro ou discussão, que estão mais próximos do cordel original, são poemas que põem em debate uma questão, mas não necessariamente na voz de dois cantadores ou em forma de peleja.

A história do cantador e da peleja é muito bem documentada por estudiosos que analisaram esta forma no início do século XX, como Leonardo Mota, Gustavo Barroso e, especialmente, Luís da Câmara Cascudo[2] (cf. a bibliografia no final do livro). Quando os folcloristas brasileiros começaram a colecionar trechos de poesia folclórica, no fim do Oitocentos, antes da existência do moderno gravador, estavam interessados mais no cantador do que no poeta de cordel, talvez porque aquele representasse uma forma híbrida de poesia popular, com traços folclóricos. É que o cordel já estava impresso em folhetos ou romances, geralmente com a indicação do autor, e a poesia folclórica de então era considerada oral, anônima ou persistente[3].

No entanto, os estudiosos descobriram que os cantadores eram também, muitas vezes, poetas de cordel e que a métrica desta literatura popular tinha origem na tradição do cantador. Deve-se recordar que, nos seus primórdios, no final do século XIX, o cordel já contava entre seus praticantes poetas como Leandro Gomes de Barros, Silvino Pirauá, João Melchíades Ferreira da Silva e Francisco das Chagas Batista e fora o resultado do processo de versificação pelo qual passaram as histórias em prosa oriundas da tradição europeia de "literatura popular". Além disso, os poetas cordelistas também sofreram influência da tradição oral.

O cantador, fenômeno anterior ao cordel, portanto, tinha raízes folclóricas, ligadas à tradição dos distantes trovadores europeus. Os estudiosos dão como origem do duelo poético da tradição ocidental a poesia de Teócrito e os duelos dos pastores na Grécia antiga. Homero, na Grécia, e depois

---

2. Essa introdução baseia-se nas seguintes fontes: Leonardo Mota, *Cantadores*, 3. ed., Fortaleza, Imprensa Universitária do Ceará, s. d.; Luís da Câmara Cascudo, *Vaqueiros e Cantadores*, Porto Alegre, Globo, 1939; e Gustavo Barroso, *Ao Som da Viola*, nova ed., Rio de Janeiro, Departamento de Imprensa Nacional, 1950.

3. Cf. Câmara Cascudo, *Vaqueiros e Cantadores, op. cit.*

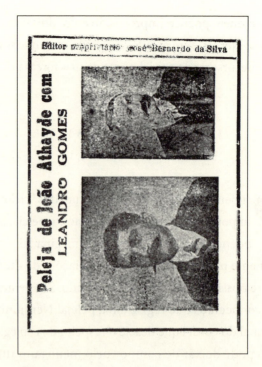

Virgílio e Horácio, da tradição romana, também fizeram uso do duelo poético, tradição que foi legada à Europa medieval e, depois, renascentista. O *tenson* ou *debate* provençal, as *preguntas e respuestas* dos velhos cancioneiros espanhóis, além das "cantigas de amor e d' amigo" de Portugal, são seus principais ascendentes. A tradição passou para a América e tornou-se mais conhecida, na Argentina, com *la payada* (o duelo poético entre dois "gaúchos") e, no Brasil, com a peleja do cantador nordestino.

É possível que o poeta oral tenha existido no Brasil na época colonial e que cantasse toda a sorte de poemas e canções, mas o "cantador", nosso velho conhecido, é um fenômeno do século XIX. O que ele cantava? Na época mais remota da colonização do Brasil, entre o final do século XVI e o começo do século XIX, os portugueses trouxeram para o Brasil a tradição poética na forma do romance oral. Em Portugal, estes poemas podiam ser folclóricos ou eruditos, e foram cantados ou declamados nas fronteiras da nova terra, mais particularmente no Nordeste, porque foi ali que teve início a colonização. Com o decorrer do tempo, porém, as canções, baladas e romances vindos de Portugal foram substituídos por poemas novos, que tratavam dos primeiros obstáculos e lutas na nova terra, na verdade temas brasileiros. Então, as primeiras histórias de cavaleiros andantes, de virgens fiéis e de participantes das cruzadas religiosas deram lugar a poemas sobre as secas, as batalhas contra os índios, as festas religiosas e populares e a vida do sertanejo. Onças ferozes, bois misteriosos, cavalos valentes e os vaqueiros que os montavam passaram a dominar as canções.

O papel do cantador era cantar e declamar versos sobre estes acontecimentos, tanto no interior (inclusive o sertão) quanto nas cidades que surgiam no litoral. Originalmente

vaqueiro, escravo ou mesmo pequeno lavrador, a cantar e declamar versos durante as festas, num local indeterminado nos meados do século XIX, o cantador tornou-se um "semiprofissional". Aquilo que fazia antes como passatempo, nos momentos de lazer, passou a ser uma atividade paga, embora muito parcamente. O rico dono de terras adotou o costume de convidar cantadores conhecidos para a casa-grande nas celebrações do dia do santo, no aniversário da família ou de casamento, ou mesmo na festa de São João. O cantador tornou-se a diversão de sábado à noite, como o "arrasta-pé", nos anos recentes. Começou a depender de seu talento de improvisador e a ganhar, em parte, o pão de cada dia. Na verdade, apareceu uma "classe itinerante de poetas" (Cascudo); e algumas dezenas de cantadores passaram a ser conhecidos na região. Curiosamente, a maioria deles eram originários do estado da Paraíba e foi também desse estado que provieram, primeiramente, os cordelistas mais conheci-dos (e, décadas depois, a maioria dos poetas migrantes nas cidades do Sudeste do Brasil).

O cantador tornou-se um "tipo popular", melhor descrito pelo folclorista Câmara Cascudo,

Tem ele todo orgulho de seu estado. Sabe que é uma marca de superioridade ambiental, um sinal de elevação, de supremacia, de predomínio. Paupérrimo, andrajoso, semifaminto, errante, ostenta, num diapasão de consciente prestígio, os valores da inteligência inculta e brava, mas senhora de si, reverenciada e dominadora [Em *Vaqueiros e Cantadores*, p. 89].

Este orgulho, não muito longe da arrogância, acabou por caracterizar o cantador em geral e aqueles que evoluíram para o cordel. Como um poeta descreveu tão bem ao autor deste livro em entrevista de 1967:

[...] Sou raro do povo e ele me considera como filho das musas, me entende, me crê, me aplaude, me escuta e me atende. Eu lhe ensino sentir, vibrar, cantar, chorar, sorrir e amar. Por isso as queixas do povo são representadas por mim em minhas poesias [Joaquim Batista de Sena, em Mark Curran, *A Literatura de Cordel*, p. 45].

A peleja original de meados do século XIX constituía um verdadeiro duelo poético entre cantadores conhecidos. Estas pelejas originais, segundo Câmara Cascudo, eram feitas com o acompanhamento musical de uma viola (tipo de violão de oito a dez cordas) e uma espécie de violino (a viola de arco), antecessora da rabeca. Os dois poetas trocavam insultos, cada um gabando-se de seus talentos, e debatiam usando seu conhecimento de História, mitologia, religião ou geografia, cada um construindo seu próprio "castelo" poético, seu "marco" (que representa uma herança da tradição épica oral). Os versos eram cheios de fanfarronice e hipérbole. Às vezes, os cantadores usavam versos e/ou imagens oriundas (supostamente) de duelos famosos da época, decorados pelo cantador para uso especial (a chamada "obra feita"). O bom poeta, porém, sempre podia dominar o outro pela improvisação rápida e engenhosa.

Os duelos antigos usavam estrofes de quatro versos de sete sílabas ("quadras") com rima *xaxa*, mas esta forma métrica caiu em desuso. Na verdade, os cantadores mais famosos eram analfabetos, como o famoso escravo Inácio da Catingueira, porém muitos conheciam os livros "clássicos" do sertão: o *Lunário Perpétuo* (espécie de almanaque da época), o livro-guia da missa, *Missão Abreviada*, e mesmo a *História de Carlos Magno e os Doze Pares da França*.

O duelo talvez mais famoso, parte integrante do folclore nordestino até hoje, é a *Peleja entre Romano e Inácio*. Numa disputa que se tornou célebre no Nordeste, Romano da Mãe d'Água e Inácio da Catingueira, segundo o mito popular, terçaram armas por oito dias e oito noites numa peleja vencida pelo poeta semiletrado Romano, cujo mérito foi ter usado a "ciência" ou fatos aprendidos na escola formal, derrotando o brilhante, mas analfabeto, escravo Inácio. Hoje, ninguém acredita que a peleja tenha durado oito dias; na verdade, alguns folcloristas dizem que esse desafio nunca aconteceu. O que é verdade são as várias versões ou, pelo menos, alguns fragmentos da versão original transcritos para os folhetos de cordel por Leandro Gomes de Barros, Francisco das Chagas Batista e João Martins de Athayde, mestres cordelistas pioneiros. Segundo Câmara Cascudo, a versão original foi escrita por um dos melhores cantadores do século XIX, Antônio Ugolino Nunes da Costa, Ugolino do Sabugi.

Atualmente, na cantoria, o cantador sempre vem acompanhado por um amigo, seu parceiro no negócio. O espírito competitivo está presente quando os dois travam uma peleja, ou cantoria. E conhecem as famosas pelejas, agora lendárias

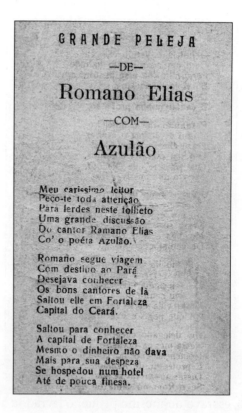

e familiares ao público tradicional do cordel, duelos imortalizados nos folhetos ou em livros escritos por estudiosos. Ainda se ouvem trechos daqueles duelos no verso "emprestado" de alguns dos melhores cantadores atuais. Acontece que a feroz peleja de outrora se reduz, atualmente, a um "papo rimado", invariavelmente coreografado pelos dois poetas amigos e parceiros, seja no circuito do rádio, da TV ou em algum auditório de faculdade.

Os temas atuais são tão variados quanto a vida, porque o cantador improvisa, principalmente, sobre os acontecimentos do presente. Antes, um cantador desafiava o outro com conhecimento de geografia, rios e cidades do Brasil; agora o melhor poeta é aquele que improvisa com uma frase poética bem trabalhada ou um trava-língua que ganhe a parada. Falam da dívida nacional brasileira, do vil FMI (Fundo Monetário

Internacional), dos altos e baixos do pacote econômico mais recente, dos preços altos, do *impeachment* de Fernando Collor de Mello em 1989 etc. Seja qual for a forma ou o tema, o ambiente da antiga peleja permanece, assim como determinadas fórmulas: o desafio arrogante de autoelogio ao rival, a resposta igualmente feroz, a ameaça de "jogar" o outro poeta fora do esquema de rima e métrica por meio de uma metáfora ou mote difícil. Parte do duelo pode ser uma "obra feita", decorada, mas a mente rápida e o dom da improvisação podem levar o cantador à vitória.

Há quem acredite que a cantoria de hoje não tem a qualidade da que se via no passado, que hoje o que domina é a comercialização, ou que os sistemas de som do rádio e da tv acabaram com a espontaneidade e o desafio que imperava no passado. Contudo, o meio permaneceu e, na verdade, talvez esteja mais presente no novo milênio do que o próprio cordel, isso porque retrata uma *performance* ao vivo, usando a nova tecnologia no estúdio da emissora.

O cantador continua sendo um "personagem" para o nordestino, trabalhe ele numa vaquejada no alto sertão de Pernambuco, ou numa emissora de televisão ou rádio ou mesmo num auditório de universidade do Rio de Janeiro ou de São Paulo. Pode ser um operário da construção civil em vez de lavrador ou vaqueiro ou ex-escravo, e o local da improvisação pode ser o rádio em vez da varanda da casa-grande, mas traz consigo a tradição do passado e a visão folclórica do presente. E, se algum dia desaparecer do cenário cultural do Brasil, existe o registro de sua presença nas gravações iniciadas pelos folcloristas e agora em discos, fitas e cds. E, ainda mais importante, tem-se o registro em verso pelos cantadores nos folhetos da literatura de cordel, versos que ainda são vendidos esporadicamente nas ruas e mercados e estão disponíveis nos grandes acervos nacionais e internacionais.

Devido ao enorme número de títulos, este livro indica apenas alguns exemplos. Dos velhos "clássicos" podemos citar a *Peleja de Manoel Riachão com o Diabo* ou *A Peleja de Bernardo Nogueira com Preto Limão*. Dos antigos mestres do cordel (e não necessariamente cantadores) indicamos a *Peleja de João Athayde com Leandro Gomes*. Dos poetas modernos que adaptaram a tradição do desafio próprio (verdadeiro ou não) citamos *A Tremenda Peleja de Francisco de Paula com João José* (com os dois "cantadores" bebendo cerveja num bar) ou *A Peleja de Costa Leite com Dila em Caruaru*. Muito mais divertidas são as dezenas de pelejas imaginadas na forma de encontro, debate e discussão: *O Encontro de Rui Barbosa com Castro Alves*, *Peleja de Garrincha e Pelé* ou, ainda, *Peleja do Matuto e o Playbói*, que mostra a vida dos dois protagonistas. São comuns as pelejas entre matutos e cariocas, entre camelôs e fiscais de feira, crentes protestantes e velhos católicos, cachaceiros e abstinentes "crentes", e, talvez, a melhor de todas, o já citado *Debate de Mestre Urubu com o Ministro Nova-seita*.

A peleja que escolhemos como exemplo de todas é a clássica e antiga *Peleja de Patrício com Inácio da Catingueira*[4], seja porque apresenta muitos traços da peleja "legítima" antiga, seja por ser um poema extremamente bem feito. O folheto inicia com o tradicional autoelogio de cada cantador:

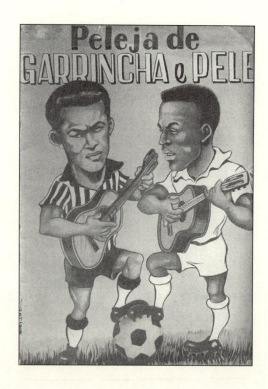

Me chamo José Patrício
Da Siqueira Patriota
Dou tapa que arranca dente
Dou murro que descangota
Cantador que vem a mim
Só pode contar derrota.

– Me batizei por Inácio
Por alcunha, Catingueira
Me criei em Piancó
Mas aprendi em Teixeira
Fiz mais de mil carniças
Logo ao subir da ladeira [p. 31].

Este autoelogio continua por várias páginas, ao fim do qual Patrício acrescenta:

Zombo de tempestade
Corisco não me faz medo

Espere pela desgraça
Que há de chegar muito cedo [p. 32].

Ao que responde Inácio:

Patrício, se acomode
O senhor não é leão
O leão mesmo, é feroz
E um dia perde a ação
Um homem dá cabo dele
Mata-o, bota-o na prisão [p. 33].

Patrício retruca que, no momento em que nasceu, a parteira o comparou a um Sansão com os sinais de Roldão! Inácio responde:

---

4. Leandro Gomes de Barros, *A Peleja de Patrício com Inácio da Catingueira*, em Mark Curran, *La Literatura de Cordel Brasileña: Antología Bilingue*, Madrid, Editorial Orígenes, 1991.

Vossa mercê tem Sansão
Como objeto ou modelo
Um homem que a sua força
Estava toda no cabelo
Leia o livro de Roldão
Veja agora o desmantelo [p. 33].

De repente, a peleja enverada para os insultos raciais, quando Patrício diz a Inácio:

Oh! negro, não me replicas
Se não com pouco me agasto
E se eu sair dos limites
Cai um pedaço de astro
Faço do teu couro mala
Dos ossos, cama de lastro [p. 34].

Lembra a Inácio o que Romano da Mãe d'Agua lhe fez na famosa peleja anterior. Inácio admite que foi derrotado porque seu oponente usou as Sagradas Escrituras, mas que este teve tanto medo dele "que ficou / branco da cor de marfim" [p. 34]. Patricio acusa Inácio de ser um escravo comum, sem estudos, que queria "tomar liberdade / com o senhor ou patrão" [p. 35]. E continua a troca de insultos:

I — Patrício, eu fui escravo
    Porém tive estimação
    Uma senhora que tive
    Andou comigo na mão
    O senhor não nasceu livre?
    Quedê sua educação?

P — Meu pai era homem pobre
    Não podia me educar
    Porém aprendi a ler
    Perfeitamente contar
    Não tenho traço de Negro
    Se vê logo onde eu falar.

I — Como tens o couro preto
    E o cabelo pixaim
    Os dentes alvos e largos
    As gengivas roxas assim
    Nas cores somos iguais
    Estás muito perto de mim.

P — Sou moreno, reconheço
    Meu cabelo é pixaim
    Porém homem neste mundo
    Não deu dinheiro por mim
    Não és tu que tens avós
    Vendidos tiveram fim.

I — Patrício esta me obriga
    A ficar muito agastado
    Em ouvir chamar moreno
    A cor de café torrado
    Seu avô veio ao Brasil
    Para ser negociado.

P — Inácio, sei que conheces
    Os nossos antepassados
    Tratemos só da moderna
    Esqueçamos os atrasados
    Acabamos com discussão
    Ficaremos descansados.

I — Isto assim é outra coisa

Eu não luto sem motivo
Vossa mercê também esqueça
O povo que foi cativo
Quem tem defunto ladrão
Não fala em roubo de vivo [pp. 36-37].

Assim, a atmosfera de autoelogio, o modelo-padrão de desafiar, responder, desafiar de novo, responder novamente, o preconceito advindo da época da escravidão, e a preocupação com o *status* social baseado na cor da pele, tudo é captado neste engenhoso poema. Outros testes de conhecimento das Sagradas Escrituras, de geografia e mitologia podem colocar o grande Inácio em desvantagem, mas o pensamento rápido e a valentia fizeram-no concorrer com os demais. Um aspecto importante da cantoria moderna – a vantagem do poeta que sabe usar trava-línguas – está ausente neste poema clássico, mas ainda é perceptível esta técnica que veio dos duelos antigos. O talento, a inteligência e uma língua afiada fizeram de tais poetas os heróis da tradição cordeliana. Aqueles dons ficam até hoje como parte importante da poesia e da diversão para os poetas e seu público.

2. O CORDEL COMO DIVERSÃO E LAZER

Neste livro, o leitor pôde observar, desde o início, que as principais funções do cordel são divertir, informar e ensinar seu público. O cordel é, essencialmente, uma poesia narrativa com toques de lirismo. Os motivos da poesia são cumpridos quando um determinado folheto cruza suas "fronteiras" e inclui no mesmo texto um ou mais assuntos temáticos e, ao mesmo tempo, diverte, informa e ensina. A história de Carlos Magno na batalha contra os vis muçulmanos é, antes de tudo, uma história de aventura épica, mas também fala, mesmo que rapidamente, dos tempos históricos e transmite uma mensagem basicamente moral. Neste Álbum VI, o leitor terá oportunidade de comprovar, especificamente, a função de lazer proporcionada pelos milhares de folhetos de cordel: como divertem o público e como documentam outras diversões desse público.

Embora os temas dos Álbuns I e II, as crenças e as manifestações da religião, tenham como objetivo principal ensinar e informar, quase sempre narram ou recontam uma história que diverte o leitor. Suas histórias morais, os "exemplos" do Álbum III, têm a função, antes de tudo, de ensinar, mas por meio de uma história divertida. (Será que o leitor acredita que a moça que bateu na mãe na Sexta-feira Santa tenha realmente se transformado em cadela, ou apenas quer ser entretido?)

O Álbum IV, "Um modelo de vida: Os heróis do cordel" conta, essencialmente, uma estória em verso na forma da ficção, narrando contos de fada, as histórias de Carlos Magno, de amor, sofrimento e aventura, inclusive as façanhas dos verdadeiros cangaceiros do século XX no Nordeste, tudo para divertir. Este tipo de verso é, de longe, o mais produzido e lido no cordel.

Finalmente, o Álbum V, "A Vida é uma Luta, a Vida é uma Odisseia", reconta, fundamentalmente, a história do pobre migrante nordestino e de seus esforços para fugir das miseráveis condições de vida num Nordeste assolado pelas secas, e sua longa viagem para o Sudeste em busca da sobrevivência. Mas será que os migrantes querem ouvir sempre as histórias das misérias da seca, da viagem sofrida, da luta para sobreviver na cidade cruel e das piadas, também cruéis, contadas a seu

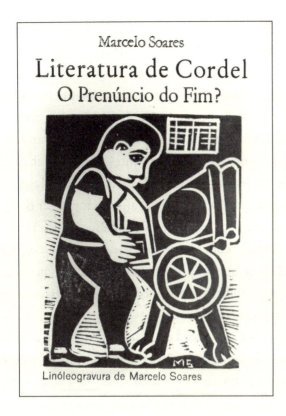

Marcelo Soares
Literatura de Cordel
O Prenúncio do Fim?

Linóleogravura de Marcelo Soares

respeito nas novas terras? No mercado, os fregueses oriundos do Nordeste já conhecem os fatos e não precisam escutar novamente. Mas, no contar e no recontar, revivem uma lembrança, sentem a nostalgia de casa, as saudades dos parentes e amigos. Não é nada diferente de ir ao teatro e assistir a uma tragédia ou escutar uma bela sinfonia em tom menor. O divertimento é parte tão importante da experiência quanto informar-se e aprender com o que lhe contam.

Outros álbuns deste livro vão também informar e ensinar – a história da política e da economia brasileiras nos cem anos do cordel, vista no Álbum VII. No entanto, centenas de folhetos falam do próprio cordel, explicam o que é, por que existe, e contam a história de poetas renomados, as lamentações pela morte dos mais famosos e documentam *ad eternum* as famosas feiras e mercados onde esses mesmos poetas têm divertido um público entusiasmado por mais de cem anos. O poeta, quem é, o que significa e seu papel em relação ao público faz parte de sua *persona* total. Não se pode separá-lo da totalidade do que faz e do que produz. Por isso, o cordel em si e seu papel para o público é mais um aspecto da função de lazer.

O cenário do cordel como diversão, a feira e o mercado, são as chaves de seu sucesso e de seu lento desaparecimento nos anos recentes. Como já disse, muitos folhetos documentam *ad eternum* as feiras e os mercados mais famosos, talvez o lugar que o nordestino mais associa à diversão na vida e à socialização com os amigos, parentes e vizinhos. E, finalmente, este álbum finaliza com outras manifestações da cultura popular-folclórica (e de massa, nos anos recentes) que divertem o público e que o cordel propaga e comenta. Começamos com o poeta e sua poesia.

O Poeta e sua Poesia

No início, como já se disse antes, os poetas eram poucos. Foram aqueles que converteram em sextilhas e septilhas as histórias em prosa de Portugal, imprimindo-as em folhetos frágeis do antigo cordel, pessoas como Silvino Pirauá Lima, Leandro Gomes de Barros, Francisco das Chagas Batista e João Melchíades Ferreira da Silva. Depois, apareceu o primeiro "empresário", João Martins de Athayde. Fundou uma oficina gráfica, criou uma equipe de poetas cordelistas e uma rede de vendas no Recife. Sua gráfica dominou todo o cordel da região, pelo que seus folhetos ficaram conhecidos pelo nome de "arrecifes". Veio, em seguida, toda uma geração de poetas que iam de feira em feira, frequentavam os mercados em cada vila ou cidade, para vender seus versos, como Manoel Tomaz de Assiz, José Pacheco, José Cordeiro, Manoel Camilo dos Santos, Rodolfo Coelho Cavalcante, Cuíca de

Santo Amaro, Minelvino Francisco Silva, entre muitíssimos outros que trabalharam nas décadas de 1930, 1940 e 1950. Os veteranos já idosos e as novas estrelas persistiram na difícil década de 1960: João José da Silva no Recife, José Costa Leite em Condado (PE), Rodolfo Coelho Cavalcante na Bahia, Manuel d'Almeida Filho em Maceió, entre outros. Em seguida, poetas vibrantes e ativos começaram a brilhar no Sudeste, sobretudo no Rio de Janeiro e em São Paulo.

Contudo, somente na década de 1960, quando estudiosos e pesquisadores, estrangeiros e brasileiros, mostraram real interesse pelo cordel – viajando pelo interior do Nordeste para adquirir folhetos e romances nos mercados e feiras para formar suas coleções, fazendo entrevistas com poetas e editores e, o mais importante, escrevendo artigos e livros sobre o cordel, é que os folheteiros tomaram consciência, juntamente com uma classe média e alta urbana, da importância do cordel e de seu lugar na herança cultural do Brasil. Na mesma época, fizeram-se grandes esforços para sistematizar coleções de poesia, para publicar antologias com edições fac-similares, catálogos de títulos e estudos eruditos sobre os poetas e a poesia. O resultado foi uma maior tomada de consciência da poesia e de seu papel histórico, e do real perigo de seu desaparecimento à medida que o país se modernizava. A partir daí, foram escritos muitos poemas novos sobre o próprio cordel e seus representantes.

Entre os praticantes do novo cordel, que lhe davam visibilidade e defendiam os poetas e seus parentes próximos, os cantadores ou violeiros, destaca-se Rodolfo Coelho Cavalcante, que escreveu poemas em Salvador (BA), desde o início da década de 1940 até sua morte, em 1986[5].

---

5. Ver Mark J. Curran, *A Presença de Rodolfo Coelho Cavalcante na Moderna Literatura de Cordel*, Rio de Janeiro, Nova Fronteira/Fundação Casa de Rui Barbosa, 1987.

Nascido em Rio Largo (AL), teve uma juventude difícil ao lado do pai alcóolatra, fugindo de casa repetidas vezes para escapar dos maus-tratos. Percorreu todo o interior do Nordeste com o irmão, com quem criou um teatro de mamulengos. Num encontro com Lampião e seu grupo, estes o prenderam por uma noite, e o soltaram quando viram que não eram pessoas importantes. Depois, trabalhou em vários circos pequenos, onde fazia de tudo, desde anunciar a chegada do circo à vila, até desempenhar o papel de palhaço principal do circo. Além disso, era "secretário" do circo lidando com as questões fiscais e criou o espetáculo principal: pequenas peças melodramáticas (sua transposição para os folhetos e romances de cordel seria, mais tarde, uma coisa natural).

Depois dessa época de *troupe* e de circo, trabalhou alguns meses como pregador protestante e, mais tarde, como professor primário no Piauí. Começou a fazer versos de cordel em 1940, em Teresina (PI): escrevia os poemas a mão em folhas volantes e, em seguida, saía vendendo-as pelas ruas da cidade. Os temas, entre outros, eram ataques aos simpatizantes dos nazistas durante a Segunda Guerra Mundial e o racionamento de alimentos. Após longa odisseia por todo o sertão nordestino, radicou-se, no começo da década de 1940, em Salvador, onde passou a dedicar-se à carreira de cordelista. Imprimia os folhetos e os vendia em frente do famoso Mercado Modelo e do Elevador Lacerda e, em pouco tempo, sua fama cresceu, em primeiro lugar por causa de uma campanha contra a "licenciosidade" no cordel da época.

Inspirado por um Congresso de Escritores e Jornalistas brasileiros realizado na Bahia, no começo da década de 1950, Rodolfo tomou a decisão de fazer algo semelhante para sua "classe", os poetas de cordel e os colegas repentistas. A ideia transformou-se em "missão" na qual este "evangelizador no cordel" gastou todos os recursos particulares – financeiros, físicos, emocionais – culminando na realização de um Congresso Nacional dos Poetas, em 1955. A partir desse evento surgiu a Associação Nacional de Trovadores e Violeiros. Em 1960, realizou em São Paulo outro congresso nacional. Daí em diante, sobreveio uma época de falência, doença e exílio, na cidade de Jequié, interior da Bahia. Nesse período, sobreviveu vendendo moedas antigas, lenços, flâmulas e "antiguidades" na feira, ao lado da literatura de cordel. Conseguiu que a cidade de Salvador inaugurasse uma barraca permanente para a venda de folhetos de cordel de sua autoria e de outros poetas, em frente ao Mercado Modelo, um dos sítios turísticos mais importantes do país, e então Rodolfo voltou a prosperar. Fundou mais uma organização, a Ordem Brasileira dos Poetas da Literatura de Cordel, e com ela ganhou maior visibilidade nacional.

Ele mesmo diz que sua produção chegou a 1 700 títulos de cordel, incluindo pequenos jornais que fazia em congressos locais e nacionais. Rodolfo lutou muito para tornar o cordel conhecido das classes médias e altas do Nordeste, Rio de Janeiro, São Paulo e Brasília. (Trocou correspondência sobre isso inclusive com o presidente Juscelino Kubitschek, no final da década de 1950.)

Outros poetas, como Raimundo Santa Helena, no Rio, e Franklin Machado, em São Paulo, poetas com capacidade de promover seus próprios interesses e os dos colegas, imitaram o sucesso de Rodolfo, como *Origem da Literatura de Cordel e sua Expressão de Cultura nas Letras de Nosso País*, compondo títulos como *A Xilogravura Popular e a Literatura de Cordel* e *A Literatura de Cordel, Prenúncio do Fim?* Foi editado, inclusive, um poema em espanhol, destinado à Bienal de Livros em São Paulo, com o título de *Los Juglares Nunca Mueren*.

O folheto *Origem da Literatura de Cordel e sua Expressão de Cultura...*[6] resume, em essência, os pensamentos e a missão de Rodolfo Cavalcante. Nesta publicação diz o autor que o cordel é a "poesia pura dos Poetas do sertão" e traça sua origem desde a Europa até sua introdução no Brasil. Fala dos cantadores famosos que apareceram antes do cordel e acabaram integrando-se nele. Fala também dos temas do cordel, de sua evolução desde seu início com a publicação de versos de poetas "semianalfabetos", com poucos estudos formais, até hoje, com a edição de poemas dos poetas letrados e até eruditos:

O Cordel sendo Cultura
Hoje tem sua tradição,

6. Rodolfo Coelho Cavalcante, *Origem da Literatura de Cordel e a sua Expressão de Cultura nas Letras de Nosso País*, Salvador, 1984.

Chamado Literatura
Veículo de Educação.
Retrata Histórias passadas
Que estão documentadas
Para toda geração [p. 6].

Além disso, discorre sobre o ingresso do cordel nas faculdades brasileiras e estrangeiras, citando os exemplos da Sorbonne e da Universidade do Arizona! Conclui:

A nossa literatura
De Cordel pelos sertões
Educa o Povo e distrai
Pelas suas narrações,
Além disso documenta
Um fato que se apresenta
Atraindo as multidões [p. 7].

Aconselha a juventude a ler esta literatura, que atualmente está por todo o país: "todo o Nordeste / da mesma forma no Sul, / no Leste até o Oeste"; no Norte, "o nosso Cordel fascina". As histórias dos trovadores estão até na televisão, adaptadas às novelas; são documentadas nos livros dos folcloristas que falam dos poetas, e seus nomes agora são famosos! É fácil ver nestes versos a eloquência com que Rodolfo defendia suas campanhas, as quais acabaram popularizando esta literatura dos humildes.

Com a realização de congressos e a fundação de novas organizações, apareceram folhetos com reportagens sobre o cordel e sobre as novas entidades e seus estatutos etc. As tiragens eram pequenas, destinadas aos próprios praticantes do cordel, embora fossem vendidos, ao lado dos folhetos cordelianos típico, nas barracas das feiras e dos mercados, oferecendo ao público em geral uma nova percepção do cordel e maior visibilidade. Este se deu conta de que, "agora", o cordel estava diferente, já não pertencia apenas aos pobres semiletrados!

Com a nova visibilidade, devida em parte aos pequenos jornais distribuídos por Rodolfo a intelectuais de classe média (e ao apoio financeiro que estes deram a seus congressos), a uma entrevista com o presidente interino do país, Café Filho, em 1954, e à troca de correspondência com o presidente Juscelino Kubitschek, começaram a surgir, nos mercados, poemas para celebrar os próprios poetas, uns de autopromoção, outros de homenagens sinceras aos grandes criadores do passado. Títulos como *Vida, Profissão e Morte de João Martins de Athayde* são exemplos disso. Franklin Machado (que se assinava Maxado Nordestino) travou uma luta pessoal para sobreviver do cordel em São Paulo e publicou grande número de folhetos. Considerado um "penetra" no mundo cordelista, em razão de seu título universitá-

rio e de sua aparência e comportamento *hippie*, produziu títulos como *O Espírito do Brasil Incorpora em Maxado*. Polemizou com João Antônio de Barros (Jotabarros), veterano do cordel em São Paulo, migrante "pau de arara", que, em poemas como *Doutor! Que Faz em Cordel?*, liderou a campanha dos "poetas legítimos" contra o tom melodramático de Machado, que respondeu com *O Doutor Faz em Cordel o que O Cordel Fez em Dr.*

Talvez o melhor desses folhetos seja a série feita por José João dos Santos ("Azulão"), *Zé Matuto no Rio de Janeiro, O Trem da Madrugada, Azulão Vem Aí, Azulão Ganha mas não Leva* e *O Artista Injustiçado*. Como o poeta Cuíca de Santo Amaro, em Salvador (BA), na década de 1960, Azulão participou da política local usando como propaganda seus folhetos. Mas não teve grande sucesso na experiência. No entanto, sua visão política, advinda da militância no PTB, bem como

seus poemas sobre este tema serão tratados no Álbum VII, "Na Política Esperamos mas Não Confiamos". Contudo, foi neste contexto que veio à tona seu papel de artista do cordel, que conta grande parte de sua vida de poeta e importante cantador do grande Rio. (Outra história importante com ramificações internacionais é contada pelo iconoclasta Antônio Lucena do Mossoró, em *Quem é Fã de Frank Sinatra é Ignorante de sua Própria Cultura* (visto no Álbum VIII), no qual defende o nacionalismo cultural brasileiro, especialmente no contexto dos artistas humildes do povo.)

O poema de Azulão, *O Artista Injustiçado*[7], representa talvez gerações de poetas de bancada e cantadores. Diz ele que escreve diretamente para o público porque o povo precisa saber dos verdadeiros fatos. Seu tema é a exploração do artista, em especial, dos cordelistas, e fala por experiência própria. Acredita que o poeta ainda é respeitado no mercado original, o Nordeste, mas, no Sul, vive esquecido e pobre, e perseguido. O pior é o "rapa", que apreende seus folhetos quando ele tenta vendê-los nas praças da cidade.

Azulão fala de uma antiga queixa:

Infelizmente é rotina
Deste povo brasileiro
Só dar valor ao que é seu
Depois que o estrangeiro
Chega aqui com ambição
No que é nosso passa a mão
Levando o melhor primeiro [p. 2].

O fenômeno, conhecido pelo nome de *mozambismo*, foi atribuído por certos intelectuais brasileiros a outro mais profundo: o complexo de inferioridade nacional! Diz o poeta que foi o interesse dos estrangeiros, especificamente de um "francês", percorrendo todo o Brasil para gravar repentistas e folheteiros e, assim, pesquisar a poesia popular, que animou os próprios brasileiros a se interessarem pelo assunto. O tal francês publicou artigos e fez palestras que alcançaram alguma repercussão no Brasil. Segundo o poeta, a "presença" do francês provocou uma verdadeira "invasão" de franceses e norte-americanos nas feiras para gravar e filmar a atuação dos poetas e cantadores. Depois, professores do colegial e até da faculdade, junto com seus estudantes, procuraram os poetas para temas de trabalhos de pesquisa, reconhecendo no cordel uma "riqueza brasileira".

Aqueles que antes faziam "anarquia" com o poeta e o cantador, passaram a andar, de uma hora para a outra, "como um pateta", dizendo que o cordelista é bom poeta. Em consequência, pseudopoetas e "falsos artistas" saíram à praça, gabando-se e apresentando-se como poetas verdadeiros. Azulão não se contém quando fala deles:

Poetaços desse tipo
Por aí tem como a peste
Com uma bolsa dum lado
Trajado de Farweste
Vivem nessa correria
Deturpando a poesia
E envergonhando o nordeste [p. 4].

Por outro lado, os verdadeiros poetas vivem sem poder editar suas obras, e as tipografias "serve[m] aí de fantasia / enfeite e decoração" [p. 5]. Há supostos benfeitores, "graúdos prometendo / a terra e o céu estrelado" [p. 5], falando nos jornais que têm ajudado muito os poetas. Mas a verdade é que:

---

7. José João dos Santos, "Azulão", *O Artista Injustiçado*, Engenheiro Pedreira, RJ, s. d.

Só querem nossos folhetos
E gravar o cantador
Dar parabéns, bater palmas,
Porém não dão o valor
Fazem proveito do dom
Mas o dinheiro que é bom
Poeta nem ver a cor [p. 5].

Azulão, que também é respeitado repentista, fala especificamente deste talento:

O que me causa revolta
É saber que essa raça
Faz convite ao cantador
Para ir cantar de graça
Lá gravam todo argumento
Depois dão em pagamento
Cerveja, uísque e cachaça [p. 7].

Pensam que o artista não come, que não precisa de roupa, que não paga aluguel,

Vive de elogio e nome
Se acontenta em ser famoso
Embora tuberculoso
E os filhos passando fome.

O artista que for besta
Se lasca e nada consegue
Acreditando em promessa
Vive ao sofrimento entregue
Eu com o bucho vazio
Mando fama e elogio
Pra o diabo que os carregue [p. 6].

E conclui o poeta:

Sei que muita gente vai
Achar ruim os versos meus
Porque a verdade fere
Esses pensamentos seus
Querem fazer do poeta
Uma bagagem completa
Para enfeitar os museus.

São essas grandes ajudas
Que esse povo tem nos dado
Apesar das fantasias
Que os jornais têm publicado
Se transformasse a metade

Das promessas em verdade
Há tempo eu tinha enricado [p. 7].

Azulão fala, ainda, de outro artista muito explorado, Mestre Vitalino, ceramista famoso por seus bonecos de barro em Caruaru. Diz que suas peças estão hoje em museus e em casas de gente rica, mas ele está morto e a família não tem direito a nada. O poeta tem notícia de uma ação judicial pedindo que se paguem os direitos à família. Ele mesmo, Azulão, gravou um disco de poemas de cordel, um grande sucesso com seguidas tiragens. No entanto, a Campanha Nacional de Defesa do Folclore diz que só foi feita a primeira tiragem. É por isso que o poeta desabafa:

Quando me vejo oprimido
Desabafo na caneta
Da lira faço bigorna
Do verso faço marreta
Toco fogo nessa corja
E derreto em minha forja
Essa raça picareta.

Ele sabe que vão censurar este poema, negar tudo, mas "assim contei como vive / o artista injustiçado" [p. 8].

Azulão tinha certeza de que o público tradicional do cordel ouviria ou leria o poema e concordaria com ele. É notória a solidariedade entre o poeta e seus fãs! Alguns outros "rebeldes" já contaram histórias semelhantes, e verdadeiras. O poeta, como seu público, é quando muito um sobrevivente.

O Mercado e a Feira

Igualmente importante na moderna história do cordel são os livrinhos de verso que descrevem a essência da atmosfera de

outro fenômeno folclórico-popular do Brasil: os relatos sobre os mercados e as feiras. Sem estes, o poeta não existiria, porque o dia semanal de feira era, provavelmente, a principal "instituição" social do público do cordel. Vê-se, nestes poemas, como esta poesia está ligada a um modo de vida que, de fato, está desaparecendo rapidamente no Brasil. Alguns clássicos do cordel são ABC da Praça Cayrú (a praça em frente do Mercado Modelo em Salvador, na década de 1940 e 1950), *O que o Mercado de São José Tem* (o mercado principal no Recife, na mesma época), *A Feira dos Nordestinos no Campo de São Cristóvão – RJ* (dos anos de 1950 ao presente) e *A Praça é da Poesia e Arte na República* (no centro de São Paulo).

A luta pela sobrevivência das feiras é observada em *A Feira em Feira quer Voltar para a Praça* (em Feira de Santana, BA). Um incentivo para a vida cultural folclórico-popular tem sido o patrocínio, concedido pelas prefeituras e centros comerciais, a uma campanha em prol da sobrevivência do mercado ou feira local. Este sentimento público deu origem a uma pequena onda de folhetos novos que, na verdade, fazem propaganda do cordel, da vida cultural popular e das próprias feiras: *Feira Livre de Arte Total*, *A Vida em Tracunhaém e o Amor pela Arte*, *Tarde de Cultura Cearense* ou *Azulão Canta Dizendo como é nosso Folclore*.

Não se pode esquecer as séries esporádicas de livros em verso no estilo de cordel, feitas com o objetivo de incentivar a cultura folclórico-popular, como, por exemplo, a série do Museu Théo Brandão em Maceió, a série de folhetos de contos populares da Universidade Federal da Paraíba e outra de artes folclóricas no Recife.

O folheto ABC da Praça Cayru[8], um clássico da década de 1940, escrito por Rodolfo Coelho Cavalcante, representa uma

pequena joia e sintetiza a maneira como um mercado ou feira e tudo o que os envolve pode tornar-se fonte importante de diversão e orgulho na Bahia da época. Resumimos e parafraseamos boa parte do poema.

A praça Cayru é o lugar onde os jornalistas podem registrar as tradições da Bahia e o folclore da poesia, e onde "tudo" é popular. É onde pretos e brancos se misturam livremente (a essência do sonho baiano da miscigenação), é o cenário do "Bazar Bagaço", fotógrafo lambe-lambe, reclamista e trovador. Lá está "Chico propagandista", com seu alto-falante armado no meio da praça, reúne o povo rapidamente, e "começa a fazer magia / vende a mercadoria / no seu viver ambulante" [p. 1].

Se o leitor passar pela praça Cayru ao meio-dia,

Por favor feche os seus olhos
Se não quiser demorar

---

8. Rodolfo Coelho Cavalcante, ABC da Praça Cayru, Salvador, 1943, xerox.

Do contrário fica vendo
O seu criado ali lendo
E fica sem almoçar [p. 2].

O guarda-civil vigia todo o movimento, é "o anjo da guarda" que defende e "merece acatamento". Homens, mulheres, malandros, gente de todas as cores, forasteiros, viajantes, e os leitores, "se aglomeram de verdade / ... / são nossos espectadores".

Instante, instante se ouve
O grito: "PEGA O LADRÃO"!
É o malando no mercado
Que já deu alteração
O povo corre de vez
Pra olhar com nitidez
O autor da confusão.
....
Kentinho! chegou agora!
Grita outro: mais que fosse!
De quem serão esses gritos?
– São os meninos do arroz doce
E nisto o HOMEM DA COBRA
Dá um grito: "Lá vai obra"
Já o povo aglomerou-se.
....
Nozinho "Cego do Fole"
Tá tocando "Joazeiro"
Adiante "Benedito"
Bem perto de um violeiro
Está tocando "Irmão do Samba"
E chega o neguinho bamba
"CARIOCA DO PANDEIRO"
....

Quiquilharias, folhetos,
Mágicos e cantadores
Acrobatas, comem-vidros
Centenas de vendedores
Na mais completa alegria
Parecendo uma sinfonia
De Beethoven, meus leitores.
....
Rodolfo Coelho fica
Debaixo de um oitizeiro
Gritando: "GETULIO VARGAS"
"Juracy" e "Brigadeiro"
"Mangabeira" e "Adhemar",
"O mundo vai se acabar"
– Dois livros por um cruzeiro! [pp. 3, 4, 5, 6].

Um vendedor de voz forte faz estremecer o arvoredo e parece fazer oscilar o grande Elevador Lacerda! Outros vendem toalhas, colchas de lã, panos para sofá, e sempre aparece uma baiana vendendo abará. O lambe-lambe está presente da manhã ao entardecer, tirando o retrato do povo. E os vendedores de raízes e ervas vendem remédio para dor de dentes, "dor no corpo", e todas as dores.

Pode-se escutar o trovador que lê um livro sem cobrar um "tostão":

Zé Povo diz ao "poeta"
– Eu gosto "seu trovador"
Ouvir as suas histórias
Pois elas têm um sabor
De consolar minhas mágoas.
Nisto vejo duas lágrimas
Rolarem à face, leitor [p. 8].

A praça Cayru, depois de uma má administração que quase a transformou em estacionamento de carros, busca atualmente recuperar a velha imagem. De um lado, fica o Mercado Modelo e, de outro, o Elevador Lacerda, porém o cais dos saveiros comerciais (tão importante nos romances de Jorge Amado) não existe mais. A beleza que resta são as descrições clássicas em *Bahia de Todos os Santos*, de Jorge Amado, e em folhetos como esta joia de Rodolfo. Seus sucessores mantêm uma pequena barraca de poesia em frente ao Mercado Modelo, mas o movimento não é como antes. A praça transformou-se em "feira hippie", boa certamente, mas sem a vida realmente folclórica da época do poeta. Em seu poema, Rodolfo pergunta-se se vale a pena tentar preservar essas coisas no Brasil, ou se seu fim é inevitável. Poder-se-ia dizer o mesmo do cordel. Portanto, um objetivo deste livro que apresento é também manter vivas algumas dessas memórias.

Existe um tipo de cordel de características diferentes, que se poderia chamar de "turismo cordeliano" ou "postais do cordel". Esses livrinhos em verso assemelham-se a folhetos turísticos a louvar as virtudes de uma vila, uma cidade ou uma região. São quase sempre uma espécie de panegírico, em exaltação do lugar, enfeitado com "mel de açúcar", o doce exagero do poeta. São diferentes dos outros folhetos do cordel e realmente não contam uma "estória" ou "história"; no entanto, são uma constante nas feiras. O comprador desse folheto é levado a orgulhar-se de seu local de nascimento, de sua juventude ou até da viagem de turismo, certo de que o lugar é único no país. Os títulos "retratam" todo e qualquer lugar: *Roteiro do Recife*, ABC *de Alagoinhas*, *Cidade de Salvador*, *Postal do Brasil*, *Caruaru de Ontem e de Hoje*, entre outros. Mas, de algum modo, esses poemas divertem o público quando descrevem a "beleza inigualada e o charme" de lugares como o Piauí, estado do Nordeste, Juazeiro do Norte de padre Cícero etc., em comparação com os folhetos que falam das glórias do Rio de Janeiro, de São Paulo e de Brasília!

Nenhum destes títulos sobre o cordel em si, sobre os cantadores, as feiras ou os "postais" do Brasil chegaram a ser *best-sellers*. Muitos nem foram comprados pelo freguês "comum" do cordel, pelo nordestino do interior ou do litoral, mas todos demonstram como o poeta e a poesia na feira foram, por um século, fontes importantes de diversão em muitos lugares do Brasil.

3. O GRACEJO

Outro "estilo" de folheto de cordel é a história engraçada, denominada "gracejo". Pode ser qualquer folheto chistoso de oito páginas vendido no mercado ou na feira, desde que seu principal propósito seja fazer humor. A diferença entre este tipo de verso e outra história qualquer que apresente humor ou uma anedota engraçada é que aquele foi feito, desde o começo, com o objetivo de entreter o público e fazê-lo rir.

Liedo Maranhão, estudioso do cordel de Olinda (PE), diz no seu livro, *Classificação Popular da Literatura de Cordel*, que estas histórias são escritas "para fazer o matuto rir no meio da feira"[9]. O poeta José Costa Leite, um dos grandes veteranos da poesia em Pernambuco, é famoso por seus gracejos. Alguns poetas pioneiros, como José Pacheco, serviram de modelo para os que vieram depois.

Franklin Machado, em *O Que É a Literatura de Cordel*, diz que o gracejo é qualquer história cômica na forma de uma piada, uma anedota, ou uma situação engraçada com a finalidade de satirizar a vida, estabelecendo, assim, uma definição mais "genérica" para esses poemas[10]. Tanto ele como Liedo Maranhão fazem questão de distinguir o gracejo dos poemas "obscenos", ou seja, as histórias de "putaria" ou "safadeza". Estes últimos são hoje extremamente raros, por já terem sido motivo do fechamento de uma tipografia ou da perseguição pela lei de um poeta de bancada ou folheteiro. Foram os poemas que Rodolfo Coelho Cavalcante criticou quando os encontrou no mercado da Bahia, no começo da década de 1940, poemas que insultavam sua própria sensibilidade e a própria existência do cordel, no dizer do poeta (e foi causa de sua primeira grande campanha). Mesmo assim, Rodolfo admitiu ter escrito, para ganhar dinheiro, alguns gracejos mais inocentes, com duplo sentido. Criticou o colega e concorrente Cuíca de Santo Amaro por vender, ao lado das chamadas histórias "normais", poemas verdadeiramente pornográficos, de capa marrom, sem título ou ilustração, para fregueses "escolhidos". Muitos consideram esses poemas de putaria ou safadeza obscenos e pornográficos, pois descrevem a genitália e o ato sexual em si, fazendo uso de uma linguagem vulgar. Os dois mencionados estudiosos citam títulos como *Sonho de uma Donzela*, que Maranhão, pedindo desculpas, inclui em seu livro. Comenta ainda, de passagem, que

---

9. Liedo Maranhão, *Classificação...*, op. cit., pp. 87–90.
10. Franklin Machado, *O Que É a Literatura de Cordel*, Rio de Janeiro, Codecri, 1980, p. 69.

a campanha do Cavalcante foi bem-sucedida, porque já (*circa* 1970) não se encontram mais essas histórias. Como exemplos desse tipo de poema, citamos *O Malandro e a Piniqueira no Chumbrêgo da Orgia*, de José Pedro Pontual, e *O Casamento d'Uma Moça Macho e Fêmea com um Rapaz Fêmea e Macho*, cujo autor já faz safadeza até no nome que assina: H. Romeu.

A despeito da terminologia, da linguagem, da definição, da classificação e dos debates dos estudiosos, todas essas histórias fazem rir o comprador do cordel tradicional na feira e são fonte importante de diversão, satisfazendo aos parentes, amigos e vizinhos. A diferença entre um poema um tanto "perigoso", embora considerado um "gracejo", e um outro sem qualquer alusão sexual é mínima. Exemplos de poemas de duplo sentido considerados "gracejos" são *O Homem da 'Gaia' Mole*, *O Periquito de Rosa e a Rolinha do Vicente*, *O Matuto Vendendo Fumo Ambulante*, ou *Encontro do Vendedor*

de Fumo com a Velha que Vendia Tabaco, ou ainda *A Mulher que Deu Tabaco na Presença do Marido*.

Mas, no sentido mais amplo, poemas engraçados "clássicos" não precisam do tema do sexo. *A Briga do Cachorro com o Gato*, de José Pacheco, *O Forró da Bicharada*, de Apolônio Alves dos Santos, uma infinidade de folhetos sobre os matutos na cidade (vistos no Álbum v), como *Zé Matuto no Rio de Janeiro*, e, é claro, qualquer folheto sobre os portugueses, são imprescindíveis para o humor.

Leandro Gomes de Barros fez diversas sátiras aos portugueses, em 1917–1918, sobre o serviço militar, em que ressaltava a fala e o sotaque lusitanos. Um exemplo de hoje é *A Disputa do Português com o Fiscal*[11], de Gonçalo Ferreira da

11. Gonçalo Ferreira da Silva, *Disputa do Português com o Fiscal*, Rio de Janeiro, s. d.

Silva, poeta do Rio de Janeiro. Nesta história, o autor faz um relato hilariante sobre um negociante português do boteco da esquina que, para limpar, cozinhar e fazer outros trabalhos pesados, empregava somente nordestinos "paus de arara". Um dia, o português não quis pagar aos empregados uma soma que lhes devia, e eles pediram demissão. O português tentou se virar depois que eles, normalmente bons trabalhadores, deixaram o emprego. Ironicamente, porém, quando um fiscal passa e tenta subornar o português, os mesmos trabalhadores, junto com os fregueses, tomam o partido do antes vituperado "portuga". Não há nada de novo no universo do cordel; é o mesmo fiscal parodiado em muitos relatos clássicos de vida na feira.

Qualquer relato sobre chifrudos (Álbum III) faz rir, como *A Era dos Chifres*, que já vimos. E os "exemplos" morais do mesmo álbum quase sempre têm um elemento de humor, porque quem poderia acreditar em histórias absurdas como a da *Moça que Casou Nove Vezes e ficou Virgem* ou da *Mulher que Rasgou o Travesseiro Pensando que era Roberto Carlos* ou mesmo o clássico *A Moça que Bateu na Mãe na Sexta-Feira da Paixão*? Altamente morais, nunca obscenas ou "pornográficas", essas histórias foram usadas como modelo para os relatos de "duplo sentido", como *A Mulher que deu Tabaco na Presença do Marido*.

Poder-se-ia fazer um resumo deste tipo de cordel a partir da obra do poeta Antônio Lucena do Mossoró. É contemporâneo de Rodolfo e, às vezes, escrevia joias de sátira cordeliana, como *Quem é Fã de Frank Sinatra Ignora a Grandeza Cultural do Brasil*. No entanto, também escreveu outras histórias obscenas, como *A Mulher que Deu a Bunda* ou relatos tremendamente obscenos e vulgares sobre os homossexuais e a AIDS.

Por conseguinte, zombando de si mesmos ou dos outros, os folhetos de gracejo no cordel estão entre os mais importantes e divertidos e, se continuarem aparecendo nos mercados, será mais uma prova de que está intacta a famosa atitude brasileira de não confrontar, de "dar um jeito", e de que o Brasil ainda é um lugar de paz e prazer no mundo.

4. O FUTEBOL

Um exemplo final e importante do cordel como diversão são as centenas de títulos que falam da paixão nacional do brasileiro pelo futebol. Nesses folhetos chega-se a uma esfera onde a previsão e o êxtase da vitória ou a tristeza da derrota dominam a psique nacional. *God, Football and Carnival* [Deus, Futebol e Carnaval], produzido pela BBC, é o nome de um dos melhores documentários sobre o Brasil, e este título não é nenhum acidente. Com uma religiosidade bastante diversificada, o Brasil tem como religião principal o futebol, esporte-festa nacional que resume grande parte do país. Acrescente-se um dia na praia e o retrato estaria mais completo. Muitos acadêmicos dizem que a variante brasileira da "democracia social", com sua mistura de raça, religião e idealismo, encontra-se precisamente no Maracanã, domingo à tarde, ou no Sambódromo, quando as escolas de samba desfilam no carnaval.

O cordel também traça um retrato deste passatempo nacional, o futebol, na forma existente no Brasil. Os poetas

são tão torcedores quanto seu público; no Brasil, a pessoa torce por um time ou por se tratar de um esporte, ou porque o time está presente na vida social. Numa conversa de bar, no Brasil, ouvem-se perguntas como "Vocé é Flamengo?", como se se perguntasse "Você é católico?" ou "Você é brasileiro?" E a resposta, "Sou Fluminense" ou "Vivo ou morro pelo Vasco", dá uma noção bastante clara da mente do brasileiro, da predileção por determinado time e também de seu lugar na sociedade. Prova disso é a visão do estádio de futebol e das ruas em volta num dia de jogo, quando os torcedores, vestidos com as cores do time, depois de uma vitória, desfilam em seus carros pelas ruas dos bairros, abusando da buzina e acenando com grandes bandeiras, correndo e gritando.

Por trás de tudo isso, está, é claro, a ideia do lazer, da diversão, mas pode tornar-se um complicador quando é o reflexo da psique do Brasil como país do Terceiro Mundo que almeja fazer parte do Primeiro. São dezenas de livros, artigos de jornal, suplementos dominicais e programas de televisão que tentam responder às perguntas: Como vai a seleção nacional? Como vai jogar na próxima Copa do Mundo? Em suma, o Brasil acredita que é o melhor do mundo neste esporte, e que somente um acidente do destino pode fazê-lo perder a Copa a cada quatro anos, e que seu estilo de futebol é verdadeiramente "nacional" e "brasileiro", diferente, portanto, do resto do mundo.

Precisa-se apenas de uma bola, de algo que represente o gol nos dois terminais de um espaço vazio e de tempo para jogar. Todos os brasileiros, ricos e pobres, desde os jogadores nos grandes estádios das megalópoles São Paulo e Rio de Janeiro, até aqueles que brincam no campinho à beira do rio São Francisco, no interior de Minas Gerais, ou ao lado de um afluente do Amazonas, todos têm os pré-requisitos. Um campo vazio pode converter-se, na imaginação de um rapaz do Piauí, num Maracanã rural. O Maracanã foi o maior estádio do mundo construído para a primeira Copa do Mundo realizada no Brasil, em 1950. A boa sorte era simplesmente brasileira; mas chegou atrasada (por oito anos). E o Brasil foi derrotado pelo pequeno Uruguai. O País acabou ganhando sua Copa (e outras mais), como fora planejado, mas apenas em 1958.

O jogo de futebol é o esporte por excelência para o rapaz pobre que mora na favela da cidade ou no campo. Pode-se jogar sem sapato, não é necessário uniforme e, se for preciso, pode-se fazer uma bola de jornal ou de meia. Uma das ideias mais estereotipadas sobre a habilidade do brasileiro no futebol é o fato de quase todos aprenderem a jogar e a treinar na areia da praia, o que, até certo ponto, não deixa de ser verdade.

Este esporte foi introduzido pelos britânicos no século XIX, cresceu em clubes particulares destinados apenas aos brancos, mas, com o passar do tempo, aceitou a participação dos negros. E o esporte cresceu junto com o número de torcedores fanáticos, e, na década de 1950, o Brasil tornou-se, nessa área, uma potência internacional. Foi o primeiro país a ganhar a Copa do Mundo três vezes, o que lhe deu o direito de ficar com a tão cobiçada Taça Jules Rimet, taça que, tempos depois, foi roubada de uma vitrine do Rio de Janeiro. Depois daquela data, o país somou uma quarta e uma quinta vitória, na Copa do Mundo, em 1994 em Los Angeles, e em 2002 no Japão. Em função disso, as grandes "feras" ganham fortunas. Existem muitas histórias de pessoas que deixaram a pobreza e ficaram ricos; a mais importante de todas foi Pelé, seguido de perto por Mané Garrincha, depois Sócrates, Zico, Ronaldo, Romário, e muitos outros. Após a terceira vitória na Copa no México, em 1970, aconteceu um *brain-drain* no futebol, e grandes estrelas, jogadores e técnicos foram recrutados por *sheikes* do Oriente Médio com os dólares do petróleo e pelas ligas europeias, que contrataram alguns craques brasileiros para jogar por seus times, fortificando assim os impérios do futebol na Europa.

Mas a Copa do Mundo acontece somente de quatro em quatro anos e quase sempre longe do Brasil. Para muitos, portanto, o evento anual por excelência é o Campeonato Carioca no Rio. Cada vez mais badalado, mais louco, o jogo no Maracanã é um espetáculo nacional, com fãs vestidos com as cores dos times e portando bandeiras cada vez maiores. Quando os times entram em campo ou fazem um gol, parece que o céu se transforma num grande foguete ou numa bomba de fumaça. É o carnaval no Maracanã.

* * * *

Este autor teve a oportunidade de assistir a um jogo do campeonato carioca em 1966, entre Flamengo e Bangu. Sentados na plateia embaixo, "por segurança", segundo meu anfitrião carioca, vimos e ouvimos a gritaria da torcida, as brigas, as bolas de fogo (jornais enrolados em forma de bola, acesos e jogados das arquibancadas sobre os grã-finos). Mas o principal foi o espetáculo no campo. Naquele ano, o jogo foi um estouro. Os jogadores assomaram pelo túnel e foram recebidos pelo público num estrondo de gritos, aplausos, buzinas e grandes nuvens de fumaça dos foguetes. O jogo transcorreu normalmente, até que, coisa fora do comum, uma das estrelas, mancando devido a uma jogada "suja", inclusive vaiada pela torcida, foi forçada a manter-se no jogo porque se esgotara o limite de substituições. Na verdade, numa manobra inacreditável, o juiz apitou o fim do jogo antes do tempo, coisa inusitada na história do futebol.

O mais espantoso foi o pessoal que se amontoava nas "gerais", no próprio fosso que cercava o campo. Um fenômeno estranho aconteceu por diversas vezes durante o jogo: alguns desordeiros começavam a andar e depois a correr ao longo do estádio. Se os outros não corressem com eles, seriam atropelados, com risco de se machucarem, ou até mesmo de serem pisoteados, com perigo de vida. Visto de nossas cadeiras, parecia uma onda de minhocas exsudando ao redor do estádio. E isso foi apenas uma das distrações. A celebração mesma aconteceu depois do jogo, e ficou fora de controle. Os torcedores cariocas nunca poderão ser acusados de distração, olhando o jogo sem raciocinar.

Em outro dia, chuvoso no Maracanã, vimos o famoso Pelé, de longe e sem binóculos. O celebrado número 10 na camisa branca era o centro da atração deste jogo, que aconteceu muitos anos antes de sua ida para New York para jogar no Cosmos, ganhando milhões de dólares.

* * * *

Tudo isso os poetas de cordel relatam a seu público, desde o jogo local ou regional, como *Um Samba de Murros no Jogo do Bahia com o Itabuna* ou *O Sapo que Desgraça o Corinthians*, de 1976, em que Franklin Machado explica por que o Corinthians passou 22 anos sem ganhar um título: o time fora enfeitiçado por um culto afro-brasileiro. Em Belém do Pará, o poeta vai buscar no tema do "debate" ou "discussão" o título onde discute os méritos de dois times do Norte, Remo e Paisandu. O orgulho local é evidente, no Rio Grande do Norte, quando um poeta conta, no formato do ABC (nome de um time do estado), um campeonato local.

Mas é a equipe nacional e o drama da convocação e preparação, os jogos em si e os momentos após a Copa que dominam os folhetos de futebol no cordel. O Brasil é realmente o nº 1, o único time a ganhar a Copa cinco vezes: 1958, 1962, 1970, 1994 e 2002. Nos primeiros dois certames, as estrelas foram o imortal Pelé e Mané Garrincha, mas o auge foi a vitória no México, em 1970. O Brasil ganhou, como já disse, o direito de ficar em definitivo com a Taça Jules Rimet, uma

prova de sua superioridade. Escolhemos uma descrição daquele momento como exemplo de todas as histórias sobre o futebol, em parte devido ao grande momento que representou, mas também porque o autor é um dos mais celebrados de todo o cordel nas reportagens sobre o futebol: José Soares do Recife, de Pernambuco, o "poeta-repórter". Os folhetos sobre o futebol sempre foram uma garantia de boas vendas e de feijão na mesa do autor.

Em *Brasil – 1958 – 1962 – 1970 – Tri-Campeão do Mundo*[12], o poema, além do jogo, reflete a época. No auge da censura e opressão da ditadura militar, o presidente da República, general Garrastazu Médici, foi visto no Estádio Azteca, em Cidade do México, com o rádio de pilha ao pé do ouvido torcendo por "seu" time. O regime havia aprendido que se podia aplicar ao Terceiro Mundo e num país em desenvolvimento a máxima romana "pão e circo": se se desse ao povo carnaval, futebol e Miss Universo, talvez este não reclamasse da censura total e da falta de voz na sociedade. Muita gente já disse que o único lugar onde se podia dizer qualquer coisa contra a ditadura no Brasil da época era o estádio de futebol. Portanto, a vitória em 1970 "provou", de um modo meio torto, que os militares também eram capazes de trazer bons tempos e que o Brasil da época era realmente um país "pra frente".

José Soares resume todos os jogos do Brasil na Copa e também as festas para celebrar a vitória, em *Brasil Campeão do Mundo 1970*[13], mas é sua comparação do "futebol bonito" do Brasil com o jogo "sujo" dos ingleses que, em certo sentido, sintetiza todo o período e a luta pelo domínio mundial no esporte:

---

12. Sem indicação de autor, *Brasil – 1958 – 1962 – 1970 Tri-Campeão do Mundo*, s. l., 1970.

13. José Soares, *Brasil Campeão do Mundo 1970*, Recife, 1970.

A Inglaterra também
Que era o cão da Europa
Inventou um jogo duro
Dizendo o Brasil não topa
Mais Jairzinho detetive
Prendeu o ladrão da Copa.
....

Os ingleses iam jogar
Armados de cacetete
Capitão Carlos Alberto
Deu logo n'um um bofete
Não respeitando sequer
A Rainha Elizabeth [pp. 1 e 3].

Pelé continuava sendo o símbolo do futebol brasileiro. O poeta faz uma espécie de "mantra" hindu na sua louvação do herói:

O meu Pelé é do Santos
Pelé que entra na barra
Pelé que mata no peito
Pelé que joga com garra
Pelé que briga na área
Pelé que entra na marra [p. 7].

Com a vitória, houve carnaval nas ruas do Brasil, uma celebração rouca, mas o poeta não conseguiu esquecer-se do momento político quando discorreu sobre a celebração dos próprios jogadores:

Na casa de Everaldo
No Rio Grande do Sul
Houve farra de cerveja
Vinho do Porto e Pitu
Dando viva a Havelange
Zagalo e Garrastazu [p. 8].

Como já se disse, um momento menor mas significativo da história brasileira teve lugar pouco tempo depois: o símbolo do orgulho nacional e de sua superioridade no futebol, a Taça Jules Rimet, foi roubado de uma vitrine no centro do Rio de Janeiro. O episódio e as circunstâncias que rodearam esse roubo produziram um dos poemas mais vitriólicos da época, escrito por Franklin Machado em São Paulo: *O Brasil Entrega o Ouro e Ainda Baixa as Calças (O Ex-País do Futebol)*. Abre dizendo:

Dignidade é valor
Que deve ser preservado.
Quando as pessoas o perdem
Todo povo é afetado.
O pudor de nossa raça

Está indo com a Taça,
Deixando o Brasil roubado [p. 1].

Parafraseando o poeta, a Taça Jules Rimet não era apenas um troféu, nem um troféu de ouro, mas um "símbolo da maior conquista / do país de futebol" [p. 1]. Era uma joia rara que, fora do Brasil, nos deu orgulho, orgulho já desaparecido. O poeta está mais do que zangado ou triste (desculpem a expressão, mas não há melhor maneira de expressar do que a frase usada pelo povo): "está puto da vida!" Segundo o poeta, o governo mandou fazer uma cópia da taça roubada, de ouro como a original, mas por um ourives de fora do Brasil! Isso simboliza, para Franklin Machado, poeta liberal, *hippie* e contestador, um desprezo da "nossa técnica" e um atestado de nossa "incompetência", e, mais que tudo, uma afirmação da "dependência" em que está o Brasil em relação ao Primeiro Mundo. Coloca tudo em termos morais:

> Pareceu coisa de virgem
> Violada por parente,
> Os pais contratam um médico
> De fora e bem competente
> Pra restaurar o aperto
> E assim se faz acerto
> Pra que case decente [p. 2].

A lamentação do poeta atinge novas alturas:

> Estamos nessa agora
> Da moral de aparência,
> Perdendo tudo que temos
> Mas mantendo a decência
> De modo artificial.
> Como se não fosse um mal
> Que nos leva a indecência [p. 2].

Então, o poeta se lança numa diatribe contra tudo o que há de errado no Brasil. A taça é apenas o sintoma de um país com um carcinoma, "apodrecendo e fedendo" por dentro, mas com um belo exterior de um tesouro que se evaporou. Enfurece-se com os ladrões e assaltantes, "trombadinhas pivetes / que são só marionetes / de maiores elementos" [p. 3] nas ruas do país, procurando qualquer objeto de ouro – relógio, aliança de casamento, colares –, um fenômeno que afeta a classe média e alta no Rio de Janeiro até hoje, sem contar os turistas.

Por trás de tudo isso, uma intriga internacional para derreter o ouro roubado e fugir do País com os lucros. E as fundições clandestinas? São os grandes ladrões grã-finos que violam o país. O ouro é abundante no Brasil (o poeta lembra os achados gigantescos de Serra Pelada, entre outros), mas a iniciativa particular dos pequenos garimpeiros está proibida e as multinacionais agora controlam o fluxo do ouro para fora do país.

Perdemos mesmo a vergonha,
Viramos país de putas,
Veados, ladrões, corruptos,
Traidores sem ter lutas
Para a emancipação,
Para não sermos Nação
Que tem suas disputas [p. 5].

(Ele se refere à falta de liberdade sob o regime militar.) Continua:

Nos tornamos mais colônia,
Como a Cuba de Batista.
Latrina de qualquer gringo
Que vem cá, como turista,
Cagar nas nossas cabeças,
Mijar com suas peças
De matriz capitalista [p. 5].

O vate toca realmente na psique nacional e no papel que o futebol representou em 1970, além do fato de o orgulho nacional tornar-se um produto de um jogo levado a sério demais, talvez, na verdade, "o único jogo" do país do Brasil.

Os folhetos de cordel contam muito mais: há os poemas amargos, como quando o Flamengo – o time "nacional" do povão – vendeu o craque Zico a um time da Itália, resultando na perda de um programa nacional com sucesso talvez demasiado. Por outro lado, existem histórias maravilhosas em louvor do rei Pelé e de Mané Garrincha, o futebolista que, talvez, melhor simboliza a luta e a saga do caráter nacional brasileiro no seu esporte tão querido. Não se pode dizer menos do Pelé; as histórias sobre ele acabam em fama, riqueza e sucesso, mas foi a figura trágica do primeiro que mais fascinou no cordel.

Garrincha, que nasceu de "pernas tortas", usou-as para driblar os melhores jogadores do mundo. No entanto, o que mais se destaca é sua figura trágica. Sem conseguir adaptar-se aos grandes sucessos de sua vida, abandonou a primeira esposa e a família por Elza Soares, cantora nacional da época, e, caindo no alcoolismo, morreu pobre e esquecido. Como aconteceu com o cangaceiro Lampião ou com Getúlio Vargas, as fraquezas da vida real são esquecidas no cordel, e o

homem virou mito, maior do que a vida, visto nestes versos de Raimundo Santa Helena[14]:

> Garrincha fez tratamento
> Mas não deixou de beber
> As injeções no joelho
> E os contratos em branco
> Coices rasteira e tranco
> Fizeram Mané sofrer
> ....
> Foi tão grande com a bola
> No álcool e na paixão
> Na solidariedade

14. Raimundo Santa Helena, *Garrincha*, Rio de Janeiro, s. d.

E na dor da solidão
Que não estranhei a cena:
A cova era pequena
Pra receber o caixão... [pp. 4 e 6].

Terminamos este álbum de fotos sobre as diversões com o resumo de um poema sobre futebol que, sem dúvida, liga este grande passatempo nacional à essência do cordel: o teste e a resposta, o desafio e sua reação – a vitória sobre todos os obstáculos, bastante presente em *O Amor de Geovana por Germano Jogador*[15]. Este poema, escrito na forma de um grande romance da tradição europeia de amor e aventura no cordel, também demonstra que o futebol é muito mais do que um jogo no Brasil.

Trata-se da história de Germano, estrela futebolística do Flamengo, vendido para o time de Milão, na Itália. O jogador tornou-se grande astro, com grande sucesso na Europa graças à boa atuação e às entrevistas e publicidade subsequentes. Nessa época, Germano conheceu Geovana, uma condessa de uma família aristocrática da Sicília. Eis a descrição de seu primeiro encontro, visto pelo poeta, quando então se apaixonaram:

> Germano disse, Geovana
> Além de negro sou pobre
> Ela disse, Eu só quero
> Que tenha o coração nobre
> Seu amor sendo sincero
> Todo defeito se encobre.
>
> De teu amor ser leal
> No teu olhar vejo escrito

15. Manoel Ambrósio da Silva, *O Amor de Geovana por Germano Jogador*, s. l., s. d.

Álbum IV: a filha rica e nobre se apaixona pelo pobre vaqueiro ou lavrador; o rapaz pobre e valente rapta a menina rica e luta contra o pai rico pelo direito de amar à filha.

Mas Geovana está convicta de sua decisão e diz ao pai:

Geovana disse, Papai
Não atrapalhará meu plano
Eu amo muito o negrinho
Meu gatinho, meu bichano
Só mesmo Jesus separa
O meu amor de Germano.
. . . .
Pois quem já leu O Cruzeiro
Com atenção direitinho
Ela brinca com Germano
Lhe chamando meu gatinho
Meu negrinho de veludo
Aplique em mim um beijinho [pp. 3 e 4].

Alguém pode te achar feio
Mais para mim és bonito,
De hoje em diante te adoro
Igual a São Benedito [p. 2].

O poeta soube do namoro pela revista *O Cruzeiro*, e então "recriou" a estória em verso, acrescentando-lhe sua visão própria do cordel. Diz que o nome completo de Geovana é "Geovana Emanual Salvatrece Agusta", que seu pai é o "Conde Domenico Agusta", grande industrial e banqueiro. A mãe da Geovana tentou dar-lhe conselhos sobre o amor e a vida "prática", mas esta respondeu: "Cumpro o destino meu". O pai, por outro lado, sabendo do amor, ficou desesperado, dizendo "corto a sina / deste craque brasileiro" [p. 3]. O leitor deve lembrar-se das centenas de histórias de amor e aventura vistas no

Geovana diz que o pai, com todo o seu poder, será capaz de mudar o dia, o mês, o ano, até a rotação da Terra. Poderá secar o mar e esfriar o sol (o leitor lembra o autoelogio dos cantadores nos seus repentes), mas não destruirá seu amor:

Papai pode se tornar
Pior do que Ferrabrás
E mandar cravar meu peito
Com as pontas de dois punhais
Morrendo sempre hei de amá-lo
Nas regiões divinais [p. 5].

O leitor se lembra das histórias de Carlos Magno contra Ferrabrás e as ameaças do conde-pai a Creuza, heroína de *O Pavão Misterioso*.

Geovana continua a achar que seu pai deve estar brincando porque Germano é igual a Pelé: preto, grande jogador e milionário. Germano volta ao Brasil para atuar no Palmeiras e recebe inúmeras cartas de amor de Geovana, que não suporta mais a separação:

> Mais antes eu fosse filha
> De um pobre lavrador
> Comendo um pão suado
> Sofrendo amargura e dor
> Tinha toda liberdade
> De gozar o teu amor [p. 6].

Em sua resposta, Germano diz que nasceu para jogar futebol, mas, se for maltratado, pode tornar-se um tirano e é capaz de vencer todo o exército italiano para salvar seu amor! O poema vira peleja quando Germano se gaba de sua fortaleza: é igual a Sansão com a queixada do jumento; pode fazer o sol se pôr antes da hora como Josué, estacar o vento, e é dono de um chute tão forte que a bola acaba explodindo na lua!

Como era de esperar, tudo termina em felicidade e Germano relata que a oposição do conde foi apenas "fuxico" criado pela imprensa, e que, em breve, ele e Geovana se unirão no santo matrimônio. Os dois agora estão em Liège, na Bélgica, preparando-se para o casamento.

O poeta termina a narração, dando-se a conhecer ao leitor: tem os pés aleijados e usa um bigodinho à francesa. A estrutura do desafio-resposta dos amantes que têm de vencer todo obstáculo e a hipérbole e a gabação da peleja – tudo está presente neste poema de "alto drama". É um fim digno, pois, para este álbum de cordel.

— Álbum VII —
NA POLÍTICA ESPERAMOS, MAS NÃO CONFIAMOS

INTRODUÇÃO

Desde o começo, os folhetos de cordel apresentavam o fatos e as notícias do dia como se fossem o "jornal do povo", escrito pela "voz do povo" ou do poeta, sempre consciente de seu papel de intérprete e voz de seu público. Alguns poetas, mais do que outros, tornaram-se, na verdade, "poetas-repórteres", e ganhavam a vida fazendo um jornalismo rudimentar, pois procuravam fatos que "despertassem o interesse do povo" e escreviam folhetos sobre eles para vender na feira[1]. José Soares, no Recife, e Cuíca de Santo Amaro, em Salvador, são dois casos entre muitos; podemos dizer que também Leandro Gomes de Barros já fazia reportagens semelhantes às de seu colega Francisco das Chagas Batista.

Os tempos modernos trouxeram mudanças e uma nova percepção. Nas décadas de 1950 e 1960, repórteres de grandes diários regionais e nacionais e de revistas dos grandes centros, como *Manchete*, *Fatos e Fotos* e *Realidade*, e da televisão, aca-

---

1. Vimos desde 1966 este fenômeno, com histórias como *O Vaqueiro que Deu a Luz*, *O Homen na Lua*, e uma infinidade de folhetos de cordel sobre a política do dia, os quais os estudiosos chamam "acontecidos". Foi por isso que, com base em entrevistas que fizemos com os poetas e editores em 1966–1967 e, depois, numa segunda série no final da década de 1970, elaboramos a tese de que o poeta era "o representante do povo" no "jornal do povo". Escrevemos sobre isso, primeiro em 1969, num breve estudo intitulado *Bibliography of History and Politics in Brazil's 'Literatura de Cordel'*, Tempe, Center for Latin American Studies, 1969; e, depois, vários outros estudos e livros, culminando em *História do Brasil em Cordel*, São Paulo, Edusp, 1998.

baram por compreender o papel jornalístico dos poetas. Os estudiosos do fenômeno criaram um nome para designá-lo: "folkcomunicação" com sua "recodificação" das notícias nacionais em estrofes de seis e sete versos de cordel. Tentaram explicar o que os poetas já sabiam por intuição: o poeta apanha a notícia de um fato importante que leu num jornal ou revista, ou, mais recentemente, que viu na televisão, e "reporta"-o para seu público em linguagem e cosmovisão que lhe são familiares, recontando, assim, do seu jeito ("recodificando") a mensagem da mídia. Às vezes, porém, ocorre o contrário: o poeta relata os acontecimentos locais para seu público e os meios de comunicação, quando ficam sabendo através de suas histórias, repassam-nas para um público de leitores de classes média e alta[2]. Um folheto que demonstra esse fato é *O Vaqueiro que Deu a Luz no Sertão Alagoano*, que vimos no Álbum III.

Contudo, é muito mais do que isso. As centenas de livros de cordel de natureza jornalística formam, na sua totalidade, o que se poderia chamar "História folclórico-popular" do século XX no Brasil. Em nosso livro *História do Brasil em Cordel*, o leitor tomou conhecimento da importância do cordel como uma fonte, entre muitas, utilizada pelo historiador para escrever sobre seu país. A razão é que, desde o final do século XIX, uma parte do cordel sempre relatava fatos importantes. Os poetas, porém, fizeram mais do que relatar; deram opiniões, conselhos e, ao mesmo tempo, divertiram o público.

Alguns estudiosos sempre reconheceram este papel do cordel, apesar de seus autores serem pobres, semiletrados, poetas incultos de um setor marginalizado da sociedade. Pedro Calmon, um dos historiadores mais respeitados do Brasil, em seu livro *História do Brasil na Poesia de seu Povo*, publicado em 1929, acompanhou os acontecimentos do século XIX e começo do XX e registrou a poesia da tradição oral e a parte pioneira do cordel. Segundo disse, mais recentemente, uma historiadora brasileira, é comum ouvir-se dizer que a História brasileira precisa ser recontada. Se a historiografia decidir incumbir-se desse dever, não deve encarar com desdém uma comparação entre a variante oficial e a popular, porque este cotejo ajudará a escrever a verdadeira história do povo brasileiro[3].

Em Álbum VII, contamos essa história com exemplos da divisão tradicional da História brasileira desde o início do cordel até o presente, ou seja, um século de vida nacional. Antes de observar os folhetos, seria importante esclarecer o que eles nos revelam. Antes de tudo, é evidente que os poetas e seu público mostram um surpreendente otimismo. Em virtude de sua pobreza e, em muitos casos, da falta de capacidade de mudar suas condições de vida, os leitores do cordel sempre procuraram auxílio de fora. De um lado, uma constante no cordel tem sido a busca de um messias na esfera espiritual. Por isso, o cordel contou as histórias vistas nos Álbuns I e II, a procura de Jesus, de Maria e dos santos e, mais perto de casa, de Antônio Conselheiro, padre Cícero e frei Damião.

Quando se trata, porém, das coisas básicas da vida – o emprego, a casa, comida na mesa –, os únicos salvadores são os políticos, os líderes locais, regionais e nacionais que podem trazer soluções financeiras para as realidades econômicas do Brasil. O que o cordel demonstra é o que se poderia denominar um "otimismo incrédulo", não um oximoro, mas algo mais próximo do paradoxo. A vida já ensinou ao leitor mais humilde do cordel que o político – de hoje ou do

---

2. Uma série de repórteres e acadêmicos fizeram reportagens e elaboraram teses sobre o jornalismo no cordel. Entre eles Orígenes Lessa, Ricardo Noblat, Ernesto Kawall, Ossian Lima, Roberto Benjamin e, especialmente, Joseph Luyten.

3. Olga de Jesus Santos, *Cordel – Testemunho à História do Brasil*, Rio de Janeiro, Fundação Casa de Rui Barbosa, 1985.

futuro – dirá ou prometerá quase tudo para ser eleito. E, geralmente, na mente do público, o vencedor nas eleições logo se esquece dos que o elegeram.

Ainda assim, poucos são os casos de líderes políticos que tentam aliviar as injustiças básicas e a pobreza do povo, e estes acabam convertendo-se nos grandes heróis do cordel, pois levam uma mensagem de esperança. Alguns diriam que se trata de um dos atributos básicos do povo brasileiro, a capacidade, apesar dos obstáculos, de sobreviver e olhar o futuro com otimismo.

O que também fica claro na crônica cordeliana é o que se pode aprender sobre esse Brasil, seu povo e suas esperanças e aspirações, seus grandes líderes e o fluxo dos acontecimentos nacionais mais importantes. Os relatos cordelianos, no seu todo, são uma reflexão importante e um documento de um povo e de seu modo de vida[4].

I. A GUERRA DE CANUDOS E A REPÚBLICA VELHA

A guerra de Canudos, travada, em 1896–1897, no árido sertão da Bahia, foi talvez o primeiro grande fato relatado por um poeta de cordel, um contemporâneo e participante do acontecimento. Para compreender esse conflito, precisamos saber o que aconteceu antes dele. A República fora implantada em 1889, marcando o fim de quase quatrocentos anos de domínio português no Brasil.Começara com a descoberta da nova terra pelo navegador português Pedro Álvares Cabral, em 1500; seguiram-se, sucessivamente, os períodos de exploração, de colonização a partir de 1500,e, por fim, o reinado de fato, quando o monarca português se mudou para o Brasil em 1808, instalando o Império. Em 1822, o país tornou-se independente da corte portuguesa. Mas essa independência foi declarada pelo próprio filho do monarca português, que mais tarde, com o irônico discurso do "Fico", expressou o desejo de permanecer no Brasil. Com efeito, o Brasil converteu-se numa monarquia constitucional, sob o reinado da mesma família real (os Bragança) até 1889, quando a desilusão provocou uma mudança palpável. Foi então que terminou o Império e adotou-se a forma republicana de governo. Os brasileiros rejeitaram a família real portuguesa e seus descendentes, e sua estrutura econômico-social de classe. Além disso, os Estados Unidos e a França já tinham criado modelos para a "nova" República, hoje denominada "Velha" para distingui-la da outra que se instalou depois de 1930.

A República Velha perdurou, portanto, por 41 anos, governada, sucessivamente, por treze presidentes, a princípio militares e, depois, civis do governo "café com leite", no qual São Paulo e Minas Gerais se alternavam no poder. Os tempos pareciam bons; eram evidentes o progresso material e o desenvolvimento nacional, mas alguns cidadãos "se vira-

4. Nossas principais fontes sobre a visão acadêmica da história e da política neste Álbum VII são os livros já citados de Pedro Calmon e Luís da Câmara Cascudo, e *O Álbum dos Presidentes, a História Vista pelo JB*, Rio de Janeiro, 15 de novembro de 1989, edição do centenário da República; e fontes imprescindíveis de colegas norte-americanos: E. Bradford Burns, *A History of Brazil*, 2. ed., New York, Columbia University Press, 1980; e, especialmente, duas obras seminais de Thomas Skidmore: *Politics in Brazil 1930–1964*, New York, Oxford University Press, 1967, e *The Politics of Military Rule in Brazil 1965–1985*, New York, Oxford University Press, 1988.

ram" melhor do que outros. Foi o que revelou um acontecimento que, na verdade, despertou a consciência nacional para a percepção do "outro" Brasil: o interior do Nordeste onde uma ralé extremamente pobre, analfabeta e "fanática" ousou desafiar o poder da polícia local, a milícia estadual e, por fim, o exército nacional, numa guerra de morte. Antônio Conselheiro, líder e "messias" autodeclarado, chefiou um "exército" esfarrapado de pobres invasores de terra, vaqueiros e "valentes" do sertão em batalhas contra o poder militar da República, reivindicando a restauração dos dias "felizes" da Monarquia.

Um soldado que participou dessa luta escreveu importante poema de cordel sobre essa escaramuça, uma reportagem escrita anos depois, em João Pessoa (PB), durante a aposentadoria. Referimo-nos ao folheto *A Guerra de Canudos*[5] e a seu autor João Melchíades Ferreira da Silva. Sua atitude de soldado aposentado e de patriota aparece muito claramente: em 1897, o Exército brasileiro foi comandado por um "general guerreiro" de nome Artur Oscar, e lutou contra a ralé de um "chefe cangaceiro":

> Ergueu-se contra a República
> O bandido mais cruel
> Iludindo um grande povo
> Com a doutrina infiel
> Seu nome era Antônio
> Vicente Mendes Maciel.
> ....
> Para iludir ao povo
> Ignorante do sertão
> Inventou fazer milagre
> Dizia em seu sermão
> Que virava a água em leite
> Convertia as pedras em pão [p. 58].

Segundo o autor, o líder fanático Antônio Conselheiro juntara uma jagunçada em Canudos semelhante aos futuros cangaceiros Antônio Silvino e Lampião, muito temidos no Nordeste alguns anos depois. Descreve o chefe de Canudos e seus seguidores com a mesma linguagem que usaria para falar dos cangaceiros anos mais tarde:

> Os homens mais perversos
> De instinto desordeiro
> Desertor, ladrão de cavalo
> Criminoso e feiticeiro
> Vieram engrossar as tropas
> Do fanático Conselheiro [p. 58].

---

5. João Melchíades Ferreira da Silva, *A Guerra de Canudos*, em José Calasans, *Canudos na Literatura de Cordel*, São Paulo, Ática, 1984.

Narra as desventuras da terceira expedição a Canudos, em 1897, comandada por Moreira César, e que bombardeou o miserável arraial com pesados canhões, até destruir tudo. Essa guerra também foi relatada pelo jornalista de *A Província de São Paulo*, Euclides da Cunha, que mais tarde reuniu suas impressões num livro que se tornou um clássico nacional, *Os Sertões*. Contou não só a história da guerra, mas também abriu os olhos dos brasileiros citadinos para um "outro Brasil", de pobreza, miséria, ignorância, fé cega e valentia, o Brasil dos pobres, na periferia do Nordeste.

A crônica da República Velha prosseguiu até seu final, com o relato da revolução de 1930, que marca o início do governo de Getúlio Vargas, do Rio Grande do Sul. Os trinta e três anos entre o conflito de Canudos e este acontecimento foram registrados e comentados na crônica cordeliana. As vicissitudes das eleições fraudulentas, o favoritismo e o nepotismo políticos (presentes até hoje no Brasil) foram relatados e, mais importante, comentados pelos cordelistas da época, entre eles Leandro Gomes de Barros, talvez o melhor exemplo.

Leandro era um poeta dotado de grande dom para versejar. Além de observar a época com muita visão, possuía grande senso de humor, bastante perceptível em seus poemas, que se configuravam, ao mesmo tempo, como fortes críticas e como engenhosas ironias. Verberou os líderes corruptos brasileiros e seus colegas da época, os capitalistas ingleses, que repartiam sua boa sorte com os primeiros presidentes do país, trazendo capital, *know-how* e verdadeiros feitos, entre eles a construção da rede de ferrovias no país. Em *Afonso Pena*[6], Leandro fala do bom tratamento dispensado aos ingleses:

Os ingleses, santaninha!
Um preparava-lhe a sopa
Outro tangia mosquitos
Outro catava-lhe a roupa
Diziam: o que faltar, peça!
Inglês aqui não se poupa! [p. 1].

O poeta discorreu, ainda, sobre a carestia da vida e os tempos difíceis para seu público, enfatizando seu tema predileto, os impostos, que deviam ser aplicados na pavimentação do caminho do progresso econômico, ora observado numa jovem, vibrante e progressista São Paulo e também na antiga capital, Rio de Janeiro. Estas cidades mostravam sua hegemonia econômica, social e política sobre os primos pobres, aqueles estados que experimentavam o cansaço da economia colonial da cana-de-açúcar no Nordeste. O relacionamento entre um Sul rico e um Norte e Nordeste pobres e as raízes de forte preconceito já visto no Álbum v eram seu assunto preferido, como se pode observar em *A Seca no Ceará*[7]:

Alguém no Rio de Janeiro
Deu dinheiro e remeteu
Porém não sei o que houve
Que cá não apareceu
O dinheiro é tão sabido
Que quis ficar escondido
Nos cofres dos potentados
Ignora-se esse meio
Eu penso que ele achou feio
Os bolsos dos flagelados.

---

6. Leandro Gomes de Barros, *Affonso Penna / A Orphã / Uns Olhos / O Que Eu não Creio*, Recife, Imprensa Industrial, s. d.

7. Leandro Gomes de Barros, *A Sêcca no Ceará*, Guarabira, P. Baptista e Cia., 1920.

Numa de suas melhores sátiras, *Panelas que Muitos Mexem*[8], comenta Leandro:

> O Brasil hoje que está
> Figurando uma panela
> A política, cozinheira
> Está tocando fogo nela
> Mas tem mil mortos a fome
> Por ali a redor dela.
> ....
> Foi mesmo como a política
> Desse governo atual
> O Brasil é a panela,
> O estado bota sal,
> O Município tempera
> Quem come é o federal.
> ....
> O Brasil um burro velho
> Que já está de língua branca
> Tanto peso em cima dela
> Esse desgraçado estanca
> O Rio montou-se no meio
> São Paulo saltou na anca.
> ....
> O Ceará coitadinho
> Não tem a quem se queixar
> Lança as vistas para o burro
> Porém não pode montar
> Só se um dia apodrecido
> Também pudesse o pegar.

8. Leandro Gomes de Barros, "Panellas que Muitos Mexem", em *A Sêcca do Ceará/Panellas que Muitos Mexem (os Guizados da Política)*, Paraíba, Typografia da Editora Popular, s. d.

> Bahia, Rio de Janeiro
> São Paulo e Minas Gerais
> Esses dizem o burro é nosso
> A ninguém pertence mais
> Diz Porto Alegre isto é
> Filho dos meus arsenais [p. 3].

Leandro concluiu, em nome de todos os colegas de cordel, em *Um Pau com Formigas*[9]:

> Chamam este século das luzes
> Eu chamo o século das brigas
> A época das ambições
> O planeta das intrigas
> Muitos cachorros num osso
> Um pau com muitas formigas.
>
> Então, depois da República
> Tudo nos causa terror
> Cacete não faz estudo
> Mas tem carta de doutor
> A cartucheira é a lei
> O rifle governador [pp. 1-2].

O poeta está falando, é claro, da justiça dos mais poderosos, os chefes políticos do Nordeste – mais conhecidos pelo alcunha de coronel. Nessa altura, os primeiros trinta anos do século XX, estava-se em plena época do cangaço, quando os cangaceiros, muitas vezes (em troca da proteção da lei), eram convidados pelos coronéis para lutar por terra e pelo poder. Já apontamos, no Álbum IV, algumas histórias épicas de cangaceiros como Antônio Silvino, Lampião e Maria

9. Gomes de Barros, *Um Pau com Formigas*, Recife, 1912.

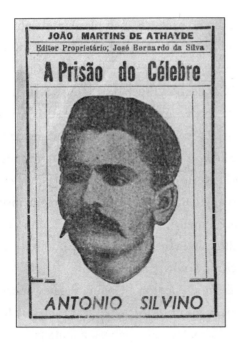 

Bonita, e mostramos que estes criminosos "entraram para o cangaço" motivados pelas injustiças de que foram alvo suas famílias. Suas vidas viraram mito e, hoje, para muitos brasileiros representam, respectivamente, Robin Hood e Bonnie e Clyde[10].

Concomitante a isso, porém, tiveram início o protesto político, a violência e inúmeras tentativas de mudança na região. Dentro da "política das salvações" do presidente Hermes da Fonseca, surgiram no Nordeste, em 1910 e 1911, as "salvações do Norte", ou lutas políticas regionais, com o objetivo principal de minar o poder da velha aristocracia-oligarquia rural, em função dos novos interesses dos burgueses urbanos[11]. Um exemplo da violência na época foi a chamada guerra de Juazeiro, ocorrida em 1914, quando um exército de jagunços e romeiros pobres, apoiados pelo padre Cícero Romão Batista, em Juazeiro do Norte, entraram em luta e se apoderaram do controle do estado. Em pouco tempo, porém, foram apeados do poder pela interferência do presidente Hermes da Fonseca, que nomeou, ao lado do governador civil, um intendente militar. Então, as coisas voltaram à mesmice de outrora.

A República Velha, com seus políticos e eleições fraudulentas, continuou até 1930. No entanto, já na década de 1920 percebiam-se os sinais do que estava por vir no Brasil. Uma plêiade de jovens oficiais do exército, os chamados "tenentes",

---

10. Ver as obras clássicas de Roberto Albuquerque & Marcos Vilaça, *Coronel, Coronéis*, Rio de Janeiro, Tempo Brasileiro, 1965; e de Manuel Correia de Andrade, *A Terra e o Homem no Nordeste*, 2. ed., São Paulo, Brasiliense, 1964.

11. Ver Ruth Terra, *Memória de Luta: A Literatura dos Folhetos do Nordeste 1893 a 1930*, São Paulo, Global/Secretaria do Estado da Cultura, 1983.

desiludidos com o pouco poder que era dado aos militares no governo e munidos de uma nova consciência social, ajudaram a fomentar revoltas militares no Rio de Janeiro, em 1922, e em São Paulo, em 1924. O cordel registrou com grande fidelidade os dois levantes. Nos dois casos, prevaleceram a velha geração e o exército nacional, mas, nesse momento, entrou em cena um dos mais valentes políticos e líderes brasileiros, que se tornou parte permanente da memória nacional. Luís Carlos Prestes, o "Cavaleiro da Esperança", como o denominou, numa biografia da época, o escritor marxista e ativista político (naqueles anos) Jorge Amado. Escapou do levante de São Paulo, em 1924, e liderou centenas de seguidores numa odisseia pelo Oeste e pelo Norte do Brasil, uma jornada que ficou conhecida como a "Coluna Prestes". Seu intento era, inspirado no marxismo, estimular as massas pobres do campo a rebelar-se contra a situação existente. Fracassou, porém, e, exilado na Bolívia, acabou sendo preso.

O cordel documentou a Coluna Prestes, sobretudo sua travessia pelo Nordeste. Mas, por estranho que fosse, a revolução não aconteceu; os pobres, na luta por sua sobrevivência, estavam demasiado presos aos caprichos dos donos de terra. A revolução não se "deu", e os cordelistas, nos seus folhetos, descreveram Luís Carlos Prestes como rebelde, anticatólico e contrário aos interesses nacionais. No entanto, com a evolução da crônica nacional política graças às mudanças de atitude nas décadas de 1930 e 1940, Prestes ressurgiu no cenário nacional, desta vez como herói vitorioso.

2. GETÚLIO VARGAS, "PAI DOS POBRES"

O líder que conseguiu, verdadeiramente, conquistar o coração da maioria dos brasileiros foi um político, Getúlio Vargas, natural do Rio Grande do Sul. Pôs fim ao monopólio político de São Paulo e Minas Gerais, ganhou o apoio dos militares e trouxe "ar fresco" para uma atmosfera política viciada que remontava a 1889. Getúlio disputou as eleições de 1930 e, derrotado, insurgiu-se contra o velho regime com o apoio dos políticos de estados que se sentiam alijados de seus direitos eleitorais. Um aliado importante foi o estado da Paraíba (coincidentemente, o berço do cantador e do cordel), por intermédio de João Pessoa, seu governador, que acabou assassinado, crime atribuído ao antigo governo. O ato foi considerado uma medida desesperada para preservar o poder. No cordel, o assassino foi chamado de "monstro perverso". Mas, segundo alguns, o assassinato foi o estopim da revolução.

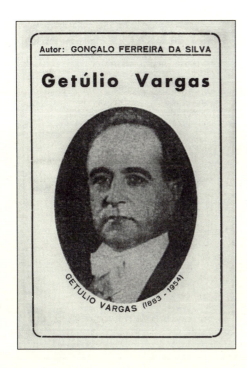

Getúlio governou com a maioria através de amistosa persuasão e de decretos pessoais, estabelecendo um regime semelhante ao de Portugal, o Estado Corporativista de Salazar, iniciado em 1928. Flertou com a direita e com a esquerda, com os civis e com os militares, e obteve surpreendente sucesso. Esmagou o levante dos comunistas, em 1935, numa tentativa de tomar o poder e, contra um segundo esforço de apoderar-se do governo, desta vez pela direita, através dos integralistas, Getúlio Vargam também saiu vitorioso. Mantendo-se neutro, a princípio, na Segunda Guerra Mundial, acabou integrando-se aos Aliados, quando declarou guerra às potências do Eixo, em 1942, talvez por pressão dos Estados Unidos, ou por causa dos laços econômicos hemisféricos, ou, ainda, devido aos ataques de submarinos alemães a navios mercantes brasileiros. No entanto, generais brasileiros, em luta na Itália, entre 1944 e 1945, sob o comando do general norte-americano Mark Clark, começaram a se perguntar como era possível que eles e os soldados brasileiros pudessem arriscar suas vidas contra os tiranos da Alemanha, da Itália e do Japão e, ao mesmo tempo, tolerar a ditadura de Vargas no Brasil. Com isso em mente, destituíram-no do poder em 1945. São os mesmos "defensores da constituição" que iriam dominar o cenário político no restante do século XX.

Depois de "férias" forçadas na fazenda São Borja por cinco anos (embora eleito para o Senado federal), Getúlio empreendeu uma espantosa campanha de relações políticas e retornou à Presidência, em 1950. Desta vez, porém, apresentou-se sob o emblema de "democrata", que usaria o poder estabelecido para apoiar, nos primeiros anos do governo, as leis sobre os direitos sociais e trabalhistas. Ganhou, no final, com uma margem esmagadora de votos. Agora, o "democrata Getúlio", pai dos direitos dos trabalhadores, passou a namorar a esquerda, numa tentativa, mais uma vez, de repetir a acrobacia política de 1930. Os tempos difíceis e uma atuação particularmente eficiente da imprensa, na pessoa de um conhecido denunciador da corrupção, Carlos Lacerda, do partido conservador UDN (União Democrática Nacional), dificultaram o governo de Getúlio. O grande líder, "pai dos pobres", acabou suicidando-se, em 1954, no palácio do Catete, deixando uma carta detalhada onde explicava a crise e seu último ato.

O cordel encontrou, portanto, seu messias! Getúlio transformou-se no cordeiro imolado em sacrifício para o bem da Nação, seja para proteger a instituição da presidência seja para evitar uma guerra civil. Até hoje, é reconhecido como o político-presidente de maior carisma na História do Brasil, capaz de manipular e controlar uma infinidade de interesses (e pressões) que o cercaram, o pai da legislação social e dos direitos trabalhistas no Brasil. Os folhetos de cordel adotaram este líder carismático e captaram vinte e quatro anos de história brasileira no processo. Para os cordelistas, Getúlio representou a primeira *vitória* dos pobres na odisseia nacional.

Em livro importante, *Getúlio Vargas na Literatura de Cordel*[12], o jornalista e escritor Orígenes Lessa analisou a saga getulista no cordel. Desde os primeiros dias, a *persona* de Getúlio tornou-se a mais importante: líder carismático, o homem com um sorriso simpático para todos, sobretudo a figura de pai e, depois, de avô, e especialmente, um "messias" para o povo. Getúlio foi responsável, pelo menos indiretamente, pela codificação das leis de proteção dos trabalhadores na campanha de organização dos sindicatos e, depois, pelas leis de seguridade social na forma do INPS. No entanto, Getúlio somente se tornou verdadeiro herói do povo quando foi deposto pela oposição em 1945. A partir daí, os poetas do cordel imprimiram, literalmente, dezenas de títulos até a vitória em 1950, todos em apoio ao grande chefe.

Os folhetos registraram toda a odisseia de Getúlio. *O Levante de São Paulo*[13], em 1932, nos primórdios de seu primeiro governo, conta como conseguiu esmagar a rebelião dos velhos conservadores, que queriam a volta da política do "café com leite" e como Getúlio mostrou grande piedade para com os líderes da revolta que foram presos. Os folhetos documentaram o Estado Novo getuliense, que, na verdade, preparou o caminho para a ditadura de 1937 a 1945, com base no infame Plano Cohen criado pelos integralistas mas adotado pelo governo de Vargas para fins próprios. Revelou uma suposta "revolta comunista", que Getúlio usou como desculpa para decretar estado de sítio e arrogar-se poderes ditatoriais. O cordel também registrou a firmeza com que Getúlio enfrentou o Partido Integralista, um grupo fascista de direita que apoiou as potências do Eixo no final da década de 1930.

12. Orígenes Lessa, *Getúlio Vargas na Literatura de Cordel*, Rio de Janeiro, Documentário, 1973.

13. Thadeu de Serpa Martins, *O Levante de São Paulo*, Belém, Guajarina, 1932.

Este foi a medida final para exercer um controle absoluto no Brasil. Getúlio fechou o Congresso nacional e para governar os estados nomeou "interventores", todos seguidores de sua linha na administração do país.

Os poetas apoiaram esses atos, por acreditarem que Getúlio Vargas tinha salvo o Brasil de uma guerra civil; defenderam o controle da população pelo governo, quando João Martins de Athayde, "em nada menos do que um endosso franco do Estado Novo" (palavras de Orígenes Lessa[14]), disse que Getúlio não ultrapassou os limites da liberdade. Segundo Orígenes Lessa, o Estado Novo representava, em certo sentido, mais uma vez a vitória sobre todas as velhas forças políticas que haviam desgraçado a vida do povo nas décadas anteriores. Sempre acostumados aos regimes autoritários, os poetas cordelistas viam nas leis tra-

14. Lessa, *op. cit.*, p. 64.

balhistas e sociais um dom divino. Pelo menos uma vez estavam do lado vitorioso! José Bernardo da Silva, de Juazeiro do Norte, disse em 1950,

> Getúlio não é fascista
> Nem também usurpador.
> E se deu aquele golpe
> Que lhe fez um ditador
> Foi para salvar a Pátria
> Da miséria do terror [p. 4][15].

Após a Segunda Guerra Mundial, durante a qual tinha sido proibido, necessariamente, todo e qualquer tipo de protesto ou de oposição política, mais uma vez voltou a ferver, na superfície da panela política, a infelicidade daqueles que tinham perdido o controle do governo, os velhos conservadores e os democratas idealistas que acreditavam que Getúlio iria transformar-se num ditador e tirano. Em 1945, para provar que não era ditador, ele decretou anistia total para todos os inimigos do regime. Foi quando os integralistas e comunistas voltaram ao "galinheiro". O cordel registrou o famoso discurso pronunciado, na época, por Luís Carlos Prestes, num estádio de futebol lotado do Rio, em 1945, decretando a volta do herói político[16]. Prestes, reconhecendo o perigo da velha direita combinada com a ameaça constante dos líderes integralistas que haviam voltado à ativa, ficou ao lado de Vargas, considerado o menor dos dois perigos. Pouco depois, porém, Getúlio emitiu um decreto pessoal demais, e os militares, defensores democráticos da Constituição, o depuseram.

15. José Bernardo da Silva, *A Entrada Triunfal de Getúlio Vargas no Recife,* Juazeiro do Norte, 1950.

16. Cuíca de Santo Amaro, *O Discurso de Carlos Prestes,* Salvador, 1945.

O cordel documentou a saída do Rio de Janeiro do velho líder, descrevendo-a mais como uma necessidade de descanso e férias do que como um golpe de Estado. Cuíca de Santo Amaro, o "Boca do Inferno" do cordel de Salvador, admirador havia tempo do ex-presidente, poeta que ao longo dos anos apoiou Getúlio em muitos folhetos e dizia privar da amizade e da proteção pessoal do "pai dos pobres", escreveu *O Regresso de Getúlio a Sua Terra Natal*[17], citando o presidente:

> Vou deixar toda política
> Que para mim é cacete
> Quero viver na fazenda
> Na varanda de colete
> Vendo os acontecimentos
> Que se passam no Catete [p. 7].

Palavras irônicas estas! Sentou-se na varanda, sim, mas não com a mente inativa; Getúlio logo começou a planejar sua volta, criando uma máquina política revigorada para a grande campanha de 1945, quando foi eleito senador, e culminando na vitória nas eleições presidenciais, em outubro de 1950: as campanhas "Nós Queremos Getúlio" e "Ele Voltará". Vale a pena citar o texto completo da paráfrase do Credo católico na contracapa do folheto de Cuíca de Santo Amaro:

Creio em Getúlio Vargas, todo-poderoso, criador das leis trabalhistas, / creio em Rio Grande do Sul e no seu filho, nosso patrono o qual foi / concebido pela Revolução de 30, nasceu de uma Santa Mãe, investiu / sobre o poder de Washington Luiz, foi condecorado com o emblema / da República, desceu ao Rio de Janeiro

17. Santo Amaro, *O Regresso de Getúlio a Sua Terra Natal,* Salvador, 1945.

no terceiro dia, homenageou / os mortos, subiu ao Catete e está hoje assentado em São Borges, donde / há de vir a julgar o General Dutra e seus ministros. Creio no seu / retorno ao Palácio do Catete, na comunhão dos pensamentos, na / sucessão do Presidente Dutra por toda a vida, Amém[18].

O concorrente de Cuíca em Salvador, Rodolfo Coelho Cavalcante, também acreditou na "volta", escrevendo, entre 1945 e 1950, nada menos que onze títulos diferentes em apoio à causa. Diz Orígenes Lessa que, de 1945 em diante, houve uma verdadeira inundação de folhetos em apoio a Getúlio, considerado agora principalmente um messias cujo destino era salvar o Brasil. Era visto agora como o "pai dos pobres", favorável ao homem do povo, por suas propostas de um sa-lário-mínimo, de aposentadoria para os velhos e cuidados médicos básicos[19].

Mas o sonho virou pesadelo. Após sua posse, em 1951, passados alguns meses de hiato político, a oposição começou a murmurar, principalmente Carlos Lacerda, queixas de corrupção por parte da máquina de Vargas, agora acusado de flertar com os operários e com o socialismo. A pressão sobre Vargas foi tanta que o levou ao suicídio. Surgiu, então, um dilúvio de folhetos cordelianos a lamentar sua morte, lembrando os bons tempos, mas principalmente colocando Getúlio no pedestal de messias e cordeiro sacrificial. Os poetas tiveram de empregar algumas manobras mentais para criar um "messias" que não fosse acusado do pecado do suicídio. Eles se perguntavam como Getúlio poderia ser condenado às chamas do inferno se havia oferecido sua própria

18. Santo Amaro, "Credo" na contracapa de *Deus no Céu e Getúlio na Terra*, Salvador, s. d.

19. Lessa, *op. cit.*, p. 83.

carne e sangue para salvar a Presidência e a nação da guerra civil e do caos.

Foram buscar a justificativa nas próprias palavras da carta-testamento de Getúlio, onde ele se havia declarado vítima. O poeta Rodolfo Coelho Cavalcante afirmou, com veemência, que Getúlio não se havia suicidado, mas que fora morto pelos traidores que se opunham a ele! Como o próprio Jesus Cristo, Getúlio foi maltratado e oprimido, e a prova disso foi a tentativa de assassinato, alguns meses antes, perpetrada pelo grupo de Carlos Lacerda. Quem matou Getúlio? Não foram os pobres, nem os operários, nem as massas oprimidas, mas "os doutores", os traidores políticos![20]

Nos folhetos que publicaram, os poetas vingaram-se (um velho atributo cordeliano) dos inimigos do ex-presidente empregando uma técnica tradicional cordeliana, ou seja, mandaram o bom Getúlio para o céu, onde pronunciou, de longe e na segurança do paraíso, seus últimos desejos. Como no poema *Testamento de Getúlio Vargas*[21]:

- para Carlos Lacerda (um dos implicados no assassinato de Getúlio) a morte no inferno
- para seu "afilhado" político João Goulart, o conselho de que deixasse a política e sua sujeira (agora irônico)
- para o povo brasileiro, as leis trabalhistas e a liberdade
- para os políticos, o Tesouro nacional a gastar mal nas campanhas eleitorais desonestas [pp. 2–8].

Assim, o cordel marcou o fim da odisseia de Getúlio e preparou o caminho para dez anos de democracia caótica no país, com Juscelino Kubitschek e a fundação de Brasília, o otimismo e, logo depois, o pessimismo, com Jânio Quadros, e, finalmente, a confusão com João Goulart, reformador mas também socialista. Com a saída deste último, o Brasil entraria numa fase obscura de malentendidos e ódio, de uma juventude idealista e radicalizada *versus* os defensores tradicionais da Constituição e da democracia, os militares.

3. DEMOCRACIA E CAOS, 1954 A 1964

O período de 1954 a 1964 foi um dos mais caóticos, mas também um dos mais vibrantes no sentido de ação política e democracia. Com o suicídio de Getúlio, em 1954, assumiu a presidência o vice-presidente Café Filho, do velho PSD (Partido Democrático Social). A Constituição foi respeitada, houve eleições no prazo estipulado, com a vitória de Juscelino Kubitschek, tendo como vice-presidente João Goulart, um discípulo de Getúlio Vargas. Kubitschek enfrentou greves da Força Aérea, seca no Nordeste e ataques políticos do direitista Carlos Lacerda, então governador do poderoso estado da Guanabara, que incluía a cidade do Rio de Janeiro. Mas o novo presidente não se curvou às crises e duplicou os esforços de Vargas no sentido de criar uma indústria nacional para produção de aço e de automóveis, além de fundar a Sudene (Superintendência para o Desenvolvimento do Nordeste) com o objetivo de solucionar os problemas permanentes da região. Mais que tudo, incentivou, no Congresso, a votação do projeto de construção de uma nova capital, Brasília. Localizada no centro do país,

---

20. Rodolfo Coelho Cavalcante, *A Morte de Getúlio Vargas*, Salvador, 1954.

21. Cuíca de Santo Amaro, *O Testamento de Getúlio Vargas e sua Chegada ao Céu*, Salvador, 1954.

na parte leste do estado de Goiás, teria sua própria história como símbolo da "Marcha para o Oeste", sonho e visão, havia tempo, de um "Destino Manifesto" brasileiro.

No entanto, a política nacional, por incrível que pareça, somente piorava. Com a descoberta de pequenas jazidas de petróleo, fomentou-se um novo nacionalismo (a renovação do lema "o petróleo é nosso"), enquanto se desenvolviam conflitos com as grandes firmas internacionais e o capitalismo ocidental. A Guerra Fria estava no auge, e o presidente Eisenhower enviou John Foster Dulles ao Brasil para solicitar a cooperação do país a fim de permitir que a CIA lutasse dentro do Brasil contra a "praga vermelha" do comunismo. A inflação e a dívida internacional cresciam ainda mais (lembre-se que o cordel registrou o caso quando, em 1909, o presidente Afonso Pena enfrentou os mesmos problemas).

Contudo, a década de 1950 também trouxe bons momentos para o Brasil. O cinema *avant-garde* nacional, ou "Cinema Novo", foi reconhecido no cenário internacional, e no fim do período chegou a bossa nova, bem como o filme *Orfeu Negro* (mais aclamado fora do que dentro do Brasil). Ademais, o país finalmente ganhou a Copa do Mundo de Futebol, um acontecimento espetacular com o surgimento do novo craque internacional, Pelé. Em meio a este cenário, surgiu Brasília, a locomotiva da renovação nacional.

Idealizada por Kubitschek e planejada pelos arquitetos Lúcio Costa e Oscar Niemeyer, foram usados o espaço aberto e materiais modernos de construção, como o concreto armado e o vidro. Criada literalmente do nada, o projeto envolveu a construção de uma pista de aterrissagem e o transporte de quantidades enormes de equipamento de construção por via aérea. Correram boatos de que o Juscelino tinha ligações com as companhias de cimento que forneciam os materiais. À medida que o tempo passava, os custos aumentavam, teve-se de imprimir dinheiro para pagar a dívida nacional, e fizeram-se também a Juscelino as mesmas acusações que haviam marcado o governo de Vargas: corrupção e favorecimento aos amigos.

A gigantesca expansão econômica durante o governo de Kubitschek teve seu preço e transformou-se na principal questão na campanha presidencial de 1960. Um ex-professor, Jânio Quadros, antigo governador de São Paulo, obteve bastante sucesso na campanha eleitoral, quando se apresentava de vassoura na mão, limpando a corrupção do país. "Símbolo, substância e estilo" foi o lema da época, mas o governo de Quadros logo se converteu em algo estranho e, depois, caótico, o que o levou a renunciar em agosto de 1961, depois de apenas sete meses na Presidência.

Seu governo ficou conhecido pelos atos não-ortodoxos que praticou: Jânio governou muitas vezes por decreto, através de bilhetes escritos a mão e passados aos ministros ou ao Congresso. Adotou roupa "safári" como "uniforme" oficial dos trópicos para os funcionários públicos nas repartições do governo e proibiu o uso de maiô nos concursos de beleza. Liderou uma campanha contra o jogo, coibindo brigas de galo, bingos, leilões, autorizando corridas de cavalo apenas aos domingos. Mas a queda de Jânio ocorreu em função da tentativa de reforma do serviço público no país. Fez questão de seguir uma política de Terceiro Mundo, chegando a oferecer a Che Guevara a medalha da Ordem do Cruzeiro do Sul, a mais importante do país. O esforço para estabilizar a inflação com ajustes da moeda nacional e o congelamento dos salários deixou bastante insatisfeita a população, especialmente quando os preços das necessidades básicas como pão, açúcar e gasolina explodiram. Sem qualquer advertência, Jânio renunciou em 25 de agosto de 1961.

Como dizem no cordel, "o diabo estava solto na rua". A renúncia gerou nova crise: o vice-presidente João Goulart, ex-ministro do Trabalho de Getúlio e suspeito de ser socialista ou mesmo simpatizante dos comunistas, estava em Cingapura, em missão oficial, a caminho da China comunista. Os velhos "golpistas" de 1954 aliaram-se aos colegas da direita e montaram a "Operação Mosquito", uma tentativa de explodir o avião que traria Goulart à sua posse em Brasília. Prevaleceram, porém, ideias mais sensatas e foi negociado no Congresso o regime parlamentar, no intuito de conter os poderes do futuro presidente. Goulart foi forçado a aceitar a mudança e assumiu o poder em 1961.

Conseguiu, em 1963, por meio de um plebiscito, derrubar o sistema parlamentar e devolveu ao país o sistema presidencial. Mas ainda havia muita pedra no caminho do agora presidente. Empenhou-se em realizar, a qualquer custo, o que chamava de reformas de base, cujo carro-chefe era um sistema nacional de reforma agrária, há muito aclamado pela esquerda como a solução nacional para a pobreza rural. Foi então que Jango conheceu a oposição. Convocou todos os seus partidários a saírem às ruas numa passeata em favor de sua causa, em 1964, resultando no "Comício da Central", com 150 mil participantes. A direita respondeu com protestos ainda maiores, sendo o mais importante a "Marcha da Família com Deus para a Liberdade", realizada em 19 de março de 1964, em São Paulo, a que compareceram cerca de quinhentos mil manifestantes.

Avolumaram-se os protestos no país, bem como as greves. Um levante de marinheiros no Rio de Janeiro acirrou ainda mais a situação, porque Goulart recusou-se a aplicar o regulamento disciplinar da Marinha e punir os pracinhas. Mais tarde, foi comprovado o envolvimento da CIA no processo, mas este acontecimento menor tirou a Goulart qualquer apoio que porventura ainda tivesse entre os oficiais centristas do exército.

Foi o "velho" Carlos Lacerda quem verdadeiramente contribuiu para a queda de Goulart, mobilizando a polícia do estado da Guanabara contra o governo central e impondo censura estadual à imprensa local, a partir de 1º de abril de 1964. Nessa altura, rebeldes do I Exército, Seção de Minas Gerais, começaram a marchar para o Rio de Janeiro, ao mesmo tempo em que o comandante do exército em São Paulo, Amaury Kruel, aderia à rebelião. O presidente do Senado declarou vaga a presidência, embora Goulart ainda estivesse no Brasil, e este foi obrigado a exilar-se no Uruguai. Os protetores da Constituição, as Forças Armadas, assumiram temporariamente o controle do governo e, pouco depois, por um decreto amigável, tornaram esse controle permanente.

Tudo isso foi presenciado pelo jornalismo no cordel. Os dez anos compreendidos entre 1954 e 1964 chegaram a ser considerados um segundo apogeu da história do cordel, em que se contavam, aprovavam ou denunciavam, com extrema liberdade, os fatos tal como tinham acontecido. Nenhuma história teve o sucesso de vendas como o suicídio de Getúlio Vargas em 1954, mas os acontecimentos da época continuaram a provocaram interesse suficiente para que os cordelistas cumprissem seu papel de "voz do povo" no "jornal dos pobres". A crônica começa em 1954.

Por incrível que pareça, Rodolfo Coelho Cavalcante conseguiu uma entrevista com o presidente interino Café Filho, em 1954, encontro arranjado pelo jornalista e escritor Orígenes Lessa[22]. Foi um feito nunca visto nem ouvido por um poeta de cordel. A primeira preocupação de Rodolfo foi cuidar dos interesses de sua profissão, solicitando ajuda para a realização do congresso de poetas em Salvador, programado para 1955; somente depois, pensou nas necessidades em geral dos poetas. Não obstante, não hesitou em dar um conselho amigável ao primeiro mandatário do país:

---

22. Rodolfo Coelho Cavalcante, *Encontro do Poeta Rodolfo Coelho Cavalcante com o Presidente Café Filho*, Salvador, 1955.

poetas e seu público passaram a outras preocupações, como a questão da posse dos recém-eleitos Kubitschek e Goulart. Os "golpistas" de 1954, chefiados por Carlos Lacerda, responsável pela oposição a Getúlio Vargas entre 1945 e 1954, além de temerem o recrudescimento da esquerda, visavam obter uma oportunidade de assumir o poder nacional. O poeta Cuíca de Santo Amaro falou disso em *A Vitória de J.J. ou a Vitória de um Morto*[23]:

Pegou o Carlos Lacerda
Com a sua cara de frango
No cenário politico
Querendo dançar o tango
Querendo com a Argentina
Sujar a carta de Jango.

Quero vos dizer, Doutor
Sem medo de errar
Somente o nosso petróleo
Poderá o Brasil salvar
Petróleo brasileiro
Em nosso País inteiro
Vive no solo a jorrar.

Porém ele como é
Um tipo degenerado
Destes que não nascera
E sim, foi gerado,
Vive, dentro do Brasil,
Porém desmoralizado [p. 4].

Ainda digo ao senhor
Precisamos explorar
Não deixe que o estrangeiro
Venha ele sabotar
O petróleo brasileiro
É o ouro verdadeiro
Que precisamos cuidar [p. 3].

A Constituição, com o apoio dos militares, saiu vitoriosa, e Juscelino e Jango tomaram posse, abrindo caminho para tornar Brasília uma realidade. Rodolfo Coelho Cavalcante reagiu ao fato em *As Belezas de Brasília e as Misérias do Nordeste*[24]. O poeta aconselhou Kubitschek da mesma forma que recomendara ao presidente anterior, Café Filho:

Coincidentemente, a Petrobras, companhia petrolífera brasileira, acabou acatando o pedido. Em função disso, os

23. Cuíca de Santo Amaro, *A Vitória de J.J. ou a Vitória de um Morto*, Salvador, 1955.
24. Rodolfo Coelho Cavalcante, *As Belezas de Brasília e as Misérias do Nordeste*, Salvador, 1960.

Juscelino Kubitschek
O seu sonho realizou
Edificando Brasília
Como ele assim pensou
Dando vida ao sul e leste,
Porém sofreu o nordeste
Que na miséria ficou.

....

Edifícios gigantescos
Obras arquiteturais
Não solucionam a crise
Que aumenta mais a mais.
Assim a crise perdura
Só porque em agricultura
O governo nada faz.

....

Enquanto o Norte e o Nordeste
Sofrerem inanição

Não louvarei nenhum feito
De cabal ostentação
E desta forma critico
Brasília é boa pra rico,
Mas para o pobre: isto não! [pp. 1, 2 e 5].

Não obstante, Brasília tornara-se o centro político da nação. E, assim, chega a seu término o mandato do presidente Kubitschek. Jânio Quadros, um ex-professor de São Paulo, foi eleito e deu início a seu governo em 1960 que, como já disse, durou apenas sete meses. O cordel registrou tudo, do começo ao fim; no princípio, de maneira otimista[25], observando que Jânio, ao desvalorizar a moeda nacional, estava efetivamente diminuindo milhões da dívida internacional. Elogiou-o também por demitir funcionários

25. Manoel D'Almeida Filho, *A Espetacular Vitória de Jânio Quadros nas Eleições de 1960*, Aracaju, 1960.

públicos preguiçosos, muitos dos quais não faziam absolutamente nada, embora recebessem salário em duas ou mais repartições (uma tática famosa conhecida por todos os brasileiros da época).

Os poetas reconheceram a grande coragem de Jânio quando obrigou os militares que serviam em postos diplomáticos no exterior a diminuir o pessoal e pôr fim à corrupção (cometendo o erro, talvez, de mexer com os "defensores da Nação"). Todavia, as boas intenções de aumentar o preço da gasolina para proteger Petrobras e seus empregados não atingiram o objetivo e a alta do preço dos transportes provocou o aumento do custo de vida, com a subida dos preços da carne, do pão, do arroz, da manteiga e da farinha, sem falar das tarifas de ônibus e de bonde, atingindo sobretudo os pobres. Apesar de tudo isso, os poetas mantiveram o otimismo e acreditavam que os bons tempos logo chegariam. Não foi, porém, o que aconteceu, pois, de repente, Jânio Quadros renunciou ao cargo, sete meses após a posse[26].

Então, os versos de cordel, antes ultraconservadores, tingem-se da retórica pró-trabalhista e anticapitalista da época. A reclamação contra a intervenção dos Estados Unidos mistura-se à defesa insistente da política terceiro-mundista de Jânio. Ainda assim, pode-se observar o medo causado por Fidel Castro na nova divisão entre a esquerda e a direita. Com Jânio fora do cenário, esmagada a conspiração dos "golpistas" para assassinar o sucessor legal, João Goulart, e instalado o sistema parlamentar como medida temporária, tomou posse, em 1961, o último mandatário brasileiro eleito democraticamente antes de 1964, João Goulart, do mesmo estado de seu patrono político, Getúlio Vargas.

Os poetas logo retomaram o diálogo. Cuíca de Santo Amaro, sempre um defensor estridente de Getúlio Vargas e das leis trabalhistas, e, por consequência, também de seu ex-ministro do Trabalho e agora presidente da República, disse sobre o novo parlamentarismo:

É uma lei bossa nova
Recentemente criada
Por elementos finórios
Muito bem arquitetada
Onde o voto do povo
Agora não vale nada [p. 2][27].

Jango precisou caminhar com cuidado, provando à direita que não era simpatizante comunista e à esquerda que,

26. Rodolfo Coelho Cavalcante, *A Renúncia do Ex-Presidente Jânio Quadros*, Salvador, 1961.

27. Cuíca de Santo Amaro, *A Posse de Jango Goulart*, Salvador, 1961.

de fato, seria um bom governo pró-trabalhista depois de Getúlio. Viajou a Washington, levando a mensagem anticomunista, mas recebeu apenas uma resposta: *wait and see*. De volta ao Brasil, precisou fazer algo para mostrar sua política progressista: propôs as reformas de base, acrescidas de uma emenda à Constituição, pela qual se eliminava a indenização prévia aos donos de terra desapropriada para reforma agrária. Essa medida causou descontentamento.

Seria óbvio o apoio dos poetas e do público do cordel à reforma agrária, já que, tradicionalmente, viviam da terra e sofriam um infinidade de vicissitudes pessoais devido ao sistema injusto da posse de terra no Nordeste. Contudo, o país estava sendo radicalizado. O deputado de esquerda Francisco Julião, depois de visitar Cuba e estudar o modelo de Fidel, fundou as Ligas Camponesas. Incitou os pobres a invadir as grandes fazendas e exigir mudanças no sistema de posse da terra. A União Nacional dos Estudantes, que também tendia para a esquerda e era sempre favorável às causas populistas, atraiu voluntários para o Movimento de Cultura Popular, que defendia programas de alfabetização para o povo, em grande medida para ganhar votos. Como a grande massa do eleitorado rural era analfabeta e não podia votar (uma regra que foi mudada somente em 1988, na Constituição pós-regime militar), a esquerda esperava, assim, mudar a maré política tradicional.

Obviamente, também havia oposição a essas mudanças. O fato é que, nessa época, os dois lados criaram ou apoiaram um "pseudocordel" – livros de feira com propaganda espalhafatosa defendendo um lado ou o outro – visando influir no voto do povo. A direita atacou as Ligas Camponesas em *A Liga Camponesa e a Resposta de Julião*[28]:

> Agora as ligas camponesas,
> Tomando as propriedades
> Rasgando as escrituras,
> Humilhando as autoridades,
> Praticando as injustiças,
> Crimes e barbaridades.
>
> Veio da banda do inferno
> Um tal Chico Julião,
> Parece que foi expulso
> Da escola de ladrão,
> Hoje anda pelas praça
> Chamando o povo atenção [p. 2].

O poema retrata Julião como um ladrão e um hipócrita, que leva os camponeses como cordeiros para a matança. Acusou-o de prometer um sindicato rural trabalhista, terra, pão e dinheiro, quando na verdade enganava o povo para

---

28. A.A.C., pseudônimo de "Testa de Ferro", *A Liga Camponesa e a Resposta de Julião*, cópia xerocada, s. l., s. d.

atingir seus próprios objetivos. Os únicos a quem consegue enganar são os ignorantes, que sonham em enriquecer sem trabalhar, que querem pegar algo em troca de nada! O poema registra uma visão da "velha Igreja católica" quando esta declara que, se existe injustiça e pobreza, deveria ser por vontade de Deus. Aconselha o povo a ter paciência e a carregar a cruz como fez Jesus Cristo. Denuncia o comunismo, a reforma agrária cubana e as dificuldades de vida que tudo isso iria trazer para o Brasil.

O outro lado não mostrava menor veemência na condenação da direita, afirmando que ela estava ligada com a Igreja Católica na tentativa de manter o povo em estado de submissão. No entanto, a retórica e a propaganda destes folhetos não eram menos ofensivos ou falsos do que as da direita. Rafael Carvalho, de São Paulo, usou o formato do cordel num livro de nada menos que 63 páginas, denominado *Carta de Alforria do Camponês*[29]. Neste poema, que imita o melhor estilo do cordel, Carvalho explica ao leitor humilde de feira o programa de Francisco Julião. Mostra um domínio total dos conceitos e do estilo tradicionais do cordel ao apresentar uma solução marxista que nunca seria posta em prática. Altamente idealista, utópico, o livro demonstra muito bem como os ativistas do momento aproveitaram-se do meio cordeliano para divulgar sua mensagem. Mudou o discurso tradicional e legítimo do cordel para criar sua obra propagandística, dirigindo-se a cada trabalhador na segunda pessoa de tratamento *tu* (recurso raríssimo no cordel tradicional) e falando contra a visão católica da direita:

Tu das à igreja
E ela te pede paciência!

29. "Carta de Alforria do Camponês do Deputado Francisco Julião" em *Versos de Rafael de Carvalho*, Jotapê, s. l., s. d.

Em nome de Jesus Cristo
Pede a tua obediência
Ao dono da propriedade.
Diz que ele age com bondade,
Com amor, urbanidade,
Compreensão e clemência!

Alguns poetas "profissionais" do cordel eram ativistas políticos e, durante o governo Goulart, continuaram a ganhar a vida escrevendo seus folhetos e vendendo-os na feira. Azulão, no Rio de Janeiro, escreveu *Jango e as Reformas*[30], registrando o discurso desesperado de Goulart em 13 de março de 1964, em que defendia as reformas de base. Usa o discurso reformista e trabalhista do momento, dizendo:

O brasileiro precisa
Tirar do ombro esta cruz
E adoutrinar aquele
Que vive cego sem luz
E dizer aos opressores
A terra é de quem produz.

Não pode continuar
O trabalhador sem nome
O filho do operário
Não pode estudar nem come
A burguesia estragando
E o pobre morrendo a fome [p. 1].

Parafraseando o poeta: o Brasil está na miséria e o operário é explorado; não tem um teto sobre a cabeça, está nu, com

30. José João dos Santos, "Azulão", *Jango e as Reformas*, Engenheiro Pedreira, RJ, 1964.

fome e sem terra para plantar. O plano do presidente Goulart representa um desafio aos grandes proprietários de terra, aos trustes e aos "tubarões" para que resolvam o problema do camponês. O poeta faz uso da narração heroica tradicional em primeira pessoa para que Goulart explique sua proposta:

Farei a Reforma Agrária
Com desapropriação
Nas terras aproximadas
Aos meios de condução
Que facilita o transporte
Para quaisquer região.

Com dez quilômetros nas margens
De todas as rodovias
Ou de rios permanentes
Açudes e ferrovias
Com plano de dar início
Dentro de sessenta dias [p. 4].

Goulart repete a ladainha do momento: o Brasil é incrivelmente rico de recursos minerais e de terra de pasto, tudo o que nele for semeado crescerá em abundância! Goulart não propõe apenas reformas, mas também castigo para aqueles que se recusarem a ceder as terras! E fará tudo com a ajuda do povo e das Forças Armadas! À reforma agrária deverá seguir-se a reforma do sistema do câmbio, da política dos banqueiros internacionais (fornecedores de fundos) e dos investidores estrangeiros. No fim do discurso, promete também a nacionalização de cinco refinarias de petróleo. O fato é que Goulart não contou com o apoio do sistema político e nem do seu próprio partido no Congresso Nacional para levar a cabo tais reformas. Na verdade, seu plano trouxe para o Brasil um verdadeiro caos.

4. OS GOVERNOS MILITARES E A PAX MILITARIS

No começo, o regime militar representou uma época de grandes esperanças, pois significava a derrota da ameaça comunista! Depois sobrevieram a censura, os ataques a dissidentes, atos violentos esporádicos da parte dos terroristas (inclusive roubo a bancos, sequestro de embaixadores, como o dos Estados Unidos, e de diplomatas da Alemanha Ocidental e do Japão), dura opressão do movimento estudantil, fechamento das universidades de tendência esquerdista, e o fim de toda oposição que não fosse meramente simbólica. Foi uma época de governo por decreto, aprovado por um congresso manipulado, que teve o prazer de conhecer os "senadores biônicos", criados pelo governo para aumentar o número dos apoiadores! A macroeconomia cresceu, os contratos e o patrocínio foram destinados aos amigos do regime e os ricos ficaram mais ricos.

Somente a situação dos pobres parecia piorar. Nunca chegou a tornar-se uma realidade a famosa proposta do governo de fazer crescer o "bolo" econômico para que todos os brasileiros pudessem dispor de fatias maiores. E uma das grandes imagens de toda essa política na época foi o cada vez mais gordo ministro do Planejamento, Antônio Delfim Neto, político que os poetas de cordel iriam invectivar no final da década de 1970 e começo da de 1980, quando a liberdade de expressão começou a ser aos poucos restabelecida.

O cordel fez, verdadeiramente, uma crônica da época num retrato do povo e de seu país. A reação inicial ao golpe militar foi analisada em diversos folhetos como *A Vitória da Democracia no Brasil e o Fim do Comunismo*[31], de Rodolfo Coelho Cavalcante, o apologista número 1 do regime militar devido a seu anticomunismo visceral e a sua visão moral conservadora. Patriótico ao extremo, rigidamente moral e vítima de capangas comunistas que o apanharam e jogaram num canal para morrer afogado, por ter-se recusado a escrever poemas de elogio ao candidato que apoiavam, Cavalcante aderiu aos militares, inclusive oferecendo apoio total ao plano de restaurar a antiga moral da "idade de ouro".

Associou João Goulart e as reformas de base com a esquerda:

Suas "Reformas de Base"
Delas nunca me enganei
Porque fora dos Direitos

---

31. Rodolfo Coelho Cavalcante, *A Vitória da Democracia no Brasil e o Fim do Comunismo*, Salvador, 1964.

Jamais existe outra Lei
Tomar a propriedade
É privar a liberdade
Isto sempre protestei [p. 1].

E teceu comentários sobre o Ato Institucional nº 1 (o método de governo dos militares):

As primeiras providências
Foram por certo tomadas
Com a cassação dos mandatos
E as liberdades privadas
Dos políticos extremistas
Realmente comunistas
. . . .
Graças às Forças Armadas! [p. 1].

Entre esses inimigos, o poeta incluiu Jânio Quadros, Luís Carlos Prestes, Leonel Brizola, Francisco Julião e "todos os outros que agitaram contra a Nação".

Em outro de seus poemas, Cavalcante elogia a política moral do novo regime – uma limpeza geral de toda a imoralidade reinante no país e a volta a um passado "moral" melhor – uma visão que correspondia, felizmente, a seus próprios ideais. Nesses folhetos, o poeta cumpre seu papel de "guardião moral" e guia do público leitor, um papel compartilhado por muitos, quando não por todos os poetas. O *rock n' roll*, os Beatles, os cabeludos e os *hippies*, além de artistas como Erasmo e Roberto Carlos, eram, para os poetas, sinais da preguiça, da corrupção e da geração intoxicada pela "jovem guarda". Cavalcante aconselhava aos jovens que estudassem, procurassem emprego e fossem bons cidadãos.

Em *Os Cabeludos de Ontem e Hoje*[32], Rodolfo louva Jesus Cristo, Michelangelo e outros "cabeludos" da Antiguidade e critica a juventude cabeluda da década de 1960, não raro identificando-os a ladrões, *playboys* e efeminados. A infeliz declaração dos Beatles de que eram mais populares do que o próprio Jesus Cristo só veio piorar as coisas. O resultado, para o poeta, seria uma mudança dos costumes e acabar com o ateísmo, o diabo solto nas ruas!

É por isso que o mundo
Vive numa confusão
É o comunismo infiltrando
Fazendo revolução
Jogando bombas aqui
Matando governo ali
Sem a menor compaixão.

32. Cavalcante, *Os Cabeludos de Ontem e de Hoje*, Salvador, 1967.

O marechal Costa e Silva
O futuro presidente
Há de acabar com tudo isso
Que envergonha a nossa gente.
O respeito é o seu escudo
Tomara que o cabeludo
Não fique um pra semente.

Um país que não tem ordem
Progresso não pode haver
Onde não existe respeito
A ordem não pode ter.
Louvo toda autoridade
Que a justiça na verdade
Saiba cumprir seu dever [p. 8].

Tal ordem viria depois da tentativa de assassinato do futuro "candidato" dos militares, o marechal Costa Silva. Terroristas planejaram explodir uma bomba para matar o Marechal enquanto estava numa viagem de "campanha", no aeroporto de Guararapes no Recife, em 25 de julho de 1966. (Este autor acabara de chegar ao Recife para fazer pesquisa para sua defesa de tese. Acabou adquirindo, logo depois do acontecido, vários folhetos relativos ao fato.) O caso foi relatado pelo poeta Antônio Lucena do Mossoró, em *Tragédia do Aeroporto dos Guararapes em 25-7-66*[33]. Usando termos como "terrorismo por imbecis", o poeta diz:

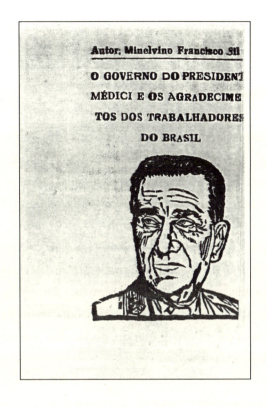

O exército Brasileiro
Nosso exército de Caxias
Tem bastantes qualidades
Pra acabar tiranias
Praticado pelos monstros
Ante as Democracias [p. 5].

O poeta parafraseia as declarações do comandante do IX Exército no Recife: Puniremos os terroristas, traidores do Brasil, "pregando falsas doutrinas / de países estrangeiros". Diz ainda que não adianta opor-se aos generais, e os fãs de Fidel Castro ou de Miguel Arrais (governador esquerdista de Pernambuco até 1964) deveriam preparar-se para as tristes consequências.

Não se poderia dizer uma palavra mais correta! O poeta fez uma profecia para a época: a tática adotada pelo governo através do Ato Institucional nº 5, e suas consequencias, que converteram o Brasil num quartel armado. Com a censura, que nunca foi dirigida a um meio tão humilde e modesto

33. Antônio Lucena do Mossoró, *Tragédia do Aeroporto dos Guararapes em 25-7-66*, Recife, 5 de agosto de 1966.

quanto o cordel, mas que, sem dúvida, o afetou (disse-nos um poeta, por volta de 1970, que o tema político era "um prato perigoso" para o cordelista), pouca crítica se fez ao opressivo governo de Garrastazu Médici, presidente "eleito" pelos militares depois da morte repentina de Costa e Silva, em 1969, vítima de um derrame cerebral. Em vez disso, os poetas preferiram tratar do "milagre econômico" e dos bons tempos no final da década de 1960 e começo da de 1970. A vitória da Copa do Mundo, com o presidente de rádio de pilha ao ouvido (como milhões de outros "brasileiros comuns"), simbolizou o lado bom do regime militar.

Os poetas elogiaram o regime de Médici até seu término, em 1974, por ter instituído novos benefícios sociais para o principal público do cordel, o trabalhador rural, através da criação do Funrural, órgão destinado a oferecer-lhe tratamento médico e seguridade social nos mesmos moldes dos direitos já adquiridos pelos trabalhadores urbanos. Minelvino Francisco Silva, o "Poeta Apóstolo" da Bahia, escreveu, em 1974, *O Governo do Presidente Médici e os Agradecimentos dos Trabalhadores*[34].

Uma infinidade de folhetos elogiaram os "projetos faraônicos", como a represa de Itaipu, e a estrada Transamazônica, "joia" dos planos militares para a expansão geográfica brasileira e a verdadeira abertura para o Oeste. *A Transamazônica Rasgando as Selvas, P'ra Frente, Transamazônica, O Povo na Transamazônica* ou *Presidente Médici e a Transamazônica* enalteceram a grande saga nacional. Os trágicos resultados da construção da estrada só se revelaram na década de 1980 com poemas sobre Chico Mendes e a luta dos seringueiros para salvar seus empregos e suas terras, uma campanha adotada pelos ecologistas do mundo, pois o objetivo maior era salvar a floresta amazônica.

Uma brisa diferente começou a soprar durante o governo do presidente militar seguinte, general Geisel, do Rio Grande do Sul, o primeiro protestante a presidir o Brasil. O cordel publicou *A Saída do Presidente Médici e a Posse do Novo Presidente Ernesto Geisel* e *Só Geisel Criou Este Direito do Pobre Velho Participar no Pão*, os dois expressando o otimismo no começo de seu governo. Seria o início da "abertura" política, anunciando a volta gradual à democracia.

O governo de Geisel concordou com uma reforma dos partidos políticos e com a realização de eleições para prefeitos e governadores (não acreditando que seu partido perdesse o pleito). De fato, o governo perdeu apenas em São Paulo e no Rio de Janeiro, mas isso já era um sinal do futuro. José Soares relatou as eleições de 1974 como se fossem um grande jogo de futebol, que era sua especialidade no cordel, com

a Arena (partido do governo) e depois o MDB (a oposição) fazendo gol[35].

Uma atmosfera subjacente de opressão, prisões e tortura por parte da direita, bem como a violência da esquerda não foram esquecidas. Rodolfo Coelho Cavalcante escreveu *O Dragão do Fim da Era*[36], culpando o comunismo internacional pela violência no Brasil:

Assalta bancos, mais bancos,
Com suas armas na mão,
Matando funcionários
Que ali ganham o seu pão.

---

34. Minelvino Francisco Silva, *O Governo do Presidente Médici e os Agradecimentos dos Trabalhadores*, Itabuna, BA, 1974.

35. José Soares, *A Vitória da ARENA*, Recife, 1974.

36. Rodolfo Coelho Cavalcante, *O Dragão do Fim da Era*, Salvador, 1975.

Roubam descaradamente
Com o desejo somente
De fazer Revolução.

Sequestram Embaixadores,
Pondo em perigo a Nação,
Solicitando resgates
De enorme proporção.
E deste modo o País
Passa uma fase infeliz
Por causa deste Dragão [p. 3].

Greves de estudantes e, sobretudo, um novo movimento corajoso dos metalúrgicos chefiados por Luís Inácio da Silva, conhecido pela alcunha de Lula, em 1979, 1980 e 1981, mudaram a direção dos ventos políticos durante o último governo militar, o do general João Figueiredo. Considerado pelos defensores do regime um homem errado no momento errado, Figueiredo admitiu que não tinha estômago para governar, embora tivesse servido fielmente aos sucessivos governos depois do golpe de 1964. Enfrentou tempos econômicos bastante difíceis causados por forças, em sua maioria, acima de seu controle: a elevação dos preços de petróleo, a inflação resultante do alto custo de vida e o aumento desastroso das taxas de juros na série de empréstimos feitos pelo Brasil para sustentar o governo e a economia após a alta do tróleo. A crescente insatisfação dos reais donos de poder – os *businessmen* brasileiros – devido aos tempos difíceis e ao descontamento geral, chegou ao auge no governo Figueiredo.

Os poetas teceram comentários sobre tudo, especialmente depois da revogação do AI-5 no final do governo de Geisel, em 1978, e a volta gradual da liberdade de expressão. Mais uma vez, foi declarada, em 1979, uma anistia nacional para os inimigos políticos do regime. Todos os antigos esquerdistas volta-

ram e foram declarados vítimas do regime e aclamados como heróis da Nação. Além disso, as reformas partidárias trouxeram a promessa de eleições no plano estadual, em 1982, e presidencial em 1985. O comentário compreendeu desde uma crítica espirituosa a um ataque feroz. Retrataram o presidente Figueiredo, um oficial de cavalaria, como uma pessoa que gostava mais de cavalos do que de gente e preferia tratar com aqueles. Foi ele quem herdou os piores comentários e críticas, resultado de quinze anos de brutalidade e repressão.

Após a anistia de 1979, apareceu um poema assinado por Paulo Teixeira com o título *Os Ex-exilados e os Desaparecidos*[37]. O poeta aplaude a volta do "companheiro Prestes", de Miguel Arrais e de Leonel Brizola e lamenta o desaparecimento de estudantes,

---
37. Paulo Teixeira, *Os Ex-exilados e os Desaparecidos*, s. l., s. d., cópia xerocada da Fundação Casa de Rui Barbosa.

Pior os martirizados
Que estão desaparecidos
Covardemente abatidos
Por perversos homicidas
Que ceifaram suas vidas
Mas também estão perdidos.
. . . .
Fazei com que o Presidente
Assuma os 10.000 crimes
Deste tão rude regime
Conhecido por fascismo
Que põe o Brasil no abismo
E que tanto nos oprime [pp. 3 e 7].

Com a reforma partidária de 1979, na verdade uma mudança superficial, o antigo partido do governo, a Arena, foi transformado no PSD (Partido Democrático Social) e o antigo partido da oposição, o MDB, tomou o nome de PMDB (Partido do Movimento Democrático Brasileiro).

Abraão Batista, professor, poeta e artista de xilogravura em Juazeiro do Norte (CE), terra de Padre Cícero, escreveu *Debate da Arena com o MDB em Praça Pública antes de Morrer*[38]. MDB acusa a Arena de matar os estudantes, torturar os inocentes e ter a alma de Satanás! Mas a Arena retruca:

> Cale a boca bicho bruto
> Que te meto numa fria.
> O AI-5 já caiu
> Mas a espada não caiu,
> Que para ti nunca valia [p. 3].

O MDB acusa o partido do governo de prostituição, pois vendeu o país pelo melhor preço aos interesses estrangeiros, e da criação da dívida nacional. (Não há nada de novo debaixo do sol do cordel; Leandro Gomes de Barros e outros cordelistas tinham acusado Afonso Pena, na primeira década do século XX, exatamente dos mesmos pecados.) O que é novo é a audácia da linguagem do poeta contra os antes intocáveis generais.

Desde o início da década de 1980, os poetas desfecharam ferozes ataques à política econômica e social dos militares. Azulão, no Rio de Janeiro, se perguntava por que a moeda brasileira estava sem valor: o que teria acontecido com todo o ouro extraído de Serra Pelada ou de Carajás, no norte do Brasil? E por que, por mais petróleo que a Petrobras encontre, mais caros são seus derivados para o povo brasileiro? Começa-se a ouvir a frase comum dos cinco anos seguintes:

criticar as "mordomias" dos políticos corruptos que não conseguem fazer nada para melhorar o Brasil[39].

Gonçalo Ferreira da Silva, uma nova voz contestatória no Rio, na década de 1980, escreve *Delfim Deu Fim ao Brasil*[40], acusando o ex-ministro das Finanças e Economia de mentir ao povo brasileiro e de ser pessoalmente responsável pela inflação devastadora e pela depressão econômica do país. Diz, ironicamente:

> Enquanto à realidade
> Nosso povo não acorda

39. José João dos Santos, "Azulão", *O Pacote*, Engenheiro Pedreira, RJ, s. d.

40. Gonçalo Ferreira da Silva, *Delfim Deu Fim ao Brasil*, Rio de Janeiro, s. d.

38. Abraão Batista, *Debate da ARENA com o MDB em Praça Pública Antes de Morrer*, Juazeiro do Norte, 1979.

Só existe uma verdade
Com a qual ninguém discorda
Quanto mais fome aperta
Mais o Delfim engorda [p. 5].

(O ministro era enormemente gordo e parecia aumentar de tamanho enquanto envelhecia o regime.)

Estava perto o fim do regime militar: os metalúrgicos decretaram greve na região industrial e a prisão de seu líder, Lula, fez crescer sua popularidade e seu poder pessoal, bem como o de seu partido, o PT (Partidos dos Trabalhadores). Realizam-se eleições estaduais e a oposição ganha maior relevo. Leonel Brizola, velho inimigo do regime, simpatizante esquerdista-socialista desde os dias de Goulart, ganha as eleições para o governo do Rio de Janeiro.

Azulão, em *Brasil Chorando*, resume o governo do general Figueiredo,

Depois que o homem fez
Um cavalo da nação
Botou a sela e montou-se
Soltou as rédeas da mão
Deixou correr à vontade
Onde a carestia invade
Na fúria do tubarão.

. . . .

Eu pergunto como é
Que o pobre vive mas não come
Uma nação sem comer
Não tem governo que dome
Se a coisa ruim prosseguir
O povo vai explodir
Na revolução da fome [pp. 1-3].

Apologista número 1 do regime militar no cordel, Rodolfo Coelho Cavalcante chegou à mesma conclusão em *Política, Inflação e Carestia Estão Matando de Fome os Brasileiros*[41]:

Que isto seja evitado
Pra não virar anarquia
Que haja Eleição Direta
De povo a soberania
Sem o voto respeitado
O povo fica isolado
Cadê a Democracia? [p. 4].

41. Rodolfo Coelho Cavalcante, *Política, Inflação e Carestia Estão Matando de Fome os Brasileiros*, Salvador, c. 1983.

O último capítulo do regime militar seria a campanha nacional sem precedentes de 1983–1985 em favor de eleições diretas para o novo presidente brasileiro. O povo foi à rua em manifestações que pareciam mais carnaval do que campanha política. A televisão mostrava artistas como Caetano Veloso, Milton Nascimento e, em especial, Chico Buarque de Holanda participando de uma grande campanha que coroou na esmagadora vitória de Tancredo Neves, candidato do PMDB.

Foram escritos dezenas de folhetos, vendidos como pão quente nas ruas. Na crônica nacional do cordel, a história de Tancredo Neves, da campanha de 1983 às eleições em 1984, de sua doença e morte inesperadas em 1985, perdeu apenas para o odisseia de Getúlio Vargas. Estava marcada a posse de Tancredo no cargo para 15 de janeiro de 1985, mas, na véspera das festividades, o presidente eleito caiu doente. Surgiram complicações e, depois de sete intervenções cirúrgicas nos melhores hospitais do país, morreu, sem nunca ter-se sentado na tão cobiçada cadeira presidencial em Brasília. Morreu no dia 21 de abril, coincidentemente a mesma data em que foi enforcado o precursor de independência brasileira em 1789, Tiradentes. Em vista disso, Tancredo foi chamado o "Mártir da Nova República" e autor da "Nova Democracia" no Brasil. Apolônio Alves dos Santos, no Rio de Janeiro, descreveu os dias anteriores à sua morte[42]:

Centro e trinta milhões
De Brasileiros rezavam
Formando uma só corrente
Com fé em Deus imploravam

42. Apolônio Alves dos Santos, *Morte do Presidente Tancredo de Almeida Neves*, Rio de Janeiro, 1985.

Até os padres pediam
Nas missas que celebravam.

Jamais se viu neste mundo
Tanta solidariedade
O Brasil todo rezava
Cheio de fraternidade
Esperando de Tancredo
Paz pra toda humanidade [p. 5]

Rodolfo Coelho Cavalcante mais uma vez resume os sentimentos do povo numa mensagem "editorial" na contracapa de um de seus folhetos[43]. Expressa os sentimentos dos poetas e reitera sua obrigação para com seus leitores, a de documentar o cenário nacional, comentar os grandes acontecimentos e aconselhar os líderes da nação em seu governo:

Está de luto a Nação Brasileira pela morte do glorioso Mártir da Nova República dos Estados Unidos do Brasil, proclamada no dia 15 de março de 1985, pelo grande estadista brasileiro que imolou a sua vida pelo povo humilde que sofreu silenciosamente por mais de 20 anos pelos maus brasileiros, culpados de toda inflação, de todo desrespeito à grande pátria.

Tancredo de Almeida Neves não morreu porque espiritualmente viverá no coração do povo desta nação que voltará aos caminhos da paz, da Democracia, do respeito aos cidadãos e da prosperidade.

Os Trovadores da Literatura de Cordel continuarão sendo os jornalistas do povo, os conselheiros irmãos e tudo farão para incentivar os continuadores do grande Presidente extinto ao cumprimento dos seus deveres para com o povo e a Pátria idolatrada que confia sempre nos seus grandes filhos.

Salvador, abril de 1985

5. A VOLTA AO "NORMAL", DE 1985 AO PRESENTE

Ironicamente, o parceiro de Tancredo Neves na campanha eleitoral e vice-presidente eleito, José Sarney, tinha sido membro da ARENA, o partido do governo militar. Portanto, pouca gente esperava que fosse implementar as reformas prometidas por Tancredo. Não obstante isso, os poetas, em 1985, mostraram alguma simpatia por Sarney (talvez porque fosse natural de um estado do Nordeste, o Maranhão), como se pode ver no folheto de Gonçalo Ferreira da Silva, *Muita Sarna na Sarneira do Presidente Sarney*[44].

43. Rodolfo Coelho Cavalcante, *Paixão e Morte do Dr. Tancredo Neves – o Glorioso Mártir da Nova República*, Salvador, 1985.

44. Gonçalo Ferreira da Silva, *Muita Sarna na Sarneira do Presidente Sarney*, Rio de Janeiro, s. d.

Primeiramente, o poeta queixa-se de Deus pela ação precipitada de tirar Tancredo do querido povo brasileiro; depois, admite que as mãos de Sarney estão atadas por causa do desastre econômico deixado por Figueiredo. Acredita que ninguém poderia governar o Brasil. Os dias do "milagre brasileiro" tinham passado; o que existia agora no país era um novo cinismo:

Como milagre não existe
segundo o povo descrente
carece uma fórmula mágica
que permita ao presidente
por força de tal magia
botar o país pra frente [p. 2].

A resposta de Sarney aos brasileiros foi extremamente racional: não deviam esperar milagres porque ele não era nenhum santo. Garantia tão-somente manter a promessa de Tancredo Neves de, na medida do possível, fazer as mudanças necessárias ao Brasil e trazer-lhe prosperidade. Sarney transformou-se em herói de noite para o dia, quando criou o cruzado (muitos brasileiros lembravam-se dos esforços dos militares, em 1966, para criar o "novo cruzeiro", esforços que não deram em nada). Sarney também decretou o congelamento dos preços, através de uma política fiscal que encantou o país. Ordenou que os preços autorizados das necessidades básicas fossem publicados numa lista oficial, nos grandes jornais do país, e rogou ao público que fiscalizasse sua aplicação e denunciasse flagrantes de infração nos supermercados e comércio das cidades. Um público enfurecido foi filmado, em várias cidades do país, sacudindo as listas na cara de gerentes de supermercados, que foram presos "em nome do povo brasileiro". Pela primeira vez, consumidores de classe baixa, média e alta sentiam que detinham um poder que iria fazer diferença para a vida diária do país. O cordel relatou tudo isso numa centena de histórias, como, por exemplo, *A Guerra contra a Inflação e o Valor do Cruzado*.

O congelamento de preços, porém, sofreu um embate: os industriais, queixando-se da diminuição dos lucros, suspenderam a entrega de mercadorias aos mercados. O produto mais afetado foi a carne, cuja falta provocou alta na demanda e baixa oferta. O governo fez uma tentativa cômica de importar carne da Argentina e do Uruguai, mas seu esforço fracassou. Os intermediários driblaram o congelamento com um sistema de "preços superfaturados", e tudo foi de mal a pior. *A Sonegação da Carne Difama o Plano Cruzado*[45] registra o momento:

45. Apolônio Alves dos Santos, *A Sonegação da Carne Difama o Plano Cruzado*, Rio de Janeiro, s. d.

A nova reforma faz
Todo povo dançar tango
Breve iremos comer
Rato, lagarto ou calango
Porque não se encontra mais
Carne, nem ovos, nem frango [p. 1].

O poeta Apolônio Alves dos Santos, do Rio de Janeiro, suspeita que a carne importada da Argentina e do Uruguai foi parar nos hotéis e restaurantes para turistas e brasileiros ricos, porque nunca chegou aos supermercados. Voltou a inflação, o verdadeiro índice de preços é "escondido" pelo governo, e só existe uma solução: a greve! A popularidade de Sarney acabou, tal qual o carnaval na quarta-feira de Cinzas. O novo plano do governo de combater os tempos difíceis, um plano "linha dura" denominado "Cruzado II", foi anunciado somente depois das eleições de 1986, que deram sustentação a Sarney no poder. Os poetas, zangados, passaram a criticar violentamente o governo em histórias como *Novo Pacote depois da Eleição – Foi Traição!...*[46] Novos ministros da Fazenda entraram e saíram, os preços aumentaram e voltaram a ser congelados, decretou-se a moratória do pagamento da dívida nacional e Sarney anunciou que terminaria seu mandato, que ia até 1990, dizendo nas entrelinhas que, se houvesse oposição, os amigos militares estavam na área. O cordel relatou a quebra de uma janela do carro presidencial, ferindo Sarney, num trajeto pelas ruas do Rio de Janeiro.

Ao mesmo tempo, a Assembleia Constituinte trabalhava em Brasília na elaboração da nova Constituição, promulgada em 1988. Um poeta criticou os políticos e a papelada que voava pelos corredores do Planalto, numa série de propostas "inoperáveis e utópicas". Falamos de Gonçalo Ferreira da Silva, em *A Carta de Tancredo Neves aos Constituintes*[47]. Congressistas vestidos "impecavelmente bem", em frente das câmaras de TV, propunham emendas que faziam o povo brasileiro "morrer de vergonha", isso dito nas palavras do autor.

E chegou a época da campanha para as eleições presidenciais de 1989, nas quais um jovem, arrojado e bonito, Fernando Collor de Mello, levou a melhor. Numa das lutas políticas mais contestadas de toda a história brasileira, Collor de Mello, com profundas raízes políticas na direita e ligações financeiras com a mídia, era o oposto de seu adversário, um verdadeiro homem do povo e líder de sindicato operário,

---

46. Apolônio Alves dos Santos, *Novo Pacote depois da Eleição – Foi Traição!...*, s. l., 1986.

47. Gonçalo Ferreira da Silva, *Carta de Tancredo Neves aos Constituintes*, s. l., 1987.

Luís Inácio da Silva, Lula. Gozando de visibilidade e popularidade nacionais graças à sua liderança à frente do Sindicato dos Metalúrgicos e na luta contra o regime militar, Lula representava, de fato, algo diferente. Migrante nordestino, de uma família de vinte e três filhos, semianalfabeto quando jovem, ascendeu no sindicato através de trabalho duro e de uma crença firme nos direitos e no poder da classe trabalhadora. Adepto de um socialismo trabalhista, era inteiramente o oposto de Fernando Collor.

A campanha de Collor de Mello foi um reflexo da política do passado: sua principal mensagem era acabar com a corrupção dos regimes anteriores e caçar os marajás, funcionários públicos com altos salários. Do lado de Lula foram lançadas *A Peleja do PT contra o Bicho Ditadura e o Monstro Capitalismo* e *A Coisa é Diferente com Lula para Presidente*, histórias em que a retórica clássica trabalhista enfatizava os sofrimentos experimentados sob os antigos "burgueses". O pessoal de Collor escreveu *A Vitória de Collor e a Derrota do PT*[48], que falava do catolicismo do Collor: "Ligado à Igreja / se confessa e vai à missa" [p. 3].

O PT, por outro lado, elaborou terríveis histórias em que se falava da própria corrupção e ineficiência de Collor como governador de seu estado natal, Alagoas. Relataram negócios entre amigos e patrocínio político, tudo igual ou pior do que os atos dos "maus marajás", perseguidos na sua campanha. Ligado ao velho PSD e depois a Paulo Maluf, o candidato dos militares nas eleições de 1984, em que foi eleito Tancredo Neves, Collor é associado aos grandes chefões tão conheci-

48. "Zezé Folheteiro", *A Vitória de Collor e a Derrota do PT*, s. l., s. d. Exemplo de um folheto de propaganda política da turma de Collor escrito por políticos e não por verdadeiros poetas de feira.

dos do povo. Sua ligação com a TV Globo (a família de Collor controlava uma filial em Alagoas) e a forma como a poderosa rede nacional apresentava as notícias do dia e mesmo os debates da campanha a favor do Collor são vistas em *O Colorido de Collor que a Globo Nunca Mostrou*. O debate na televisão nacional entre Collor e Lula fez o público internacional lembrar-se de John F. Kennedy bem barbeado e bonito e de Richard Nixon com a barba por fazer. Foi um verdadeiro *déjà vu* na TV brasileira: Collor, suave, bem falante, quase "messiânico", e Lula, cuja barba lembrava a de Fidel, de fala não poluída e, além de tudo, um esquerdista! Apesar disso, os resultados mostraram o sentimento nacional: mesmo com a grande máquina política controlada por Collor e pelos interesses dos ricos, a vitória pendia para o lado de Lula quase até o final. Mas, então, num golpe de sorte, Collor foi eleito e Lula teve de esperar um pouco mais.

Depois do costumeiro feriado da posse presidencial, com toda a imprensa nacional, Collor de Mello criou um novo plano econômico, o Plano Brasil Novo, depois chamado apenas Plano Collor, um conjunto de reformas econômicas e projetos de estabilização da inflação. Seu efeito mais doloroso sobre o povo foi o confisco da poupança. No cordel, esse plano foi cognominado "Plano Cruzélia", e teve um fim pouco nobre, quando se revelou um escândalo pessoal envolvendo Zélia Cardozo de Melo, ministra da Economia, e um deputado federal casado. O resultado do plano foi o aumento extraordinário da taxa de desemprego, pois faltou dinheiro para pagar os empregados (devido ao congelamento das contas bancárias). No entanto, este foi apenas o início da crise.

O próprio irmão do presidente colaborou nas denúncias de irregularidades financeiras do governo do irmão. Em parceria com seu conselheiro pessoal de finanças, P. C. Farias, Collor e seus amigos recebiam pagamentos clandestinos das mesmas entidades privadas que ofereceram lances no grande plano de Collor de privatizar as antigas empresas nacionais, monopólios do governo. Tudo foi revelado no cordel por Ulisses Higino da Silva, de São Paulo, em *O Caçador de Marajás e a Realidade Trágica da Política Brasileira*[49].

O poeta lembra o fiasco do chamado "Plano Cruzélia" e, agora, relata o novo escândalo, o *impeachment*, a renúncia de Collor, comparando tudo, ironicamente, com a grande instituição brasileira, a telenovela:

É uma boa novela
Cujo nome é azia,
Novela muito indigesta
Igual à denúncia vazia

49. Ulisses Higino da Silva, *O Caçador de Marajás e a Realidade Trágica da Política Brasileira*, s. l., s. d.

Quem assiste esta novela
Por muito que seja bela
Não terá mais alegria [p. 9].

O inquérito de Collor, ao final, revelou ainda mais corrupção no Congresso Nacional. O folheto descreve o momento:

Deputado no Congresso
Fez aquela berração,
Xingou colega de corno
Com o revólver na mão,
Acionaram a segurança
Para evitar a matança
Dentro da repartição.

Alguns que sofreram enfarte
Houve alguma internação,
Por ter culpa na justiça
Pensavam na punição,
E também no confisco
Estavam correndo risco
De morrer de coração [p. 28].

Segundo o poeta, o "vírus" da corrupção já se tinha espalhado pelo Brasil inteiro. Sua conclusão será a mesma de qualquer leitor da crônica de cordel:

Não dá mais p'ra confiar
No que vem acontecendo
Sai governo, entra governo
E o nosso povo sofrendo
Não se pode mais viver
C.P.I. p'ra inglês ver
E o pobre perecendo [p. 12].

Tudo foi causado pelos políticos corruptos, uma "praga de ratos" à qual o poeta adverte: "Sai pr'a lá bicho nojento"!

A crônica volta a um novo começo. O presidente interino, Itamar Franco, completou o mandato de Collor, e é lembrado, sobretudo, por sua acompanhante num camarote do carnaval do Rio de Janeiro. A ausência de roupa de baixo fez a alegria dos poetas de cordel.

A sanidade mental voltou ao país com a eleição de Fernando Henrique Cardoso e mais uma reforma monetária – que desta vez criou o Real e uma estabilidade e esperança verdadeira. Novos políticos e presidentes vão surgir e desaparecer. Se o Brasil vai alcançar o seu sonho, só Deus sabe, mas os poetas seguirão documentando a história, seja com um otimismo eufórico, seja com um cinismo desesperado, mas sempre com humor e "brasileiridade". E o documento ficará – o retrato político do Brasil.

(Tudo tem que terminar em algum momento e em algum lugar; depois do primeiro rascunho deste livro, chegou o momento glorioso de Lula! Foi eleito presidente do Brasil. Teve de enfrentar, em 2004, os mesmos problemas costumeiros, mas num mundo mais complicado pela guerra e pelo terrorismo internacionais. Como talvez o público do cordel tivesse esperado e antecipado, Lula passou por momentos difíceis, sendo acusados ele e seu partido, o PT, de corrupção. Nos últimos anos, houve um verdadeiro dilúvio de novos folhetos sobre a situação política no Brasil, a maioria tratando da corrupção na forma de "juízes Lalaus", do grande "apagão" de 2001 e dos mais recentes episódios tragicômicos do "mensalão" e do "cuecão". Não sabemos o que acontecerá no futuro, mas certamente os cordelistas irão registrar.)

— Álbum VIII —
HÁ UM MUNDO GRANDE LÁ FORA

INTRODUÇÃO

Por humilde que o cordel possa parecer – e de fato o era, no início, no Nordeste – o poeta, sendo o representante do povo no "jornal do povo", nunca ignorava os fatos internacionais e seus efeitos sobre ele próprio, sobre seu público e seu país. Por isso, o Álbum VIII de um livro que se propõe ser a visão de um povo e de seu país olha para fora do Brasil, embora mantendo uma perspectiva totalmente brasileira e cordeliana[1]. Sem ele, o retrato estaria incompleto.

No princípio do século XX, o cordel registrou grandes acontecimentos e personagens do exterior que tiveram algum interesse ou importância para o leitor brasileiro, fatos considerados dignos de "serem lembrados". Os importantes acontecimentos internacionais, tais como a Primeira e a Segunda Guerra Mundial e os conflitos posteriores, são assuntos essenciais na crônica cordeliana; no entanto, qualquer fato merecedor de algum comentário, como a morte

---

1. Muitos folhetos de cordel analisados neste Álbum provêm dos grandes acervos existentes no Brasil, públicos e particulares. Devemos muito ao acervo de cordel da Fundação Casa Rui Barbosa no Rio, ao Instituto de Estudos Brasileiros na USP e, especialmente, à coleção particular do saudoso Orígenes Lessa, nosso amigo e orientador durante muitos anos no Brasil, e a Maria Eduarda Lessa pela gentileza de nos conceder a oportunidade de consultar a coleção Lessa. E também à maravilhosa coleção de Átila de Almeida em Campina Grande (PB). Aparece aqui o milagre da cópia xerocada. Também uma fonte excelente foi o ótimo livro de Vicente Salles, ganhador de vários prêmios no Brasil: *Repente e Cordel*, Rio de Janeiro, FUNARTE/Instituto Nacional do Folclore, 1985.

de um estadista ou de um papa, a chegada do homem à Lua, está registrado no cordel, com seu comentário. No princípio do século, eram os grandes diários que forneciam os temas e assuntos aos poetas, mas, com a chegada do rádio de pilha na década de 1960 e, mais tarde, com a televisão, o horizonte dos cordelistas ampliou-se.

Como já disse, essas histórias em verso, em sua totalidade, constituem de fato uma crônica, uma espécie de História dirigida ao povo, onde se julgam os fatos e o autor da história emite sua opinião sobre eles. Mas os poemas são também criativos e misturam fato e ficção. O principal objetivo do poeta é divertir, mas, ao mesmo tempo, ele informa e ensina, da maneira que ele mais conhece, o verso, fazendo uso de uma linguagem e uma visão de mundo apropriadas a seu público. Seu objetivo é agradar o leitor, porque é das vendas dos folhetos na feira ou mercado que o cordelista consegue viver

exercitando seu "dom". No começo, estes folhetos eram impressos em papel frágil e vendidos nas feiras, nos mercados e nas esquinas das vilas do interior e grandes cidades litorâneas do Nordeste. Com a migração dos nordestinos, o folheteiro acompanhou seu público, e então foi possível encontrar o cordel em todo o Brasil, desde a Amazônia até o Rio, São Paulo e Brasília. Em suma, além do Nordeste, os grandes centros culturais, industriais e políticos do Sudeste do Brasil também tomaram conhecimento das notícias através do cordel.

As opiniões expressas pelos poetas eram e continuam sendo formadas por um curioso amálgama de fatores: a interação do autor com a comunidade local, seu papel de receptor de reportagens e imagens da mídia local, regional e nacional e sua participação num sistema de valores próprios do nordestino. Portanto, mesmo sendo uma voz independente, o cordelista reflete em seus poemas a "voz do povo", aquilo que para ele é a visão de seu público, uma visão de que ele, pelo menos na maioria das vezes, compartilha. Expressará sua própria opinião, mas matizada pelo gosto de seus leitores ou ouvintes. Seus poemas refletem um dom poético pessoal e o temperamento do artista. Portanto, cada um é diferente do outro, o que é ótimo, porque é a variedade de vozes e de talento que faz do cordel um gênero tão vibrante, interessante e divertido.

O formato destas histórias é muito semelhante ao analisado no Álbum VII, "Na Política Esperamos, mas Não Confiamos". O assunto é mostrado usualmente na forma do desafio e resposta: apresenta-se uma situação e os protagonistas reagem e respondem a ela. Em algumas ocasiões, o desafio se repete mais de uma vez, mas, no final, geralmente há um vencedor e a vitória moral do Bem. Os poetas criam e louvam seus heróis e condenam os vilões, a quem logo mandam para o inferno cordeliano. Mas também está presente o herói inesperado, o anti-herói. Pode-se observar um sentimento de amor e ódio quando um poeta conta com admiração as ações, por exemplo, de Adolfo Hitler, Benito Mussolini e Juan ou Eva Perón para o bem de seus países, mas ao mesmo tempo reconhece que eles os destruíram para sempre.

O principal protagonista dos folhetos sobre o mundo exterior é os Estados Unidos da América, com seus líderes e heróis. O país é apresentado de duas maneiras: primeiro, com os nomes de seus heróis e suas ações específicas, como no caso do assassinato de John F. Kennedy ou da chegada dos três americanos à Lua, Armstrong, Aldrin e Collins; e, segundo, de forma indireta, como nos atos da *nação* Estados Unidos e no que ela representa no mundo. O papel dos EUA na Primeira e na Segunda Guerra Mundial, e em muitos outros conflitos desde então, é o de defensor e protetor da liberdade e da democracia; mas às vezes o país é apresentado também como imperialista e conquistador.

Também aparecem neste album, embora com menos frequência, acontecimentos e líderes culturais, como, por exemplo, a morte de Elvis Presley, contada do mesmo modo que a morte dos heróis culturais do Brasil. Ícones de Hollywood, John Wayne, Elizabeth Taylor e muitos outros, ilustraram, durante as décadas de 1940, 1950 e 1960, as capas de poemas de valentes e amantes do cordel. O mais interessante é a crítica, através da sátira ou da ironia, feita pelos poetas, que, na verdade, pretendem vingar-se das potências de Primeiro Mundo, por terem obrigado o Brasil e seus próprios líderes e artistas a defender o orgulho nacional.

Assim como fizemos no Álbum VII, o tempo cronológico é o melhor meio de mostrar como o cordel tem visto o mundo. Por isso, começamos este capítulo com as histórias internacionais, os da Primeira e Segunda Guerra Mundial e a maneira como afetaram o Nordeste. Uma coletânea de folhetos originais e cópias xerocadas dos principais acervos fornece uma boa amostra de mais de cem anos de história brasileira e mundial. E, como antes, por limitação do espaço, utilizamos citações extraídas de folhetos importantes de cada fase da História ao lado do resumo e da paráfrase das vozes poéticas.

O leitor irá reconhecer os nomes, as personalidades e os estilos de muitos cordelistas, porque são as mesmas pessoas que escreveram crônicas sobre a vida nacional no século XX. João Melchíades Ferreira da Silva, autor de *A Guerra de Canudos*, Leandro Gomes de Barros, o melhor poeta da fase pioneira do cordel, João Martins de Athayde, o "empresário" do Recife, seus sucessores das décadas de 1920 a 1960 e os que escreveram nos anos recentes são as "vozes" do povo, vates que, neste álbum, vão informar, julgar, opinar, ensinar e aconselhar.

I. A PRIMEIRA GUERRA MUNDIAL E O SONHO DO PÓS-GUERRA

A conflagração de 1914–1918 na Europa foi talvez o primeiro grande acontecimento de fora do Brasil que chamou a atenção dos vates nordestinos. Embora a participação direta do Brasil na guerra tenha sido pequena (enviou víveres de guerra e fez planos de mandar oficiais do exército), a ameaça de um possível conflito provocou no país o recrutamento militar na forma de sorteio, importante assunto para o registro cordeliano da época. A economia nacional sofreu os efeitos da guerra e a gripe espanhola de 1918, que causou a morte de muitos brasileiros. Não foi surpresa ter sido a guerra e a consequente destruição da humanidade, assim como as mortes causadas pela gripe, vistas pelos poetas como consequências *morais* dos atos do ser humano. Usou-se muitas vezes um cenário apocalíptico para descrever o conflito mundial e seus resultados. E descrevem-se também heróis e vilões individuais com a mesma linguagem que se usou, no começo do século XX, para falar dos cangaceiros e valentes.

João Melchíades Ferreira da Silva escreveu, em 1918, em sua casa em João Pessoa, *A Vitória dos Aliados, a Derrota da Alemanha e a Influenza Espanhola*[2]. Ele acreditava que os "impérios centrais" estavam quase certamente perdendo para os Aliados, mas o diz na forma cordeliana:

> O Imperador da Alemanha
> O maior monstro da Guerra
> Pretendia cativar
> Todas potências da terra
> Queria ser como um Deus
> O criminoso é quem erra [p. 1].

Com efeito, o orgulho e a ambição ilimitados – o pecado capital do cordel – de querer ser igual a Deus é o vício do Kaiser Wilhelm, assim como foi de Lúcifer no Álbum I. Para descrever os vilões da Alemanha, o poeta usa a mesma linguagem que usaria para narrar um crime extremamente perverso. O Bem e o Mal lutam entre si e, é claro, o Bom e o Virtuoso têm de vencer. É um ótimo exemplo de como o tema e o discurso se juntam no cordel.

O poeta também faz jornalismo quando apresenta um resumo dos "fatos" bélicos importantes: a Áustria invadiu a Sérvia, depôs o rei e avançou para a Grécia. A Alemanha invadiu a Rússia, o czar caiu e foi morto pelos bolcheviques. A Bélgica foi invadida e sua capital Bruxelas tornou-se uma segunda Paris. Quatro meses antes desta reportagem, a Alemanha era o "terror do mundo", com suas "máquinas infernais de guerra". O general Von Hindenburg é descrito nos mesmos termos dos outros vilões do cordel: "cheio de bravuras", igual ao valentão do interior do Nordeste que ia à feira para aterrorizar os matutos na visita semanal à "cidade".

Mas o feitiço virou contra o feiticeiro: os Aliados param-se para tirar o Kaiser "de seu covil" em Berlim, o mesmo chefe que quis espalhar "sua ambição assassina" para a América do Sul, especialmente entre os cidadãos alemães do Rio Grande do Sul e de Santa Catarina, no Brasil. O poeta retratou o Kaiser amarrado, com a cabeça de um tigre e rosto humano. Wilhelm é "O animal do Apocalipse / em guerra com os aliados" [p. 13]. A França, a Inglaterra e, agora, os Estados Unidos estão correndo atrás dos alemães, marchando até a Turquia para "tomar a cabeça do Sultão" [p. 9]. O Kaiser pediu trégua e o presidente Wilson apresentou seus 14 pontos para garantir o armistício, pontos que o poeta detalha um a um. O vate fica feliz, particularmente, ao saber do desarmamento da Alemanha com suas "cobras do mar", os primeiros submarinos feitos pelo Kaiser, um "novo e traiçoeiro" instrumento de guerra. Não esconde seu pensamento:

> Finalmente a Alemanha
> Quer ser muito autoritária
> Foi quem inventou a guerra,
> Tornou-se mais sanguinária.

Pior do que isso, o poeta relata que os alemães atacaram uma igreja católica na sexta-feira da Paixão, matando cristãos durante a missa e no momento em que recebiam a santa comunhão! Não há insulto maior a Deus e à religião! Por isso, há razão justa para a derrota da Alemanha, a queda do Kaiser e a humilhação do povo alemão pelos 14 Pontos. O mal é castigado e:

---

2. João Melchíades Ferreira da Silva, *A Victoria dos Alliados, a Derrota da Allemanha e a Influenza Hespanhola*, Parahyba, Typographia da Popular Editora, 1918.

> O presidente Wilson
> É o grande chefe geral
> Da política dos aliados
> Em todo internacional,
> Para defesa da honra
> Dos Direitos mundial [p. 12].

Falou-se de um possível contra-ataque, no que parecia ser o fim da guerra, mas a *América* é uma estrela crescente que vai destruir a Alemanha e sua máquina de guerra!

Somente no final do texto é que o poeta fala de milhares de mortos brasileiros em consequência da gripe espanhola, surgida no fim do conflito, em 1918. A humanidade, especialmente os líderes alemães, tem sido "tão orgulhosa e arrogante" diante de um Deus todo-poderoso que este mandou um "general espanhol" para criar o caos e punir os culpados. E o poeta se lança numa queixa geral contra o estado moral do mundo: os males do recém-inventado cinema, bebedeiras nas festas e, agora, a música rouca e alta, tudo isso são exemplos do mau comportamento do homem. O poeta aconselha os líderes de todas as nações a imitarem o rei de Nínive, das Escrituras Sagradas: arrependam-se de seus pecados na esperança de diminuir os malefícios da gripe e da guerra. Suas palavras finais lembram que:

> Quem com ferro fere
> Com o mesmo ferro é ferido.
> Quem quer abater o próximo
> Também será abatido,
> No provérbio de Jesus Cristo
> O povo está garantido [p. 16].

Um relato bem diferente da guerra e do que viria em seguida pode-se encontrar numa série de poemas de Leandro Gomes de Barros. Parecendo indeciso entre o pacifismo e o conceito de guerra justa, o poeta produziu nessa época uma série de belas peças. Como outras narrativas cordelianas contemporâneas, usou um mínimo de fatos, apenas os imprescindíveis para preparar o cenário. A partir daí, o poeta fez à sua maneira o comentário. Tratou mais das consequências sociais e econômicas da guerra e da reação do povo a esses fatos. Nesses poemas, a alegria contrasta com a tristeza, e a frivolidade, com os comentários mais sérios.

Em *As Aflições da Guerra na Europa*[3], depois de apresentar em detalhes o resultado da guerra, Leandro Gomes de Barros descreve seu futuro herói:

> Oh! Grande América do Norte!
> Terra de um povo ilustrado
> Intervém nesta miséria
> Olha o mundo derrotado
> Mata o homem o seu irmão
> Como um cão desesperado [p. 15].

Em 1915, a América ainda não era a potência internacional conhecida por seu capitalismo e sua expansão econômica; ainda era a Inglaterra que desempenhava esse papel. A América era apenas um gigante adormecido que prometia coisas ainda maiores para o futuro.

Em *Lembranças do Passado*[4], Leandro fala dos bons tempos antes da guerra e compara-os às atrocidades cometidas no momento em que escreve, mas não pode deixar de mostrar no mesmo poema seu lado mais ameno. Todas as nações ocidentais estão envolvidas no conflito, inclusive o pequeno Portugal

---

3. Leandro Gomes de Barros, *As Aflições da Guerra na Europa*, Parahyba, Tipografia da Popular Editora, julho de 1915.
4. *Idem, Lembranças do Passado*, Recife, 1917.

(lembrando o sentimento de amor e ódio entre o Brasil e seu descobridor, fundador, conquistador e colonizador):

>   Diz Lisboa: eu estou aqui
>   De pé firme eu não me mudo
>   Se a Inglaterra gritare
>   Já eu corro e acudo
>   Bai mulhere, vai suldado
>   Bai gato, cachorro e tudo [p. 5].

No mesmo folheto, pode-se ver também, em outro poema chamado "Guerra"[5], o desespero causado pela conflagração. Aqui, o poeta fala com a Guerra em pessoa:

>   És o cancro dos cancros, o mal dos males,
>   Nem a cobra tem tanta tirania,
>   És capaz de fazer medo ao terror!
>   Afugenta a tua voz a epidemia,
>   O desastre se assombra em tua frente,
>   Só um Kaiser da Alemanha te aprecia [pp. 14–15].

Em seguida, Leandro refere-se aos efeitos da guerra sobre o Brasil, um lugar onde dominam o humor e a sátira. Mesmo lamentando as dificuldades econômicas que o conflito provocou no Nordeste, o poeta fala de algo talvez um pouco mais sério: o serviço militar através do sorteio e a grande possibilidade da pessoa sorteada enfrentar a morte na Europa. Numa série de poemas sobre o sorteio, ele diz[6]:

---

5. Leandro Gomes de Barros, "Guerra", em *Ecos da Pátria / A Guerra / Canto de Guerra, Literatura Popular em Verso: Antologia*, tomo V, João Pessoa, MEC/FCRB/UFPB, 1980.

6. *Idem*, *O Sorteio Obrigatório / Duas Noivas Trocadas*, Recife, Typografia Mendes, s. d. [1916].

>   Disse um sertanejo velho
>   Não vou lá o que houver
>   É mais fácil desfazer-me
>   De alguns bichos que tiver
>   Vendo as bestas das meninas
>   E o melado da mulher [p. 3].

E acrescenta:

>   Eu até com essa idade
>   Já está me dando gurgulho
>   Não posso nem mais correr
>   Quando chegar o barulho
>   Ando também receiado
>   Não me botem no embrulho [p. 7].

Uma maneira eficaz de evitar o serviço militar é casar-se e ter filhos. Mas:

>   É por isso que há pouca escolha
>   Em casamento no mato
>   A moça viu o rapaz
>   Chama-se caldo no prato
>   Quando há santas missões
>   Casa cachorro com gato [p. 8].

No caso, o poeta está-se referindo ao fenômeno das missões anuais, quando um padre viajava, muitas vezes, centenas de quilômetros, uma vez a cada ano, para uma comunidade local (geralmente, uma vila do sertão onde não havia outro sacerdote), para fazer batismos, ouvir confissões, distribuir a comunhão e celebrar casamentos, enfim administrar os sacramentos para um público sedento de religião.

Em *O Sorteio Militar*[7], de 1918, o poeta diz:

Para que fazer soldado
De velho, cego e menino?
Está sem sal este mercado
Rói a porca e quebra o pino?
Vamos ver se alistarão
Um como Antônio Silvino! [p. 11].

Mas o governo se defende:

Caiu-me na rede, é peixe
E o que saiu vai no bolo
Loucura não é defeito
Ninguém briga com miolo.

Até meu irmão mais velho
Que quebrou o espinhaço
Furou o olho direito
E o doutor cortou-lhe o braço
Disse o juíz: Você vai
Embore falte um pedaço [p. 13].

Por isso, diz o poeta, todos irão a não ser que sejam cangaceiros portando um "papo amarelo" (fuzil Winchester) que digam "não!" ao governo, ou um "doutor" que compre o anel de formatura (no poema *Doutores de 60*). Os tempos realmente estão difíceis, mas o pior ainda estava por vir. Quem nos dera voltar aos bons tempos de paz e prosperidade!

João Martins de Athayde falava de ataques a pequenas casas comerciais dos alemães ou seus descendentes no Recife, durante a guerra, e filosofava sobre a natureza guerreira daquele povo. Nas entrelinhas, nota-se a admiração do poeta pela capacidade bélica dos alemães, sua coragem e tenacidade na luta, mas também se injuria com os terríveis atos cometidos por eles, como a queima de igrejas e o assassinato de padres católicos. Atos de selvageria! Culpa a Alemanha de ter feito o primeiro ataque aéreo já registrado na história, jogou bombas sobre Paris com biplanos. Em *O Fim da Guerra e a Vitória dos Aliados*[8], Athayde mantém-se fiel à visão cordeliana: o mundo agora está livre da "barbaridade" e do "abismo" criados pela Alemanha e por seu líder, o Kaiser, o "autor da miséria", o "monstro aventuroso". Aquele "Imperador infernal da Prússia" foi castigado por Deus e derrotado pelo "Anjo da Paz", que esmagou "este novo Satanás".

Termina o folheto dizendo que os matutos do interior já podem voltar à cidade sem medo de serem alistados; de fato, estão agora festejando nas ruas, bebendo cachaça. O próprio autor diz que comprou uma garrafa de vinho fino para celebrar as boas-novas e, conclui, se os leitores não gostarem do livro, poderiam culpar o vinho Rocha Leão! Assim, os poetas terminaram de fazer sua crônica da primeira grande guerra do século, relatando um mínimo de fatos e ligando as atrocidades do conflito a uma visão moral já costumeira no cordel.

Com o fim da Grande Guerra de 1914–1918, a década de 1920 parecia representar uma época de paz e de volta à prosperidade, um mundo sustentado pela fé e pelo idealismo do homem. Nesse momento, os Estados Unidos, com a vitória real e moral alcançada contra o Kaiser, começam a ser vistos como uma nova estrela crescente, a síntese do sonho moderno de democracia, liberdade e, especialmente, a "terra pro-

---

7. Gomes de Barros, "O Sorteio Militar" em *O Tempo de Hoje / O Sorteio Militar*, Guarabira, Pedro Baptista, 1918.

8. João Martins de Athayde, *O Fim da Guerra e a Victoria dos Alliados*, Recife, 1918.

metida". "Dai-me os cansados, os humildes, os pobres", pede a senhora na baía de New York, e eles começam a acreditar na mensagem. Assim, aos poucos, cria-se uma aura ao redor dessa nação, mas esta brilhante imagem logo será embaçada por acontecimentos ocorridos em seguida.

Um processo-crime que contraria os ideais de justiça e liberdade para todos, representados pelos Estados Unidos perante o Velho Mundo e as jovens democracias da América Latina, virá introduzir certa ironia neste nosso retrato. Trata-se do famoso caso, ocorrido em 1921, em que os imigrantes italianos Sacco e Vanzetti foram condenados à morte na cadeira elétrica por um crime que negaram ter cometido. O folheto *Sacco e Vanzetti nos Olhos do Mundo*[9] contou a história desses dois imigrantes que vieram para a América com um sonho em mente. Narra-se a série infeliz de circunstâncias em que foram presos e condenados à morte por homicídio. O autor admira-se de que tal coisa pudesse acontecer nos Estados Unidos:

> Sair da pátria natal
> Seguir para a terra alheia
> Sonhando com liberdade
> Morrer dentro da cadeia
> É engraçada esta vida
> Quanta esperança perdida
> Quanto castelo na areia [p. 184].

Igualmente chocante, embora de forma diferente, foi "o crime terrível, perverso e monstruoso" do rapto e morte do filho de Charles Lindbergh, o grande herói americano do início do século, e talvez sua figura mais trágica. Em *O Rapto*

9. João Martins de Athayde, *Sacco e Vanzetti aos Olhos do Mundo*, Recife, s. d.

Misterioso do Filho de Lindbergh[10] e *A Tragédia Lindbergh*[11], os cordelistas do início do século XX usaram os mesmos elementos com que relataram um "romance" de aventuras, como a morte de Roldão ou as lutas e vitórias dos amantes, príncipes e princesas do antigo cordel.

Não era apenas a história de um herói internacional – Lindbergh foi o piloto que mais prendeu a imaginação do mundo até à primeira viagem do homem à Lua, em 1969 – mas também uma história de grande suspense e requintes de perversão, que satisfazia os sonhos românticos de seus leitores mais humildes. Depois de seu primeiro voo sem escala sobre o Atlântico de Long Island a Paris, Charles Lindbergh foi aclamado herói nacional. Bonito, corajoso, forte e um homem de grandes feitos, correspondia à visão heroica do cordel! Sua esposa, que, nas palavras do autor do poema, ti-

10. Zé Vicente, *O Rapto Misterioso do Filho de Lindbergh*, Belém, Guajarina, 1932.

11. Amador Santelmo, *A Tragédia Lindbergh*, Rio de Janeiro, 1934.

nha "ares de princesa", possuía outros atributos de conto de fadas: era linda, delicada, com "olhos azuis refletindo a pureza", além de pertencer à linhagem "real", pois era filha do embaixador dos Estados Unidos no México, Dwight Morrow. A chegada do primeiro filho aconteceu como nos romances de cordel: Charles Jr. era "uma flor do céu" e seu amor pelos pais é idílico.

Contudo, num dia nada idílico, os pais perceberam o desaparecimento da criança, raptada por desconhecidos. Dias e semanas se passaram, foram feitos apelos públicos aos misteriosos raptores, e alarmes e falsas esperanças trouxeram comoção para a família e para toda a nação. A entrega do dinheiro do resgate a um suposto agente dos raptores, num cemitério, e a descoberta do corpo do garoto alguns dias mais tarde provocaram um frenesi nacional. Num final bastante "brasileiro", o autor do folheto diz que um médium, adepto do espiritismo de Allan Kardec, afirma que o corpo não é do filho de Lindbergh! Consequentemente, diz o poeta que vai escrever uma segunda história, tão logo cheguem mais detalhes!

Mas a "negra sorte" domina, e a tragédia chega ao desenlace quando outro imigrante, um carpinteiro alemão, Bruno Hauptmann, é preso, processado, condenado e executado pelo crime. Os Lindbergh, para fugir da publicidade, partem para a Europa em 1936, depois do processo. A descrição feita pelo poeta é extremamente teatral, no velho estilo do cordel, ou seja, em quadras. Enfatiza as súplicas desesperadas da mãe aos sequestradores para que, pelo menos, dessem remédio à criança, "que sofre de malária" e precisa tomar regularmente sua medicação. Após a descoberta do corpo, o processo e a condenação do criminoso, o poeta não consegue se conter:

Ó bandido dos bandidos!
Monstro dos Monstros, Aborto!
Carniceiro do outro mundo
Que vendes um anjo morto!

Magarefe do demônio
Que escolheste o cemitério
Para venderes a vida
Que já era necrotério.
. . . .
Carrasco, liga a energia!
Cheira o coração assado!
Bruno foi o maior bife
Que a cadeira tem queimado.

Carapina do demônio
Prega as tábuas do caixão.
Feito da escada macabra
Do carpinteiro alemão!

Foi *este* um drama de cordel: a trágica morte de uma vítima inocente, filho de um verdadeiro "príncipe" e de uma "princesa" dos Estados Unidos da América! Foi feita justiça com a morte merecida do malfeitor, castigado por um crime perverso, terrível, vil, repulsivo. É uma grande história de *Retrato...*, mais um exemplo de quanto o sonho americano era frágil, de que uma estrela acabava de cair.

No entanto, outras estrelas começaram a subir: as dos heróis da "tela de prata" de Hollywood. Atores e atrizes conhecidos passaram a ser os principais destaques das capas dos folhetos de cordel, na sua segunda "Idade de Ouro", da década de 1940 à década de 1960. Mas, tal qual Hollywood, eram estrelas de ouropel, superficiais, apenas uma imagem nas capas dos folhetos e romances de cordel. As gráficas passaram a usar foto-clichês das estrelas e astros de Hollywood nas capas de histórias totalmente brasileiras.

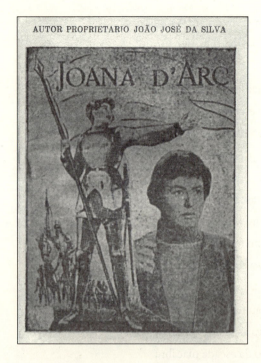

Liedo Maranhão, estudioso do cordel, descreveu muito bem o fenômeno:

O "cine", como é carinhosamente tratado no cordel, sempre exerceu uma influência muito grande na poesia popular, não somente, com seus temas de amor, "bang-bang", da Bíblia ou da História Universal, como também, os poetas se serviram, largamente, de fotos dos seus grandes astros; na clássica pose do mocinho e da mocinha, abraçados, rostinhos colados, rindo para o leitor. Quase todos os artistas americanos das décadas de 30, 40 e 50... até mesmo, os atuais, tiveram suas fotos estampadas em capas de romances, ao lado de famosas atrizes [p. 61] [12].

12. Liedo Maranhão, *O Folheto Popular, Sua Capa e Seus Ilustradores*, Recife, Fundação Joaquim Nabuco/Editora Massangana, 1981.

Na verdade, o uso dos astros de cinema dava sequência a uma inovação introduzida um pouco antes: o emprego de cartões-postais e do cartão romântico europeu para ilustrar as capas dos folhetos de cordel. Apareciam astros como Ingrid Bergman em seu papel de *Joana D'Arc*, ou Victor Mature em *Sansão e Dalila*. No entanto, foram usadas também fotos sem sentido, que pouco ou nada tinham com os poemas impressos nos folhetos. O caubói dos bangue-bangues, um Gene Autry sorridente ao lado de seu cavalo *Champeon*, apareceu na capa de *O Valente Sebastião*, um romance de heroísmo sertanejo. O jovem Mickey Rooney enfeitou a capa de *Chicuca, o Professor de Ladrões*, folheto que narra a história de um herói espertalhão (à moda de João Grilo). Ainda o ator William Holden e sua heroína ilustraram a capa de *O Rei Orgulhoso na Hora de Jantar*, uma história romântica da Europa medieval. John Wayne e Maureen O'Hara adornaram a capa de *A Fidelidade*

de Edgar e o Amor de Adelina, uma entre centenas de histórias de amor no cordel.

Seja qual for o fundamento lógico ou a falta dele, não há dúvida de que os poetas e seu público tinham grande desejo de ver os astros de Hollywood. O fenômeno foi introduzido no cordel porque as fotos dos astros estavam disponíveis e era muito barato obtê-las nas redações dos grandes diários do Recife, que as usavam para fazer a propaganda das atrações de cinema da semana seguinte. Além disso, o público do cordel tinha oportunidade de ver os grandes cartazes em frente de cinemas modestos ao lado do mercado em Recife e em outros lugares, onde o povo escutava os poetas cantarem ou declamarem os versos de cordel, que estavam à venda na praça.

Assim, tanto as maldades de líderes arrogantes de nações sedentas de riqueza e poder quanto a bondade de heróis reais como Charles Lindbergh e os "moços" de Hollywood trouxeram para os leitores humildes do Nordeste uma visão da Europa e dos Estados Unidos. O acervo de imagens, porém, seria aumentado, para o melhor ou para o pior, com o retrato de grandes adversários da grande guerra seguinte. Adolf Hitler, Benito Mussolini, Hirohito, Franklin Roosevelt, Winston Churchill e Joseph Stalin seriam os protagonistas do maior drama da época: a Segunda Guerra Mundial, uma luta épica, que deixou um saldo de quarenta e oito milhões de pessoas mortas, uma batalha que mudou o rumo da história mundial e que, indiretamente, introduziu o Brasil no cenário mundial.

2. A SEGUNDA GUERRA MUNDIAL[13]

Em 1939, vinte e um anos após o término das hostilidades na Europa, estouraria um cataclismo ainda maior. Por intermédio da mídia, o Nordeste tomou conhecimento dos horrores da Segunda Guerra Mundial, mas foi o cordel que acompanhou os acontecimentos com histórias em verso escritas na linguagem de seu humilde público. Naqueles anos, o cordel havia chegado ao apogeu no que tange ao número de folhetos impressos, graças ao empreendimento de João Martins de Athayde, no Recife. Essa empresa foi adaptada e recriada na bacia do Amazonas, pela Editora Guajarina, em Belém do Pará, dirigida para um público significativo. Também a Bahia, na divisa sul do Nordeste, contou, nos anos de guerra, com uma produção bastante grande, estimulada por uma dúzia de poetas ativos. Seria, pois, uma geração totalmente nova de poetas que iria comentar e julgar as potências do Eixo e seus líderes. Os relatos seguintes constituem um incrível registro da época e, em certo sentido, representam os melhores folhetos sobre fatos do gênero. Somente o suicídio de Getúlio Vargas, em 1954, e a doença e morte de Tancredo Neves, em 1985, proporcionariam ao cordel tanto drama e discurso romântico.

Graças à evolução dos meios de comunicação, à escala da guerra e à eventual participação do Brasil, o interesse do público brasileiro pelos assuntos internacionais cresceu significativamente. Algumas notícias eram veiculadas por meio de videoclipes no cinema, de cobertura diária dos jornais e, especialmente, pelo uso do rádio de ondas curtas, que permitia uma cobertura mais rápida. O romancista Jorge Amado, na Bahia, é quem oferece uma das melhores descrições do momento. Ele escreveu sobre essa época, tanto na ficção quanto em obra documental. No seu romance de tese, *Tenda dos Milagres*[14], que trata da preservação da cultura afro-brasileira no Brasil, especialmente na Bahia, descreve os momentos finais da vida do herói Pedro Arcanjo, que morre em 1943 no meio da guerra:

Fora ouvir rádio, as estações estrangeiras, a BBC de Londres, a Rádio Central de Moscou, a Voz da América; seu amigo Maluf adquirira um aparelho que pegava o mundo todo. As notícias daquela noite davam gosto, os "arianos" apanhando de criar bicho. Todo mundo xingava os alemães, "os nazistas alemães", "os monstros alemães", o velho, porém, só se referia aos "bandidos arianos", assassinos de judeus, negros e árabes [p. 40].

Na sua melhor obra documental, *Bahia de Todos os Santos*, Amado fala especificamente de Cuíca de Santo Amaro, o poeta de cordel mais conhecido durante a guerra:

[...] Explora na sua poesia antifascista a veia humorística e ri dos que vestiram a camisa-verde, ri da aversão de Hitler às mulheres, ri do teatro barato de Mussolini. Um dos seus folhetos narra como

---

13. O resumo que fizemos, nesta parte, dos detalhes da história deve muito às obras de: E. Bradford Burns, *A History of Brazil*, já citada; Herbert Matthews, *Half of Spain Died: A Reappraisal of the Spanish Civil War*, New York, Charles Scribner's Sons, 1973; David Mitchell, *The Spanish Civil War*, s. l., s. d.; Askale Negash, *Haille Selassie*, New York, Chelsea House Publishers, 1989; *World Book Encyclopedia*, vol. 21; Martin Gilbert, *The Second World War: A Complete History*, New York, Henry Holt and Company, 1989, vol. 21; e Joseph Luyten, "Os Japoneses na Literatura de Cordel", *A Literatura de Cordel em São Paulo: Saudosismo e Agressividade*, São Paulo, Loyola, 1981.

14. Jorge Amado, *Tenda dos Milagres*, São Paulo, Martins, 1969.

Plínio Salgado enganou muita gente com a demagogia integralista. E conta o fim do fracassado quinta-coluna, numa viagem para Europa. [...] Outra história narra o casamento de Hitler com a filha de Satanás, no inferno. Hiroito e Mussolini são os padrinhos. [...] Eis que, noutro folheto, Satanás resolve ir buscar Adolf Hitler para que, no inferno, o chefe názi pague seus crimes [pp. 195-196].

O Brasil teria um interesse pessoal nessa guerra, em 1944 e 1945, quando a Força Expedicionária Brasileira (FEB) participaria dos combates na Itália, sob o comando do general Mark Clark. Os mesmos oficiais brasileiros que serviram na Itália iriam formar, mais tarde, o grupo de "defensores da constituição", na Revolução de 1964. Mais próximo de casa, grupos étnicos que viviam no Brasil – alemães, italianos e japoneses – foram levados de um lado para o outro, segundo as notícias favoreciam aos aliados ou às potências do Eixo. A luta entre facções políticas no Brasil não foi menos importante: os comunistas eram partidários da Rússia de Stalin; os integralistas favoreciam os Estados fascistas, e o governo centrista, que era pró-aliado, tentava equilibrar-se entre esses dois extremos.

A máquina de propaganda alemã estava ativa na América do Sul, inclusive no Brasil, através do rádio. No entanto, somente quando cresceu a atividade de submarinos alemães no Atlântico Sul, com o afundamento de cargueiros brasileiros e a subsequente perda de vidas é que o governo e as massas se converteram seriamente à causa dos Aliados. Os poetas cordelianos, acostumados a escrever relatos dramáticos de ficção – sobre amor, sofrimento e aventura – aplicaram a um drama da vida real de luta entre o Bem e o Mal as mesmas regras morais e religiosas que tinham empregado em seus romances e recriaram seus arquétipos do herói e do vilão. O discurso dos dois tipos diferentes de poemas podia ser extraordinariamente semelhante. Mussolini e Hitler, especialmente o último, foram colocados numa relação de amor e ódio no que diz respeito às massas humildes nordestinas, e o ódio venceu. A guerra converteu-se numa verdadeira epopeia, numa luta de proporções heroicas, e o público desta poesia folclórico-popular de raízes heroicas maravilhou-se de alegria.

Ninguém conhece o número exato de histórias em verso sobre a Segunda Guerra Mundial que foram escritas e publicadas. Mas contribuíram para divulgar esse drama poetas e editores de São Paulo e do Rio de Janeiro, do Nordeste e de Belém do Pará, onde havia uma gráfica de cordel muito ativa e pouco surpreendente. Esses textos, na sua totalidade, nos proporcionam uma das partes mais emocionantes de toda a crônica internacional. Este livro tenta reproduzir seu sabor.

Os poetas escreveram sobre o prelúdio da guerra: a Guerra Civil Espanhola. Manoel Tomaz de Assiz, veterano do cordel e poeta do verdadeiro interior da Paraíba, escreveu sobre *A Trocidade na Espanha: O Horror dos Horrores!*[15] Como era de esperar, ressaltou as atrocidades cometidas contra a Igreja Católica, contra os clérigos e os crentes. Estava certo de que as antigas profecias estavam sendo cumpridas: o fim do mundo está próximo; o paganismo e o ateísmo, na forma do comunismo na Espanha, têm causado miséria indescritível, humilhação pessoal, sofrimento e morte. As moças de Madri foram arrastadas de suas casas para as ruas, onde foram estupradas; freiras foram violadas e forçadas a correrem nuas pelas ruas; um padre foi queimado vivo; igrejas, mosteiros e conventos foram saqueados e queimados. A Itália e a Alemanha acorrem em defesa dos rebeldes comandados pelo generalíssimo Francisco Franco

15. Manoel Tomaz de Assiz, *A Trocidade da Espanha: Horrores dos Horrores*, São Francisco Soledade, PB, s. d.

e a Espanha viu-se no meio da guerra. A Rússia, de um lado, a Itália e a Alemanha, de outro, além dos voos Condor sobre Guernica, fariam da Espanha, entre 1936 e 1939, um verdadeiro campo de guerra.

Tanto no Rio de Janeiro quanto em Belém do Pará, os poetas escreveram sobre a invasão da Etiópia pela Itália e sobre o massacre dos etíopes com os novos armamentos de guerra do invasor. E apareceu um grande herói no cenário mundial, o imperador Hailé Selassié, "o Imperador n. 225 da Dinastia Salômica, Eleito de Deus, Senhor dos Senhores, Rei dos Reis, Leão Conquistador da Tribo da Judeia".

Amador Santelmo[16], um poeta popular do Rio de Janeiro, associou os males da invasão italiana ao sofrimento da raça negra, uma raça compartilhada pela Etiópia e pelo Brasil. Descreveu os invasores brancos italianos e os negros, comandados por Hailé Selassié, e defendeu a coragem destes:

O Mussolini bem sabe
Que a Abissínia é país quente
Não é sopa nem é carga
Que se manjam de repente;
Vai ser angu à baiana
Para escaldar muita gente [p. 2].

A Abissínia é uma nação rica e, por isso, desperta a cobiça de algumas outras, mas ela tem amigos que a podem defender: a França, a Inglaterra e a Rússia estão entre eles! A história da Abissínia registra que sua população negra defendeu a Cristandade contra a ameaça muçulmana. E Santelmo,

16. Amador Santelmo, *A Guerra Italo-Abyssínia, Dr. Jacarandá Minhas Memórias*, Rio de Janeiro, Coleção Orígenes Lessa, s. d.

em suas notas de pé de página, fala de um D. João III, rei de Portugal, que enviou tropas à Etiópia para expulsar do país os muçulmanos e nessa empreitada recebeu ajuda dos abissínios. É verdade que o Ocidente ignora muita coisa da Etiópia e de seus habitantes, como diz o poeta:

> Há inda tribos selvagens
> Abexins muito guerreiros,
> Que comem gente, é verdade,
> Principalmente estrangeiros,
> Soldados italianos
> São petiscos verdadeiros.
>
> Diz o povo e eu acredito,
> Por isso vai confirmado,
> Que churrasco de Italiano,
> No fogo bem apurado,
> Só o cheiro abre o apetite
> Cheira a macarrão queimado [p. 3].

O poema converte-se, então, numa defesa da "negritude", inclusive a brasileira, comparando-a com as atitudes dos invasores brancos italianos, produto de uma raça branca inferior que escravizou milhões de seres humanos:

> A Itália tem aeroplanos
> A peste do mundo inteiro,
> E gases asfixiantes
> Morticínio verdadeiro
> Mas nós temos o mosquito
> Que é sovela sapateiro.
>
> A Itália cobiçosa
> Tem agido só com manha
> E não conta só com ela
> Pensa também na Alemanha
> Hitler, nazista manhoso,
> A luta também assanha [p. 4].

O poeta continua seu panegírico, falando agora dos anos futuros: o sangue vai jorrar, cobrir o mar e a terra, a Itália arrastará para a guerra a Alemanha e esta, a França, a Inglaterra e, por fim, o Japão irá envolver-se. A Liga das Nações pede a paz, o Papa reza por todos, mas "corações perversos" querem prosseguir na luta, até acontecer o pior.

O poeta Zé Vicente, de Belém, no seu folheto *Alemanha Comendo Fogo*[17], fornece os detalhes da divisão da Polônia entre a Alemanha e a Rússia. Deladier e Chamberlain protestam por telegramas, enquanto Hitler e Mussolini caem na gargalhada! O poeta usa de humor e verve, utilizando ideias estereotipadas sobre as nações envolvidas e cita os nomes de lugares para caracterizar os protagonistas no ato. Hitler quer apenas "agarrar os poloneses / e fabricar salchichões", irá tomar chope alemão em Paris, atropelando os fracos franceses, e conclui: "Meto o pé no mar do Norte / vou virar Londres do avesso" [p. 5]. Enquanto tudo acontece, a Rússia olha à distância, "desistindo de entrar no jogo" [p. 5]. Hitler, igual a um "gato viciado a comer pinto", engole a Áustria e depois a Tchecoslováquia. Então põe em ação a *blitzkreig* e a coitada da Polônia acaba submetida aos nazistas.

O poeta zomba dos brasileiros que veem em tudo uma diversão:

> Mas nós aqui no Brasil,
> Bancando neutralidade,

---

17. Zé Vicente, *Alemanha Comendo Fogo*, Belém, PA, Editora Guajarina, s. d.

Vamos vender é farinha
E banana de verdade
Que a nossa luta é de língua
Nas esquinas da cidade.
....
Nossa guerra será feita
Com mais de cem generais,
Todos eles operando
Na redação dos jornais
Para ver no fim da luta
Qual de todos brilhamos mais [p. 10].

O poeta adverte que seria muito fácil, para Hitler, mandar um dos seus submarinos à doca do famoso mercado Ver-o-Peso em Belém e ir "pro baixo d'agua furando / ... / pondo canoa no fundo" [p. 12]. Mas somos da terra do carnaval, para que nos preocupar?

Outro poema registra acontecimentos mais próximos de casa, como a impressionante saga do encouraçado alemão "Graf Spee"[18], afundado pelo próprio comandante antes de render-se aos navios ingleses que o cercaram fora de Montevidéu. O heroísmo do comandante, diante da grande vantagem do inimigo, é muito apreciado pelo poeta e por seu público. Enquanto isso, o *Wehrmacht* alemão atravessa o Norte da Europa, engolindo a Finlândia, a Bélgica, a Holanda e a França. A única esperança é a Inglaterra, que, dentro em pouco, estará envolvida numa luta por sua própria sobrevivência.

O mesmo poeta Zé Vicente, em *Alemanha versus Inglaterra: A Batalha de Dois Gigantes*, descreve o combate como se fosse o desafio entre dois pugilistas pesos-pesa-

18. Zé Vicente, *O Afundamento do Vapor Alemão 'Graf Spee'*, Belém, PA, Editora Guajarina, 1939.

dos dentro do ringue. O alemão é perigoso, tem o fôlego de um gato e parece não ter medo. O inglês fala pouco, é muito trabalhador, vai conquistando pontos aos poucos e, de repente, alcança a vitória. Conta, além disso, com um grande líder:

O ministro deste povo
É valente de verdade;
Embora vendo o chuveiro
De bombas sobre a cidade
Ele toma providências
Redobra de atividade [p. 4].

A batalha nos céus e no mar da Inglaterra se acirra, com muitos prejuízos e mortes de ambos os lados; no início, a Alemanha leva vantagem, mas a Inglaterra agora promove bombardeios até em Berlim. A Itália, recém-saída de derrotas na Etiópia e agora na África do Norte, é:

Que nem piranha na tala
Pendurada pela boca
Quer discutir
Mas, se cala [p. 8].

A Inglaterra ainda dispõe de poder no mar e aperta o inimigo com o decreto de um bloqueio continental, com o objetivo de interromper o comércio e limitar as remessas de provisões para o Eixo. Passou o momento da *blitzkrieg* e Hitler viu-se atolado "na lama" de uma longa, difícil e onerosa campanha com uma teimosa Inglaterra, que defende a própria existência.

De repente, um novo acontecimento choca o mundo. O Japão faz um ataque-relâmpago a Pearl Harbour e os Estados Unidos lhe declaram guerra. O poeta Zé Vicente escreve *O*

parte dos brasileiros. Nos poemas aparece a caricatura de feições japonesas, inclusive o som de sua fala e como ela soava aos ouvidos "brasileiros". A alimentação e até a ambição desse povo oriental são usadas como motivos para atacá-los. Parafraseando o autor, eles, com seu próprio idioma e manhas, são no Brasil a síntese do quinta-coluna, ou seja, dos espiões. É um povo que gosta de guerra e o desejo de Hirohito é ser outro Napoleão! A aliança que fizeram com a Alemanha e a Itália nada lhes trará de bom a não ser a própria destruição:

> Japonês é muito feio,
> Tem a carinha de jia.
> Se vires um japonês
> Desse bicho desconfia.
> Os olhos dele parecem
> Semente de melancia.
>
> A língua do japonês
> Faz bicho correr no mato.
> Quando ele está conversando
> Faz um chiado de rato.
> Só sabe fazer brinquedo
> De imitação e barato [p. 12].

Japão Vai se Estrepar[19], com a data de 12 de dezembro de 1941. O poema revela uma atitude violentamente racista, antijaponesa e ataca a invasão nipônica, o imperador e o povo do Japão. Em contraste com o elogio ocasional aos fortes e quase invencíveis alemães (e com as piadas sobre os italianos "manjando espaghettis"), não se pode ter admiração pelo novo inimigo!

No início do século XX, um grande número de japoneses haviam emigrado para o Brasil. Na luta pela sobrevivência, estes imigrantes, geralmente, evitaram o casamento com outros brasileiros e expressaram um certo desdém pelos "outros", os chamados *gaijin*. O medo que os brasileiros tinham dos enigmáticos japoneses pode ser observado nos folhetos cordelianos, seja por falta de conhecimento, seja por ignorância da

O poeta prossegue em sua descrição: os japoneses quase sempre são camelôs, ou vendedores de sorvete na rua. É preciso ter cuidado com eles porque sabem tudo o que se lhes diz! Todos são temidos quinta-colunas. Chiang Kai-shek irá derrotá-los na China, porque não irão receber qualquer apoio de Hitler que agora está extremamente envolvido na frente leste contra a Rússia. Além disso, a América já entrou na guerra. Viva a América!

Também escrita pelo poeta Zé Vicente, a reportagem seguinte sobre a guerra é *A Batalha da Alemanha contra a*

19. Zé Vicente, *O Japão Vai se Estrepar*, Belém, PA, Editora Guajarina, 12 de dezembro de 1941.

Rússia[20]. Nela, a Alemanha usa, mais uma vez, o ataque--relâmpago (*blitzkrieg*), com quatro milhões de soldados alemães enviados por Hitler para a frente leste! O autor comenta que a Rússia, fiada numa frágil e estranha aliança com o nazista Hitler, achou que podia viver em paz, até que a Alemanha cruzou as fronteiras soviéticas. Ainda mais estranha foi a aliança entre o Ocidente capitalista e a Rússia comunista. O autor descreve a carnificina em termos irônicos: "morre alemão pra xuxu, / morre russo de enjoar!" [p. 6]. Durante a luta, ninguém sabe quem está vencendo, mas, diz o poeta, uma coisa é certa: "nem um nem outro ganha". Morrem milhões de soldados "como formiga pisada" [p. 7]; é uma mortandade, um verdadeiro cemitério.

20. Zé Vicente, *A Batalha da Alemanha contra a Rússia*, Belém, PA, Editora Guajarina, s. d.

Por diversas páginas, Zé Vicente descreve a máquina de propaganda nazista da Gestapo, afirmando que nem o próprio povo alemão sabe do que realmente está acontecendo – as perdas devastadoras do Reich; falta pão até em Berlim e toda a zona industrial alemã foi destruída pelo bombardeio britânico e americano.

Em *A Europa Banhada em Sangue*[21], o autor descreve o próprio momento da guerra, num tom quase apocalíptico: *esta* é a guerra de que falaram nos Evangelhos as profecias de Isaac, Daniel, Jeremias e até do próprio Messias. É a devastação terrível e completa; a população foi dizimada e a Europa converteu-se num "deserto feio" [p. 6].

Pode-se entrever à distância o fim de tudo em *O Brasil Rompeu com Eles*[22], uma história que relata a declaração de guerra do Brasil ao Eixo, em 1942. Em vez do tom leviano dos poemas anteriores, em que o Brasil "fez guerra" pelas páginas editoriais dos diários, agora o poeta exige patriotismo e vigilância contra a agressiva propaganda alemã e as tentativas de espionagem da Alemanha no país. São dadas notícias sobre De Gaulle e a França livre, sobre a presença dos Estados Unidos na África do Norte e sobre a derrota do Japão pelo exército chinês. E o poeta termina:

Quem não gostar deste livro
não nos merece atenção.
É torcedor de nazista
é simpático ao Japão.
E quem torcer pelo Eixo
não pode ser bom cristão [p. 16].

21. Manoel Tomaz de Assiz, *A Europa Banhada em Sangue*, s. l., s. d.

22. Zé Vicente, *O Brasil Rompeu com Eles*, Belém, Guajarina Editora, s. d.

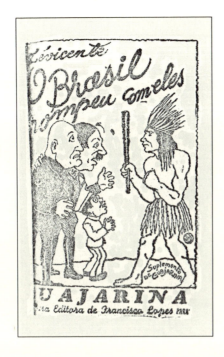 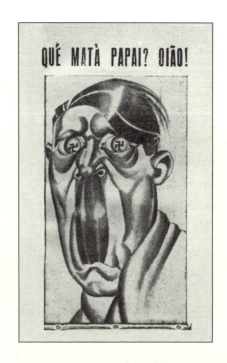

Combater Hitler é combater o mal, é "lutar pela defesa do Bem, da Luz, da Verdade" [p. 16], é lutar pela liberdade, é derrotar "a negra escuridão" da tirania e do totalitarismo!

Em 1945, a guerra chega ao fim. Alguns poemas, como *A Vitória dos Aliados*[23], repetem um velho refrão: Hitler declarou-se deus e quis dominar o mundo. Cometeu o grande pecado da falsidade – outro pecado capital do cordel. O poeta detalha a entrada do Brasil na guerra e a invasão dos Aliados pela Normandia: todos "entraram na dança". Os americanos e os russos apostam numa corrida até Berlim, onde encontram somente barreiras de arame farpado, trincheiras subterrâneas e uma luta corpo a corpo final dos alemães desesperados e cansados. A queda de Mussolini e de Hitler está próxima; depois, as tropas estarão de volta em casa e um verdadeiro patriota "comprará meu livro".

Chegou a hora da cobrança, da recriminação. Em *ABC dos Horrores da Guerra*[24], Hitler é declarado "um monstro vil humano" e Mussolini, "outro pústula", "pior do que um cangaceiro".

Um dos poemas mais inspirados de todos os que trataram da guerra foi escrito pelo poeta Delarme Monteiro da Silva, da empresa gráfica de João Martins de Athayde, no Recife: *O Fim da Guerra e a Morte de Hitler e Mussolini*[25]. Traz na capa uma caricatura de Hitler, com o seguinte título

23. Manoel d'Almeida Filho, *A Vitória dos Aliados*, Aracaju, SE, 1945. Coleção Orígenes Lessa.

24. João Quinto Sobrinho, "João do Cristo Rei", Editor Jorge Chaves, *ABC dos Horrores da Guerra*, Januária, Tipografia "Da Luz", s. d.

25. Delarme Monteiro da Silva, *O Fim da Guerra e a Morte de Mussolini*, Recife, 1945.

em cima: *Qué Matá Papai? Oião!* Usando a linguagem clássica cordeliana, lembrando os grandes romances de amor, sofrimento e aventura, o poeta diz:

> Rasgou-se a negra mortalha
> que envolvia o mundo inteiro
> salvando milhões de almas
> dos grilhões do cativeiro
> de Moscou Paris Washington,
> Londres e Rio de Janeiro [p. 1].

Sua mensagem moral do tipo cordeliano é breve, bonita e bem-feita:

> Infeliz de quem quer ser
> um primeiro sem segundo,
> sem se lembrar que existe
> um outro poder profundo
> como o tirano que quis
> escravizar todo mundo [p. 1].

Comenta, inicialmente, toda a luta entre a Alemanha e a Rússia, com seu desfecho final: a vitória dos russos, ajudados por todos os países do Ocidente, sobre os alemães. Fornece detalhes sobre a morte de Mussolini, que morreu enforcado e o corpo queimado nas ruas de Milão. Dias depois, chegou a notícia anunciando a morte de Hitler em Berlim:

> Foi encontrado o cadaver
> deste monstro desgraçado,
> todo varado de balas
> totalmente estraçalhado
> só não acharam su'alma,
> Belzebu tinha levado [p. 5].

As últimas fotos do álbum da Segunda Guerra Mundial são aqueles poemas que analisaram o grande conflito *a posteriori*, muitas vezes em linguagem humorística. Com efeito, pode-se chamá-los de epílogo da guerra. Frequentemente, deixavam a esfera da realidade e entravam no mundo da fantasia tão familiar ao cordel. É Cuíca de Santo Amaro, de Salvador (BA), que ajudará a fechar este álbum com poemas como *A Chegada de Mussolini no Inferno*, *A Chegada do Hitler no Inferno* e *A Chegada de Stalin no Inferno*. Esses poemas fazem zombaria desses líderes e mandam-nos receber seu "prêmio" no inferno, usando, desse modo, uma técnica cordeliana comum na descrição de qualquer vilão que os poetas queriam ridicularizar. Mesmo que Hitler, em particular, traga para o inferno sua sede de domínio, travando uma luta com Satanás, num poema em que o autor

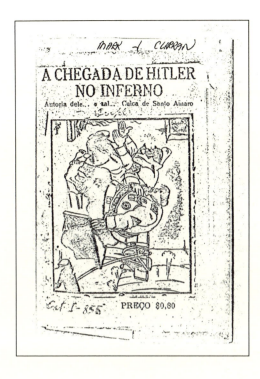

O autor acompanha os primeiros dias do pintor de casas austríaco até sua ascensão ao poder como chanceler da Alemanha. Mais tarde, como *der Führer*, comanda o massacre dos judeus, ironicamente, segundo o poeta, fazendo os alemães pagarem seu crime com suas mortes e a destruição do país. Contudo, são as cláusulas do testamento que resumem seus sentimentos, pois deixa "todo o rebotalho" para os alemães "tabaréus" que o seguiram; especificamente:

A von Rommel umas pernas
de valente corredor
para correr desde a Líbia
ao deserto em derredor
e um adeus de Mussolini
seu compadre e protetor.

debocha do malvado quando, bêbado, ele dança com a esposa de Satanás.

Além de *Mussolini, o Ditador,* Arinos de Belém, poeta da editora Guajarina, escreveu *O Testamento de Hitler*[26], narrado na primeira pessoa:

Eu o Herr Adolf Hitler
da Alemanha Fuherer,
nasci na Áustria formosa
sem ter ambições sequer
e assim me fiz um homem
sem pensar em ter mulher [p. 1].

26. Arinos de Belém, *O Testamento de Hitler*, Belém, Editora Guajarina, 1945.

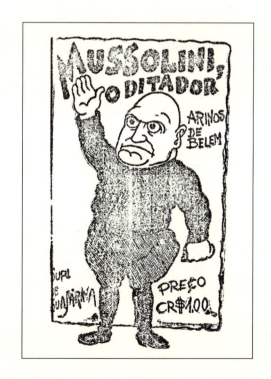

A von Paulus as caveiras
das ruas de Leningrado,
dois frasquinhos de veneno
e um revólver desarmado
a demissão de chefia
do exército derrotado.

A Goering, as palhetas
dos aviões que quiser
e um para-quedas furado
para ele, se puder,
pedir benção a inglês
se disso tempo tiver.

A Ribentrop ele escolha
um ferro velho, um canhão,
uma bicicleta velha,
uma asa de avião,
uma bomba voadora,
que eu não faço questão.
. . . .
E me despeço de todos
que foram atrás de mim
que não passaram de burros
comendo puro capim,
e pensavam ser a guerra
um maná que não tem fim.
. . . .
Eu sou um grande inocente
que não matei nem roubei,
mas se matanças e roubos
se deram que eu bem sei,
digo no meu testamento
que fui eu que ordenei [pp. 1–10].

Como se pode ver na ilustração acima, trata-se de ótima caricatura de Hitler. Assim, neste poema um tanto estranho e totalmente irônico, a literatura de cordel se despede do maior vilão de todos os tempos.

É evidente que os cordelistas nem sempre tinham acesso aos fatos; porém, mesmo que tivessem, podiam ignorá-los ou pelo menos não enfatizá-los, e, em vez disso, focavam as emoções e consequências morais da maior tragédia do século. Não lhes escaparam os horrores da guerra e, especificamente, desta guerra.

3. OS CONFLITOS INTERNACIONAIS DA ERA MODERNA[27]

O cordel continuou a registrar e julgar os acontecimentos da metade seguinte do século, enfocando tanto os conflitos internacionais quanto outros fatos merecedores da atenção da "imprensa cordeliana", como a morte de um estadista, de um papa ou qualquer outro episódio de igual importância. Mais uma vez, o país mais retratado é os Estados Unidos, embora não da maneira como foi visto antes de 1945. Claro, os Estados Unidos continuaram sendo considerados o líder do mundo ocidental, uma república verdadeiramente democrática com ideais de liberdade e justiça para todos. Todavia, com o início da "Guerra Fria", já em 1948, com a ocupação da Alemanha Oriental e parte de Berlim pelos russos e diante da necessidade de voos de assistência a Berlim, aumentou a tensão entre o Ocidente e o Oriente, entre o mundo capitalista e o comunista. Nos folhetos de cordel das décadas de 1950 e 1960, os Estados Unidos serão vistos, às vezes, como um Estado expansionista, imperialista e capitalista, enquanto a Rússia e seus aliados serão julgados como uma solução para os trabalhadores do mundo. Todavia, o cordel continuará confiando e acreditando na América.

O surgimento do movimento terceiro-mundista e sua filosofia, que pregava o desenvolvimento econômico dos países do Terceiro Mundo para que pudessem ascender ao Primeiro Mundo, criou novos protagonistas no retrato que o cordel traça do universo. Virão à tona a importância dos países produtores de petróleo, especialmente do Oriente Médio, e as disputas entre árabes e israelenses.

Percebem-se, porém, duas lacunas nessa crônica: a Guerra do Vietnã e a guerra na América Central entre as forças capitalistas e as socialistas. São feitas referências a esses dois conflitos, embora infrequentes, mas poucos títulos específicos são impressos, um fato explicado, talvez, por o Brasil estar vivendo em pleno regime militar brasileiro, partidário dos Estados Unidos. Outra explicação é que esses dramas talvez parecessem distantes e não envolvessem diretamente o país.

No entanto, a Guerra da Coreia foi tema de alguns poemas, como *A Guerra Civil da Rússia contra as Nações*[28], escrito por João do Cristo Rei, de Juazeiro do Norte (CE). O folheto faz menção à Coreia, mas, em sua essência, é um ataque ao comunismo e ao tratamento que a Rússia dispensava à Igreja Católica. Foi Rodolfo Coelho Cavalcante, um anticomunista declarado, quem falou com mais dureza sobre o conflito, em *A Guerra na Coreia*[29]. Os comunistas infiltraram-se na Coreia do Norte através do Japão e:

Ficou assim a Coreia
Totalmente escravizada
Pelo credo moscovita
Estava contaminada

---

27. Além das obras já mencionadas de Vicente Salles e E. Bradford Burns, para escrevermos esta parte consultamos: Joseph Luyten, *A Notícia na Literatura de Cordel*, tese de doutorado, USP, 1981; *World Book Encyclopedia*, vol. C; Raymond Cantel, "Les Poètes Populaires du 'Nordeste' Brésilien et les Mortes Célèbres" e "De Sicile au Texas, au Mexique et au Brésil, quelques complaints sur la mort de John Fitzgerald Kennedy", *Caravelle. Cahiers du monde hispanique et luso-brésilien*, Toulouse, Presses Universitaires de France, 1965.

28. João Quinto Sobrinho, "João do Cristo Rei", *Guerra Civil Mundial da Rússia contra as Nações*, Juazeiro do Norte, s. d.

29. Rodolfo Coelho Cavalcante, *A Guerra da Coreia*, Salvador, setembro de 1950.

Daí então começou
Ela ser martirizada [p. 2].

O poeta compara as tropas dos Estados Unidos, comandadas pelo general Douglas MacArthur e que ocupavam o Sul, com as da Rússia, que estavam "governando" o Norte. Enquanto os americanos "civilizavam" a Coreia do Sul, Stalin implantava a escravidão na Coreia do Norte! Os "vermelhos" invadiram o Sul pelo rio Naktong, em 1950, mas os americanos repeliram o ataque, no qual ocorreu a morte do general Kang-Kin, da Coreia do Norte, e a perda de Taejon e Aegan. Ainda é cedo, porém; ninguém pode prever o resultado dessa guerra; os dois lados lutam no perímetro de Pusan.

Sem outras coisas a relatar, o poeta lança-se num ataque a Stalin, acusando-o de ter a mesma mentalidade e ilusões de Hitler; ambos eram tiranos atraídos pelo puro materialismo ateu. Seja qual for o nome que tenham – fascismo, comunismo, marxismo, leninismo – todos representam o materialismo puro que não respeita a Deus, o patriotismo ou a família! A foice e o martelo simbolizam a falta de liberdade e:

O seu rótulo são dois nomes:
A Fome e o CAPITALISMO
Onde destila o veneno
De todo Stalinismo
Odeia a Democracia
No maior do fanatismo [p. 5].

Este poema prepara o caminho para a análise da Guerra Fria nos anos vindouros. O autor finaliza rezando o Pai Nosso, pedindo a Deus que salve o mundo do comunismo russo e de uma terceira guerra mundial. A mensagem de Fátima, em Portugal, encontrou eco no Brasil.

O "conflito coreano" terminou sem uma verdadeira solução; os dois lados, ainda hoje, se enfrentam nas fronteiras de uma "terra sem homem", cercadas de arame farpado, prontos para começar novamente a luta. O conflito entre, de um lado, a Rússia e seus aliados e, de outro, o Ocidente deu origem, em 1956, a novos embates num lugar inesperado: o Egito. Foi a esse país que a Inglaterra e a França desafiaram pelo controle do Canal de Suez, que liga o Mediterrâneo às águas do Oriente, e a Rússia, que tentava conquistar o Egito para fazer parte de sua tática mundial de dominação, apoiou sua causa. *A Guerra no Egito e os Horrores do Mundo*[30] resume este momento.

Na contracapa do folheto, o autor escreve uma paródia, "Xotando para a Guerra", de uma música da época e apela ao

---

30. Sem indicação de autor, *A Guerra no Egito e os Horrores do Mundos*, s. l., s. d.

então presidente Juscelino Kubitschek para que não o convoque para essa "guerra mundial". Diz o poeta que o conflito foi profetizado pelo padre Cícero Romão Batista, morto anos atrás em Juazeiro do Norte. Deus permite esta guerra devido aos pecados da humanidade, especialmente a falta de moral no mundo atual. Ele se pergunta como o Egito, um lugar "onde nasceu Jesus", pode participar de uma guerra com um "povo ateu". Se os faraós estivessem governando o Egito, essa luta acabaria rapidamente, ou não teria acontecido! Os Estados Unidos estão tentando fazer a paz e, por isso, todos dizem que o conflito está prestes a terminar.

Em 1955, os poetas escrevem sobre um acontecimento mais próximo de casa, a *Revolução na Argentina*[31], registrando a queda do homem forte do país, Juan Perón. Embora a Argentina fizesse fronteira com o Brasil, o cordel nunca se interessou muito em escrever sobre o país ou mesmo sobre os outros vizinhos de fala espanhola. Contudo, Perón era importante demais para ser ignorado. Parafraseando, quando Perón assumiu o poder era um coronel de exército; criou, entre 1943 e 1946, uma forte base de apoio junto aos trabalhadores, fundou o Partido Justicialista com a promessa de apoiar a classe operária pobre, os "descamisados". Com a ajuda de sua bela esposa Evita, ambos se converteram numa espécie de semideuses, graças ao Partido e aos órgãos de assistência social criados para ajudar os pobres. Mas, em seu esforço de mudar o equilíbrio de poder tradicional, tirando-o do campo e dos *estancieros* e entregando-o à indústria urbana e aos trabalhadores, Perón ultrapassos os limites do aceitável.

A candidatura de Evita a vice-presidente do país (ela havia fundado, algum tempo antes, a seção feminina do Partido Justicialista) foi vista como uma ameaça da continuação de Perón no poder e, por isso, foi embargada pelos militares. No entanto, em 1954, toda a Argentina chorou a morte de Evita, vítima de câncer. O poema foi escrito anos depois desse fato, quando os militares se preparavam para derrubar Perón. Foi deposto e obrigado a exilar-se na Espanha, que na época era governada pelo ditador Francisco Franco. Cuíca de Santo Amaro, autor do poema, traça um paralelo entre o ditador Perón, em 1955, e o Hitler e o Mussolini de dez anos antes. O ditador argentino foi considerado culpado do clássico pecado do cordel: a ambição ilimitada:

Perón, caro leitor
Ditador lá na Argentina
Pensando que no mundo
Somente ele domina

---

31. Cuíca de Santo Amaro, *Revolução na Argentina*, Salvador, BA, s. d.

Transformou-se o Ditador
Em uma verdadeira ruina [p. 1].

Perón lutou tanto contra os militares como contra a Igreja, não só porque esta era a tradicional aliada dos grandes donos de *estancias*, mas também porque se recusou a abrir rapidamente o processo de canonização de Evita, pedida por Perón. O poeta fala do dramático cenário de luto nacional, em que, por um mês inteiro, milhões de argentinos desfilaram diante do cadáver embalsamado de Evita, para vê-lo e tocá-lo, e, ao mesmo tempo, Perón, em profunda depressão, trancou-se, em luto, no palácio presidencial. Diz o poeta que Perón, ao ser informado de que seriam necessários trinta anos de espera para dar início ao processo de canonização, irritou-se e deu um ultimato a Roma: ou canonizavam Evita imediatamente, ou se retiravam da Argentina! Lançou um decreto que estabelecia a separação entre o Estado e a Igreja e começou uma campanha de perseguição ao clero.

Os militares estavam à espera, sempre prontos para agir; mas, segundo o poeta, haverá uma intervenção divina contra Perón por ter convertido a Argentina num Estado ateu:

Isso porque no mundo
Existe uma verdade
Nos diz um grande Deus
Que mora na eternidade
A religião católica
É a salvação da humanidade [p. 8].

Perón foi deposto em 1955, mas nunca foi esquecido. Começava um novo mito.

Talvez o acontecimento mais importante e duradouro no hemisfério ocidental, que exerceu uma influência direta sobre o rumo do Brasil em 1964, foi a Revolução Cubana de Fidel Castro, em 1959. Este fato deu origem a dois poemas dos mais antiamericanos de todo o cordel: *A História da Invasão de Cuba ou a Revolução contra o Regime de Fidel Castro*[32] e o vitriólico *Carta a Míster Kennedy*, ambos esquerdistas. O primeiro foi escrito em 1961, após a fracassada invasão da Baía dos Porcos, em Cuba, por contrarrevolucionários apoiados pelos Estados Unidos. O autor apresenta a visão da esquerda com respeito a Castro, a Cuba e aos Estados Unidos. Apesar de seu caráter propagandístico e de ter sido encomendado a um cordelista ou a um poeta que imitava o cordel, o folheto circulou pelos mercados e feiras e conseguiu seu objetivo: ser lido pelo público de cordel. Desde o começo, elogia Fidel:

Fidel como forte
Homem nacionalista
Em Cuba tirou o povo
Das garras do imperialista
Após derrubar a falsa
Ditadura de Batista [p. 1].

O autor resume a conhecida ladainha sobre os erros do governo cubano antes de Fidel: Batista era um ditador, o povo cubano passava fome, o ditador era controlado pelos interesses norte-americanos e não havia liberdade no país. Seus opositores eram presos e torturados, e suas terras e bens, confiscados. As grandes indústrias cubanas do açúcar e do fumo eram controladas por estrangeiros, que mandavam para os Estados Unidos todos os lucros que pertenciam ao povo cubano. Além disso, o clima moral do país era ruim: moças eram levadas, por embuste, para a prostituição, do-

32. José Porfírio Costa, *A História sobre a Invasão de Cuba ou a Revolução contra o Regime Fidel Castro*, s. l., s. d.

minada pela máfia, os "trustes americanos" controlavam o jogo e os clubes noturnos. Inclusive os grandes hotéis de turismo, os restaurantes e os cinemas de Havana estavam sob o comando dos norte-americanos [pp. 1–4].

Fidel fez a revolução "clássica": uniu as "massas trabalhadoras" e os camponeses contra o governo de Batista. O autor do folheto chama-o de "governo tirânico" e "Batista, o traidor da nação" para retratar a administração que estava no poder. E o ditador deposto tomou um avião rumo a Miami. A vingança de Fidel foi rápida, aplicando "castigos sérios" aos partidários de Batista que não conseguiram fugir do país. O poeta fala dos tribunais revolucionários que foram criados para julgar os oficiais do exército de Batista capturados na luta. Todos, "com toda a evidência legal", foram submetidos "à ordem severa / do heroico Fidel Castro", e tudo "com grande rigor" [pp. 5, 6]. Castro, diante dos "trabalhadores bravos", condenou os culpados à prisão ou ao pelotão de fuzilamento. Fidel transformou o exército numa milícia popular, expulsou "os trustes americanos" e exigiu a morte dos "traidores cubanos" [p. 7].

As últimas duas páginas do folheto tratam da fracassada invasão de Miro Cardona, em 1961, nas províncias de Matanzas e Oriente. Castro usou aviões de caça russos contra os invasores e venceu com facilidade.

Cabe lembrar o ambiente no Brasil no início da década de 1960, sobretudo os acontecimentos do Nordeste, onde o cordel continuava desempenhando papel importante como meio popular de expressão. Não se pode ignorar o entusiasmo de muitos brasileiros pelo "modelo cubano", que prometia dar solução à pobreza das massas e, especialmente, enfrentar com sucesso o "Colosso do Norte". As Ligas Camponesas de Francisco Julião e o clamor pela reforma agrária com base no modelo cubano, o amplo apoio dos estudantes e inclusive os comentários favoráveis dos cléri-

gos da Teologia da Liberação, com sua ação dirigida para os pobres, tudo isso ocorreu entre 1961 e 1964. Portanto, a principal justificativa dos militares brasileiros para o golpe, em 1964, seria a ameaça comunista.

A história *Carta a Mister Kennedy*[33], escrita por um tal Firmino Terra, constitui uma propaganda da esquerda utilizando o formato do cordel. O folheto usa uma linguagem e um discurso pouco familiares ao cordelista tradicional: estrofes de oito versos, emprego retórico enfático do pronome de tratamento "tu", e uma linguagem ideológica inflamatória, estranha ao cordel tradicional. Mas o folheto foi vendido nos mesmos mercados e feiras que as histórias cordelianas. É dirigido diretamente ao presidente Kennedy, ataca os Estados Unidos, defende a soberania do Brasil e elogia Cuba

33. "Firmino Terra", *Carta a Mister Kennedy*, s. l., s. d.

como a única esperança do hemisfério contra "o imperialismo norte-americano". Relaciona os conservadores brasileiros, como Moreira Salles, Roberto Campos e especialmente Carlos Lacerda, os "tubarões" que queriam vender o Brasil aos Estados Unidos. A velha oligarquia e o Fundo Monetário Internacional são apresentados como vilões, agentes que concorrerão para a derrota do Brasil. O narrador profetiza um conflito armado entre os países da América Latina, futuros socialistas, contra os Estados Unidos. Termina o poema com a mesma linguagem do folheto inteiro (e em letras maiúsculas): "INDEPENDÊNCIA? PROGRESSO? / SÓ DEPOIS DE TE EXPULSAR!"

Os acontecimentos se multiplicaram. No ano seguinte, John F. Kennedy lançou um desafio direto à Rússia, na pessoa de seu primeiro-ministro Krutchev, por causa da construção de bases de foguetes nucleares em Cuba, e exigiu sua retirada imediata. O impasse foi resolvido depois de ampla negociação entre as duas potências e ameaças de Krutchev de acabar com os EUA. Acabou recuando, porém, em seu propósito e a paz foi mantida. Em 22 de novembro de 1963, um fato inacreditável aconteceu: Lee Harvey Oswald atirou no presidente Kennedy quando este desfilava, em carro aberto, pelas ruas de Dallas, Texas, e o mundo inteiro testemunhou por intermédio de um filme amador rodado na descida da mesma rua.

Reunindo elementos de um drama político internacional, de uma tragédia nacional e de um crime perverso, o fato produziu, no mundo inteiro, reportagens do jornalismo amarelo, e o cordel não foi exceção. Não houvera nada igual na crônica cordeliana desde o rapto do filho de Lindbergh, o assassinato de João Pessoa, em 1930, e o suicídio de Getúlio Vargas em 1954. A morte de Kennedy chamou a atenção dos cordelistas e de seu público, do mesmo modo que envolveu jornalistas do mundo inteiro de toda e qualquer índole. A lamentação

foi ainda maior porque se tratava da morte de um herói *internacional* e de um crime dramático e de suspense.

Literalmente, dezenas de histórias foram escritas em todo o cenário do cordel. De todas elas, a mais impressionante foi talvez o poema de Rodolfo Coelho Cavalcante[34]. O poeta rendeu um tributo emocionante a John Kennedy, o homem e o líder, fez um relato jornalístico do homicídio e um resumo das esperanças que este presidente representava para o autor, para o povo brasileiro e para a América Latina. Nenhum presidente norte-americano foi tão querido nas Américas e por tantas razões. Diz o poeta:

34. Rodolfo Coelho Cavalcante, *A Trágica Morte de John Kennedy*, 2. ed., Salvador, dezembro de 1963.

Para todo o Americano
Eu envio minha condolência
Pela morte de John Kennedy
Vítima pela violência
De um fanático odioso
Hediondo criminoso
Perverso sem consciência [p. 1].

Fala do grande número de direitos civis conquistados pelo presidente morto, chama-o de sucessor de Abraão Lincoln e lembra sua firmeza no confronto com a Rússia e Cuba. Elogia o novo programa da Aliança para o Progresso, um verdadeiro projeto de parceiros – os Estados Unidos e os países da América Latina – que oferecia esperança real de desenvolvimento social e econômico ao hemisfério. (Kennedy sempre seria identificado com este programa.) A descrição do momento da morte do estadista lembra, porém, outros poemas e outras imagens de poetas eruditos no palco da literatura universal:

Quando John Kennedy morreu
As 13 e 30 horas do dia
O mundo logo nublou-se
Na verdade parecia
Que a Natureza chorava
O próprio vento parava
Sentindo melancolia [p. 2].

A poesia tem um nome para designar esta imagem, a falácia poética, um artifício usado desde os gregos até o Renascimento (e, evidentemente, na poesia popular folclórica brasileira). É a Natureza correspondendo aos sentimentos do poeta ou de seus protagonistas.

Termina o poema termina pedindo uma bênção para a "grande América", "berço da Democracia", e para o próprio Brasil na sua luta contra o comunismo e a tirania. É oportuno lembrar que o país encontrava-se no auge do governo de João Goulart e de sua política social das reformas de base, a que a revolução militar poria fim em 1964.

Um momento não menos significativo assombraria o mundo seis anos mais tarde, ou seja, a descida do homem na Lua. Centenas de poemas acompanharam os dias tensos do voo, "o primeiro passo para a humanidade" de Armstrong e o feliz retorno à Terra. Foi uma vitória do *know-how* americano e do sistema capitalista livre que o utilizou. O discurso destes poemas é mais semelhante aos antigos romances de amor e aventuras; e os astronautas são descritos numa linguagem não menos heroica. Os perigos e obstáculos que precisaram enfrentar e a coragem na batalha para vencer um espaço nunca antes conquistado remetem o leitor aos anti-

gos romances europeus. Houve também momentos curiosos: correu o estranho boato de que todo o episódio não passava de uma invenção da mídia americana, tal qual a de Orson Welles, em 1938, no rádio, com sua encenação da *Guerra dos Mundos*. Então, os poetas tiveram de convencer seus leitores interioranos da veracidade do acontecido. Fizeram-no com a narração de detalhes da viagem, com uma estrita atenção às datas e horas de cada ação dos astronautas, ao ponto de descrever meticulosamente as refeições no espaço. Além da questão interessante da possibilidade de comer sob gravidade zero, essa ênfase não era totalmente inesperada por parte de um público que, em certos momentos, conheceu a fome crônica no Nordeste.

Para o cordelista Rodolfo Coelho Cavalcante, o feito era uma prova de que o homem tem potencialidade e capacidade, se confiar em Deus e depender apenas d'Ele, de fazer quase o impossível[35]. Por isso, o poeta vê este grande empreendimento científico em termos religiosos. Consequentemente, o sucesso do voo era a prova que uma nação cristã e democrática, trabalhando num ambiente totalmente livre e com falta absoluta de sigilo, poderia ser bem-sucedida. Ao contrário, uma Rússia manhosa fracassaria (a tentativa russa de ser o primeiro país a colocar um homem na Lua, com seu foguete "Lua 15", acabara de falhar poucos dias antes). O mundo sorriu e, de fato, era bom, naqueles dias, ser americano no terceiro mundo brasileiro. (O autor deste livro, quando observava o feliz acontecimento num aparelho de TV na vitrine de uma sorveteria em Recife, recebeu muitas congratulações e abraços pelo simples fato de ser americano.)

Em seguida, aconteceram os desafios das décadas de 1970 e 1980. A Guerra das Malvinas, no cordel, lembrou o inciden-

35. Rodolfo Coelho Cavalcante, *A Conquista do Homem à Lua*, Salvador, 1969.

te do "Graf Spee", na Segunda Guerra Mundial, mas, dessa vez, os navios de guerra eram ingleses e estavam carregados de mísseis nucleares, dirigindo-se à toda velocidade para as ilhas Falklands (na Argentina, Malvinas). Fez-se breve menção, no cordel, aos sandinistas e ao conflito entre marxistas e capitalistas ocorrido na Nicarágua e que se espalhou pelo restante da América Central. O principal cenário internacional era, porém, o Oriente Médio, no qual o cordel narrou os dois embargos de petróleo e suas devastadoras consequências para a economia brasileira e captura, em Teerã, de diplomatas e outros funcionários dos Estados Unidos, os quais permaneceram presos por quatro anos, com diversas tentativas fracassadas de libertá-los, o conflito entre israelenses e palestinos e os contínuos entreveros entre Israel e os países árabes. Tudo isso foi talvez sintetizado na guerra contra o Iraque, iniciada em janeiro de 1991.

O cordelista e xilogravurista J. Borges, numa pequena cidade do interior de Pernambuco, Bezerros, escreveu *A Guerra no Oriente Médio ou o Inferno no Iraque*[36]. No seu entendimento, a guerra era, mais uma vez, um sinal da época. O fim do mundo estava próximo; o padre Cícero Romão já havia profetizado a ameaça de uma guerra mundial em 1990! Após invadir Kuwait e ameaçar o país vizinho, a Arábia Saudita, Saddam Hussein não deu importância às admoestações das Nações Unidas. Tudo terminou somente depois que os Estados Unidos resolveu pôr em ação o peso de sua máquina de guerra, lançando sobre o país uma chuva de mísseis e bombas. O poeta ressalta a teimosia de Hussein e sua indiferença para com a opinião mundial, enquanto se esconde em casamatas subterrâneas, onde não pode ser alcançado pelos ataques aéreos. Depois de saquear o Kuwait e permitir o rapto e a violação de suas mulheres pelos soldados iraquianos, o poeta não tem dúvida da desumanidade desse líder malvado. Mas ele confia que o próprio Deus acabará com Hussein, principalmente porque, antes de se retirar para o Iraque e pedir paz, lançou uma "guerra ecológica", que devastou os campos de petróleo do Kuwait. No dizer do poeta, isso constitui um pecado contra o próprio Deus, que criou o mundo e seus recursos! O mar está negro de petróleo; a areia tingiu-se com o sangue das vítimas dessa guerra; e Saddam Hussein destrói o próprio país e seu povo apenas porque não quis escutar a voz da razão.

J. Borges termina o poema com a confiança de que Hussein será derrotado, mas acrescenta uma nota bem brasileira, bastante comum no cordel: suplica ao presidente Fernando Collor de Mello que envie tropas brasileiras, não para o Oriente Médio, mas para o Nordeste, para acabar com os ladrões e assaltantes, com os "pistoleiros armados", junto com os sequestradores e os "tubarões do comércio", que exploram e mesmo matam "nosso próprio povo"[37].

---

36. Jota Borges, *A Guerra no Oriente ou o Inferno no Iraque*, Bezerros (PE), 1991.

37. Como no Álbum VII, tudo tem de terminar em algum lugar. Depois da primeira redação deste livro e desta última foto deste álbum, o folheto de notícias ou "acontecido" de J. Borges sobre a primeira guerra contra Saddam Hussein em 1990, foram escritas muitas outras histórias sobre acontecimentos internacionais. Tudo piorou na presidência de George W. Bush: a guerra contra os Talebãs no Afeganistão, o terrível ataque a New York, a reação dos EUA, a segunda guerra contra o Iraque em 2003, com suas consequências devastadoras para o mundo inteiro, ameaçado cada vez mais pelo terrorismo internacional. Os títulos revelam uma antipatia do público de cordel não só pelo terrorista Bin Laden, mas também pelo presidente dos Estados Unidos, chamado agora de "tirano" e "ditador". Os dois, no mundo do cordel, acabam no inferno moral. Os títulos, extremamente reveladores, aparecem, no final do livro, na relação de "folhetos consultados".

4. A SÁTIRA DO TERCEIRO MUNDO AO PRIMEIRO MUNDO

Para fechar este álbum, escolhemos questões internacionais mais recentes abordadas por cordelistas contemporâneos. Estes poetas, como Franklin Machado, que trabalhava em São Paulo, e Antônio Lucena do Mossoró, que escrevia e vendia versos no Recife e depois em Salvador, são extremamente críticos do mundo e não têm medo de expressar sua opinião. O espaço limita-nos a analisar duas histórias, dois excelentes poemas que refletem muito bem a época.

É da autoria de Antônio Lucena do Mossoró um folheto que se tornou, atualmente, um clássico cordeliano da sátira. Foi escrito em 1980, por ocasião de uma turnê de Frank Sinatra ao Brasil: *Quem É Fã de Frank Sinatra Desconhece a Grandeza dos Poetas e Artistas do Brasil*[38]. Para apreciar o humor do poeta, é preciso levar em conta, além da fama quase mítica de Sinatra, sua grande popularidade entre a geração mais velha (a chamada "velha guarda") de brasileiros, a partir da Segunda Guerra Mundial. Uma historieta contada por brasileiros explica tudo: após dias de chuva incessante e de enchentes no Rio de Janeiro, Sinatra chega ao lugar de seu *show*, um palco no centro do estádio do Maracanã, entra no campo, sobe ao palco, e … as chuvas param.

O tema de Mossoró é o nacionalismo cultural, e Sinatra se transforma no seu "cordeiro sacrificial". O poema representa o cúmulo da exasperação do poeta diante dos acontecimentos no cenário cultural no Brasil nos últimos quarenta anos: a chegada do *rock n' roll* com os Beatles, o surgimento dos roqueiros brasileiros Erasmo e Roberto Carlos, com a consequente invasão de todo o Brasil pelo *rock* desde aquela época. O poeta pede que os artistas nacionais sejam reconhecidos e bem pagos, inclusive os humildes artistas do cordel. (O leitor deve lembrar-se do apelo do poeta Azulão do Rio de Janeiro, apresentado no Álbum VI.) A promoção exagerada da chegada de Sinatra fez subir a pressão do poeta:

Um grupo de ignorantes
Sem cultura e sem ideia
Convida Frango Sinatra
Marcada está a estreia
Para o artista americano
Vir aqui no próximo ano
Cantar para aquela plateia [p. 2].

---

38. Antônio Lucena do Mossoró, *Quem É Fã de Frank Sinatra Desconhece as Grandezas dos Poetas e Artistas do Brasil*, Salvador, 1980.

Os preços das entradas são altíssimos, os *paparazzi* locais estão em grande frenesí preparando-se para a chegada do "Velho Olhos Azuis". O poeta se irrita com esse assédio, enquanto os artistas locais continuam ignorados:

> Poeta não é ninguém
> Num mundo de exploração
> O artista vive catando
> Em cada bolsa um tostão
> Faminto, pobre e tristonho
> Se alimentando de sonho
> Nas brumas da ingratidão [p. 4].

Brada o poeta: com a onda crescente de sentimento religioso no país, os brasileiros doando milhões ao Vaticano e aos missionários protestantes dos EUA, o artista folclórico vive "almoçando um picolé". O que houve com os grandes compositores clássicos brasileiros, como Carlos Gomes, ou com os artistas populares, como Capiba ou Sivuca? Esquecem-se até mesmo de Roberto Carlos e de Luís Gonzaga quando "Frango Frank" vem para o Rio!

> Onde foi que já se viu?
> Aqui em nosso Brasil
> Um burguês americano
> Nos cobrar dez oito mil
> Ou grupo de muro baixo
> No meu cordel, eu relaxo
> Esse lote de imbecil [p. 3].

Lucena do Mossoró pede que façam uma campanha, igual ao recente esforço para proteger o Amazonas, para salvar a música brasileira, inclusive a música sertaneja do Nordeste:

> Essa garapa importada
> Deixou meu Brasil doente
> Intoxicou as famílias
> E as criancinhas inocentes
> O artista bom deturpou-se
> Samba-canção acabou-se
> Na alma de minha gente [p. 4].

É ainda pior a plateia de Sinatra:

> Os VIPS estão esperando
> Já com a mesa forrada
> Muito whisk, muito queijo
> Muita vodca gelada
> Muita praia, vento brando
> Cocaína e contrabando
> Muita mulher depravada [p. 8].

No fim do poema, o autor cria um cenário em que uma jovem baiana deixa a família e suas tradições para viajar para o Rio de Janeiro com o único intuito de ouvir o "Frango": deixa o céu azul, a terra de Jorge Amado, as praias de Castro Alves e Rui Barbosa, o passado tradicional, o maculelê, a capoeira, os orixás, os pais de santo, Gantois, Bonfim e a orla. O público pode pensar que ele, o poeta, é um quadrado, mas assevera: "Tenho meus direitos / e minha filosofia". Rude, vulgar, mas expresso com muita coragem, o poema defende o Brasil dos poetas.

Um último folheto, *Lampião na ONU Defendendo o Terceiro Mundo*[39], de Franklin Machado, representa uma espécie de justiça poética de um humilde cronista do cor-

---

39. Raimundo Silva e Franklin Maxado Nordestino, *Lampião na O.N.U. Defendendo o 3º Mundo*, São Paulo, s. d.

complô capitalista para limitar a população dos países pobres. Chegou-se a acusar os Voluntários da Pátria dos EUA de distribuírem a pílula nas favelas do Rio nos anos de 1970.) Os comprimidos, é claro, foram fabricados pelas multinacionais,

> Que tratam nossos países
> Por verdadeiros quintais,
> Impondo seus ditadores
> Para serem os feitores
> Doutras classes sociais [p. 3].

O presidente Reagan pede a palavra e diz que apoia a causa dos "amigos do sistema", dando-lhes dinheiro, armas e comida [p. 2], o que incita a reação de Lampião:

> Lampião pegou no tema
> Respondeu desassombrado:
> Não temer mocinho já velho
> E de cabelo engomado
> Como múmia bem vestida,
> Sem mostrar que tem mais vida,
> Ou um gagá esclerosado.
>
> Que não governa o Estado
> E deixa os outros mandar:
> Os putos capitalistas
> Que só querem explorar
> Os recursos minerais,
> Produções nacionais
> Em todo e qualquer lugar. [p. 2].

Nesse momento, levanta-se a amiga e aliada de Reagan, Margaret Thatcher:

del, ou talvez não tão humilde, com uma pitada de vingança jogada na panela. Em certo sentido, o poema resume a crônica cordeliana desde o começo do século XX, ao dirigir sua sátira contra as nações e os líderes do Primeiro Mundo, os responsáveis pela precária situação do Brasil e de outras nações do Terceiro Mundo. É o epítome do padrão cordeliano de desafio e resposta, uma espécie de duelo oral moderno em verso. E o tom é absolutamente brasileiro.

Lampião chega do "outro mundo", um espírito que encarna num orador na tribuna das Nações Unidas. Narrando em primeira pessoa, o poeta protesta contra as nações ricas e defende os oprimidos do mundo, cada dia mais famintos, a ponto de, no futuro. terem de "viver / tomando só comprimidos". (O poeta faz lembrar a questão da chegada da pílula anticoncepcional que o Primeiro Mundo introduziu no Terceiro Mundo e que muitos rejeitaram por julgarem-na um

Com Reagan, formava par
Dona Margaret Thatcher.
Esta virou uma fera,
Gaguejando tatibitate:
– Míster Lámpion non saber,
Non pensa o que vai dizer
E, como dogue, só late.

Tomou logo um disparate
E um dedo pela cara.
Lampião disse: Lhe bato
Se não parar com a tara
De ser homem de saiote
Como escocês com trote
Pra esconder sua vara.

A confusão toda acordou o General Pinochet, que pouco antes tinha aparecido na mídia, por ter sido preso em Londres sob a acusação de prática de crimes contra a humanidade. O velho ditador protestou:

– Eu não sou um matador!
Assumiu a carapuça,
Acordando do cochilo.
E tomou logo na fuça
De um cão policial

A resposta bem legal
Por aquela fala avulsa [p. 5].

Levantou-se o embaixador Andropov, da União Soviética, bateu o sapato na mesa, protestando contra a perturbação de Lampião. (Maxado lembra ao leitor que Lampião lutou contra os "revoltosos" em Juazeiro do Norte, em 1926, no suposto encontro entre ele e seu grupo e a Coluna Prestes naquele ano.)

A essa altura, o poeta zomba do sionista Menachem Beguin, "o mais capitalista" de todos, do representante dos japoneses e seu regime macrobiótico e da atitude condescendente e "etérea" de Indira Gandhi para com o Brasil.

Então, o charuto de Fidel Castro, com suas grandes bafaradas de fumaça, estoura no ar "como um coquetel molotov", e Lampião some no meio da confusão. Alguns dizem que tudo foi causado pela KBG, outros pela CIA, mas, conclui o poeta:

Esse episódio ficou
Registrado nos anais
Como "The Lampiongate",
Testemunhando os mortais
Governantes de Estados.
E, cá, termina Maxado
E Raimundo seus sinais [p. 8].

— Álbum IX —
A VIDA ESTÁ CADA VEZ MAIS DIFÍCIL

INTRODUÇÃO

Ao ingressar no novo milênio, sentia-se claramente que os poetas não só passaram a produzir novas variantes de temas antigos, mas também, muitas vezes, experimentavam uma mudança de atitude. A grande maioria dos poemas cordelianos produzidos e vendidos a partir da década de 1960 tratam muito mais do momento "atual", dos acontecimentos, notícias e problemas do tempo presente. Passara a época dos antigos romances europeus e daqueles imitados no antigo Nordeste. As histórias em verso de 32 ou 64 páginas, com os relatos de amor, sofrimento e aventuras, cujo herói era capaz de vencer todo e qualquer mal, são agora matéria de arquivo. Uma pequena editora de São Paulo ainda produz os antigos romances, embora em número muito restrito, mas o que predomina, nesta fase mais recente e talvez derradeira deste retrato de um povo e de seu país, é a narração em verso, de oito páginas, de um acontecimento ou um comentário sobre ele.

Como sugere o título deste Álbum, os folhetos mais recentes tratam, essencialmente, da existência atual, acrescida de uma grande preocupação com a qualidade de vida. Mesmo que muitos títulos ainda possam apresentar a antiga visão da luta entre o Bem e o Mal, os poemas tratam, definitivamente, de temas "modernos" e preocupações do fim do século. Os folhetos mais recentes podem muitas vezes limitar-se a narrar uma preocupação com os direitos humanos e, portanto, com diversos segmentos da humanidade: a mulher, os não-nascidos, os menores abandonados, o marido e a esposa e o direito ao divórcio, e os marginalizados do Brasil *gay* que enfrentam uma terrível luta contra a AIDS. Essas preocupações atingem não só os leitores humildes do cordel mas também toda a sociedade moderna. Outra preocupação menos filosófica, mas igualmente importante é a violação destes mesmos direitos de vida, uma violação que se observa diariamente neste fim do século XX. O bispo D. Hélder Câmara, de Olinda, pioneiro da Igreja progressista das décadas de 1950 e 1960, definiu muito bem a questão quando disse que o Brasil sofria de todo tipo de violência, e a maior era a violência da pobreza e da fome. Ela se manifesta na cidade e, hoje, na própria zona rural – nas fazendas, nas roças, nos sítios – e representa o futuro do Brasil.

A visão que fundamenta os folhetos deste Álbum são não apenas as crenças tradicionais no Bem e no Mal, mas também a mudança de vida e como ela realmente se configura na segunda metade do século XX e começo do XXI. A resposta do cordel aos desafios da vida, mesmo que aparentemente utópica ou teórica, existe e retrata este povo e seu país.

A vida e a qualidade de vida: são estas as questões abordadas por grande parte dos cordelistas recentes. Uma maneira positiva de ver a evolução do mundo está presente no poema de Apolônio Alves dos Santos, *Nosso Mundo Moderno*[1]. O poeta, natural da Paraíba mas radicado há muitos anos no Rio de Janeiro, começa dizendo que o mundo evoluiu e a tradição desapareceu: "Não sou mais como já fui" [p. 1]. Com efeito, os poetas e o público recentes do cordel já não são o que eram. Mudaram na medida em que a vida mudou. Ele relaciona todas novidades: o telefone, o rádio de pilha, os astronautas na Lua, os transplantes de órgãos e o aumento da expectativa de vida. Em toda a parte existe automóvel, "ponte aérea". A televisão e a possibilidade de se gravar o programa em videoteipe para assistir outro dia, a notícia quase instantânea do mundo inteiro, a tecnologia moderna para solucionar os crimes nas grandes cidades – tudo é produto da nova era. Apolônio gosta até do som dos nomes de especialistas de hoje: oculistas, dentistas, anatomistas e cientistas! Revela otimismo quando fala dos novos institutos de aposentadoria do governo, que dão garantia aos trabalhadores, e o Mobral para combater o analfabetismo. Encerra pedindo ao leitor que analise o que foi dito e reconheça a evolução do mundo, sem hipérbole nenhuma da parte do poeta!

O trovador Raimundo Santa Helena, também do Rio de Janeiro, tem opinião contrária e o diz em tom sombrio em *Nós, os Seres H'urbanos*[2]. Em versos nada líricos porém

1. Apolônio Alves dos Santos, *Nosso Mundo Moderno*, Rio de Janeiro, s. d.

2. Raimundo Santa Helena, *Nós os Seres H'urbanos*, Rio de Janeiro, s. d.

muito importantes, o poeta resume a vida no Brasil urbano contemporâneo, no caso o Rio de Janeiro. Diz que a vida de hoje na cidade é de subnutrição, de falta de hospitais, de corrupção do Estado e de aumento dos marginais. Para ele, o Rio é uma "selva de concreto", onde "p'ra viver tem que matar" [p. 2]. E, nesta "selva pavorosa", encontram-se "os perdidos da noite", os homossexuais que acorrem à luxuosa Zona Sul do Rio, nas praias de Copacabana e Ipanema, para vender seus corpos, para não morrer de fome.

É uma cidade onde os pobres trocam o pouco que têm por comida, onde alguns se sujeitam a "catar / pipocas pisoteadas / que uma criança jogou" [p. 5], na movimentada Praça XV. Nas "filas do submundo", que engrossam cada vez mais, nas filas dos desempregados, espera-se tudo e não se consegue nada, os pobres não conhecem calma, pois tudo se converte em neurose. Conta o poeta um assalto que sofreu pelas mãos de um rapazinho que puxou uma navalha e o ameaçou de morte:

> Obedeci suas ordens
> E imóvel ali fiquei
> Ele me disse – Seu moço
> Me desculpe que eu errei
> Se não me deres a grana
> Lhe mato, pois já matei [p. 6].

Dois mendigos lutam de navalha sobre um monte de lixo jogado na rua. Na histórica rua Mem do Sá, no velho Rio, prostitutas magras trabalham noite e dia para dar aos gigolôs, e até policiais exploram essas mulheres. A conclusão do poeta não pode ser outra: os sonhos dos cariocas estão envenenados. Faz um violento ataque à "Redentora", ou seja, os militares que controlam o país, pois, segundo o poeta, a culpa é deles.

Se é correta a visão positiva de Apolônio Alves dos Santos ou a pessimista de Raimundo Santa Helena, encontraremos a resposta no retrato cordeliano do final do século XX, quando os poetas e seu público vão tratar da questão dos direitos humanos e de sua violação na vida nacional.

I. A VIDA E O MAIS BÁSICO DOS DIREITOS: O DE NASCER

Com a disseminação da televisão por todo o Brasil, na década de 1960, graças a um sistema de comunicações por satélite, surgiu uma nova instituição cultural brasileira, talvez a contribuição mais visível da cultura popular contemporânea: a telenovela. Uma das primeiras histórias e de maior sucesso foi *O Direito de Nascer*. Seu tema era universal: o aborto, um importante fenômeno nacional que, embora proibido, povoava a mente de muitas pessoas. Tirando proveito da situação, os cordelistas trataram do assunto, baseando seus enredos na telenovela em exibição no momento (um dos primeiros exemplos de "folkcomunicação", um processo em que o cordel reconta temas do rádio e da televisão para um público humilde e numa linguagem acessível).

Rodolfo Coelho Cavalcante, o poeta conservador de Salvador, escreveu um folheto com base na telenovela e usou inclusive o mesmo título, no qual condenava decisivamente o aborto e "as mulheres de hoje em dia / [que] evitam pela orgia / O DIREITO DE NASCER!" [p. 1][3]. Mais do que um ataque ao aborto, é um grito desesperado de desafio aos novos tempos:

> Muitas "granfinas" de hoje
> A casa não quer saber
> Preferem ter seu emprego
> Do que lavar e cozer
> Deixam a casa abandonada
> P'ra elas é uma cilada
> O DIREITO DE NASCER [p. 1].

A mulher que mata o filho não só está sujeita ao sofrimento pessoal, mas também acaba violando a lei divina! A maternidade é uma missão, é a lei da criação! Para que a mulher se casa? Para que tem um marido? (O poeta não se dava conta de que muitas mulheres brasileiras se faziam a mesma pergunta e chegavam à conclusão de que o casamento e o marido talvez não fossem necessários.)

Não só a mulher é condenada, mas também os maridos que mandam as esposas usar a pílula anticoncepcional por motivos econômicos. Para o poeta, "isto mais é anarquia" [p. 4]. Existem médicos que não passam de assassinos, pois ganham a vida fazendo abortos. Seja como for, a mulher "moderna" quer experimentar os prazeres e, por isso, concorda com o aborto, "profanando" a ordem natural e o pró-

---

3. Rodolfo Coelho Cavalcante, *O Direito de Nascer*, Salvador, s. d.

prio Deus. Mas, se Deus é justo, também castiga: somente outro dilúvio pode resolver o problema! Rodolfo ocupa o restante do poema a condenar os protagonistas da novela e lembra ao leitor que, nos poemas que escreve, sempre oferece uma boa lição moral. É sua missão! O poeta tem de respeitar as autoridades, o governo, mas responde antes ao juiz divino, Deus! E muitos de seus leitores concordam com ele.

Essa telenovela, um dos primeiros sucessos do gênero no país, era na verdade um produto importado de Cuba, o país de origem das primeiras novelas de rádio e, depois, da televisão. Esses programas, no começo, eram importados pelas redes recém-instaladas no Brasil, até que, em pouco tempo, elas ultrapassaram em muito a produção cubana. O cordelista Cunha Neto, no longínquo Piauí, resumiu a mesma novela num romance de cordel de 32 páginas, proporcionando grandes lições sobre o valor da vida humana[4].

O tema entusiasmou outros poetas, que escreveram títulos como *O Direito de Matar*[5], *Mulher que Concebe o Filho e depois Mata sem Razão*[6], ou *A Maneira da Mulher não Ter Filhos*[7]. No primeiro folheto, o "trovador apóstolo" Minelvino Francisco Silva, do sul da Bahia, condena todo tipo de matança, inclusive o crime da mulher que pratica o aborto. O

4. Cunha Neto, *O Mal que Causa a Novela*, Teresina, s. d.

5. Minelvino Francisco Silva, *O Direito de Matar*, Itabuna, s. d.

6. Severino Cesário da Silva, *Mulher que Concebe o Filho e depois Mata sem Razão*, s. l., s. d.

7. Rodolfo Coelho Cavalcante, *A Maneira da Mulher não Ter Filhos*, 3. ed., Salvador, 1973.

segundo título é uma resposta àqueles que dizem que o aborto é um problema social; segundo o poeta, é uma decisão estritamente moral. O terceiro folheto aborda um corolário da ciência moderna, a pílula anticoncepcional.

Em *A Maneira da Mulher não Ter Filhos*, Rodolfo Coelho Cavalcante condena a referida pílula, baseando seus argumentos nas Sagradas Escrituras. Mas o que ele revela sobre o Brasil, ainda na década de 1970, é que dá a este documento folclórico-popular a validez como parte do *Retrato*:

Muitas mulheres casadas
Devido a situação
De como a vida está cara
Não querem com bem razão

Todo ano dar a luz...
Pois é uma pesada cruz
Sem ter alimentação! [p. 1].

O poeta fala talvez com base em sua própria família: dos onze filhos que sua esposa concebeu, somente cinco viveram! Mas ainda pergunta o autor: será o destino da mulher brasileira engravidar e dar à luz a cada ano somente quando a vida econômica estiver boa?

Existem outros cenários: as grã-finas que tomam a pílula ou recorrem ao aborto "somente por vaidade", para manter a linha da juventude; as "mocinhas sapecas" que vivem as consequências de suas ações buscando o remédio para evitar filhos. Grita o poeta: "Pelos Tratados do sexo". A sociedade está corrupta, não adiantam os conselhos de Kant (!) nem de Freud, e tampouco as cirurgias que existem por aí para resolver o problema! O "prato do dia" hoje é a pílula anticoncepcional, baseada numa "falsa ideologia": querem combater a fome diminuindo a população.

A mulher que dá à luz é mais feliz na vida e aquela que não concebe raramente tem saúde. E como pode negar o seu próprio presente de vida a outro? Além disso, diz ele, "o Brasil é muito grande / e ainda não é explorado / um terço de suas terras" [p. 3]. O país é capaz de "suportar um bilhão" de habitantes! E sem fome! O motivo da fome é que os preguiçosos e parasitas se aproveitam dos poucos que trabalham.

Continua o narrador:

– Mas, como posso evitar
De ter filhos, trovador?...
Pergunta a mãe de família
Que sofre seu dissabor...
Eu irei isto explicar... [p. 5].

Os "bens sexuais" são "dádivas divinas" concedidas aos mortais, e evitar a concepção é uma "aberração"! O homem vive para trabalhar e a mulher, para ser a companheira do homem e apoiá-lo no seu trabalho, tomando conta da casa e dando amor ao marido, cujo produto são os filhos! Somente uma mulher evitou a concepção pelo homem – a Virgem da Conceição. Evitar que a mulher tenha filho é loucura! Se não quer filhos, não goste de nenhum homem! E de forma alguma se junte com um varão!

E o poeta chega à conclusão: hoje mulheres morrem nas maternidades "por causa dessas tais pílulas"! Deixam órfãos e viúvos que são forçados a casar-se novamente para buscar a felicidade [p. 8].

Se não bastasse a pílula, o cúmulo do mal, mais uma invenção científica moderna viola a natureza e o plano que Deus traçou para o homem e a mulher. Ironicamente, desta vez para *criar* vida. A notícia chocante do primeiro "bebê de proveta" na Inglaterra não podia passar despercebida pelo cordel. Homero do Rego Barros, um poeta de Pernambuco, não pode tirar outra conclusão, em seu folheto *Bebê de Proveta*[8], senão a de que o fim do mundo está próximo! A ciência venceu outra vez! Após doze meses de pesquisa, um tal de dr. Patrick Steptoe conseguiu criar a vida dentro de uma proveta. Primeiro, foi a pílula, agora isto! Pode ser um progresso para a ciência, diz o poeta, mas é imoral porque na proveta nem sempre está o "material" do marido. Não passa de uma nova maneira de cometer adultério. Os cientistas, exclama o poeta, estão empregando o mesmo processo para criar uma mosca nova que possa comer gafanhoto! E já pensam em nascimentos fora do útero materno? Quem já ouviu falar uma coisa dessas?

Comenta com sarcasmo que a ciência, até agora, não descobriu nenhum remédio para a fome, mas inventou a bomba atômica e pires voadores que assustam o mundo! Repreende os cientistas: trabalhem para o bem, e não para o mal, não para a destruição da humanidade, provando desse modo que não são homens de Deus! O bebê de proveta desagrada a Deus porque a criação e a procriação pertencem somente a Ele e ao casal. E há mais: se não podem ter filhos, adotem-nos então! Senhores cientistas, não façam isso, não é a vontade de Deus. Se o homem foi à Lua, foi porque Deus quis. Deus deu o livre-arbítrio ao homem, inclusive de "se endeusar / e Nele perder a fé" [p. 7]. Não pequem contra Deus. (O pecado capital do cordel é querer ser igual a Deus ou tomar o Seu lugar, pecado de orgulho ou de excessiva ambição pessoal.) Em caso contrário, o castigo é certo.

---

8. Homero do Rego Barros, *Bebê de Proveta*, Recife, s. d.

2. O DIREITO DE SER DIFERENTE: A FEMINISTA MODERNA

Como seria se a mulher quisesse viver a vida segundo sua própria vontade? Um assunto tão impalpável para um público tradicionalmente conservador, que seguia os ditames religiosos e morais da "velha Igreja", abordará outro tipo social que desafia o antigo domínio paternalista compartilhado tanto pelo poeta quanto pelo público do cordel nordestino: a feminista moderna. Registramos títulos de um único poeta, que escreve numa única cidade, mas o fato de esse autor morar e vender seus poemas por vinte anos nas ruas de São Paulo e de ter escrito vários títulos seguidos (uma coisa impossível se os títulos não interessassem a seu público ou não tivessem algum sucesso financeiro para o poeta) abre espaço merecido para seus folhetos como fotos da época.

Franklin Machado, nascido e criado no interior do estado nordestino da Bahia, é formado em faculdade, uma coisa rara entre os poetas do cordel, especialmente no moderno. Até anos recentes, Maxado Nordestino (sobrenome que adotou) escrevia e editava seus folhetos na grande São Paulo, a maior cidade "nordestina" do Brasil devido à grande migração no século XX. (A grande São Paulo tem cerca de vinte milhões de habitantes e um terço desses são originários do Nordeste.) Seu campo predileto é o comentário social, a sátira e a paródia, geralmente num estilo e discurso bastante contemporâneos. Vestido como *hippie* da década de 1960, com um chapeuzinho e um colete de couro, óculos redondos estilo "vovó", de barba e bigode e cabeludo, Maxado, durante anos, representou a "vanguarda" do cordel em São Paulo. Vendia seus folhetos nas ruas e praças da cidade, especialmente na rua Augusta e na praça da República, no centro, numa feira *hippie* dominical, bastante frequentada por turistas e paulistanos.

Fosse uma "orientação" dos novos tempos, fosse uma verve necessária para a época, Maxado frequentemente escrevia folhetos chocantes e bizarros, nos quais comentava os acontecimentos da época. Podemos citar, entre outros títulos, *Eu Quero é ser Madamo e Casar com Feminista*[9], uma história da troca de papéis, em que o autor se oferece para ser "madamo de casa". Outro folheto, *O Parto Artificial da Cabocla Liberada*[10], conta a história de uma feminista moderna que, decidindo fazer tudo sozinha, inclusive a inseminação artificial, acaba enganada quando dá à luz um bebê preto como carvão, e não o que pediu! Outro poema,

9. Franklin Maxado Nordestino, *Eu Quero É Ser Madamo e Casar com Feminista*, São Paulo, s. d.

10. Franklin Maxado Nordestino, *O Parto Artificial da Cabocla Liberada*, São Paulo, s. d.

Aventuras duma Doutora Carioca e Feminista ou a Mulher do Século XXI[11], conta a estória da mulher certamente mais liberada do Brasil!

O melhor poema, porém, e talvez o mais diferente e criativo é *Debate de Lampião com uma Turista Americana*[12], encontro estranho, hilariante e certamente divertido entre o cangaceiro machista Lampião e Ms. Betty Friedan, a famosa feminista pioneira norte-americana. A história é única no cordel e vale a pena ser recontada. O título de maneira algum predispõe o leitor para o verdadeiro assunto do folheto, mas chama imediatamente a atenção do comprador de cordel. Nenhum freguês pode resistir a Lampião, o maior herói nordestino, e ao sentimento de amor e ódio que a maioria dos brasileiros mostram para com os norte-americanos. A ideia de Maxado é apresentar "Beti Fridi" como uma turista americana que faz pesquisa no Nordeste (o ubíquo pesquisador americano no Brasil é fato familiar a todos). Beti é retratada como uma feminista que "doutrina" os outros com seu "princípio ateu". O poeta usa o artifício do médium espírita, o guia de turismo de Beti, que recebe o espírito do cangaceiro Lampião e é possuído por ele. Segue-se então um debate ou discussão (usando o formato do debate poético tradicional do cordel) e uma troca de ideias, que é quase totalmente favorável ao bandido.

O cangaceiro machista, já no começo do debate, revela a Beti sua visão da mulher moderna e do feminismo:

---

11. Franklin Maxado Nordestino, *Aventuras de uma Doutora e Feminista ou a Mulher do Século XXI*, São Paulo, s. d.

12. Franklin Maxado Nordestino, *Debate de Lampião com uma Turista Americana*, São Paulo, s. d.

– Essa coisa de feminismo
É arte de mulé feia
Que não arranja home macho
Para lhe meter a peia
Assim pega outra mule
E então faz o que quer
Com uma doutrina alheia [p. 5].

A diatribe do cangaceiro prossegue por algumas páginas; começa então a reação de Beti:

– O mister é um ignorante
É um porco chauvinista
Que não entende de gente
Quanto mais de feminista
É um dos machões antigos
Que da mulher são inimigos
Não sabe fazer conquista [p. 8].

Ouvindo isso, o cangaceiro perde a calma, se zanga e destrata Beti, dando "uma de Cisco Kide / quando estava afrontado":

– Se sou porco, tu é porca
E dessas brancas baé
Que dá um toucinho rançoso
Me arrespeite, sua mulé
Que não sei se é um macho
E não quero olhar embaixo
Pois desconfio que não é.
....
E mandou o couro adentro
A gringa então gritava:
– Oh! mai dárlin, underful
(E quanto mais apanhava):
– Véri gude, véri mátixe
Sânquio, iou me dide xeque-mate
Não sabia o que falava.

– Agora, eu achei mai men
Vou largar de andar gritando
Por estrites dos Esteites
E sutians ir tirando
Te aceito até com mil
Outras fêmeas do Brreizil.
Não vou ficar protestando.

Diz que vai para a cozinha, preparar a comida e tornar-se uma boa dona de casa:

– Aprendi bem a lesson
Lugar de uoman é na cama
Na quitichen e na copa
E não procurar a fama
Saber muito ser mulher
Não ficar como uma qualquer
Na solteirice da disgrama.

Nesse momento, Lampião sorri, despede-se de todos e retorna ao mundo dos espíritos. Ameaça voltar novamente, caso haja necessidade, e dar uma boa surra na mulher que não "tumar juízo". O poeta termina, *admitindo* que talvez as coisas tenham mudado desde a época de Lampião.

Para o leitor que conhece bem o cordel – e nesta altura incluo o leitor deste livro – é evidente que há mais de uma maneira de interpretar esta história. Não devemos levar muito a sério o poeta. A sátira, no fim de tudo, muitas vezes não passa de um veículo dos poetas que comentam tempos novos e desafiadores. O que é realmente diferente neste poema é o texto bilíngue, raridade no cordel, mas com certeza mais crível num folheto editado em São Paulo do que num povoado do interior do Nordeste. O público que se aglomerava em São Paulo para ouvir Maxado declamar seus folhetos era, em sua maioria, um público masculino que provavelmente assistia vez por outra aos filmes americanos, e talvez até estrangeiros, de fala inglesa, na praça da República, no domingo de manhã. Não é provável que o público tradicional do cordel soubesse tanto inglês como usa o poeta no texto, mas pode ser que o público-alvo do poeta fosse estudantes universitários ou turistas estrangeiros.

O poema, visto hoje, mais de vinte anos após seu aparecimento em 1981, e bem depois das primeiras "ondas" do feminismo internacional, cumpre realmente a função cordeliana de informar o público *depois* do fato, servindo de retrato de uma época. As palavras agora nos parecem antiquadas e fáceis, relíquias estereotipadas da época, mas refletem, sem dúvida, o momento social: de que modo um segmento específico da população brasileira iria reagir a um fenômeno social vindo de fora do país e que, por sua vez, influi e muda os hábitos dos brasileiros. O propósito principal do autor foi divertir um público principalmente masculino e, com certeza, teve sucesso, já que muitos apartes e piadas foram feitos na praça pública. Mas, ironicamente e talvez não de propósito, o poema é talvez o retrato da dominação do homem e das futuras mudanças que mudariam a face do Brasil.

3. OS DIREITOS DO MARIDO E DA ESPOSA

E o que dizer dos direitos dos procriadores, o homem e a mulher, o marido e a esposa? E dos direitos de casamento e de divórcio? Outra das questões que marcam o fim da década de 1970 é a legalização do divórcio, aprovada pelo Congresso brasileiro em 1977. Num país católico tradicional que, antes dessa data, permitia apenas o desquite (a separação civil), sem qualquer segundo casamento, a lei representou uma grande mudança na vida de toda a nação. O cordel analisou o debate antes da aprovação da lei, discutiu os prós e os contra e, talvez de forma surpreendente, revelou as atitudes de mudança de uma voz supostamente conservadora que representava grande fatia da população brasileira.

Os poetas receberam de braços abertos a nova lei de 1977, mas tenderam a esquivar-se do divórcio em si. Todos acre-

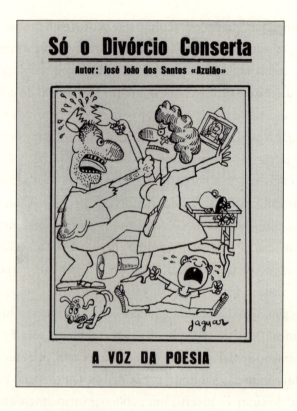

ditam que o casamento feliz é um plano de Deus, e também reconhecem que a causa dos casamentos fracassados, da infelicidade e talvez mesmo da violência o elemento humano e o erro do ser humano. Portanto, a lei representava uma saída. Nas palavras e atitudes dos poetas encontra-se muita coisa do pensamento machista nordestino.

Azulão, do Rio de Janeiro, em 1975, antes da aprovação da lei, durante os ardentes debates no Congresso, escreveu *Só o Divórcio Conserta*[13]. O poeta resume a visão da grande maioria de seus colegas. Já na primeira estrofe encontra-se a tese:

13. José João dos Santos "Azulão", *Só o Divórcio Conserta*, Engenheiro Pedreira, RJ, 1975.

Quando o casal não consegue
Viver uma vida certa
Vamos dar a cada um
Liberdade e porta aberta
Se nega isto porque
Isto é um erro que
Só o divórcio conserta [p. 1].

Aplica a lógica à crença: por que proibir uma lei que pode resolver um grande erro? Acreditar que o casamento é eterno é fechar os olhos ao mundo de hoje. Obrigar um casal a manter o casamento quando tudo vai mal é obrigá-los a viver num inferno.

O homem casa sem saber realmente quem é sua companheira. Somente a convivência revela isso. Ninguém é perfeito, seja homem ou mulher. Num país "que tem senso de civilidade", a lei do divórcio "não é roubo nem negócio / é uma necessidade" [p. 2]. No Brasil, existem muitas famílias que se desmoronaram: "homens com outras mulheres e as deles amigadas" com outros homens. A situação precisa ser "moralizada". Ninguém quer voltar a viver nesse infortúnio: cada um procura sua felicidade com um companheiro, ou companheira nova. E, além disso, o desquite nada resolve porque não permite, após a separação, um segundo casamento legal. Portanto, a conclusão é:

Sem divórcio uma nação
Não pode ter disciplina
O divórcio moraliza
Dignifica e doutrina
Que já vem antes de Cristo
E o que for contra isto
Está contra a lei divina [p. 3].

"Deus está presente ao homem / que vive em paz com moral." Do contrário, voltamos à bagunça do desquite legal – tantos casos que nem cabem nos arquivos. E, o pior de tudo, existem os filhos que nem sabem quem são seus pais legítimos! Há no país mais desquites do que casamentos. Quem já pensou nisso?

O divórcio, porém, tem de ser regulamentado, permitido somente depois de cinco ou seis anos de separação. E tem de ser da vontade de ambos os cônjuges: "quem casa e cai em fracasso / não pode estar preso ao laço / de um frustrado casamento" [p. 5]. O poeta lembra ao leitor que o casamento é uma união por interesse e prazer pessoal, e não é Deus quem determina "viver junto até morrer". Se existe erro, ele é humano. Quem disser que Deus não permite um segundo casamento por ser pecado, está errado. Se fosse este o caso, por que não é proibido, no Brasil, "se viver amasiado"? Os que conhecem a Bíblia sabem que Jesus batizou, "mas nunca casou ninguém" [p. 6]. Basta olhar os exemplos do Antigo Testamento:

Homem que mais casou-se
Foi o grande Salomão
Mas Deus lhe deu a ciência
Pra governar a nação
Também construir seu templo
Aqui eu cito o exemplo
De Dalila com Sansão [p. 7].

A tese do poeta é fundamentada nos antepassados e "quem desmentir minha lira / diz também que é mentira / da Santa História Sagrada" [p. 7].

A maioria dos poetas do cordel mais recente são, portanto, unânimes em elogiar a nova lei, e cada um está consciente da tradição e dos ensinamentos das Sagradas Escrituras. Embora Roma e a velha Igreja proíbam o divórcio em si, até os humildes e semianalfabetos podem aceitar a mesma realidade e o remédio dos conterrâneos de classe média e alta no Brasil moderno.

4. OS DIREITOS DAS CRIANÇAS

Se o aborto é condenado, se outros meios de controle da natalidade são ineficientes, seja qual for a razão, o resultado é outro problema social grave que viceja no Brasil: a criança rejeitada e, portanto, abandonada nas ruas, além dos pivetes, encontrados principalmente nas grandes cidades de todo o país. A pobreza exacerbada, aliada à desintegração moral e social da família nuclear em décadas recentes, aumentou bastante o problema. Um corolário trágico é o fenômeno que os brasileiros chamam de "esquadrão da morte", um grupo paramilitar que age fora da lei para "eliminar" os indesejados e os marginalizados, inclusive as crianças que vivem nas ruas. O poema cordeliano *O Justiceiro Mão Branca, do Esquadrão da Morte*[14] fala desta situação quando seu autor elogia a justiça "patriótica" dos vigilantes.

Um caso terrível desse mesmo fenômeno foi a chacina da Candelária, em 1993, quando vários menores de rua foram massacrados. Os brasileiros bem-intencionados já responderam ao massacre com novos esforços, seja da parte do governo, seja de entidades privadas. O cordel registrou o problema e opinou sobre ele, relatando tanto o Bem quan-

14. Sem autor indicado, *O Justiceiro Mão Branca do Esquadrão da Morte*, s. l., s. d.

to o Mal, especialmente desde a introdução do assunto, na década de 1970, e sua evolução em campanha nacional recente.

Rodolfo Coelho Cavalcante, em *Depoimento de um Menor Abandonado*[15], fala em nome da maioria dos poetas. Numa espécie de "conto de fada" sobre o assunto, o poeta mostra o protagonista, um "pivete de rua" veterano, preso repetidas vezes e, agora, trazido à presença de um sensível representante da lei que lhe pede que conte sua estória. O rapaz relata um verdadeiro pesadelo: a mãe morreu quando ele tinha cinco anos, o pai tornou-se alcoólatra, a madrasta lhe batia, por isso fugiu daquele "inferno" e foi para a rua (o alcoolismo do pai e as surras tinham feito parte da própria juventude do poeta). No começo pediu esmola, depois começou a fumar cigarro e maconha. Dentro de pouco tempo, começou a roubar e a assaltar, quando foi preso pela primeira vez. Diante disso, um juiz internou-o num abrigo de menores, onde sofreu os maiores horrores, tornando-se criminoso veterano, sem esperança de recuperação. O delegado, pensando no grande dilema e vendo no pivete um exemplo do que estava acontecendo na pátria, decide adotar o rapaz. Trata-o como se fosse seu próprio filho (não tinha nenhum) e, com a mudança de ambiente, o pivete também mudou. Voltou à escola, dedicou-se aos estudos e até entrou para a faculdade e se formou; depois,

---

15. Rodolfo Coelho Cavalcante, *Depoimento de um Menor Abandonado*, Salvador, 1983.

casou-se e leva uma vida produtiva. Assim, o poeta idealista e patriótico Rodolfo Coelho Cavalcante oferece sua própria solução para o problema nacional: se cada família de bem adotar uma única criança de rua, o problema será resolvido. Esse programa deveria ser o primeiro artigo da Campanha Nacional do Menor Abandonado.

Uma prova da preocupação nacional com o problema e o apoio dado para encontrar uma solução aparece em outro folheto, *Roberto Carlos no Ano 1 da Criança Brasileira*[16]. O poeta Severino José dos Santos documenta a campanha de 24 horas na televisão realizado pelo artista em São Paulo e no Rio de Janeiro. A TV Globo patrocinou as 24 horas seguidas de programação quando Roberto Carlos e outras celebridades cantaram e pediram doações.

5. DIREITOS DOS MARGINALIZADOS: O BRASIL GAY E A AIDS

Nas histórias que condenam o aborto, poderíamos ter falado de outro método anticoncepcional, o preservativo, mas esse assunto tem um impacto mais direto sobre o mundo dos homens. Trata-se de uma história diferente e revela mais uma importante realidade brasileira. Na literatura de cordel, o preservativo é discutido quase totalmente em outro contexto: a proteção contra a praga do século, a AIDS. O fato de muitos homens brasileiros não considerarem sua responsabilidade o uso de um preservativo para fins anticoncepcionais (um dos poetas o diz simplesmente: "Não é nosso costume") é uma das razões pelas quais os defensores dos direitos aos métodos anticoncepcionais condenam o "macho egoísta brasileiro". Todavia, quando se trata da própria sobrevivência, no caso da AIDS, vem à tona então o preservativo, a camisinha-de-vênus, como uma espécie de remédio contra a "praga do século".

Os folhetos revelam a escala da reação e do sentimento brasileiro à medida que a AIDS ganha a força de um furacão a devastar o país. Folhetos, como *A Contagiosa AIDS Matando a Humanidade*[17], *AIDS: O Medo da Humanidade*, *AIDS a Doença do Século* ou *O Povo não Quer mais Fazer... Temendo o Vírus da AIDS*[18], explicam a doença e sua devastação do mundo. *Camisinhas para Todos; AIDS, Fimose, Vasectomia; Potência de Gay e Doenças Sexuais* ensinam

---

16. Severino José dos Santos, *Roberto Carlos no Ano 1 da Criança Brasileira*, s. l., s. d.

17. Apolônio Alves dos Santos, *A Contagiosa AIDS Matando a Humanidade*, Rio de Janeiro, 1987.

18. Adalberto Almeida Santos (Berto Santos), *O Povo não Quer Mais Fazer ... Temendo o Vírus da AIDS*, s. l., s. d.

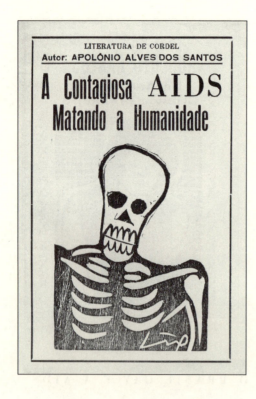 

como evitá-la. E *A AIDS Chegou Matando Bicha de Toda Qualidade* lança um violento ataque aos homossexuais, considerados os perpetuadores da doença no Brasil.

No folheto de Apolônio Alves dos Santos, que escreve no grande Rio, o poeta faz a costumeira invocação a Deus, desta vez não para pedir inspiração para escrever um bom poema, mas:

Defendei-me de cair
Em um abismo profundo
De contrair a moléstia
Mais perigosa do mundo [p. 1].

Explica que a doença não tem cura e que é transmitida principalmente pelo ato sexual; mas também pode ser contraída até mesmo quando se doa sangue ou recebe uma transfusão no hospital. Adverte:

Homens casados que gostam
De dar seus pulinhos fora
Cuide que a AIDS vem
Trazer a sua piora... [p. 2].

Voltando à visão cordeliana usual, diz ele que a AIDS é causada pelo pecado e pela devassidão moral do mundo. Existem tantos homossexuais que a própria *natureza* está trazendo toda a sorte de desastre e doenças para a humanidade, fazendo com que sofram até mesmo os inocentes. O mundo está realmente chegando ao fim, segundo as profecias, porque estão aí os sinais, vistos por todos – a AIDS, a dengue, o

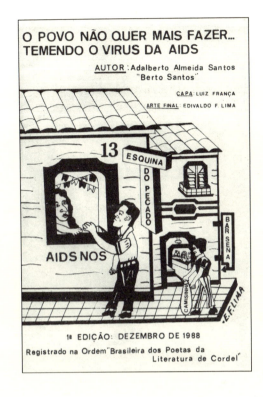 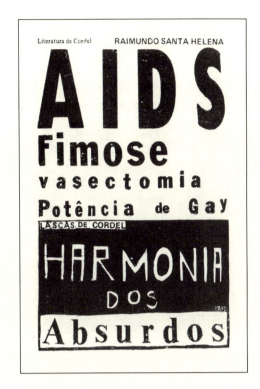

sarampo, a catapora, homossexuais matando os amantes, a prostituição e o suicídio.

O poeta Berto Santos, da Bahia, escreve uma breve história da AIDS, atribuindo sua transmissão a macacos da África. Diz que um cientista sabia da doença muitos anos atrás, mas, juntando-se a um grupo bem organizado da máfia internacional, que investiu milhares de dólares na produção de remédios, deixou que ela se espalhasse na década de 1970. Dá uma relação de artistas famosos que já contraíram a doença e morreram, inclusive personagens conhecidos do Brasil. Termina com uma nota positiva de como utilizar o preservativo, "mesmo que não seja nosso costume!" A capa do folheto, que o leitor pode apreciar na ilustração acima, é interessante: um homem procura os serviços de uma prostituta por uma janela aberta numa casa da Bahia que se localiza ao lado de um barzinho onde se vendem "camisinhas".

Gonçalo Ferreira da Silva, em AIDS: *O Medo da Humanidade*[19], diz que sua história se inspirou em recentes reportagens "alarmistas" da mídia "pessimista". Essa doença faz parte das profecias das Sagradas Escrituras e é boa para testar nossa competência. Informa, porém, aos leitores que é "fácil de ser evitada" [p. 2], porque o vírus da AIDS não vive fora do corpo humano. Ele não quer entrar no mérito científico do problema, pois seu poema é apenas "uma mensagem de fé ao coração" do leitor. A doença é mais comum entre os homossexuais e, apesar de transmissível, é

---

19. Gonçalo Ferreira da Silva, AIDS, *o Medo da Humanidade*, Rio de Janeiro, s. d.

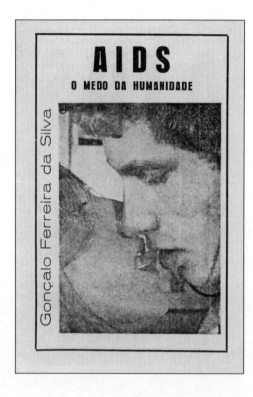 

rara em homens "normais" e as mulheres "não correm riscos reais" (a não ser que seja uma prostituta "sem higiene e sem senso") [pp. 4-5]. O maior perigo é para aqueles que cometem abuso sexual e promiscuidade. Qualquer outro que contrair a doença é simplesmente vítima da "má sorte imensa" de receber uma transfusão de sangue de um portador do mal.

Se é mesmo a praga do século, acrescenta o poeta, é com certeza a "doença da vergonha". Muitos dos contagiados se suicidam, ato que o folheteiro condena, "pois só cabe a Deus marcar / o ponto final da vida" [p. 7]. E termina dizendo que o sintoma principal da doença é

Medo mesclado de ânsia
De entregar-se ao prazer,
Depois da debilidade
É só esperar morrer [p. 8].

Em *Camisinhas para Todos*[20], o poeta Azulão transmite sua opinião sobre a AIDS, combinando seriedade no ensinar sobre a doença e um humor sardônico, quando diz que é mais um dos fatores de vida no Brasil. Informa que as pessoas não precisam deixar de se beijar, que a doença é transferida pelo sangue; portanto, deve-se ter cuidado com as transfusões, com as visitas ao dentista e com agulha de injeção usada por outrem. Sendo a AIDS transmitida também pelo "membro genital", aconselha a não fazer sexo com pederasta ou concubina!

20. José João dos Santos, "Azulão", *Camisinhas para Todos*, Engenheiro Pedreira, RJ, s. d.

Adverte o marido que tem em casa "uma mulher / formosa igualmente a lua" a que, se não estiver satisfeito com a esposa e se for para a rua, pelo menos use o preservativo. E, se transar com "bicha" e depois com a mulher do vizinho, bota a camisinha! Até aconselha às virgens que usem preservativo na ponta do dedo "quando ficar sozinha" [p. 3].

O poeta explica que as Sagradas Escrituras já tinham advertido a todos de que, quando o homem perde a crença em Deus e Lhe desobedece, a guerra, a nudez, a loucura e doenças sem cura vão aparecer para punir a todos. Satanás plantou no mundo "a semente do mal" e inventou "toda espécie de vício sexual" [p. 4]. Todavia, de nada adianta o conselho de pastores ou mesmo do Papa em Roma, porque ninguém liga. Essa gente será destruída como o povo de Sodoma. Agora, só vemos mulher "com bunda de fora" na TV e nas ruas! Não existe mais pudor! Dominam as mulheres nuas e os pederastas!

A verdadeira causa deste abuso é a televisão:

   Os nossos filhos não podem
   Assistir televisão
   Porque em todos canais
   Só tem esculhambação
   Casal nu e cena louca
   Chupando a língua e a boca
   Ensinando a perdição [p. 5].

(De passagem, no poema *O Mal que Causa a Novela*[21], o poeta Alberto Porfírio declara-se contra os viciados na novela diária na TV. A coisa está tão preta que os padres já tiveram de mudar o horário da missa para que o povo não tivesse de escolher entre a missa e a novela. E a vida social desapareceu. O cidadão não pode bater na porta do vizinho, entrar e conversar na sala de visitas, como antes. Agora a TV está ligada e ninguém dá atenção ao outro. O jeito é não fazer onda, ir para o barzinho de casa e assistir o *show*!)

Azulão assegura ao leitor que "Deus lá de cima está vendo" [p. 6] e que a AIDS é exemplo da imoralidade no mundo. Os cientistas fazem pesquisa, mas não existe cura. E o remédio que pode frear um pouco a doença é tão caro que somente os ricos, "os capitalistas milionários e potentados" [p. 7] podem comprá-lo. O pobre, como sempre, "tem é que morrer lascado" [p. 8]. Assim, continua sendo verdadeira a antiga piada: "Rico vive porque pode / pobre vive de teimoso" [p. 8].

Como era de esperar, a AIDS e o homossexualismo também se manifestam por uma atitude homofóbica em alguns

21. Alberto Porfírio, *O Mal que Causa a Novela*, Fortaleza, s. d.

poucos poemas, na verdade casos isolados que podem ou não indicar a visão da população masculina do Brasil. O que torna diferente o folheto *A AIDS Matando Bicha de Toda Qualidade*[22], de Lucena do Mossoró, é até que ponto chegará o poeta para vender seu folheto francamente obsceno. É o tipo de poema de que tratava Rodolfo Coelho Cavalcante em sua campanha, na década de 1940, de "limpar da terra" esses folhetos, de tirá-los das ruas de Salvador. A capa, que o leitor pode ver ao lado, mostra o desenho de um homem nu no ato do sexo, o pênis enfiado na mulher, os dois montados a cavalo. A linguagem do folheto é direta, obscena e vulgar.

Já a primeira estrofe resume tanto o conteúdo quanto o tom da história:

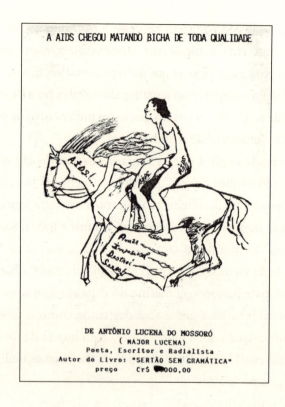

Fazer sexo sem amor
Nunca dá bom resultado
Quem tiver tesão sobrando
Não coma cu de veado
Um anjo disse a Abraão
Satanás disse a Adão
Gozar no cu é pecado [p. 1].

Deus fez o mundo e tudo o que nele existe de bom, mas nunca fez "o veado de dois pés!" [p. 1]. Usando linguagem vulgar e gírias para expor os genitais, descrevendo toda a sorte de sexo, "normal" e "anormal", e enfatizando as funções da parte traseira da anatomia humana, o poeta condena de modo geral as "bichas". Acaba pedindo desculpas aos "caros depravados", dizendo "se é que já dei a bunda / era menino e não lembro!" [p. 7]. Termina o poema admitindo que, pro-

---

22. Antônio Lucena do Mossoró, *A AIDS Chegou Matando Bicha de Toda Qualidade*, Salvador, s. d.

vavelmente, já fez "um milhão de ofensas" na vida, mas pede perdão ao freguês e "uma esmola" pela história.

Em nota curiosa na contracapa do folheto, um tal de dr. Alberione Sherbel de Orossom (criação ou não?), em "Carta de um Advogado Judeu e Pesquisador da Literatura de Cordel para o Poeta Popular Major Lucena", diz que o poeta é um "mirante social" e deve refletir as questões da própria sociedade. O autor do poema é, paradoxalmente, nas palavras do advogado, tão "moralista" quanto a Bíblia, porque ela também condena o homossexualismo. Pergunta, retoricamente, como se pode defender uma prática que nega a própria vida? "O homossexualismo é a morte da vida dos caminhos da vida, é a antivida!" A AIDS é a própria vida vingando-se da vida e defendendo-a pela destruição do que é contrário a ela. O erro humano existe para nos ensinar a respeito de nossos próprios erros.

Fica patente, depois de observar as variantes acima, que o cordel não deixou de abordar uma questão tão importante de vida. De fato, à medida que o século avançava, evoluíam os assuntos da "voz do povo" no seu "jornal do povo". Na maioria absoluta dos poemas, a atitude é, antes de tudo, informar e depois ensinar (e sempre divertir). Enquanto o poeta fizer um gracejo ocasional ou usar uma piada para descrever costumes sociais no Brasil que esclareçam o povo sobre o perigo da AIDS, também muitas vezes revela, sem este propósito, a prática sexual e a aceitação social de padrões morais de uma nação católica da "Igreja velha". Um poema como o de Lucena do Mossoró completa o retrato, mostrando o tratamento obsceno da questão. Cada leitor tire as próprias conclusões, mas nenhum pode negar que os folhetos de cordel, na sua totalidade, cumprem realmente, dentro da sociedade, tanto a função comunicativa quanto moral.

6. UM PASSO ADIANTE: O CASO DE ROBERTA CLOSE

É possível que nenhum folheto do passado recente tenha abordado um tema tão moderno quanto *Roberta Close: O Fenômeno do Século XX*[23], de Expedito F. Silva, do Rio. Como já mostramos, os poetas de cordel estavam bem cientes da epidemia da AIDS que assolava o país e de sua estreita relação com o segmento homossexual da sociedade brasileira. Seja mostrando-se simpático com a situação dos homossexuais ativos, seja radicalmente contrário a eles por considerá-los uma aberração da sociedade, o poeta do sexo masculino e, muitas vezes, machista do cordel precisou enfrentar, em 1984, um fenômeno relacionado mas um pouco diferente: a irônica escolha do travesti mais famoso do Brasil e depois transexual Roberta Close como "a mulher mais bonita" do Brasil.

Famoso havia muito tempo por seus travestis e pelo papel especial que desempenhavam nos bailes carnavalescos, o país agora teve de aprender a reagir à grande popularidade e visibilidade de Roberta. (O autor deste livro escreveu, na época, um trabalho irônico sobre o assunto com o título de: "O que se faz se for Católico, Conservador e Escrever o Cordel?") A resposta encontra-se neste poema.

Expedito, um veterano do cenário cordeliano do Rio de Janeiro, começa com o clássico apelo às musas para que ins-

---

23. Expedito F. Silva, *Roberta Close: O Fenômeno do Século XX*, Rio de Janeiro, 1984.

pirem seu poema, feito por encomenda, sobre a charmosa Roberta. Ela já é estrela da televisão e o principal assunto da mídia falada e escrita: "Causando inveja para uns, / e alegria aos demais" [p. 1]. Desde o início do poema, observa-se certa ambiguidade no texto sobre a reação do público brasileiro a Roberta:

> Tudo porque ela tem,
> Muito charme e boniteza,
> Corpo liso, pernas justas,
> Sinal de muita beleza,
> Dedos finos, unhas largas,
> Que lhe deu a natureza.
>
> Corpo bem feito e macio,
> Olhos negros e boa altura,
> Tem um dentinho que atrai,
> Qualquer uma criatura,
> Um sinalzinho no umbigo,
> E outro bem na cintura [pp. 1–2].

Seja cantando, seja desfilando, Roberta é aplaudida pelas massas. Diz o poeta:

> Isto de sexo é besteira,
> Vale a originalidade,
> Porque hoje o mundo está
> Virado que na verdade,
> Aonde não se vê respeito,
> Dentro da sociedade [p. 2].

O mundo está em transformação, e Roberta não precisa apresentar-se no palco ou na tela para provar que nasceu bonita, "pela lei da criação" [p. 2].

Diz ainda o autor que não entende os que a acusam (seja do que for), porque, na marcha do progresso, eles se esquecem de que "o fenômeno / é a fórmula do sucesso" [p. 3]. Roberta virou manchete, "a mais linda da história". Pode ser um travesti, mas a única coisa que o autor sabe é que ela merece o sucesso. Foi badalada na imprensa porque esta julgou-a merecedora:

> Nunca eu vi se construir
> Um fenômeno sem ter vida,
> Igual a Roberta Close
> Que nasceu pra ser querida [p. 3].

E continua nesse diapasão: ela já nasceu bonita, nasceu para ser artista.

> Nunca eu vi na minha vida,
> Beleza tão rara assim,
> As estrelas me perdoem,
> As atrizes e manequim.
> Mas a Roberta é uma estátua
> De ouro puro e marfim [p. 4].

Parafraseando: ela tem um belo rosto, mesmo sem maquilagem e pintura, e um sorriso atraente, como todos viram na TV. Por isso, decidiu fazer o poema. Se houver uma mais bonita, que apareça! Ela já pode ocupar um espaço na rádio, na TV, em qualquer lugar, a qualquer hora, sem limite. É elegante, charmosa, de boa saúde e maturidade, para enfrentar qualquer ocasião! Dizem alguns que é apenas uma curiosidade. Que as manequins se conformem: nem Satanás pode resistir às tentações de Roberta.

Tornou-se estrela nacional quando Chacrinha a convidou para fazer parte do júri de seu programa: "Junto às chacretes se unir" [p. 6]. Foi a melhor de todas e agradou ao público. Ninguém fala de outra coisa, até os artistas! Como diz Elke Maravilha: "Se é ele ou se é ela, / o fenômeno é a fama / que ela faz nesta trilha" [p. 7]. E o poeta não se contém:

> A Roberta exuberante,
> Tem o corpo esculturado,
> Mulher ou homem se for,
> Mas do público é cobiçado.
> Imagem hoje que deixa,
> Todo o mundo admirado [p. 8].

Enfim, é o "gostoso prato do dia". Ele próprio reconhece que alguns vão dizer que, ao escrever este folheto, não se mantém fiel ao cordel, que é "estragar o papel". Mas conclui: "Mas só fiz porque achei, / que Roberta deu cordel" [p. 8].

Para perceber a ligação desta história com as tradições do cordel, o leitor deve lembrar-se do Álbum III, que tratou do "exemplo" e do "fenômeno". Antes de qualquer coisa, Roberta Close é manchete! E é o fenômeno da época. A primeira tiragem do folheto deve ter-se esgotado rapidamente. Se a reação do público do cordel tivesse sido igual à das massas que conheceram Roberta pela televisão, mostraria, pelo menos, uma tolerância brasileira por um travesti incrivelmente bonito (que logo seria transexual) e uma atitude aberta para os tempos modernos da parte de um poeta de uma tradição extremamente conservadora. Ele teve coragem de não só registrar o fenômeno, mas também de admitir que esta beleza, fosse homem ou mulher, lhe causou verdadeira admiração e atração!

Todos os segmentos da sociedade analisados até agora no tocante ao direito de viver a vida foram e são desafiados por forças capazes de destruir a própria vida. A violência, em todas as suas dimensões, é o denominador comum. Era esta violência que preocupava os cordelistas quando faziam a crônica do Brasil no final do século XX e começo do milênio, tema a que nos dedicaremos no restante deste Álbum.

7. A VIOLÊNCIA REAL: A MORTE NAS RUAS

Qualquer pessoa que visita o Brasil e lê jornais ou vê TV, ou, melhor, qualquer cidadão brasileiro que vive nas grandes cidades do país, sabe que o problema da violência é alarmante e está longe de ser resolvido. Essa questão está refletida no cordel da década de 1960, como em *Carlos Lacerda e os Mendigos da Guanabara Jogados no Rio da Guarda,* ou em poemas mais recentes, como o folheto de Minelvino Francisco Silva, *História dos Esquadrões da Morte,* da década de 1980. Essa violência tem sido abordada firmemente no cordel dos últimos quarenta anos.

Esta história é contada em poemas urbanos como *Deus, o Homem e a Violência, A Violência no Rio, A Droga É Mesmo uma Droga, A Morte do Bicheiro Marquinho,* ou, ainda, *Não Sei se Choro ou se Rio da Violência no Rio.* Estes poemas são repetitivos quanto ao enredo, mas cada um oferece uma versão diferente da situação em geral.

A Violência no Rio[24] rememora a "cidade maravilhosa" de paz e beleza do Rio de Janeiro antes da década de 1960 (os folhetos de cordel desses anos expressaram as saudades dos "bons tempos" da década de 1940) e fala dos tiroteios diários nas favelas entre criminosos e a polícia. Grande parte do Rio virou zona de guerra, segundo os ver-

---

24. Avelino Vieira, *A Violência no Rio,* Rio de Janeiro, s. d.

sos. Criminosos da Rocinha e de Jacarezinho foram presos, mas o problema continua. Os assaltos armados se multiplicam, especialmente nos ônibus da cidade, transporte comum ao público do cordel (todo o Brasil testemunhou um desses casos, em junho de 2000, no Jardim Botânico, bairro do Rio):

> Assaltam de emboscadas
> e dentro das conduções
> quatro, cinco marginais,
> perversos sem corações
> rendem todos passageiros
> qu' entregam tudo aos ladrões [p. 3].

Além disso, há nas ruas, todos os dias, muitos batedores de carteira que não andam armados mas são muito eficientes (o próprio poeta foi vítima de um deles). Gangues do crime organizado como a "Falange Vermelha" roubam bancos, sequestram cidadãos de classe média e alta e exigem resgate. Nem a Igreja está livre deles; um caso recente é a igreja de São Francisco de Paula, no centro da cidade, que teve suas imagens sacras roubadas em pleno dia! Os cidadãos, temendo pela vida, não dão importância ao caso e toleram a desgraça do crime na cidade. A polícia é corrupta, assim como a justiça; então, não há qualquer melhora.

Manoel Santa Maria escreveu um poema idealista, *A Droga É Mesmo uma Droga*[25], para mostrar à juventude as desastrosas consequências das drogas para seu futuro e o do mundo. Descreve a situação de um problema maior: 80% dos brasileiros sofrem de subnutrição ou de má nutrição,

25. Manoel Santa Maria, *A Droga É Mesmo uma Droga*, s. l., s. d.

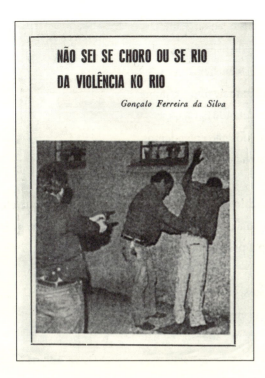

as crianças abandonadas transformam-se em criminosos, vivendo do tráfico de drogas. Não há uma lei ou justiça eficaz, e o Brasil está-se tornando uma gigantesca Bolívia, uma nação inteira controlada pelos chefões das drogas.

Gonçalo Ferreira da Silva, do Rio, um dos melhores poetas contemporâneos, não poupa palavras para falar da política ou do cenário social. Em *Não Sei se Choro ou se Rio da Violência no Rio*[26], opta por um discurso mais cínico. Diz que a população como um todo luta desesperada para encontrar uma solução para o problema. O líder da Igreja Católica no Rio, o cardeal-arcebispo D. Eugênio Sales, oferece uma solução cristã: trocar o amor pela violência, seguir o conselho bíblico de "virar a face". Acredita que tudo

26. Gonçalo Ferreira da Silva, *Não Sei se Choro ou se Rio da Violência no Rio*, Rio de Janeiro, s. d.

é resultado do problema dos menores abandonados. Diz o poeta que o bom padre mudaria de opinião se sofresse um assalto como os demais:

Mas se com Eugênio Sales
já tivesse acontecido
um revólver criminoso
lhe fustigando o ouvido
mudaria o pensamento
em relação ao bandido [p. 2].

E não concorda com a ligação entre a criança abandonada e a violência:

Nós viemos do nordeste
chegamos sem um vintém
padecemos no relento
passamos fome, porém
não tivemos pensamento
de assassinar ninguém [p. 3].

A solução está em outro lugar, e não, com certeza, nas campanhas da mídia falada e escrita, que dão Ibope mas não levam a nada. As próprias autoridades que tentam dissolver as esquadrões da morte estão envolvidas com os bandidos. Só existe um remédio para o "cruel marginal" que criminaliza o Rio: um "acidente" numa disputa "leal" com a polícia quando tenta escapar. O cidadão honrado que denuncia o criminoso tem de viver foragido; se ele testemunha o que viu, muitas vezes é morto pelo bandido. O poeta volta ao tema original: os religiosos dizem que a justiça será feita no céu e os criminosos terão de pagar os pecados depois da morte. Mas, para "nós, materialistas", existe uma solução melhor. Para nós

é aqui na Terra
que eu pago o mal que fiz
e punido com a morte
corto o mal pela raiz [p. 5]

Fica clara a insatisfação do autor com a Igreja:

A igreja dogmática,
beata e sacerdotal
infelizmente não tem
bastante força moral
pra pregar nos corações
o que é ou não legal.

Pois os imensos terrenos
onde as grandes catedrais
são construídas na frente
de pobres órfãos de pais.
golpes dessa natureza
são contundentes demais.

Enquanto o pobre padece
a mais torturante dor
léguas e léguas de terra
são entregues ao pastor
para pregar a palavra
de Deus o Nosso Senhor.
Vivem de papo furado
para nos encher o saco;
pendendo de fome, o pobre
anda catando cavaco
assim nós não entendemos
mais nada deste tabaco [pp. 5-6].

Gonçalo sabe que muitos vão dizer que o que ele fala é "palhaçada"; e ele responde com uma conversa hipotética com o próprio Jesus Cristo:

– Sossegue, meu camarada
pois já enviamos Gandhi
e também não resolveu nada.

– Eu mesmo – diria Jesus –
já fui lá pessoalmente
morri por vocês na cruz,
voltei aqui novamente
e o povo é mais violento
do que era antigamente.
....
– O que disseste no início
deves dizer no final:
tem que morrer o bandido
sempre em "duelo leal" [p. 8].

8. A VIOLÊNCIA NO CAMPO

A alternativa para a violência na cidade, tanto física quanto ambiental, é o velho sonho da fuga: encontrar de alguma maneira um pedaço de terra para ganhar o pão de cada dia. Agora, no Nordeste, a possibilidade disso é muito pequena, por causa de uma centena de anos de leis e padrões de posse da terra. Além disso, hoje em dia a agricultura está voltada muito mais para a economia de exportação, para captar receitas para o país. As ricas terras agrícolas do Centro e do Sul do Brasil também oferecem poucas oportunidades, mesmo para os boias-frias sazonais, devido à mecanização da agricultura dirigida quase totalmente para a exportação. O resultado dessa política é uma ênfase menor na produção de gêneros alimentícios para o consumo público interno (como se pode ver no folheto de cordel *Os Plantadores de Soja Estão Acabando com o Brasil*) e para o desespero geral do povo. O pequeno agricultor tem poucos meios de mudar esse estado de coisas.

A solução militar da década de 1960 até meados dos anos 1980 foi a retomada da antiga ideia da reforma agrária esposada por Getúlio Vargas nos anos 1930 e por João Goulart na década de 1960. Significa o sonho de abrir novas terras para os pobres no longínquo Oeste e no Norte, as últimas fronteiras e a última chance. O que parecia uma solução viável para os regimes militares – dar terra aos camponeses para plantarem por um número estipulado de anos e estabelecerem ali sua residência e melhorar o solo – virou pesadelo. O que aconteceu é que as terras supostamente desocupadas tinham donos, cujos capangas foram incumbidos de expulsar os moradores ou posseiros, primeiramente com ameaças e, depois, com ações violentas.

O que complicou ainda mais a questão foi o apoio dado pela ala progressista da Igreja católica, que através da

Teologia da Libertação defendia uma estratégia de "preferência pelos pobres", um tema abordado pelo cordel no folheto *A Nova Igreja Católica e o Socialismo Cristão do Frei Leonardo Boff*[27], do poeta Franklin Maxado Nordestino, de São Paulo. Diz o autor que, se os tempos estão mudando, a Igreja não pode ficar parada, mesmo que precise apresentar uma solução socialista. Resume a história da Igreja no Brasil, apontando sua antiga aliança com os ricos donos de terra, apesar de alguns sacerdotes terem defendido os direitos dos índios, dos escravos e dos pobres. Atualmente, po-

27. Franklin Maxado Nordestino, *A Nova Igreja Católica e o Socialismo Cristão do Frei Leonardo Boff*, São Paulo, s. d.

rém, na década de 1960, surgiu um modelo novo de padre, discípulo do peruano Gustavo Gutiérrez, o idealizador da nova teologia.

Um exemplo do novo clero é o padre Leonardo Boff:

> Frei Leonardo não quer
> A Igreja de tesouro,
> Do sermão da casa grande
> Do vinho em taça de ouro,
> Quer justiça social
> Que é o bem duradouro [p. 3].

Fundamenta suas ideias nos próprios Evangelhos, nos ensinamentos de Jesus Cristo com relação aos pobres e à dificuldade de um homem rico entrar pela porta do céu:

> Que é mais fácil um camelo
> Passar no fundo de uma agulha,
> E não causar desmantelo,
> Do que um rico entrar
> No céu com o seu desvelo [p. 3].

Por isso, Boff precisou ir a Roma e defender essas ideias junto ao Papa. O cordelista fala ainda dos novos mártires, um sacerdote morto no Chile e o arcebispo Romero, de El Salvador. Baseando o folheto nos livros de Boff, Maxado conta como os novos padres defendem o direito do pobre de fazer a revolução quando estiver sofrendo sob uma tirania (direito que vem desde o tempo de São Tomás de Aquino e derivado do conceito de guerra justa ensinado pelos escolásticos em Salamanca na Espanha). Fala de Camilo Torres, o padre revolucionário da Colômbia, e do padre Ernesto Cardenal, que participou da Revolução de Nicarágua entre os líderes sandinistas.

Continua lembrando que o Brasil teve seus próprios líderes religiosos radicais, como Antônio Conselheiro, padre Cícero, e políticos, como Francisco Julião, "um advogado do Marxismo Cristão / pro povo sacrificado" [p. 6], com a fundação das Ligas Camponesas em Pernambuco, na década de 1960. Os novos líderes, como D. Hélder Câmara, fazem parte da Igreja progressista, que quer dividir a riqueza; não é comunista nem quer os lucros dos "patrões capitalistas". Também não é socialista, porque isso é resultado de um materialismo ateu. Prefere a Teologia da Libertação. Usa o termo "socialização", baseando suas ideias na encíclica *Rerum Novarum*, que o papa Leão XIII emitira para combater o comunismo na Igreja. No final, Maxado discorre sobre o próprio João Paulo II, ele mesmo um produto da era marxista, que tem medo da nova orientação da Teologia da Libertação e repreende seus líderes, pedindo que retornem à disciplina de Roma. E, diz o poeta, a nova Igreja sabe que tem de fazer mais do que pregar o Evangelho, que precisa trabalhar ativamente para ajudar o povo e forçar a distribuição da terra:

> Pois, senão vira folclore
> Ou museu, com sua história,
> De discursos bem vazios,
> Perdendo a sua glória
> De resistir, com seus mártires,
> Pra alcançar a vitória [p. 8].

Em consequência dessas ideias e desses líderes surgidos das décadas de 1980 e 1990, a Igreja apoiou ativamente os direitos dos migrantes e posseiros da terra, oferecendo tanto suporte moral quanto legal. O resultado disso foi a violência, com a morte de inúmeros padres, freiras e irmãos religiosos.

número de lavradores são marginalizados e expulsos de suas terras e acabam nas favelas da cidade. O poeta tem saudades dos bons tempos (vistos agora numa perspectiva diferente), dos anos 1930, quando os cangaceiros vingavam a causa dos pobres (noção idealizada do poeta em dias recentes). A verdade é que não existem mais cangaceiros, mas os donos de terra têm seus capangas e pistoleiros para cuidar dos problemas (como no caso de Chico Mendes, citado mais adiante).

O poeta Rodolfo Coelho Cavalcante, já em 1980, lamentava, em *A Crueldade dos Donos de Terras para com os Pobres Lavradores*[28], a prática urbana, dos donos de propriedades de Salvador, de expulsar os pobres que invadiam terrenos desocupados. Coisa ainda pior: os especuladores de terrenos vendiam lotes aos pobres e lhes entregavam documentos falsos. E a situação no campo? Pequenos lavradores trabalhavam a terra por vinte anos, possuíam documentos legais que lhe davam esse direito e, mesmo assim, eram forçados a sair de suas casas pelos proprietários, sob a "prova" de que seus papéis eram falsos. Num desses casos, o bispo de Juazeiro do Norte defendeu os lavradores e, por isso, teve sua casa metralhada tempos depois.

Se alguns líderes, isto é, pessoas da Igreja, apoiam os pobres, recebem ameaças ou mesmo são mortos. Com isso, maior

Em 1985, durante o governo de José Sarney, cinco anos depois do poema analisado acima, Rodolfo Coelho Cavalcante escreveu outro folheto, em que o poeta lembra o apelo à implantação da reforma agrária durante as presidências de Getúlio Vargas, em 1950, e do esquerdista João Goulart, no começo da década de 1960. Na época, o poeta foi contrário à proposta de Goulart, tachando-a de plano comunista, à imitação do modelo cubano, para tomar a terra

28. Rodolfo Coelho Cavalcante, *A Crueldade dos Donos de Terra para com os Pobres Lavradores*, Salvador, 1980.

de seus verdadeiros donos. Agora, em 1985, segundo ele diz em *Pela Reforma Agrária no Brasil*[29], as coisas são diferentes. O presidente Sarney acabava de voltar de uma entrevista com o papa João Paulo II, em Roma, onde discutiu as novas medidas de reforma agrária que gostaria de propor para o Brasil. Recebeu total apoio de Sua Santidade. O plano é não expropriar a terra, mas negociar com seus donos as terras desocupadas ou improdutivas. Estes poderiam vendê-las somente se quisessem fazê-lo. No dizer do poeta, os casos de violência partem de proprietários "ignorantes", que, insuflados por demagogos, provocaram a morte de lavradores, de posseiros e daqueles que os apoiavam.

O poeta pede o desarmamento do interior. Reitera que ninguém lhe pagou para escrever o folheto. Faz apenas quatro meses que o presidente Sarney assumiu o poder. No fim, tudo se irá resolver. Sua visão é repetida por Apolônio Alves dos Santos, do Rio, quando ressalta que o Brasil é uma nação de cristãos, que o pacote de reforma agrária proposto por Sarney tem o apoio da Igreja e que todos os brasileiros, como irmãos cristãos que são, também devem apoiá-lo. Conta como os índios já sofreram muito com o roubo de suas terras, como um certo padre Zózimo foi morto na fronteira entre os estados do Goiás e do Maranhão quando tentava defender os posseiros, e como muitos foram mortos ou expulsos em incidentes semelhantes.

Outra história é o que conta Ary Fausto Maia, em *Os Posseiros do Maranhão*[30]: os posseiros têm armas e estão dispostos a defender seus terrenos dos donos ausentes. Segundo o poeta, a terra estava desocupada, os pobres tinham chegado, construído casas, queimado e semeado a terra e agora fa-

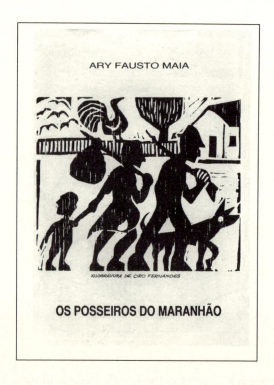

ziam a colheita. Não têm documentos e, quando chegaram, não sabiam quem era o proprietário. Não esperavam ser donos, apenas procuravam um lugar onde morar, sobreviver. Tinham vindo depois que ouviram dos políticos da cidade as promessas de "terra gratuita". Acontece que a terra tem dono, um tal de dr. Ari da empresa Faísa, que está disposto a expulsar a todos. Mas chegou a hora da verdade, dizem os pobres, e não vão mais vaguear pelo Brasil! A linha da batalha está posta. Na hora da impressão do folheto, a luta estava "empatada"; o poeta pede ao leitor que espere e veja o que vai acontecer.

Essas histórias se multiplicam, cresce o movimento dos sem-terra e a questão está longe de ser resolvida. Mas no Brasil e nas reportagens de cordel continuam a violência e a violação dos direitos à terra. Tão destrutiva quanto traiçoeira é a destruição do meio ambiente, na cidade e no campo, do país como um todo.

---

29. Rodolfo Coelho Cavalcante, *Pela Reforma Agrária no Brasil*, Salvador, 1986.

30. Ary Fausto Maia, *Os Posseiros do Maranhão*, s. l., s. d.

9. VIOLÊNCIA NO PLANETA TERRA

As questões relativas ao meio ambiente têm a ver tanto com as cidades quanto com a terra, embora de maneira diferente. Começaram a ser notadas no Brasil moderno na época da primeira explosão da bomba atômica e, depois, com o advento do poder nuclear, simbolizado na Usina de Angra, localizada numa falha geológica do Sudeste do Brasil. Vistos no cordel tradicional como produtos de cientistas ateus e loucos, contrários à ordem natural das coisas (a criação do mundo por Deus) e como o desejo do homem de ser igual a Deus, a bomba e o poder nuclear chegaram a ser temidos não só devido a seu poder de destruição mas também ao efeito tóxico já provado na humanidade e na natureza. Um poema, como *Bomba Atômica*, de Rafael de Carvalho, é um exemplo disso e é fruto do nacionalismo turbulento e de sentimentos antiamericanos da década de 1960.

Até chegar às preocupações recentes foi um pulo muito pequeno. Foi o caso da mineração patrocinada pelo governo, na bacia amazônica, onde a terra foi escavada em largas faixas cortadas na superfície do solo com equipamento moderno e pesado (Carajás) e do processo igualmente devastador de milhares de garimpeiros trabalhando na extração de ouro. Os poetas registraram um cenário hollywoodiano (como no filme *Ben Hur*) semelhante ao criado para a construção das pirâmides pelos faraós: o grande buraco de Serra Pelada com milhares de garimpeiros que mais pareciam formigas a cavar o solo. O uso de enormes quantidades de mercúrio para separar o ouro do minério, especialmente nos rios da região, aumentou ainda mais a controvérsia.

Tão logo a preocupação com a terra transformou-se em movimento nacional, e até internacional, com celebridades como Sting a desempenhar importante papel na divulgação da nova violação da terra, os poetas escreveram as reportagens sobre os grandes eventos, inclusive sobre a *Eco 92* (congresso sobre o meio ambiente realizado no Rio), e poemas como *Devastar o Brasil?* ou *Amazônia Esquecida*.

Igualmente importante foi o envenamento do ar e o desastre do meio ambiente no centro industrial do país. A situação atingiu seu clímax em 1984, quando uma linha de abastecimento de petróleo pegou fogo e queimou bairros pobres de Cubatão, centro industrial localizado a sessenta quilômetros do centro de São Paulo. O fato foi registrado por Raimundo Santa Helena, do Rio, em *Tragédia de Cubatão*[31], onde o jornalista cordeliano culpou a Petrobras diretamente pelo desastre; a companhia sabia do perigo e não deu impor-

31. Raimundo Santa Helena, *Tragédia em Cubatão*, Rio de Janeiro, s. d.

tância ao caso. O incêndio matou quase cem residentes de Vila Socó e milhares perderam suas casas. O poeta adverte que a mesma coisa pode acontecer em outras zonas industriais do país!

Em nenhuma parte, porém, poderia ser tão séria e simbólica a poluição quanto na grande São Paulo, a "locomotiva" que puxava o restante do Brasil rumo ao desenvolvimento econômico. (A preocupação com essa contaminação seria contemporânea de um grande momento de progresso no país: a construção, em São Paulo, do primeiro metrô do país, elogiado por um dos poetas do cordel como uma das maravilhas do mundo.) O melhor poema é talvez *Família de Jeca Tatuzinho Adoece de Tanta Poluição*[32], de Franklin Maxado

32. Rodolfo Coelho Cavalcante com Franklin Machado, *Família de Jeca Tatuzinho Adoece de Tanta Poluição*, Salvador, 1975.

Nordestino. Transforma-se numa maravilhosa alegoria cordeliana dos males do complexo industrial. Maxado liga ao problema um "ícone" nacional: o caipira original, "Jeca Tatu", criado por Monteiro Lobato no livro *Urupês*. A primeira estrofe do poema prepara a cena:

> Jeca Tatu é caipira
> Homem do mato sertão
> Trabalha roça e gado
> Lá é senhor quando são
> Quando vem para a cidade
> Sofre com Poluição [p. 1].

Ligando seu próprio relato ao arquétipo do caipira de Monteiro Lobato, o poeta Maxado continua sua história. O caipira de Lobato foi caracterizado como um caboclo doentio, fraco, preguiçoso, que passava o dia de cócoras e cuspindo no chão. Jeca está cheio de parasitas, mora num casebre de sapé, fuma cigarro de palha e bebe pinga. Tornou-se a imagem do caipira na maior parte do Centro e Sul do Brasil no começo do século XX. Na alegoria de Franklin Maxado, "um doutor receitou" Zeca e ele ficou bonito, forte e sábio. Dominou a preguiça, ficou rico e mandou os filhos para estudar em São Paulo. O personagem Jeca diz que, se tivesse sabido o que ia acontecer com os filhos, nunca os teria deixado partir do sertão "saudável":

> Pois a Poluição mata
> Tudo que não seja forte
> É a praga do nosso século
> É o cavaleiro Morte
> Que fala o Apocalipse
> Quando diz do mundo a sorte [p. 2].

Segundo Maxado, o caipira só veste roupa remendada, caça passarinho com uma pequena espingarda e, com a enxada no ombro, vai "plantar alguma coisa / na roça mal coivarada". Vive longe da civilização, mas acha que a salvação está na cidade grande, não sabendo que a poluição mata. No campo, Zeca Tatu

> Matava até onça brava
> Sem arma e só de mão
> Porém hoje elas sumiram
> Acabaram com o sertão
> Com as fábricas entrando
> Trazem a Poluição.
>
> Despejam os seus detritos
> Tornam rios espumosos
> Mata o gado que o bebe
> Sujos e mal perfumosos
> É o preço do progresso
> Que cobram os ambiciosos [pp. 4–5].

Zeca enriquece que nem "japonês", começa a aprender inglês para visitar os "States" e deles torna-se um freguês. Como um italiano, vai a São Paulo, onde tem boa assistência médica. Comprou telefone, rádio, televisão e tornou-se um "coronel" do sertão. Todos agora o respeitam e parece forte como um leão:

> Meteu trator nos seus campos
> Trouxe a tecnologia
> A vida ali ficou chata
> Se tornou monotonia
> Mandou pra cidade grande
> A sua prole sadia [p. 5].

Uma vez na "babilônia" São Paulo, os filhos de Zeca "desprezavam orientação / e seguiram o mau caminho". Tinham de tudo, carro, uísque importado, mulheres, prazeres, erva e "angústia no estudado" [p. 6]. Abandonaram a fazenda, o gado, tudo. Agora viajavam de avião, "todos se desentendendo", sempre tomando cada vez mais empréstimos para gozar a boa vida.

Quando chega à velhice, Zeca lamenta o que aconteceu com os filhos e, com sua morte, "esbanjaram seus haveres / numa poluição moral" [p. 7]. Portanto, diz o poeta, não é somente doença física que mata a humanidade, mas também a degeneração do caráter, algo que nenhum médico endireita. Além disso, os filhos foram atacados pela poluição de São Paulo – ar, água, barulho, mau cheiro – envolta "no estupor" [p. 7].

Voltando à fonte literária, o poeta Maxado confessa que, se Monteiro Lobato ainda estivesse vivo, nos alertaria a cuidar da natureza, "e muito osso roeria / muito mais do que roeu / nos tempos em que vivia" [p. 8]. O poeta termina com os seguintes termos:

> E eu que sou um Tatu Jeca
> Lá de Feira de Santana
> Peço licença pra ter
> Voz na terra paulistana
> Digo pra acabar a praga
> Que atrasa a raça humana.
>
> Quem avisa amigo é
> E nós estamos gritando alto
> Controlem mais essa praga
> E não façam desacato
> Defendam a Natureza
> Preservando-a do mau ato [p. 8].

Mais uma vez (como em *Lampião nas Nações Unidas* ou em *Debate de Lampião com uma Turista Americana*), Maxado é bem-sucedido na sátira a muitas das "vacas sagradas" de sua época, neste caso, a louca corrida brasileira para a industrialização. Criticado na década de 1970 e 1980 por não ser um "legítimo" poeta de cordel, devido a seu título universitário, Franklin Machado era diferente, mas adaptou o cordel melhor do que qualquer outro ao ambiente da moderna cidade industrializada num país que caminhava com pressa para a possível destruição, graças à meta de crescimento a qualquer preço a fim de ingressar no círculo dos "privilegiados" do Primeiro Mundo. O poeta captou tudo.

Todavia, a destruição do meio ambiente no Brasil é talvez mais conhecida fora do país pela grande bacia amazônica: o ícone da pureza do ar e da água no planeta. Muitos folhetos recentes tratam da região do Amazonas e de sua devastação, variando no tom e no discurso. O poeta Alberto Porfírio, em *Não Mate a Natureza*[33], defende uma visão anticapitalista ao descrever os danos causados. Diz que existe no país uma grande poluição, mas de tipo diferente: a distribuição desigual da riqueza que resulta na poluição da fome. Quase todos os males descritos neste Álbum IX estão presentes em seu folheto: o clima do planeta foi transformado pela interferência do homem nos "pulmões do planeta", os pesticidas e inseticidas alteraram o equilíbrio natural da natureza, e os testes atômicos envenenaram grande parte do planeta. Na verdade, a Amazônia já foi "alugada" aos americanos pelos "contratos de risco", que permitem que as empresas entrem, explorem tudo e deixem para a nação somente os restos. A terra deveria ser gratuita para os que quiserem lavrá-la.

Já em 1981, Raimundo Santa Helena usou uma abordagem histórica: tudo começou com a Transamazônica e a decisão dos militares de abrir a floresta aos posseiros. Em consequência, centenas de famílias migraram para o estado do Pará. Contudo, em 1970, no governo de Ernesto Geisel, o plano utópico foi alterado: as multinacionais foram convidadas a explorar a Amazônia, sendo o melhor exemplo o Projeto Jari, do capitalista internacional Daniel Ludwig. Depois, o regime militar "apertou a mão" dos japoneses e foi construída a barragem de Itaipu, devastando milhões de quilômetros quadrados de terra de floresta na região Centro-sul do país. Agora, os proprietários de terra expulsam os mesmos posseiros que receberam do governo, na década de 1960, promessas de prosperidade. O cúmulo é o projeto norte-americano de tirar fotos via satélite, as quais vão revelar a riqueza escondida até agora, recursos a serem explorados pelas multinacionais. O poeta suplica aos brasileiros: acordem! A única solução é a democracia e a libertação do domínio da ditadura militar que se vendeu aos EUA.

Raimundo Santa Helena acrescenta sua voz ao movimento a favor da ecologia e contra a exploração, com um poema mal traduzido para o inglês, *Brazilian Amazônia*, e com *Devastar o Brasil?... Aqui Pra Vocês!*, criticando o "rei dos madeireiros", Rainel Greco de Milano, que se gabava de que sua empresa podia derrubar doze milhões de árvores na Amazônia em apenas um ano!

O ponto alto de todos esses poemas sobre o meio ambiente é o comovente *A Morte de Chico Mendes Deixou Triste a Natureza*[34], de Manoel Santa Maria, impresso em dezembro de 1988, no Rio de Janeiro. A história de Chico Mendes tem lugar na Amazônia e é o caso mais famoso, por reunir uma preocupação tanto pelo povo e quanto pela terra. Originalmente, a região foi povoada por pobres nordestinos e caboclos locais

---

33. Alberto Porfírio, *Não Mate a Natureza*, Fortaleza, 1979.

34. Manoel Santa Maria, *A Morte de Chico Mendes Deixou Triste a Natureza*, Rio de Janeiro, dezembro de 1988.

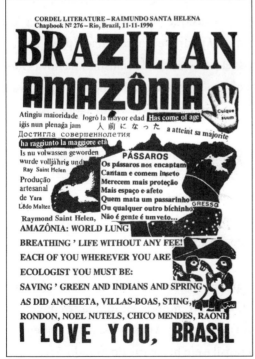

na área dos seringais. O que era antes uma luta em favor dos direitos dos seringueiros e dos posseiros de manter os terrenos ocupados há várias gerações virou *cause célèbre* para proteger a floresta e o meio ambiente. Um líder sindical local, Chico Mendes, converteu-se em ícone nacional e internacional e sua causa cresceu ainda mais com sua morte e martírio.

Neste folheto, o autor começa elogiando Chico Mendes:

A Poesia de Cordel
Também presta seu tributo
Ao nosso mártir da mata,
Sindicalista astuto,
Ecólogo destemido,
Que fez o mundo sentido
E a Natureza de luto [p. 1].

Lutando, inicialmente, pelos direitos dos descendentes dos trabalhadores originais da zona da borracha na região de Xapuri no meio da floresta, Chico ampliou os esforços numa campanha para salvar a própria floresta. Seu assassinato por um capanga de um fazendeiro local resume o apelo do poeta para pôr fim à matança e à destruição da área. A imprensa chama Chico Mendes "o Ghandi dos seringais". Segundo o poeta, até as Nações Unidas sentiram o impacto da morte do sindicalista, e

> Vou cutucar a ferida
> Dos fominhas fazendeiros,
> E os carrascos pistoleiros
> Que pensam mandar na vida [p. 3].

O autor não deixou de notar que foi a repercussão da imprensa internacional, principalmente o *The New York Times*, que fez com que a máquina enferrujada da justiça brasileira atentasse para a morte do seringueiro e entrasse em ação. O governo brasileiro, namorando os dólares de capital estrangeiro, "para investir no nojento / pseudodesenvolvimento, / e escândalo financeiro", resolveu agir! Este era o Brasil do fim do século XX que se afogava no "caldeirão da mamata" dos parasitas políticos, o Brasil que só "cultiva o que é errado" [p. 4]. Tal corrupção e má administração poderia ter sido corrigida pela nova Constituição (de 1988), mas, em vez disso, ela protegeu os corruptos! O poeta cita casos em que os índios macuxis eram perseguidos e tinham suas terras roubadas por ricos fazendeiros que, literalmente, destruíam a floresta:

> Os ricos pecuaristas
> Assassinam a Natureza,
> Espécies insubstituíveis,
> Rara e milenar beleza
> Das florestas paisagens
> Cedem lugar às pastagens,
> À ganância e à riqueza!
>
> O gado disputa a água
> E a alimentação
> Com os animais silvestres,
> Naturais da região,
> A nossa fauna nativa.
> O IBDF se esquiva,
> Não faz fiscalização [pp. 5–6].

O resultado é a "falsa colonização" e a "cruel destruição" dos recursos naturais do Brasil. E os culpados são os tecnocratas, as multinacionais, além de um partido político, a UDR (União "Democrática" Ruralista, segundo o poeta, o partido dos proprietários de terra). A UDR tem defendido os latifúndios e pecuaristas que perpetraram a matança "dos lavradores pacatos, / padres e sindicalistas" [p. 6]. De fato, a UDR é responsável pela criação de cláusulas na nova Constituição que, com efeito, "cometeu tal violência / brecando a Reforma Agrária". As consequências se veem agora:

> O índio pede socorro,
> A Mata Atlântica chora,
> A Amazônia agoniza,
> E uma malcheirosa brisa
> Nos sufoca e apavora! [p. 7].

O resultado é o desequilíbrio do clima (o motivo cordeliano clássico do "mundo virado" já se converteu em realidade viva), não só no Amazonas, mas também em outros locais do Brasil e em boa parte do mundo. Seca no Sul, quem já ouviu falar? E inundações no Nordeste! Há um holocausto biológico no Amazonas! Mas ainda resta esperança:

> A morte de Chico Mendes
> Não há de ter sido em vão.
> O nobre sangue do herói
> Há de regar esse chão.
> E seu clamor por justiça
> Há de aplacar a cobiça
> Que impera nesta Nação!
>
> E surgirão outros Chicos,
> Atrás de serra vem serra.
> A luta, a honra de um homem
> Não se extingue, não se enterra.
> A natureza reclama
> E a todos nós conclama
> A prosseguir nesta guerra! [p. 8].

Assim pensou o poeta. Em 1992, realizou-se no Rio de Janeiro a Eco-92, um congresso internacional para tratar da devastação na Amazônia e dos efeitos do ataque ao meio ambiente em todo o mundo. Os poetas cordelianos contemporâneos, porém, que já vinham advertindo sobre essa devastação desde a década de 1960, tiveram outra perspectiva. Vendo no Brasil uma vítima permanente da exploração desde a era colonial, o poeta de *A Eco Noventa e Dois* culpa os conterrâneos por serem complacentes, por se acostumarem a entregar-se. No fim do século XX, o dólar está dizimando o pobre cruzado brasileiro e a economia nacional. Assunto caro ao poeta, de origem mineira, é o desaparecimento das pedras preciosas brasileiras que somem na Europa sem que o garimpeiro patrício veja a cor do dinheiro! Não há nada de novo sob o sol. O FMI mantém o país com rédeas curtas graças à dívida internacional e aos juros altíssimos que só se podem pagar em dólar, produzindo assim uma economia de exportação, que levou à ruína esta nação, antes autossuficiente. A Eco-92 é apenas o último passo: uma "feira" internacional cujo objetivo é informar as outras nações do que restou da riqueza brasileira, recursos que estão esperando a exploração estrangeira. É um complô, não para proteger a beleza da Amazônia, porém, mais uma vez, para roubar suas riquezas.

O governo brasileiro não só não detém as queimadas nas florestas, como também não pune seus responsáveis. Como o brasileiro pode deixar de reclamar? O poeta pede, então, ao leitor que repare no fato de que nem se fala do Peru, do Equador, da Venezuela ou da Colômbia, porque esses países se defendem,

> É porque seu povo grita
> Faz até revolução.

Meus amigos, convenhamos
Que nós nos acostumamos
A viver na exploração.

Sejamos mais patriotas
Defendendo com bravura
Do país, suas riquezas,
Que a pátria está insegura,
Contra o impostor que vem
Que a única intenção que tem
É nos jogar na lesura! [p. 8].

São estas, portanto, as histórias do jornalismo no final do século XX. Não é um retrato bonito, mas o futuro será apenas isso? A fingida conversa do poeta Gonçalo Ferreira da Silva com Jesus Cristo e a solidariedade de Jesus para com o poeta para resolver o problema da violência no Brasil não foram nenhuma coincidência ou casualidade. Quando o homem falha, quando todo o resto falha, o poeta e o público do cordel voltam os olhos mais uma vez para o básico: Deus, Jesus Cristo e todos os santos, como Messias e solução para os dissabores e as questões não-resolvidas da vida. Esta visão não é diferente daquela que nos mostraram os poemas sobre a morte e o fim de tudo. No cordel, a morte *não* é o fim, e a realidade mais importante para a humanidade é um céu muito humano onde Deus fala com o homem. O Álbum X apresenta estas conversas e restaura a fé do leitor nos nordestinos, nos brasileiros e no Brasil.

— Álbum X —
ISTO NÃO É O FIM

INTRODUÇÃO

Recordando os álbuns deste *Retrato...*, pode-se ver que a visão cordeliana do Brasil e dos brasileiros – o que os poetas e seu público observam acerca de sua realidade – é essencialmente religiosa, moral e heroica. Nos Álbuns I, II, e III, o leitor foi apresentado ao alicerce religioso e moral do cordel. Os modelos de vida encontram-se nos Álbuns IV, VI, VII e VIII. No entanto, os heróis da vida não são necessariamente os modelos tradicionais dos poderosos ou famosos; é comum encontrar personagens do cotidiano como os Álbuns V e IX nos revelaram.

Nesta visão religiosa, moral e heroica de vida, tudo eventualmente termina na morte e no prêmio ou castigo pela vida que cada um levou: a eternidade no céu ou as caldeiras do inferno. Antes da morte, porém, o pessoal do cordel tem esperanças e alimenta sonhos, de maneira cordeliana, de ter uma vida melhor aqui e agora. João Martins de Athayde, o empresário do cordel, escreveu *Uma Viagem ao Céu*, que, depois, serviu de modelo para um dos poemas mais bonitos do retrato cordeliano: *Viagem a São Saruê*. Este poema, escrito por Manoel Camilo dos Santos, constitui o epítome do sonho dos poetas e do público do cordel com o céu na terra. Esta história em verso, mais do que qualquer outra, representa uma ponte que liga o poeta e o público humilde do cordel e a seus conterrâneos de classe média e alta no Brasil urbano. Estes já conhecem uma visão utópica semelhante, a do modernista Manuel Bandeira: *Vou-me Embora pra Pasárgada*, um poema-ícone da cultura erudita brasileira. No casos desses dois poemas, um dá crédito ao outro, e os dois mostram as aspirações e os sonhos dos brasileiros.

— 313 —

Contudo, como a vida ainda não é perfeita neste começo de milênio (basta perguntar aos brasileiros que enfrentam as realidades vistas nos Álbuns V e IX), somos deixados com a vida tal como era, é e será. Assim, grande parte deste livro é um ato de recordação de como era a vida. Não se deve esquecer as palavras de João Guimarães Rosa na obra-prima *Grande Sertão: Veredas*, quando seus heróis jagunços, modernos "cavaleiros do sertão", meditam sobre a vida perigosa que levam e chegam à conclusão de que a principal razão é apenas "para serem lembrados". Deste modo, o cordel recorda em centenas de poemas intitulados "A Vida de…", "A Morte de…", desde poemas sobre a vida de Jesus Cristo até histórias sobre a vida do maior jogador de futebol do Brasil, Pelé. Essas histórias formam o segundo grupo destas fotos finais deste livro. No processo de lembrar esses protagonistas, fundem-se as pessoas e o que elas significam.

Contudo, depois de lembrar a vida e a morte que se segue, tem-se o prêmio ou o castigo, que o cordel apresenta numa multidão de histórias que tratam do destino final do homem: o céu ou o inferno. O paraíso deste retrato não é nebuloso nem misterioso, nem formado de nuvens fofas ou de anjos a tocar harpas. É a sequência da relação do homem com Deus, Jesus, Maria e os santos, ou o confronto final com Satanás, no inferno. No cordel encontra-se uma infinidade de poemas sobre heróis que chegam às portas do céu e, então, se comunicam com os irmãos da terra, ainda não tão bem-aventurados. São as "cartas do céu", os "conselhos do céu" e, mais importantes, os folhetos sobre a "chegada no céu". O céu e a terra se fundem, em plena vista, com as virtudes daquele e os pecadilhos deste. Esses encontros incentivam os vivos a manter a fé e a permanecer no caminho do bem. Para aqueles que ignoram a visão, existem os folhetos sobre os personagens mais vis da humanidade, "a chegada ao inferno".

Nenhum poema aqui apresentado resume melhor essa lembrança do passado e essa esperança em relação ao futuro do que *Tudo na Terra Tem Fim*, de Rodolfo Coelho Cavalcante. Compartilham desta opinião, é claro, Ariano Suassuna e colegas no Recife, que concederam um prêmio ao poema ainda na forma manuscrita, e verba para sua publicação. Como já disse, este poema cria uma forte ligação dos poetas e seu público com os demais brasileiros. É uma volta, em primeiro lugar, ao livro dos livros, a Bíblia do Velho e Novo Testamento. O leitor deste poema logo pensará no poeta do Eclesiastes, nos Evangelhos sobre Jesus no Novo Testamento e, talvez, na visão poética do poeta espanhol Jorge Manrique, em *Coplas pela Morte de Seu Pai*" [*Coplas por la Muerte de su Padre*], um modelo do fim da Idade Média e início do Renascimento, seguido pelos poetas espanhóis e portugueses (cujos poemas folclórico-populares foram os precursores do cordel). "Vaidade das vaidades" e o prêmio merecido de outra vida se fundem nos versos humildes deste cordelista e permanecem como grandes verdades. Tal é a importância destes últimos exemplos do Brasil e dos brasileiros cujos textos citamos, na sequência, direta e completamente.

I. UTOPIA NA TERRA: VIAGEM A SÃO SARUÊ[1]

Trata-se de um poema de rara beleza no cordel: funde o veículo normal do gênero, a poesia narrativa (que conta uma estória) com o lirismo, e o resultado é uma verdadeira joia deste retrato. Seu autor, Manoel Camilo dos Santos, produzia, nas décadas de 1940, 1950 e 1960, textos cordelianos em Campina Grande (PA). Sempre se mostrou orgulhoso do seu "dom da poesia" e de sua capacidade de usar a língua portuguesa nos humildes romances e folhetos do cordel. Era dono de sua própria gráfica, A "Estrella" da Poesia, um nome que à primeira vista pareceu-nos um tanto eufemístico, quando tivemos oportunidade de entrevistá-lo, em 1966. Apresentou-se com a roupa suja da tinta da humilde máquina de impressão, em frente à sua casa, num dos bairros pobres da cidade. Foi conhecido também por sua defesa bombástica e sempre eloquente dos direitos dos poetas (declarações impressas nas contracapas de seus romances e folhetos). Nesses desabafos, gritava contra a ladroeira de "poetas inescrupulosos e indecentes" e ameaçava pedir à sua "equipe" de advogados (outro eufemismo) que movessem um processo contra os infratores.

Na verdade, *Viagem a São Saruê* é um poema escapista, "um retrato vivo da fuga, por meio de um sonho, de um povo que sofre", nas palavras do escritor Orígenes Lessa, em discurso na Academia Brasileira de Letras quando comparou este poema a *Vou-me embora p'ra Pasárgada*, do modernista Manuel Bandeira. O estranho é que, nas palavras de Manoel Camilo, o poema era "um folhetinho à toa que eu fiz fácil, fácil..., um folhetinho de nada". Segundo o poeta, ele tomou o título de um velho aforismo folclórico do Nordeste: "Só em São Saruê onde o feijão brota sem

1. Manoel Camilo dos Santos, *Viagem a São Saruê*, Campina Grande, PA, tiragem de 1965.

chover". Para ele, São Saruê é "o improvável, o dia de são Nunca, uma bobagem que o pessoal acha engraçada" (as citações são, mais uma vez, de Orígenes Lessa[2]). Seja como for, para os ilustres da Academia, inclusive o renomado Carlos Drummond de Andrade, que também escrevia crônicas elogiosas ao cordel, o poema era uma pequena joia, uma pequena obra-prima.

Trata-se de uma obra que, de propósito ou não, expressa os sonhos do nordestino, numa linguagem e termos que lhe são significativos e caros. É a fuga de uma realidade dura para um mundo utópico de sonho, onde um nordestino encontra a felicidade à sua maneira. Mesmo que o autor lhe desse tão pouco valor (orgulhava-se muito mais dos romances feitos), o poema diz tanta coisa importante sobre a realidade nordestina e de forma tão bonita que decidimos fazer amplas citações do texto:

"Doutor mestre pensamento"
me disse um dia: – você
Camilo, vá visitar
o país "São Saruê"
pois é o lugar melhor
que neste mundo se vê.

Eu que desde pequenino
sempre ouvia falar
nesse tal "São Saruê"
destinei-me a viajar,
com ordem e pensamento
fui conhecer o lugar.

2. Orígenes Lessa, *A Voz dos Poetas*, Rio de Janeiro, Fundação Casa de Rui Barbosa, 1984, p. 59.

Iniciei a viagem
às duas da madrugada,
tomei o carro da brisa
passei pela alvorada,
junto do quebrar da barra
eu vi a aurora abismada.

Com o transcorrer do dia, a brisa parou, veio a calma, e o poeta sentiu o "cansaço" do dia. Chegaram os últimos raios do sol entre segredos e mistérios. Então, reinou a noite e o poeta se transferiu para o carro da neve fria, do qual viu os mistérios da noite à espera do dia.

Ao romper da nova aurora
senti o carro parar,
olhei e ví uma praia
sublime de encantar,
o mar revolto banhando
as dunas da beira-mar.

Mais adiante uma cidade
como nunca ví igual
toda coberta de ouro
e forrada de cristal,
ali não existe pobre
é tudo rico, afinal.

Uma barra de ouro puro
servindo de placa, eu vi
com as letras de brilhante,
chegando mais perto eu li
dizendo: "São Saruê
é este lugar aqui".

Quando eu avistei o povo
fiquei de tudo abismado
uma gente alegre e forte,
um povo civilizado,
bom, tratável e benfazejo,
por todos fui abraçado.

O povo em São Saruê
tudo tem felicidade
passa bem, anda decente,
não há contrariedade,
não precisa trabalhar
e tem dinheiro à vontade.

Lá os tijolos das casas
são de cristal e marfim
as portas: barras de prata,
fechaduras de "rubim"
as telhas folhas de ouro
e o piso de cetim.

Lá eu vi rios de leite
barreiras de carne assada
lagoas de mel de abelhas
atoleiros de coalhada
açudes de vinho quinado
montes de carne guisada.

As pedras em São Saruê
são de queijo e rapadura
as cacimbas são de café
já coado e com quentura
de tudo assim por diante
existe grande fartura.

Feijão lá nasce no mato
já maduro e cozinhado,
o arroz nasce nas várzeas
já prontinho e despolpado,
peru nasce de escova
sem comer vive cevado.

Galinha põe todo dia
invés de ovos, é capão,
o trigo invés de semente
bota cachadas de pão,
manteiga lá, cai das nuvens
fazendo ruma no chão.

Os peixes lá são tão mansos
com o povo acostumado
saem do mar vêm pras casas
são grandes, gordos, cevados
é só pegar e comer
pois todos vivem guisados.

Tudo lá é bom e fácil
não precisa se comprar,
não há fome e nem doença
o povo vive a gozar
tem tudo e não falta nada
sem precisar trabalhar.

Maniva lá não se planta
nasce e invés de mandioca
bota cachos de beijus
e palmas de tapioca,
milho, a espiga é pamonha
e o pendão é pipoca.

As canas em São Saruê
invés de bagaço, é caldo
umas são canos de mel
outras açúcar refinado,
as folhas são cinturãos
de pelica preparado.

A roupa já vem das árvores sob medida, e de todos os tecidos, pés de sapatos da moda, em todos os estilos, e pés de meias de seda.

Sítios de pés de dinheiro
que faz chamar atenção,
os cachos de notas grandes
chega arrastam pelo chão,
as moitas de prata e ouro
são mesmo que algodão.

Os pés de notas de mil
carrega que encapota
pode tirar-se à vontade,
quanto mais velho mais bota,
além dos grandes cachos
casca e folha tudo é nota.
. . . .
Lá quando nasce um menino
não dá trabalho a criar
já é falando e já sabe
ler, escrever e contar,
canta, corre, salta e faz
tudo quanto se mandar.

Lá tem um rio chamado:
o banho da mocidade,

onde um velho de cem anos
tomando banho à vontade
quando sai fora parece
ter 20 anos de idade.

Lá não se vê mulher feia
e toda moça é formosa
alva, rica e bem decente
fantasiada e cheirosa,
igual a um lindo jardim
repleto de cravo e rosa.

É um lugar magnífico
onde eu passei muitos dias
passando bem e gozando
prazer, amor, simpatia
todo esse tempo ocupei-me
em recitar poesias.

Ao sair de lá me deram
uns pacotes de papéis
era dinheiro emaçado
notas de contos de réis
quinhentos, duzentos e cem
de cinquenta, vinte e dez.

Lá existem tudo quanto é de beleza
tudo quanto é bom, belo e bonito,
parece um lugar santo e bendito
ou um jardim da divina Natureza:
imita muito bem pela grandeza
a terra da antiga promissão
para onde Moisés e Aarão
conduziam o povo de Israel,

onde dizem que corriam leite e mel
e caía manjar do céu no chão.

Tudo lá é festa e harmonia
amor, paz, benquerer, felicidade
descanso, sossego e amizade,
prazer, tranquilidade e alegria;
na véspera de eu sair naquele dia
um discurso poético, lá eu fiz.
me deram a mandado de um juiz
um anel de brilhante e de "rubim"
no qual um letreiro diz assim:
– É feliz quem visita este país.

Vou terminar avisando
a qualquer um amiguinho
que quiser ir para lá
posso ensinar o caminho,
porém só ensino a quem
me comprar um folhetinho.

    (Campina Grande, tiragem de novembro de 1965.)

Esta visão é, portanto, aquela com que os poetas e seu público podiam sonhar numa vida menos perfeita. Todas as necessidades de um povo são imaginadas e satisfeitas. O toque final, é claro, é o prêmio do poeta bom e justo: ser ouvido, apreciado e até premiado. O leitor talvez se recorde do apelo que fez o poeta Azulão, no folheto O Artista Injustiçado, visto no Álbum VI, em prol da justiça econômica e poética da pobre "voz do povo", o poeta de cordel. Manoel Camilo sonhou e respondeu, não só ao poeta, mas a todos os brasileiros. O leitor pode imaginar o público pobre e humilde, no mercado ou na feira, ouvindo o poeta cantar ou declamar os versos, satisfazendo as necessidades físicas e emocionais de cada um. Quando o leitor se dá conta da pobreza e das difíceis condições em que ainda vivem muitos brasileiros, inclusive o público do cordel, a beleza de São Saruê, a bondade e a generosidade de seu povo, a abundância de comida e de bebida, a qualidade dos sapatos e das roupas, a existência fácil sem precisão de trabalhar, até a criação dos filhos, a beleza das mulheres e moças nesta terra de leite e mel, então percebe que a vida na terra poderia ser igual à que se pintou no *Retrato*…

 Infelizmente, não passa de um sonho. E o fim certamente virá. No cordel, a morte é, principalmente, o recordar através de centenas de histórias em verso, "A Vida de…", "A Morte de…" e "O ABC de…", folhetos nos quais o Brasil e os brasileiros também ficam a recordar.

2. LEMBRANDO OS BRASILEIROS: A VIDA E MORTE DE...[3]

Grande parte de seu valor como documento do Brasil e dos brasileiros este *Retrato...* deriva das centenas de histórias em verso suscitadas pela morte de importante figura nacional ou internacional e das homenagens prestadas pelos cordelistas a estas figuras. Nas primeiras páginas deste livro, foi registrada a vida do maior herói do cordel: *Vida, Paixão e Morte de Jesus Cristo*. Logo depois, apresentamos a vida e morte de vultos como padre Cícero e frei Damião. E não foi coincidência que também fosse lembrada, com o mesmo título, a vida e a morte do político mais querido do país, Getúlio Vargas!

Nesses poemas, os títulos, os assuntos, os protagonistas e mesmo os enredos se confundem, mas a morte é a ocasião mais importante que os poetas do cordel procuram registrar com relação a um grande elenco de brasileiros (ver no final deste livro a lista dos títulos consultados). Nesses poemas, a parte essencial é a biografia. Para contar as histórias, utilizam-se vários títulos, como "A Vida de...", "A Morte de...", "O ABC de...", ou mesmo "Homenagem a...". Eles falam de cangaceiros do Nordeste, de vultos políticos e, sobretudo, de líderes nacionais (ou internacionais), como presidentes, papas, e outros personagens. Também são louvados poetas famosos, romancistas, artistas de telenovelas, compositores, atores, cantores, intelectuais e escritores. Algumas ve-

---

3. Depois de pronto o primeiro rascunho deste livro, os poetas, continuando a tradição de *A Vida e Morte de...*, apresentaram novos títulos representativos, entre eles: *Adeus Princesa Diana* (nov. 2004); *A Trágica Morte dos Mamonas Assassinas* (mar. 1996); *O Maior Médium do Mundo Morre nos Braços do Povo* (jul. 2002); e novas tiragens da trágica morte de Daniella Perez: *Violência contra a Mulher, o assassinato de Daniella Perez* (jan. 2003) e *O Cruel Assassinato de Daniella Perez* (2004).

zes, na homenagem cordeliana, aparecem vultos de outras épocas e de outros lugares, dos filósofos gregos a Galileu, além dos heróis da independência brasileira, da abolição da escravidão e outros fatos anteriores à existência do cordel. A totalidade destes folhetos representa a biografia folclórico-popular dos grandes vultos do Brasil e do exterior. É a maneira do público humilde aprender sobre o mundo distante das vilas e povoados do sertão e das cidades do Nordeste.

Estas histórias são motivadas por desastres naturais e tragédias como o acidente de carro que tirou a vida do presidente Juscelino Kubitschek, ou o assassinato de dr. João Pessoa, que precipitou a Revolução de 1930, ou, ainda, o desastre de avião que matou Castelo Branco, o primeiro presidente militar da Revolução de 1964. Crimes perversos no cenário internacional produziram histórias importantes, como, em 1963, a morte de John F. Kennedy. E, é claro,

o suicídio de Getúlio Vargas, que, segundo se acredita, foi o momento mais memorável da história nacional que o cordel registrou.

O "rei" dos poemas-homenagem foi Rodolfo Coelho Cavalcante, da Bahia. É possível que nenhum outro tenha escrito tanta homenagem, sob todas as formas, quanto este poeta que liderou o cordel por quarenta anos. No fim de sua carreira, Rodolfo ganhava a vida escrevendo quase que exclusivamente no formato da homenagem a vivos e mortos do Brasil (e muitas outras estórias encomendadas por terceiros). Receberam elogios da pena deste autor escritores eruditos, especialmente aqueles ligados, de alguma maneira, à realidade nordestina, como Luís da Câmara Cascudo, o mais renomado folclorista do Brasil, e poetas como Castro Alves, "o Poeta Apóstolo dos Escravos", e tantos outros. Benfeitores da humanidade, entre eles cientistas e inventores, como Santos

Dumont, "o pai da aviação", viraram crônicas na hora de sua morte. Cantores populares, estrelas da TV e até compositores de ópera foram temas de seus folhetos. Líderes da cultura afro-brasileira, o rebelde Zumbi dos Palmares, até mães de santo do candomblé moderno e mestres de capoeira são lembrados nos tributos de Rodolfo.

Um exemplo do poema biográfico caro ao cordel é a homenagem póstuma de Rodolfo Coelho Cavalcante ao colega e concorrente na Bahia, Cuíca de Santo Amaro: *Cuíca de Santo Amaro, o Poeta Popular que Conheci*[4]. O "Boca do Inferno", como era chamado, foi um dos melhores repórteres do cordel. Cuíca documentou pequenos e grandes acontecimentos tanto na capital da Bahia quanto nas pequenas cidades e vilas do interior. Retratou vultos nacionais e internacionais durante um quarto de século, de 1940 a 1964. Na homenagem em verso que lhe prestou, Rodolfo Coelho Cavalcante conta sobre o pacto que esses dois grandes representantes do cordel fizeram: aquele que sobrevivesse ao outro escreveria a biografia do morto.

Rodolfo fala da primeira vez em que encontrou Cuíca, em 1945, quando este "já tinha fama na vida de trovador" [p. 1]. Captou a essência do poeta:

> Todo caso que se dava
> Na Capital da Bahia
> Ou mesmo no interior
> Cuíca logo sabia,
> Não versava, ele boato
> E sim o concreto fato
> Que o jornal confirmaria [p. 2].

4. Rodolfo Coelho Cavalcante, *Cuíca de Santo Amaro, o Poeta Popular que Conheci*, Salvador, s. d.

Era o "jornal do estado" que o povo "tinha cuidado de ler" [p. 3]. Seu forte era a reportagem em versos, mas com uma visão iconoclasta:

> Muita gente da política
> De Cuíca tinha medo,
> Pois o seu estro era fogo
> Que derretia rochedo,
> Quem mal ato praticasse
> Por certo que esperasse
> Que terminava o segredo [p. 3].

O público de Cuíca variava do homem de negócios de colarinho branco ao funcionário público e mesmo ao homem de rua. Diz seu biógrafo que às cinco horas da manhã já se podia encontrar o poeta na calçada da estação ferroviária a vender seus folhetos. Mais tarde dirigia-se para a frente do famoso Elevador Lacerda, na Cidade Baixa, onde declamava e vendia seus versos. Escreveu mais de oitocentos títulos e "como Poeta-Repórter / outro igual não apareceu" [p. 5]. E, continua Rodolfo, embora usasse métrica quebrada, "seus versos tinham sabor / da própria alma do Povo" [p. 5]. Defendia os direitos dos pobres (seguindo a velha tradição baiana, tanto na literatura popular quanto na erudita) e muitas vezes sofria grandes dissabores por simplesmente contar a verdade sobre um escândalo ocorrido na cidade.

Apesar dos títulos escabrosos e do escândalo resultante, Cuíca era um homem de família; fazia feira todos os dias, passava muito tempo com os filhos ensinando-lhes as orações, e, segundo a viúva, era realmente um bom marido. Apesar dos violentos ataques contra os políticos e os ladrões da Bahia, na sua vida pessoal, "respeitava as famílias" e "somente nos seus versos Cuíca pilheriava". Morreu pobre e esquecido, "de ninguém foi protegido", mas orgulhoso da obra de sua vida. O certo é que a cidade de Salvador não foi a mesma depois de sua morte[5].

No retrato cordeliano, o epítome dos folhetos de "A morte de…", entre centenas de títulos e dezenas de excelentes biografias, panegíricos e homenagens, aquele que expressou profundamente os sentimentos dos brasileiros que formam o público do cordel, é talvez *Morreu o Rei do Baião*[6], sobre a morte do sanfoneiro Luiz Gonzaga, o pai do "forró". Natural de Exu, cidade do sertão de Pernambuco, cenário de brigas de demagogos políticos, região onde Lampião passou a juventude e virou mito, Luiz Gonzaga tornou-se conhecido como o melhor e mais popular compositor de baião, a música tradicional do Nordeste. Acompanhando-se de uma sanfona, num trio completado por um triângulo e uma zabumba, Gonzaga foi coroado o "rei do forró", a música regional que, na década de 1970, virou moda nacional.

Não eram apenas o som e o ritmo do baião que cativavam os fãs nordestinos espalhados pelos quatro cantos do país, mas especialmente suas letras. Acontece que essas letras tratavam, muitas vezes, dos mesmos assuntos do cordel: a vida e os amores do povo sofredor do Nordeste. No entanto, três elementos ligaram o compositor e cantor ao público do cordel: 1) sempre se apresentava no palco com uma versão

---

5. O autor deste livro também guarda um lugar especial no coração para Cuíca e escreveu um livro sobre ele em 1990: *Cuíca de Santo Amaro, Poeta-Repórter da Bahia*, Salvador, Fundação Casa de Jorge Amado, e uma antologia de seus versos na editora Hedra em São Paulo, em 2000.

6. Gonçalo Ferreira da Silva, *Morreu o Rei do Baião*, Rio de Janeiro, s. d.

estilizada da roupa do cangaceiro e vaqueiro nordestino: o chapéu de couro ornado com signos-de-salomão, como vestiam também Lampião e seus cabras, 2) expressava grande devoção a padre Cícero Romão, de Juazeiro, e 3) o mais importante, compôs e cantava a música que se tornou "o hino do Nordeste", *Asa Branca*, que canta, poética e emocionalmente, a história da seca, a triste despedida do retirante, a saída, a saga da travessia de pau de arara para o Rio ou para São Paulo, e o sonho de voltar para casa quando as chuvas chegassem ao sertão (ver Álbum v). Qualquer nordestino, more onde morar, não consegue conter a emoção quando escuta Luiz Gonzaga cantando as palavras dessa música.

Em seu poema, *Morreu o Rei do Baião*, após fixar a hora da morte do compositor às 5:20 da manhã no dia 2 de agosto de 1989, diz o poeta:

> Com Luiz Gonzaga, o norte
> ganhou outra dimensão,
> mostrou o nordeste ao mundo
> através do seu baião,
> findou nordestinizando
> a nossa grande Nação [p. 1].

Sobre *Asa Branca* afirma o autor do folheto:

> Asa Branca é uma música
> de sentimento tão fino,
> ligada de tal maneira
> ao coração nordestino
> que já foi eternizada
> como um verdadeiro hino.

> Quantas vezes o nordeste
> já sofreu com o clamor
> de secas impiedosas
> agora chora de dor
> a triste e definitiva
> partida do seu cantor [p. 2].

O poeta observa ainda que os russos, num recente documentário sobre o Brasil, escolheu para música de fundo *Asa Branca*, como a canção representativa do país.

O folheteiro Gonçalo descreve a roupa com que Gonzaga se apresentava em seus *shows*:

> O traje do cangaceiro
> usava o rei do baião
> como referência e como
> a doce admiração
> que conservava no peito
> pelo homem do sertão [p. 3].

Todavia, muito mais importante para o poeta, para o cordel e para todo o Nordeste, é que

> Depois de Luiz Gonzaga
> o sombrio preconceito
> que tinham pelo nordeste
> foi mais do que por direito
> substituido por
> sincero e puro respeito [p. 4].

O trovador Gonçalo Ferreira da Silva resume a importância deste ícone da cultura nordestina, tão ligado ao espírito e aos temas do cordel:

> Para cantar o nordeste
> do padre Cícero Romão,

para alegrar os que mora
no chão duro do sertão
só um artista completo
igual o rei do baião [p. 6].

Antes de ser enterrado em sua cidade natal, o corpo do cantor foi transportado de avião para a cidade de Juazeiro do Norte e levado ao túmulo e à igreja do padre Cícero. Lá, a multidão prestou homenagem a mais um ícone cultural nordestino na corrente que parece nunca ter fim (padre Cícero, frei Damião, Lampião e agora o Rei do Baião).

As histórias de vida e morte estariam incompletas sem outro tipo "clássico" do cordel, que conta a vida de uma figura nacional e sua morte num crime frio e perverso. O choque da perda repentina, nestes casos, é muito maior, tal como aconteceu, em 1993, na morte comovente da estrela de telenovelas Daniella Perez, assassinada por um ator que queria transpor para a vida real seu namoro na tela. Foi um daqueles momentos em que a ficção dramática se transformou em realidade. Vários relatos cordelianos abordaram o assunto, mas, para resumi-los, escolhemos o poema de Gonçalo Ferreira da Silva, poeta radicado no Rio: *Morte de Daniella Perez Emociona o Mundo*[7].

O poeta baseia sua história nas reportagens da TV e dos jornais. Começa com a tradicional mensagem moral do cordel, segundo a qual:

7. Gonçalo Ferreira da Silva, *Morte de Daniella Perez Emociona o Mundo*, Rio de Janeiro, s. d. Somos gratos também à mãe de Daniella, Glória Pérez, pela cooperação em buscar a verdade da questão. Detalhes mais complicados dessa história ficam para outro estudo e outro meio de comunicação, pela importância que tem o assunto no mundo da mídia e da família Pérez.

O ciúme já tem feito
Muitos casais separados,
Desavenças entre amantes,
Disputa de namorados,
Crimes hediondos e
Casamentos fracassados [p. 1].

Se somarmos a isso "a pobreza espiritual" e o uso de drogas, o final não poderia ser outro: a fatalidade! Mesmo sem comentar todos os fatos (que eram muitos, e controversos, com muita mentira e desmentidos do criminoso que consumou seu ato junto com sua esposa real), o poeta fala da reação e emoção do Brasil após a morte de uma atriz das mais queridas. Diz o autor que é mais um caso, entre outros dos tabloides de jornalismo amarelo, fruto da violência que invadiu o Rio de Janeiro, um caso envolvendo a jovem e famosa atriz:

Foi de crueldade fria,
De sadismo sem igual,
Quando a tela nos mostrou
Do bruto crime o local
Profundamente feriu
A alma nacional [p. 2].

O poeta descreve a cobertura dada pela TV após o crime, a reação dos amigos e colegas de novela, e da própria família. Atriz e dançarina brilhante, Daniella foi vítima de um homicídio frio, premeditado "por essa pessoa já tendo / a reputação perdida" [p. 4]. Para o autor do folheto, a atriz de *De Corpo e Alma* não é diferente do resto da humanidade; invejados por outros pela vida "perfeita" que levam, os atores famosos também sofrem suas "crises".

O poeta faz uma descrição incompleta do crime em si: no 28 de dezembro, Daniella acordou e foi filmar um novo episódio da novela. Mas o herói "vilão" a surpreendeu, "perfurou-lhe dez vezes o coração" [p. 7]. E, agora, um mês depois, uma verdadeira "romaria" de fiéis acorre ao cenário da morte. O poeta termina com uma lamentação lacrimosa:

Adeus, Daniella Perez,
Adeus, querida Yasmin,
Nossa vida é um mistério
Como eu nunca vi assim
Agora você já sabe
Que a morte não é o fim [p. 8].

Essas lembranças sombrias das vicissitudes da vida chocam o público do cordel, mas, se houver algum consolo, pode-se buscá-lo nas palavras finais do trovador, bem como nas palavras seguintes de *Retrato...*: a morte não é o fim, existem um céu e um inferno.

3. A CHEGADA NO INFERNO OU NO CÉU

Tudo o que importa no cordel tende ao mesmo fim. Já fizemos alusão, anteriormente, à *Chegada de Lampião no Inferno*, um poema humorístico de José Pacheco, um clássico do gênero. Outros poetas imitaram e plagiaram a fantasia: quando o diabo não pôde aguentar mais o bandido, mandou-o para o purgatório e depois para o céu. Quando morreram outros vilões clássicos, já havia sido criado um precedente. Assim, Hitler, Mussolini e até Stalin acabaram no inferno cordeliano[8]. Até o ministro da Fazenda do odiado regime militar, Delfim Neto, um político ligado ao "milagre brasileiro" que enriqueceu alguns brasileiros e empobreceu muitos mais, foi mandado imediatamente ao inferno.

Escolhemos como exemplo dos melhores folhetos sobre o inferno a história escrita por Cuíca de Santo Amaro, *A Chegada de Hitler no Inferno*[9]. Escrito no final da Segunda Guerra Mundial, quando ainda eram fortes as emoções sus-

8. E, hoje, não ficam atrás os novos vilões abordados em folhetos, como *Bush Vai Reinar no Inferno*, de Carlos Gildemar Pontes, Fortaleza, Edições Acauã, s. d.; *A Visita de Bin Laden ao Inferno*, de Guaipuan Vieira, Fortaleza, s. e., 2002; e *A Primeira Reunião de Líderes Mundiais no Inferno*, de Pedro Costa, Teresina, s. e., jun. 2003.

9. Cuíca de Santo Amaro, *A Chegada de Hitler no Inferno*, Salvador, 1945.

citadas pela execrável tragédia causada por Hitler, com enorme perda de vidas, o poema pratica a justiça cordeliana mas ao mesmo tempo diverte. Os fiéis apreciadores do cordel de Cuíca não esperavam outra coisa.

Hitler é saudado nas portas do inferno pelo próprio Satanás, com seu ferrão na mão. O líder nazista fica muito impressionado com a condição do diabo e diz que gosta do lugar e está arrependido de não ter vindo seis anos antes e, assim, ter evitado a guerra. Pergunta se o velho amigo Mussolini já chegou:

> Hitler vendo o Mussoline
> Disse para o desgraçado
> Tu foste o causador
> De nós sermos derrotados
> Mesmo eu te garantindo
> Correste como um Veado.

> Vocês Italianos
> Viveram só no desleixo
> Em toda parte do mundo
> Sendo vasculho do Eixo.
> Mussoline o escutava
> Sentado com a mão no queixo.

> De nada adiantou
> Fazer tanta artimanha
> De nada me serviu
> Os espiões da Espanha
> Que os Rádios nem ligaram
> Quando invadiram a Alemanha.

> Espalhei por toda parte
> Toda espécie de Nazistas
> Espanhóis, Italianos
> Mesmo o chefe Integralista
> Todos estes espiões
> Abaixaram logo a crista [pp. 2–3].

Mussolini responde que, se Hitler quiser agradecer a alguém, deverá fazê-lo aos portugueses, porque foi a única nação que declarou um dia de luto pela queda de Berlim: "Agradece aos portugueses / e não se queixe de mim" [p. 3]. E acrescenta:

> Sendo ela uma Nação
> Da real Democracia
> Não devia botar luto
> Como botaram dois dias
> Isto para os Aliados
> É uma grande ousadia [p. 3].

E Satanás se zanga com o primeiro-ministro português:

> Salazar quando chegar
> Tem que dar explicação
> Se ele por acaso
> Fez aquilo por traição
> Pagará a sua ousadia
> Na ponta do meu ferrão [p. 4].

Nessa altura, o poeta abandona os comentários políticos e passa a contar a história das demais experiências de Hitler no inferno (como o poeta tinha dito uma vez: "Me dá um fato ou dois, e eu faço o resto"). Satanás dá um tapa tão forte em Hitler que ele vai parar no meio do salão e, quando a orquestra toca uma "rancheira", ele dança só de cueca. Apaixona-se pela mãe de Satanás, que parece paquerá-lo, dizendo que o filho está envelhecendo e que o inferno precisa de um novo chefe. Depois de receber um grande beijo da "capeta", Hitler se convence de que gosta dela e diz que vai pedir-lhe a mão a Satanás! Ela diz que, depois de ter-se casado oitenta vezes, o único marido que lhe resta é Ferrabrás, porque todos os outros "deram para trás" [p. 5]. (O leitor deve lembrar-se de que Ferrabrás é o vilão turco nos poemas de Carlos Magno e os Doze Pares de França.) Mussolini, quando ouve a notícia, cai na gargalhada: "Era só o que faltava / Tu casar com a Mãe do Cão" [p. 6]. Hitler fica enfurecido:

> Disse Hitler aborrecido
> O que é que você quer?
> Eu vivi lá na Alemanha
> Só correndo de mulher
> Morri eu como nasci
> Compreenda se quiser [p. 6].

A virilidade de Hitler é posta em dúvida:

> Perguntou-lhe Satanás
> Pra que tu quer casar?...
> Se nada tu resolves
> Na hora de se deitar?...
> Portanto a minha velha
> A você não posso dar.

> Além disso, bigodinho
> Minha velha está brincando
> Homem mesmo de verdade
> Minha Mãe não está ligando
> Quanto mais um vinte e quatro
> Que sempre foi Ferdinando.

> Você fique quietinho
> Deixe de exaltação
> Do contrário relaxado
> Lhe meterei o ferrão
> E ficarás eternamente
> No fundo do caldeirão [p. 8].

Desse modo, o poeta reúne uma visão antinazista à vingança e justiça cordelianas. Não pode deixar de fazer o público rir, quando introduz as piadas brasileiras sobre as sogras e as tendências duvidosas de Hitler. Então, o infame Hitler juntou-se, na imortalidade do inferno cordeliano, ao próprio Lúcifer e a outros grandes vilões da História, como o sanguinolento Lampião.

Até agora tratamos apenas dos vilões! Muito mais comum e afinada com a visão moral cordeliana é a chegada ao céu do grande herói merecedor. Já apontamos, no Álbum I, o grande clássico *Castigo da Soberba,* em que chegou ao céu uma alma que não se tinha arrependido de seus pecados, preparada, portanto, para ser condenada eternamente ao inferno pelo justo Jesus, e Maria, a virgem mãe (e, igualmente importante, uma mulher) intervém no seu papel de advogada de defesa, e convence o filho Jesus a salvar aquela alma. O grande dramaturgo nordestino Ariano Suassuna tocou no assunto, na sua adaptação de muitos outros temas e protagonistas caros ao cordel, quando criou a cena final do julgamento de clérigos corruptos, cangaceiros, pequenos-burgueses e o clássico quengo do cordel, João Grilo. Todos receberiam o perdão graças à Compadecida.

Talvez devido ao senso de humor do brasileiro, ou à natureza intrínseca da política (promessas e mais promessas), são as figuras políticas nacionais que chegam ao céu para tomar um cafezinho com São Pedro, Maria e Jesus. Num exame rápido dos poemas, vê-se que o candidato à vice-presidência na chapa de Getúlio Vargas, em 1930, o governador João Pessoa, chegou muito bem ao céu. Juscelino Kubitschek, líder da moderna industrialização brasileira com a implantação das indústrias do aço e do automóvel e fundador de Brasília, em 1955, também teve a mesma sorte. Até Castelo Branco, primeiro presidente do país na Revolução de 1964, coincidentemente filho do estado nordestino de Ceará, foi entregue às portas do céu. O vulto mais recente foi "São Tancredo Neves", "mártir da Nova República", o político de Minas Gerais que pôs fim ao período ditatorial de vinte e um anos com a campanha das "Diretas Já", em 1983–1984, e sua eleição à presidência em 1985. Caindo doente alguns dias antes da posse, sofreu sete intervenções cirúrgicas antes de entregar a alma diante do lamento nacional de milhões de brasileiros.

Provavelmente, nenhuma figura que chegou ao céu foi mais importante e controvertida do que "o pai dos pobres", o ícone da política brasileira, Getúlio Vargas. Sua história, em certo sentido, congrega os assuntos deste Álbum x: muitos acreditam que ele tentou criar uma sociedade benevolente (alguns dizem utópica) com a decretação do salário-mínimo para os trabalhadores e a criação do que seria o seguro social para os idosos através das leis de aposentadoria. Mas, como no poema de Manoel Camilo dos Santos, *Viagem a São Saruê*, o sonho se desvaneceu com o suicídio de Getúlio em 1954.

Getúlio tornou-se, no cordel, a figura "mais lembrada" da política nacional, e sua chegada ao céu, em virtude de racionalização poética, transformou-o no maior herói leigo de todo o cordel. A morte do grande presidente, se não foi o maior acontecimento de toda a história cordeliana, esteve entre os maiores. A razão é simples: o homem e sua perda comovente, mais do que qualquer outro fato político do século xx, afetaram os poetas, o público de cordel e, na verdade, todos os brasileiros.

Os poetas precisaram escrever rapidamente, correndo para as gráficas com os manuscritos, esperando, em alguns casos, enquanto os folhetos eram impressos, e depois se apressando para vender a história como pão quente nas ruas. Na década de 1950, qualquer poeta de cordel que tivesse orgulho de ser chamado de poeta escreveu sobre o fato. Orígenes Lessa, no seu livro já citado sobre Vargas, diz que o poeta Azulão chegou a vender mais de duzentos mil exemplares de seu folheto sobre o assunto e Antônio Teodoro dos Santos, de São Paulo, mais de 280 mil! Graças aos esforços dos inúmeros poetas, dezenas de títulos atingiram facilmente um milhão de vendas desde 1954 até o tempo presente. Isso porque, até os dias de hoje, cinquenta anos depois de sua morte, os folhetos sobre esse fato ainda são vendidos nas feiras e mercados de todo o Brasil!

Não foi apenas sua morte que despertou tanto interesse e alarde, mas também as estranhas circunstâncias em que ocorreu. Num país tradicionalmente católico (e sendo os compradores de cordel, em sua maioria, católicos), o líder mais querido de todas as épocas acabara de morrer por um ato nada católico. Isso colocou um problema aos poetas: o que dizer do destino de Getúlio como suicida? Encontrou-se uma saída nas circunstâncias da morte: Getúlio, antes de se matar, deixou ao povo brasileiro uma "carta-testamento". O motivo (segundo ele, as pressões misteriosas que nunca chegavam ao fim, pressões de diversas forças nacionais e até internacionais) fez com que o Brasil e os brasileiros passassem a vê-lo como o cordeiro sacrificial que se imolou pelo bem de todos e para evitar uma guerra civil.

Abriram-se duas opções aos poetas: ou dizer que Getúlio morreu defendendo com honra a presidência, não cedendo à morte ou à desonra pelos inimigos, ou que morreu para evitar mais sangue derramado, o sangue de todos os brasileiros que seriam envolvidos numa guerra civil (que talvez pudesse ter ocorrido, mesmo que ele não morresse). Em outras palavras, Getúlio morreu para salvar seu povo e agora era vítima de uma série complicada (e ainda não explicada) de intrigas perpetradas por seus inimigos.

No arquivo cordeliano, o presidente morto é geralmente identificado a Jesus Cristo: é o "messias" que "salvou" o povo (pelas leis trabalhistas e da aposentadoria) e foi morto pelas forças do mal na Terra. Mas a história não pode terminar dessa forma: Getúlio precisa passar por um julgamento final. Então, os poetas sacudiram a poeira da antiga tradição, do herói que chega às portas do céu para o julgamento, mas um julgamento humano com promotor público, advogado de defesa e juiz.

Orígenes Lessa cita nada menos de seis relatos diferentes de cordel sobre a chegada de Getúlio no céu. Havia muitos precedentes no gênero (já vistos atrás): a chegada no céu dos santos, entre eles São Pedro e São Simeão em disputa sobre quem iria fiscalizar o céu, as várias tentativas do diabo de entrar no céu para ter uma conversa com Jesus sobre o estado moral do mundo e, é claro, o clássico *Castigo da Soberba*.

Rodolfo Coelho Cavalcante, num de seus poemas clássicos, utiliza, para contar a chegada de Getúlio ao céu, um elenco de personagens que inclui, modestamente, a maioria dos vultos da civilização ocidental. Cria um tribunal em que Jesus Cristo é o juiz e Maria, a advogada de defesa. O caso está encerrado. Jesus está convencido das boas intenções de Getúlio, embora tivesse cometido um pecado "grave", ele o perdoa "pelo bem do povo". É provavelmente o melhor exemplo, em todo o cordel, do costumeiro "jeitinho" brasileiro. Jesus deixa até Getúlio voltar à terra para tentar mais uma vez consertar o Brasil. (Trinta anos depois, em outro poema cordeliano, Jesus e São Pedro aconselham Tancredo Neves a se esquecer de tudo: não vale a pena salvar o Brasil.) Optamos por apresentar grande parte do texto deste "clássico", *A Chegada de Getúlio Vargas no Céu e Seu Julgamento*[10], para lembrar o brasileiro mais famoso que "chegou ao céu".

> Quando Getúlio morreu
> O manto da Natureza
> Tingiu-se todo de luto
> Mostrando maior tristeza
> Soluçando pelo astro
> Que brilhou com mais grandeza.
>
> De manhã o sol não quis

10. Rodolfo Coelho Cavalcante, *A Chegada de Getúlio Vargas no Céu e Seu Julgamento*, em *Literatura Popular em Verso: Antologia*, Rio de Janeiro, FCRB, 1964.

> Demonstrar o seu fulgor
> O mar sereno gemia
> Num espetáculo de dor
> E a lua no espaço
> Perdeu toda a sua cor.
>
> Os homens aqui da terra
> Perderam suas razões
> Em desespero gritavam
> Como se fossem leões
> Pela perca do seu Líder
> Amado pelas Nações.
>
> Os operários diziam:
> – Morreu o meu protetor
> Um outro Getúlio Vargas
> Não nos manda o Criador.
> Rolavam em todas as faces
> O pranto do seu amor.
>
> Enquanto isso o espaço
> Turbado na escuridão
> De Marte, Saturno a Vênus
> Netuno, Capri, Plutão
> Sentia a grande tragédia
> De Getúlio nosso irmão.
>
> Estava Jesus na Corte
> Do Celeste Paraíso
> Quando o Anjo São Miguel
> Deu-lhe o doloroso aviso:
> – Matou-se Getúlio Vargas
> As vossas ordens preciso!

– Eu não mandei-te Miguel
Livrá-lo da tirania
Do Deputado Lacerda
De Gregório e Companhia
Por que o deixaste sozinho
Sofrendo tanta agonia?

– Senhor eu mandei os vossos
Mais sublimes mensageiros
Porém o ódio crescia
Pelos falsos brasileiros
Para intrigarem Getúlio
Com os planos traiçoeiros!

– De qualquer maneira eu quero
Getúlio no Paraíso
Pois um sério julgamento
Com ele fazer preciso
Corra, vá ligeiro à terra
Com São Jorge e São Narciso.

Vinte e quatro de agosto
Daquele tristonho dia
Com São Narciso e São Jorge
São Miguel à terra descia
E no Catete chegaram
Numa hora mais sombria.
....
A esposa de Getúlio
Chorava dilacerada
Dona Alzira como filha
Dizia penalizada:
– Morreste papai, porém,
Tua memória é honrada!

Osvaldo Aranha gritava:
– Getúlio Vargas morreu!
Mataram meu grande amigo
Que pelo povo sofreu.
Lutero também chorava
São Miguel se entristeceu.

Enquanto o corpo estendido
Se achava no caixão
O espírito de Getúlio
Estava em perturbação
Vagando no infinito
No vácuo da imensidão.

São Miguel chamou Getúlio
Que estava tão aflito
Como se estivesse em sonho
Deu ele um tristonho grito
E ao ver os mensageiros
Ajoelhou-se contrito.

– Por que roubaste a vida
Que o Criador te deu?
Perguntou-lhe São Miguel.
Getúlio aí respondeu:
– Matei-me pelo meu povo
Que um dia me elegeu!

– Mas não sabias que era
Um crime muito maior
Para salvar o teu povo
Fazendo um ato pior
Disse Getúlio: – Porém
Foi o que achei melhor!

– Deixemos de discussão
Que isto não adianta
Se prepare para ir
A mansão Celeste Santa
Onde Jesus lhe ouvirá
Você aí se garanta!
....
Duas horas mais ou menos
Viajou a Caravana
Enquanto a terra sofria
Essa passagem tirana
Getúlio chegava ao céu
Pela ajuda soberana.

Deixemos agora a terra
Num clima de confusão
Para falar de Getúlio
Na celestial mansão
Como foi seu julgamento
Vamos dar a descrição.

Estava Jesus no Trono
Já pronto para julgá-lo
São Libório, o Promotor,
Começou a acusá-lo
Enquanto a Virgem Santíssima
Chegou para advogá-lo.

Disse Libório: – Senhor
Getúlio zombou demais
No tempo da Ditadura
Encarcerou generais
Prendeu gente e matou gente
Como se fossem animais.

Nossa Senhora sorriu
E disse: – Não acredito
Quem governa leva a fama
De tudo que é maldito
O que fizeram em seu nome
Jamais foi por ele escrito!

Libório continuou:
– Se Lacerda o condenava
Tinha razão para isso
Pois o Catete estava
Cercado de pistoleiros
Que Getúlio contratava.

Defendeu Nossa Senhora
Dizendo: – Nunca Libório
Getúlio se confiava
Isto já está notório
De toda sua tragédia
O culpado foi Gregório!

– Mesmo assim, por que Getúlio
De uma vez que não devia
Não aguardou o Julgamento
Que a Oposição queria?
Seu suicídio provou
Qu'ele culpado sentia.

– Não acuse desta forma
Libório, que não convém
Getúlio Vargas sofreu
Como meu filho também
Para salvar os humildes
Sem ter ódio de ninguém.

Nisto Jesus ordenou
Que Getúlio demonstrasse
As razões do suicídio
Se de fato não provasse
Seria expulso do Céu
Antes que o dia findasse.

Disse Getúlio: – Senhor
Eu não sei vos descrever
A vergonha que sofri
Sem cousa alguma dever
Vós que descestes à terra
Devereis melhor saber.

– Não sabes que ninguém pode
Sua própria vida tirar?
Não vistes como sofri
Todo martírio sem-par
Mas não roubei minha vida?
Tu devias me imitar!

– Eu reconheço Senhor
Do erro que cometi
Mas u'a maldade humana
Como essa nunca vi
Indo até o sacrifício
Pelo meu povo morri.

– Eu te perdoo Getúlio
Porque fostes generoso
Lembraste dos pequeninos
Com teu modo caridoso
Mas voltarás ao Brasil
Por Ordem do Poderoso.

– Se não fosse o suicídio
Isto não acontecia
Hoje o povo brasileiro
Sofre a maior agonia
E só tu podes livrá-lo
Com melhor sabedoria.

Assim Getúlio foi salvo
Do seu gesto delirante
E breve virá à Terra
Como um Chefe triunfante
Para ajudar o poeta
RODOLFO C. CAVALCANTE

Assim, chegamos inexoravelmente ao verdadeiro fim (ou começo). A utopia na terra, desejada ou sonhada como for, não existe. Nenhum messias, apesar de promessas ou feitos, conseguiu trazer a salvação material à "terra do futuro". Por isso, os brasileiros pobres, humildes voltam às raízes e procuram o messias espiritual do Álbum I, Jesus Cristo, que lhes trouxe, em nossa próxima e última foto, a mensagem mais importante e fundamental de todas: "Amai-vos uns aos outros".

4. TUDO NA TERRA TEM FIM

Como dissemos no início, o Brasil é uma terra de muita religiosidade, caracterizada pelo sincretismo religioso. Essa mistura de crenças é aplicável também aos poetas, e não há exemplo melhor do que Rodolfo Coelho Cavalcante, que nasceu na religião católica, converteu-se ao protestantismo, foi pastor protestante quando jovem e, finalmente, já adulto filiou-se ao espiritismo kardecista. O poema de Rodolfo, aqui citado, apresenta uma vaga orientação espírita de que a morte não é o fim, mas apenas uma ficção, uma passagem para outra vida. Pode-se reduzir a visão do poeta a uma questão semântica ou a imagens poéticas compatíveis com o pensamento da maioria do público cordeliano, católicos tradicionais. A visão, também, é uma feliz (ou não) coincidência quando o leitor se lembra de que poetas eruditos chamaram a vida e a morte de sonho ou ficção (o espanhol Calderón de la Barca, em *A Vida é Sonho,* ou mesmo Shakespeare são bons exemplos).Neste poema, o autor fala de uma vida após a morte, que ele denomina "vida-continuidade", sua maneira de descrever uma noção espírita compatível, poeticamente, com a vida eterna, tantas vezes prometida no catolicismo tradicional do velho cordel. Seja como for, a semântica ou

as noções de que a vida, com todas as suas possibilidades, há de terminar e de que uma outra vida espera por aqueles que tiverem seguido o axioma de Jesus, "Amai-vos uns aos outros", levaram o Departamento de Extensão Cultural da Universidade Federal de Pernambuco a patrocinar uma impressão do folheto. O diretor do Departamento, Ariano Suassuna, um apreciador do cordel e autor mencionado frequentemente neste livro, considerou "premiável" o poema *Tudo na Terra Tem Fim* e conseguiu sua publicação.

Compartilhando o entusiasmo de Suassuna, apresentamos a seguir o poema completo em sua versão definitiva, anotada como 1ª edição de 1983. O poema trata, com uma eloquência rara no cordel, da vida, da morte e da "vida" futura. Pelo seu tom religioso, assemelha-se bastante ao Eclesiastes da Bíblia. A mensagem levada ao leitor é que os maiores personagens da História tiveram o mesmo fim do público humilde do cordel, que os pecados da humanidade, por seu materialismo, são realmente a "vaidade das vaidades" e que a única mensagem é aquela que Cristo deixou: "Amai-vos uns aos outros".

O leitor humilde do interior nordestino, mesmo sem entender todas as alusões históricas ou culturais do poema, aprecia a grandeza e a eloquência do poeta. Poucos autores – na verdade, talvez nenhum outro do cordel – poderiam ter escrito estes versos na forma como fez Rodolfo Coelho Cavalcante, principalmente por causa de seu autodidatismo e de seu interesse pela História, pela Filosofia e pela Religião. Seu conhecimento da Bíblia (disse, certa vez, que a tinha decorado quase toda, não textualmente, mas "episodicamente") e seu conhecimento impressionista da História aparecem em cada estrofe do poema. Assim, tudo na terra termina, o corpo na sepultura, o mundo material acabado; só existe Deus, a alma, o amor e a eternidade. Nunca antes ou depois se fundiriam desse modo os personagens da História e do cordel, muitos deles já vistos neste livro.

Tudo na Terra Tem Fim[11]

Grande foi na Babilônia
Rei Nabucodonozor,
Salomão pai da ciência
E Moisés Legislador;
David, Isac, Abrão,
Hoje estão debaixo do chão,
Prestam contas ao Senhor.

Alexandre vulgo: O GRANDE
Também desapareceu...
Napoleão Bonaparte
Em Santa Helena morreu.
Kaiser, Hitler da Alemanha
Cada qual com sua façanha
De dominar pereceu.

Herodes, Pôncio Pilatos,
Com Anás e com Caifás
Crucificaram Jesus...
Esses não existem mais!
Júlio César até Tibério
Também Nero o deletério
Morreram tempos atrás.

Quem mais fala em Mussoline
Que a Itália dominou?...
Stálin, Marx, Lenine,
Cada um se evaporou...
Daniel, Abimeleque,

11. Rodolfo Coelho Cavalcante, *Tudo na Terra Tem Fim*, 1. ed., s. l., s. e., 1983.

Victor Hugo, Allan Kardec,
Nenhum na terra ficou.

Aonde se encontram os Dumás
Bons escritores franceses?
Voltaire, mesmo Balzac
E os grandes portugueses
Camilo, Guerra Junqueiro?
Morreram por suas vezes!

Que é dos gregos da História
Como Sócrates, Platão,
Aristófanes e Demóstenes,
E Aristóteles?... então
Agora pergunto eu:
Aonde está o Ptolomeu...
Senão debaixo do chão?!...

Que é da rainha Cleópatra
Soberana do Egito?
Messalina a dissoluta?...
Agripina em seu conflito
Com Cláudio e o filho Nero?...
Se esvaíram, assevero,
Hoje estão lá no infinito.

Que é de Roosevelt, Kennedy
Degaulle, Churchill, varões
Que se tornaram famosos
Defensores das Nações?
Hoje já estão sepultados,
Embora glorificados
Para todas gerações.

Aonde está Getúlio Vargas
Com seu riso triunfal,
Cujo nome foi um ídolo
De fama internacional?...
Por isto que digo assim:
Tudo na terra tem fim
Neste plano material!

Que é dos velhos Faraós
Que somaram mais de dez,
Construindo suas Múmias
Trazendo o povo aos seus pés?
As Pirâmides erguidas
Foram elas construídas
Por mais de doze Ramsés!

Que é de Láo-Tsé, Confúcio,
Mactub, Zoroastro,
Tiradentes, nossa glória,
Da Independência – o Astro?
Tudo desapareceu,
Matusalém pereceu
Que não deixou nenhum rastro!

Onde está Augusto Conte
Com o seu Positivismo?
Lutero e o próprio Calvino –
Luzes do Protestantismo?
Krisna, Buda, Maomé
Só Jesus de Nazaré
Que não ficou no abismo.

Que é da grande valentia
Do famoso Lampião,

Corisco, Maria Bonita –
Bandoleiros do sertão?
Tudo ficou no passado
Cada qual exterminado
Para servir de lição!

Que é do nefando Nazismo,
E o Fascismo do estrangeiro?
Até mesmo o Comunismo
O terror do mundo inteiro?...
Uns estão dilacerados
E outros repudiados
Pelo Povo Brasileiro!

Aonde está o Anarquismo
Que há tempo se findou?
E o idioma Aramaico?...
Tudo, tudo terminou.
E desta maneira assim
Tudo na Terra tem fim
Para o Além retornou!...

Que de Freud – o criador
Do mais alto sexualismo
Que na sua psicanálise
Quis mostrar o sensualismo
Até na idade infantil?
Cujas teorias mil
Não passaram de delirismo!

Que é do famoso Rostaing?
Com a sua filosofia
Chamada "Corpo Fluídico"?...
A mais tola teoria...

O notável Advogado
Blasfemou em seu Tratado
Contra o Filho de Maria!

O que fizeram os nossos
Astronautas, lá na Lua?
Gastaram tantos bilhões
E a Terra continua
Pela Lua iluminada
Cuja missão encerrada
No mundo inteiro flutua...

Onde estão Truman, Abraão
Lincoln – homens de valores?
Todos morrem neste mundo:
Democratas, Ditadores,
Marechais e Cientistas,
Nobres, plebeus e Artistas
E os mais Sábios Pensadores.

Que é do grande Carlos Magno
Oliveiras e Roldão
Com outros Pares de França
Da mesma forma Sansão?
Morre o fraco e morre o forte
Ninguém escapa da morte
Com seu "Cutelo" na mão!

Não adianta o orgulho,
O egoísmo, a vaidade,
O dinheiro, a opulência,
O abuso da autoridade.
Morre o bom, morre o ruim,
Tudo na Terra tem fim
É a Lei da Divindade!

Morre a árvore mais frondosa,
Morre o rio, morre o outeiro,
Morre a mulher que é bonita
Morre o homem do dinheiro,
Morre quem faz tirania,
Só não morre a Poesia
Dada por Deus verdadeiro!

Tudo, tudo se transforma
Já disse Lavoisier.
Porém a morte é um sonho
Que é difícil se entender...
Sonho esse prolongado,
Que oculta nosso passado

Para depois reviver!

Tudo na Terra tem fim
Como já deixei provado,
Mas o espírito continua
O qual será transformado
Em outro ser diferente
Gerado de uma semente
Pelo fruto do passado!

Há muitas filosofias
Cada para se escolher...
Uma diz que a gente morre
Depois volta renascer,
Outra afirma que na hora
Morre o corpo e se evapora
E a alma ninguém ver.

Umas dizem que há inferno
Já outras dizem que não,
Uma existe o purgatório
Para a purificação
Cada tem sua teoria
Com própria filosofia
Da mais pura ficção!

Por que morreu Joana d'Arc
Queimada numa fogueira
E ainda sendo tachada
Como a pior feiticeira?...
Se ela o passado voltasse
Via de Judas – a face
Sua imagem verdadeira!

O Circo de Niterói
Que alguém fogo tocou
Matando tantas crianças
Muita gente não pensou
No grande incêndio de Roma
Que foi a pior Sodoma
Que o tempo não perdoou!...

A História se repete –
Não é tola teoria.
Tudo no mundo se acaba
Mas a Natureza cria
Novos seres transformando,
Na pureza condensando
Pela Divina Energia!

Não existe retrocesso
Pela Lei da Evolução,
Ninguém escapa da morte,
Mas a morte é ficção;
Morte, sim, é a Partida
Para a Verdadeira Vida
Não há outra explicação!

"Amai-vos Uns aos Outros"
Toda grandeza se encerra.
Nem o próprio Rockfeller
Levou dinheiro da Terra...
Para que ódio e vingança
Apagando a esperança
Do Mundo fazendo Guerra?

Tudo na Terra tem Fim
É a pura realidade,

Mas depois do fim começa
A Vida-Continuidade,
Se um volta o outro fica,
É assim que se explica
A Lei de Deus, em Verdade!

Ninguém no cordel podia dizê-lo de modo tão eloquente; ninguém podia fazer este curioso resumo da História. A técnica antiquíssima do *ubi sunt* ("onde estão?") do poeta do Eclesiastes é usada com sucesso neste meio folclórico-popular. No entanto, pondo de lado a retórica do poema, a mensagem chega aos leitores humildes do cordel: acredita, faz o bem e o prêmio com certeza virá! O poeta disse, certa vez, que cinquenta por cento de sua grande produção de folhetos de cordel levavam essas mensagens de exemplo moral. Num sentido maior, a tradição folclórico-popular do cordel sempre enfatizou isso mesmo, a lição moral.

Esta é, pois, a mensagem do poeta, mas também de um brasileiro que nasceu na religião católica, converteu-se ao protestantismo e pregou a mensagem dessa fé e encontrou a "última verdade" no espiritismo kardecista. Em certo sentido, o poema resume a religiosidade brasileira e o sincretismo religioso do brasileiro, dos poetas e do público do cordel. O poeta reafirmou, de muitas maneiras, a realidade fundamental e as lições do cordel. Reafirmou as mensagens do Álbum I, "Deus no Alto e aqui Embaixo: Nisto Acreditamos", o Álbum II, "As Manifestações" e o Álbum III, "O Que não se Deve Fazer: A Recompensa do Pecado", transmitindo a lição do pecado do orgulho (o maior pecado do cordel). Lembrou muitos heróis – de Carlos Magno a Lampião e ao grande Getúlio, de Churchill e Roosevelt a Kennedy – e também os vilões, todos protagonistas dos Álbuns IV, "Modelos de Vida: Os Heróis do Cordel", VII, "Na Política Esperamos, mas não Confiamos" e VIII, "Há um Mundo Grande lá Fora". A Morte é o grande nivelador, e, assim, também chegam ao fim as lutas dos pobres e oprimidos dos Álbuns V, "A Vida é uma Luta, a Vida é uma Odisseia" e IX, "A Vida Está cada vez mais Difícil".

Rodolfo cumpre seu papel de poeta cordelista e lembra as récitas e o discurso de Manoel Camilo dos Santos em *Viagem a São Saruê*, quando disse: "Só não morre a poesia / dada por Deus verdadeiro", porque os poetas de cordel acreditam precisamente nisso. Como o poeta espanhol Jorge Manrique disse em seu *Coplas pela Morte do Pai*, esta vida é apenas um momento passageiro, e a morte, "uma ficção", é a partida para a outra vida, a verdadeira, a realidade pura, a vida prometida pelo próprio Deus quando pronunciou o maior dos mandamentos: "Amai-vos uns aos outros".

E, assim, *Retrato...* também chega, inexoravelmente, a seu verdadeiro fim (ou começo). A utopia na Terra, sonhada e desejada como for, não existe. Nenhum Messias, apesar de suas promessas ou feitos, trouxe a salvação material para o público do cordel ou para o próprio Brasil. Então, os brasileiros humildes voltam-se para suas raízes e olham para o Messias espiritual do Álbum I, Jesus Cristo, que lhes trouxe a única mensagem que importa: a esperança.

Assim termina *Retrato...*, mas, como disse o poeta, é, na verdade, apenas o começo.

FOLHETOS CONSULTADOS

ÁLBUM I. DEUS NO ALTO E AQUI EMBAIXO: NISTO ACREDITAMOS

JESUS CRISTO
Bom Pastor, O
Carta a Jesus Cristo
Castigo da Soberba, O
Duelo da Alma, O
Grande Exemplo de Jesus
História da Devoção do Senhor Bom Jesus do Bonfim
História de Jesus e o Mestre dos Mestres
História do Monge Francisco da Soledade, Fundador de Bom Jesus da Lapa
Homem do Arroz e o Poder de Jesus, O
Homem que Imita Cristo quando Andou com o Madeiro, O
Jesus e São Pedro
Jesus, São Pedro e o Ferreiro da Maldição
Juízo de Jesus ou a Morte dos Apóstolos, O
Louvores ao Bom Jesus da Lapa
Mensagem de Jesus ou o Sermão da Montanha, A
Milagre de Jesus e o Ferreiro Orgulhoso, O
Milagres do Bom Jesus da Lapa, Os
Mulher que Deu a Luz uma Cobra porque Zombou do Bom Jesus da Lapa, A
Nascimento e Morte de São João Batista
Nascimento, Vida e Morte de Jesus de Nazaré
Nascimento, Vida, Milagres e Morte de Jesus Cristo
Paixão de Cristo, A
Prisão de Cristo, A
Quando Jesus Padecia
Queda do Orgulhoso e o Poder de Jesus Cristo, A
Quem Era que não Chorava quando Jesus Padecia
Romeiro Viu um Anjo no Caminho da Lapa do Bom Jesus, Um
Sentença de Jesus e a Morte dos Apóstolos, A
Sinal da Cruz, O
Sofrimentos de Cristo, Os
Soldado Jogador, O
Três Fugitivos do Egito, Jesus Maria e José
Vamos Seguir com Jesus
Verdadeiro Natal (Nascimento de Jesus)
Vida, Paixão e Morte de Nosso Senhor Jesus Cristo

A VIRGEM MARIA
Afilhada da Virgem da Conceição, A
Círio de Nazaré, O
Glórias de Nossa Senhora de Nazaré Padroeira de Belém, As
Moça que Sonhou com Nossa Senhora, A
Nova Mensagem de N. S. Aparecida a uma Jovem de S. Paulo, A
Quero Morrer com Maria
Sete Dores da Santa Virgem Maria, As
Sete Espadas de Dores da Santa Virgem Maria, As

OS APÓSTOLOS E SANTOS
Batalha e Vitória de São Cipriano contra o Mago Adrião

Como Morreu Judas Iscariotes
Como S. Pedro Entrou no Céu
Dimas, o Bom Ladrão
Grande Exemplo de São Francisco do Canindé
História da Afilhada de Santo Antônio
História de Dimas, o Bom Ladrão
História de Jesus e São Pedro
História de José do Egito
História de Santa Dica
História de uma Afilhada de Santo Antônio
História do Homem que Teve uma Questão com Santo Antônio
Homenagem a Santa Luzia
Luta e Vitória de S. Cipriano contra Adrão Mágico
Novena de Santo Expedito
Revolta de São Jorge com os Invasores da Lua, A
Santo Arrogante ou o Cristo Falso, O
São Salviano e Satanaz
Torre do Pensamento, Homenagem ao Glorioso Santo Amaro de Serinhaém
Vida de Santo Ivo
Vida e Milagres do Guerreiro São Jorge
Vida e Morte de São Raimundo Nonato dos Mulundus
Vida e Morte de São Simião

O DIABO
Azar, a Cruz e o Diabo, O
Briga de Antônio Silvino com Lampião no Inferno, A
Carta que Satanaz Mandou ao Cantor Roberto Carlos
Casamento de Lusbel, O
Chegada de Hitler no Inferno, A
Chegada de Lampião no Inferno, A
Chegada de Mussolini no Inferno, A
Chegada de Roberto Carlos no Inferno e sua Caravana, A
Chegada de Stalin no Inferno, A
Deus, o Homem e o Diabo
Diabo Confessando um Nova-Seita, O
Diabo e o Camponês, O
Encontro de Satanás e Roberto Carlos
Estudante que se Vendeu ao Diabo, O
Explicação de Jesus e o Desabafo de Satanás, A
Fada e o Diabo, A
Homem que Enganou o Diabo, O
Homem que Ganhou na Loteria Esportiva Ajudado pelo Diabo, O
Mendigo que fez um Pacto com o Diabo, O
Mulher que foi Surrada pelo Diabo, A
Mulher que Pediu um Filho ao Diabo, A
Pecado e a Confissão, Roberto Carlos, O
Peleja de Manoel Riachão com o Diabo
Queixa de Satanás a Cristo
Resposta da Carta de Satanás a Roberto Carlos
Resposta de Roberto Carlos ao Diabo
São Salviano e Satanaz
Satanaz Trabalhando no Roçado de São Pedro
Satanaz com Roberto Carlos
Satanaz Reclamando a Corrução de Hoje em Dia
Segunda Queixa de Satanaz a Cristo, A
Segunda Queixa de Satanaz a Cristo sobre a Corrução do Mundo, A
Velho que Enganou o Diabo, O
Vida de Manoel João nos Laços do Diabo
Vida e Sucessos do Cantor Roberto Carlos

HERÓIS DO CANGAÇO E A RELIGIÃO
Antônio Silvino e o Padre
Casamento de Lampião com a Filha do Diabo, O
Chegada de Lampião no Céu, A
Chegada de Lampião no Céu e o Debate com São Pedro, A
Confissão de Antônio Silvino, A
Conselhos de Padre Cícero a Lampião, Os
De Cangaceiro a Santo
Debate de Lampião com São Pedro
Eleição do Diabo e a Posse de Lampião no Inferno, A
Eleição no Inferno, A
Lampião Arrependido da Vida de Cangaceiro
Lampião Fazendo o Diabo Chocar um Ovo
Lampião não era tão Cão como Pintado
Orações de Antônio Silvino
Valente Vilela, O

VILÕES DO COMUNISMO E A RELIGIÃO
A Trocidade da Espanha, o Horror dos Horrores
Avalanche Comunista ou a Prisão do Cardeal Primaz, A
Discussão de um Padre com um Comunista, A
Dragão do Fim da Era, O
Guerra Mundial da Rússia contra as Nações
Mensagem de Nossa Senhora de Fátima e os Horrores do Fim do Mundo, A
O que é o Comunismo

POLÍTICOS E A RELIGIÃO
Carlos Lacerda e suas Diabruras
Carta de Jesus Cristo ao Presidente Sarney
Carta que Chegou do Céu para o Presidente Figueiredo
Chegada de Getúlio Vargas ao Céu e seu Julgamento, A
Chegada Festiva de Getúlio no Céu, A
Encontro de Tancredo com São Pedro no Céu
Getúlio Vargas no Céu
Morte de Juscelino e sua Chegada no Céu, A
Nascimento, Vida, Paixão e Morte de Getúlio Vargas
Palestra entre Juscelino Kubitschek e Getúlio Vargas no Céu

SINAIS DO FIM DO MUNDO
Bom Tempo não Volta mais, O
Carta do Apóstolo Paulo ao Mundo sobre os Sinais do Fim da Era
Chegada da Besta-Fera, A
Cientistas, a Lua e Profecias dos Tempos, Os
Cometa de Halley e suas Curiosidades, O
Cometa Halley Volta à Terra depois de 76 Anos, O
Cultura contra a Tirania
Fim do Mundo está Perto, O
Fim do Mundo, O
Horrores do Mundo e o Diabo Solto, Os
Inverno de 1974 e os Sinais dos Fins dos Tempos, O
Lá Vem Cometa de Halley Formado de Gás, Mistérios e Lendas

Desastre Universal, O Nova Aparição do Cometa Halley
Nova Profecia do Grande Sábio Francês
Planeta é um Aviso do Mundo ser Castigado, O
Profecia dos Tempos e os Sinais do Fim da Era, A
Profecias do Conselheiro (o Sertão Virou Mar), As
Profecias e o Cometa, As
Sinais do Fim do Mundo e as Três Pedras de Carvão, Os
Sinais do Fim do Mundo, Os
Só Presta Deus Acabando
Suspiros da Humanidade e os Castigos de Deus, Os
Terra Brilhará Outra Vez, a Vinda do "Cometa Kohoutek", A
Últimos Dias do Mundo ou o Fim do Mundo, Os
Visão Profética ou os Castigos do Mundo, A

ÁLBUM II. AS MANIFESTAÇÕES

BOM JESUS, ANTÔNIO CONSELHEIRO E A GUERRA DE CANUDOS
Antônio Conselheiro e a Guerra de Canudos
Antônio Conselheiro, o Santo Guerreiro de Canudos
Biografia de Antônio Conselheiro
Guerra de Canudos, A
Guerra do Sertão de Canudos, A
História de Antônio Conselheiro e a Guerra de Canudos
Profecias de Antônio Conselheiro, o Sertão já Virou Mar

PADRE CÍCERO
Aviso do Padre Cícero aos Católicos de Deus
Beata que Viu meu Padrinho Cícero Sexta--Feira da Paixão, A
Beata Santa ou o Falso Cristo, A
Beato Pistoleiro, O
Canonização do Padre Cícero e seus Milagres quando estava Vivo, A
Carta de Lucia – Aviso para o Fim do Mundo
Carta Misteriosa do Padre Cícero Romão Batista e os Sinais do Fim do Mundo, A
Cego de Várzea Alegre e o Milagre do Pe. Cícero, O
Cego de Várzea Alegre e o Milagre do Pe. Cícero, O
Conselhos do Padre Cícero e Nossa Senhora das Dores
Conselhos, Falas e Sermões de meu Padrinho Cícero Romão Batista

Crente que Profanou do Padre Cícero, O
Convivência do Juazeiro e a Formalidade do Padre Cícero, A
Defesa do Padre Cícero, A
Dois Jovens que Andaram 122 Léguas pelo Poder do Pe. Cícero
Doutrina Eterna "do Padre Cícero e Frei Damião" a Bem da Alma do Pecador
Encontro de Lampião com o Padre Cícero no Céu
Entrada de Padre Cícero no Céu
Evangelho Primeiro do Padre Cícero Romão
Festas no Juazeiro no Vencimento da Guerra
Fim do Mundo e Padre Cícero, O
Gloriosa Vida do Padre Cícero, A
Guerra de Juazeiro, A
Guerra do Juazeiro e o Poder de Padre Cícero, A
História da Guerra de Juazeiro em 1914
Homenagem ao Padre Cícero Romão Batista, 50 Anos do seu Falecimento, 20/07/1934
Lembrança da Partida do Padre Cícero Romão Batista
Manifestação ao Padre Cícero Romão Batista pelo Povo de Juazeiro
Massacre dos Romeiros na Matriz de Juazeiro, O
Mendiga na Estrada e os Milagres do Padre Cícero, A
Misterioso Sonho do Reverendo Pe. Cícero Romão Batista em 1851, O
Morte do Venerando Pe. Cícero Romão Batista, A

Morte do Padre Cícero, A
Morte do meu Padrinho Cícero, A
Morte Pranteada do Padre Cícero, A
Nascimento do Padre Cícero, O
Nascimento do Reverendo Padre Cícero Romão Batista, O
Nascimento, Vida e Morte do Padre Cícero Romão
Nascimento, Vida e Morte, Educação, Signo e Sorte do Padre Cícero Romão
Novena e Devoção à Bendita Alma do Pe. Cícero Romão Batista
Opinião dos Romeiros da Canonização do Padre Cícero pela Igreja Católica Brasileira, A
Padre Cícero e a Guerra Nuclear
Padre Cícero em Roma Pregando a Religião e Descrevendo os Sinais da Nossa Consumação
Padre Cícero Romão Batista
Padre Cícero, o Santo do Juazeiro
Palavras do Padre Cícero ou a Visita do Horto
Palavras do Padre Cícero sobre a Guerra Nuclear
Poema Dedicado aos Romeiros de meu Padrinho Cícero do Juazeiro do Norte
Pranteada Morte do Padre Cícero, A
Profecia do Pe. Cícero
Profecias do Padre Cícero Romão até o Ano Dois Mil
Progresso e a Elevação Histórica de Juazeiro do Norte, O

Protestante que Blasfemou o Padre Cícero, O
Queda da Bandeira da Igreja de Juazeiro no Ano de 1977
Questão do Camponês com o Coronel Humberto e a Promessa ao Pe. Cícero
Recordação da Partida do Pe. Cícero Romão Batista
Respeitem o Padre Cícero e o Povo de Juazeiro do Norte
Romaria e Milagres do Padre Cícero Romão
Sermões do Padre Cícero
Sonho do Padre Cícero Romão Batista, O
Sonho Misterioso do Padre Cícero em 1851, O
Sonhos de um Romeiro sobre Padre Cícero Romão
Surra que o Padre Cícero Deu no Diabo ou a Moça de Cajazeira, A
Último Sermão do Padre Cícero em Juazeiro
Verdades Incontestáveis ou a Voz dos Romeiros, As
Viagem por um Milagre do Padre Cícero Romão
Vida em Juazeiro e a Formalidade de Padre Cícero, A
Vida Gloriosa de Padre Cícero, A
Visão Milagrosa do Homem que Ouviu Padre Cícero
Visita de Lampião a Juazeiro no Ano de 1926, A
Visita dos Romeiros a Juazeiro, A
Vista Milagrosa do Homem que Ouviu o Padre Cícero nas Frentes de Trabalho
Volta do Padre Cícero Anunciando o Fim do Mundo, A
Voz do Padre Cícero, A
Voz do Padre Cícero sobre os Eventos Futuros, A

FREI DAMIÃO

Chegada de Frei Damião ao Céu, A
Conselhos de Frei Damião na Zona Sertaneja, Os
Doutrina Eterna do "Padre Cícero e Frei Damião" a Bem da Alma do Pecador
Doze Artigos do Credo e as Missões das Províncias, Os
Frei Damião – o Missionário do Nordeste
Frei Damião o Santo do Nordeste
Frei Damião o Último Santo do Sertão
Frei Damião, Missionário dos Missionários
Grande Exemplo da Moça que Cantou na Hora do Sermão de Frei Damião
Grande Milagre de Frei Damião e seus Conselhos Proféticos
História do Protestante que foi Matar Frei Damião por Ter Virado num Urubu
Homem que Virou Bode por Zombar de Frei Damião, O
Milagres da Estátua do Frade Frei Damião, Os
Milagres de Frei Damião, Os
Moça que Virou Cachorra porque Deu Banana a Frei Damião, A
Moça que Virou Jumenta porque Falou de Top Less com Frei Damião, A
Nova Profecia da Carta de Frei Damião ao Povo Brasileiro
Previsão do Fim do Mundo na Voz de Frei Damião, A
Protestante que Virou num Urubu porque Quis Matar Frei Damião, O
Réu Inocente e uma Defesa Feita por Frei Damião, Um
Sermão de Frei Damião (Referente ao Dia de Juízo)
Sonho de Frei Damião e a Carta Profetizando o Fim do Mundo, O
Sonho de um Poeta ou a Voz de Frei Damião, O
Verdadeira Profecia de Frei Damião, A
Verdadeiro Aviso de Frei Damião sobre os Castigos que Vêm, O
Visita de um Anjo em Roma a Frei Damião, A

CATÓLICOS, PROTESTANTES E A CACHAÇA

Adeus da Aguardente, O
O Aviso aos Católicos contra os Protestantes
Debate de um Ministro Nova-seita com um Urubu
Dez Mandamentos, o Pai Nosso e o Credo dos Cachaceiros, Os
Diabo Confessando um Nova-Seita, O
Diabo e o Protestante, O
Discussão de um Católico com um Protestante, A
Discussão de um Crente com um Cachaceiro, A
Discussão de um Romeiro com um Pastor Protestante, A
Discussão do Cachaceiro e o Crente, A
Discussão do Padre com o Protestante, A
Discussão do Católico com o Protestante, A
Discussão entre Guido Guerra e um Testemunho de Jeová, A
Em Defesa da Cachaça
Filho da Aguardente, O
Protestante que foi Expulso do Céu, O
Religião contra o Protestantismo, A

ESPIRITISMO KARDECISTA

ABC do Espiritismo
ABC do Médium
Morte de Zé Arigó o Famoso Médium de Minas Gerai, A
Verdadeira História de Chico Xavier, A

ESPIRITISMO AFRO-BRASILEIRA

ABC da Umbanda
ABC dos Negros
Discussão do Macumbeiro com o Crente, A
Feitiço Virou contra a Feiticeira, O
Iemanjá a Rainha do Mar e os seus Admiradores
Macumba da Negra Saiu Errada, A
Macumba da Bahia, A
Milagres ou Curas Diversas por Madame Jael no Recife
Porque Combatemos a Umbanda

A VOLTA À ORTODOXIA: AS PAPAS DE ROMA

Abraço do Papa ou Puebla Acontecendo, O
Adeus João Paulo II. Papa João de Deus
Atentado a João de Deus e o seu Aniversário da Vida ao nosso País, O
Atentado ao Papa João Paulo II, O
Atentado ao Santo Padre, O
Atentado contra o Papa, O

— 344 —

Carta Aberta ao Papa
Biografias dos Papas de Roma com seus Nomes
Chegada do Santo Papa, A
Chegada do Santo Papa João Paulo II à Bahia, A
Debate do Papa em Roma com Roberto Carlos
Despedida do Papa quando Saiu do Brasil
Falecimento de sua Santidade Paulo VI em Roma, O
Fim de um Longo Pontificado, Morre João Paulo II
História do Atentado ao Papa João Paulo II ou João de Deus
História do Senhor João de Deus, João Paulo II
João Paulo II Mensageiro da Paz
João Paulo II: o Papa da Paz
Mensageiro da Paz o Papa João Paulo II, O
Morte de João Paulo II e a Eleição de Bento XVI, A
Morte de Sua Santidade Paulo VI em Roma, A
Morte do Papa João Paulo I, A
Morte do Papa João XXIII, A
Morte do Papa Pio XII, A
Morte Inesperada do Papa João Paulo II, A
Não Matarás o Papa
Papa do Povo João Paulo II, O
Papa na Área
Papa no Brasil Visita o Piauí
Papa Vem Dar um Santo ao Brasil: São José de Anchieta, O
Pranteada Morte do Papa João Paulo II, A
Profecias sobre o Papa e o Fim do Mundo
Roteiro do Papa no Brasil, O
Roteiro Poético da Visita do Papa D. João Paulo II ao Brasil, O
Saudade que o Papa Deixou, A
Tem Papa na Área
Tentativa de Assassinato do Papa João de Deus
Traços da Vida do Papa João Paulo II
Vida do Santo Papa João Paulo II, A
Vida e Morte do João Paulo II
Visita de João Paulo II ao Brasil, A
Visita do Papa ao Brasil, A
Visita do Santo Papa ao Brasil e seu Encontro com o Presidente João Figueiredo, A
Visita do Santo Papa ao Recife, A

ÁLBUM III. O QUE NÃO SE DEVE FAZER: A RECOMPENSA DO PECADO

ABC da Meretriz
Alma que Foi ao Céu e a Caveira de Adão, A
Bode que Nasceu Metade Bode e Metade Gente, O
Boi que Falou no Piauí, O
Boneca Cubiçada ou a Mulher sem Dono
Cabra Misteriosa que Falou Profetizando, A
Casamento do Homem de Brotas, O
Corrução Desfilando na Passarela do Diabo, A
Criança que Morreu Sorrindo, A
Crime de Brotas, O
Deuza do Cabaré, a Meretriz Orgulhosa, A
Devassidão de Hoje em Dia, A
Diferença do Tempo de Ontem para o de Hoje, A
Duas Crianças que Nasceram Ligadas na Maternidade de Castanhal
Encontro com uma Meretriz, O
Entre o Namoro e a Dança nas Festas dos Bastião
Escandalosa Sexta-feira da Paixão e o Canto do Pau do Horto, A
Esposa e Companheira, Poema Dedicado aos que Sofrem
Exemplo da Menina Peluda de Paranatama
Exemplo da Cabra que Falou sobre Crise e Corrupção
Exemplo da Corrupção ou o Homem que Virou Mulher
Exemplo da Moça do Umbigo de Fogo
Exemplo da Moça que Encontrou a Besta-fera
Exemplo do Filho que Fez o Pai Assassinar sua Mãe
Exemplo do Filho que Matou os Pais para Ficar com a Aposentadoria
Exemplo do Homem que Atirou na Chuva
Exemplo do Homem que Atirou na Virgem da Conceição
Exemplo do Pé de Pano do Maranhão
Fantástico Caso do Padre que Morreu 136 Vezes e Ressuscitou, O
Filha que depois de Morta Salvou a Própria Mãe, A
Filha que Matou a Mãe pra Fugir com um Maloqueiro, A
Filho que Levantou Falso à Mãe e Virou Bicho, O
Filho que Matou a Mãe na Sexta-feira da Paixão por causa de um Pau de Macaxeira, O
Filho que Matou a Mãe por um Bago de Jaca, O
Gozo da Mocidade e a Traição da Mulher, O
História da Criança que Morreu Queimada na Cidade de Bonito, A
História de Marieta, a Moça que Dançou no Inferno
História do Boi que Falou em Minas Gerais
Homem que Comeu o Pão de Açúcar no Rio de Janeiro, O
Homem que Deu à Luz ao Diabo, O
Homem que Deu à Luz em Minas Gerais, O
Homem que Deu a Luz uma Criança em Alagoas, O
Homem que Era Pobre porque Não Sabia Ler, O
Homem que Falou com o Diabo em Juazeiro, O
Homem que Fez Profissão da Mentira e Passou a Crença a seu Filho de 6 Anos de Idade, O
Homem que Mandou Comprar a São Pedro Cinco Cruzeiros de Chuva, O
Homem que Viu em Sonho os Habitantes da Lua, O

Homem que Pariu, O
Horrores da Devassidão, Os
Jogador que Quebrou as Imagens porque não Ganhou no Bicho, O
Jumento que Falou no Nordeste, O
Juventude Depravada de Hoje em Dia, A
Língua da Mulher Faladeira, A
Maravilhas que Vê-se no Banho de Copacabana, As
Marcha do Desmantelo no Mundo, A
Marcha dos Cabeludos e os Usos de Hoje em Dia, A
Marido que Trocou a Mulher por uma Garrafa de Aguardente, O
Marido que Trocou a Mulher por uma Jumenta na Bahia, O
Marido que Trocou a Mulher por uma Tevê a Cores, O
Menina que Foi Gerada Fora da Mãe na Inglaterra, A
Menina que Nasceu e Falou Profetizando, A
Meninas que Nasceram Pegadas, As
Menino da Porteira, O
Menino de Dois Meses que está Falando em Pernambuco, O
Menino que Falou com Nossa Senhora, O
Menino que Nasceu com a Cabeça nas Costas, O
Menino que Nasceu com a Pintura do Cão, O
Menino que Nasceu com Dois Chifres no Estado de São Paulo, O
Mineiro que Trocou a Mulher por uma Garrafa de Aguardente "Praianinha", O
Moça de Mini-Saia que Tomou Banho de Mar com o Satanás na Praia de Amaralina, A
Moça que Bateu na Mãe e Virou Cachorra, A
Moça que Bateu na Mãe na Sexta-feira da Paixão, A
Moça que Casou Nove Vezes e Ficou Virgem, A
Moça que Casou-se com um Velho a Fim de Nunca Ter Filhos, A
Moça que Dançou com o Diabo, A
Moça que Dançou depois de Morta, A
Moça que o Diabo Tomou Conta para a Matar de Fome, A
Moça que Passou o Carnaval no Inferno, A
Moça que Pisou Santo Antônio no Pilão pra Casar com o Boiadeiro, A
Moça que Virou Cobra, A
Moça que Virou Cobra e Quis Engolir a Mãe, A
Moça que Virou Jumenta porque Falou de Topless a Frei Damião, A
Moça que Virou Porca em Rio Tinto, A
Mocidade sem Freio
Modas Escandalosas de Hoje em Dia, As
Modernismo Hoje em Dia, O
Momento Político Nacional, O
Monstro Misterioso da Gruta de Ubajara, O
Mudança dos Tempos de 1986 a 2000, A
Mulher Carinhosa, A
Mulher com seus Carinhos Faz do Homem o que Ela Quer, A
Mulher Conformada pelo Amor do Marido, A
Mulher de Quatro Metros que Anda de Feira em Feira, A
Mulher que Adulterou o Esposo, A
Mulher que Deu o Filho ao Diabo, A
Mulher que Fez a Barba do Marido a Pulso, A
Mulher que Foi ao Inferno e Dançou com o Diabo, A
Mulher que foi Surrada pelo Diabo, A
Mulher que Morreu no "Tira-Gosto", A
Mulher que não Negava o Amor de Deus, A
Mulher sem Cabeça que está Aparecendo no Nordeste, A
Mulher Traiçoeira, A
Namorados de Hoje, Os
Namoro Moderno, O
Namoro no Cinema, O
Namoro no Escuro, O
Namoro Reservado, O
Não é Crime nem Pecado Marido Enganar Mulher
Pai que Forçou a Filha na Sexta-feira da Paixão
Perdição do Mundo, A
Perto do Cabaré
Poder Oculto da Mulher Bonita, O
Porca que Pariu um Menino em Santo Antônio de Jesus, A
Porca que Teve 14 Porcos e um Elefante, A
Povo na Corrupção, O
Princesinha que a Serpente Engoliu e o Breve Misterioso, A
Proezas de Amélia que é Mulher de Verdade, As
Quem Gosta de Namorar Só Quer Morar em Goiana
Rapaz que Apanhou 3 Surras para Aprender a Namorar, O
Rapaz que Apanhou das Moças por não Saber Namorar, O
Rapaz que Bateu na Mãe e Virou Bicho em Feira de Santana, O
Rapaz que Brigou um Ano e Seis Meses dentro de um Cabaço, O
Rapaz que Beijou o Pai da Moça, Enganado, O
Rapaz que Estava de Olho na Boutique da Vizinha, O
Rapaz que Mamou na Onça, O
Rapaz que Matou a Família Aconselhado pelo Diabo, O
Rapaz que Nasceu com a Cabeça para trás, O
Rapaz que Virou Bode, O
Rapaz que Virou Burro em Minas Gerais, O
Resultado das Moças Namoradeiras, O
Resultado dos Cabeludos de Hoje em Dia, O
Ritmo da Mulher Bonita e da Feia, O
Saia que Suspendeu, A
Se o Homem Pode Parir, o Mundo não Presta Mais!
Sindicato dos Cornos
Valor da Honestidade, O
Valor da Mulher, O
Vaqueiro que Deu a Luz no Sertão Alagoano, O
Vaqueiro que Deu a Luz, Fenômeno dos Fenômenos, O
Vingança do Homem de Brotas, A
Viúva que Amarrou S. Antônio n'um Foguete para se Casar a Segunda Vez, A

ÁLBUM IV. UM MODELO DE VIDA: OS HERÓIS DE CORDEL

CARLOS MAGNO E OS DOZE PARES DA FRANÇA
Batalha de Oliveiros com Ferrabrás, A
Grande Paixão de Carlos Magno pela Princesa do Anel Encantado
Morte dos 12 Pares da França, A
Prisão de Oliveiros, A
Roldão no Leão de Ouro
Vitória do Príncipe Roldão no Reino do Pensamento, A

OS ROMANCES VELHOS DO CORDEL
Aladim e a Princesa de Bagdá
Amada de Três Amantes, A
Amédio e Lucinda
Amor de Perdição
Amor de um Estudante ou o Poder da Inteligência, O
Amor Impossível, Um
Amor na Guerra, O
Aventuras do Soldado Lourival pelo Amor da Princesa Elizabete, As
Balão do Destino ou a Menina da Ilha, O
Branca de Neve e o Soldado Guerreiro
Casamento e Mortalha no Céu se Talha
Casamento Infeliz, O
Cavalo Voador ou Julieta e Custódio, O
Cigana Esmeralda, A
Condessinha Roubada, A
Donzela do Maranhão, A
Enjeitado de Orion, O
Entre o Amor e a Espada
Filha do Pescador, A
Força do Amor ou Alonso e Marina, A
História da Donzela Teodora, A
História da Escrava Guiomar, A
História da Imperatriz Porcina, A
História da Princesa da Pedra Fina, A
História da Princesa Rosa, A
História da Princesa Eliza, A
História da Princesa Irmã da Cobra e o Príncipe do Mar Tufão, A
História de Barba Azul, A
História de João da Cruz
História de João de Calais
História de José do Egito
História de Mariana e o Capitão de Navio
História de Mariquinha e José de Souza Leão
História de Roques Matheus do Rio São Francisco
História de Rosa de Milão
História de Tertuliano e Albertina
História de Três Princesas Encantadas, A
História de Zezinho e Mariquinha
História do Capitão do Navio, A
História do Índio Ubirajara e o Índio Pujucan
História do João Valente e o Dragão de Três Cabeças
História do Príncipe João Corajoso e Princesa do Reino Não Vai Ninguém
História do Soldado Roberto e a Princesa do Reino de Canaan, O
História do Valente Vilela
História do Roberto do Diabo
Infelicidade de Dois Amantes, A
Judeu Errante, O
Lâmpada de Aladim, A
Lobo do Oceano, O
Mal em Paga do Bem, O
Martírios da Santa Fé ou Delmiro e Dorotéa, Os
Meia Noite no Cabaret
Monstro, o Índio e o Menino, O
Morte de Alonso e a Vingança de Marina, A
Mulher Roubada, A
Namoro de um Cego com uma Melindrosa da Atualidade, O
Nobreza de um Ladrão, A
Noite de Amor, Uma
Pavão Misterioso, O
Pedrinho e Julinha
Pérola Sagrada, A
Perdidos no Deserto, Os
Prêmio da Inocência, O
Prêmio do Sacrifício ou os Sofrimentos de Lindóia, O
Princesa Maricruz e o Cavaleiro do Ar, A
Princesa Rosamunda e o Espelho de Prata, A
Princesa Rosamunda ou a Morte do Gigante, A
Princesa sem Coração, A
Príncipe do Barro Branco e a Princesa do Reino do Vai Não Torna, O
Príncipe e o Mendigo, O
Príncipe João Sem Medo e a Princesa da Ilha dos Diamantes, O
Príncipe Oscar e a Rainha das Águas, O
Príncipe Ribamar e o Reino das 5 Pontas, O
Prisioneiro do Castelo da Rocha Negra, O
Proezas de João Grilo, As
Quem Tem Mulher Tem Trabalho mas Ninguém Quer ser Solteiro
Rei Alexandrino e Rainha Catarina
Reino Castelo Branco e o Rei Herói da Ciência, O
Reino Pedra Marítima, O
Romance da Menina Perdida, O
Romance de Iracema, a Virgem dos Lábios de Mel, O
Romance do Escravo Grego
Romance do Pavão Misterioso, O
Segredo da Princesa, O
Segredo do Casamento ao Alcance de Todos, O
Sofrimentos da Eliza ou os Prantos de uma Esposa, Os
Testamento da Cigana Esmeralda, O
Triste Sorte de Jovelina, A
Triunfo da Inocência, O
Verdadeiro Romance de João de Calais, O
Verdadeiro Romance do Filho do Herói João de Calais, O
Verdadeiro Romance dos Dois Amantes do Ar

ROMANCES DE GERAÇÕES NOVAS DE AUTORES
Branca de Neve e os Sete Anões
Caboclinha da Gruta, A
Cavaleiro das Flores, O
Cavalo Voador ou Julieta e Custódio, O
Cinco Anos de Prisão
Destino de Duas Vidas, O
Deusa e o Caçador, A

Escrava que se Tornou Princesa, A
Galinha dos Ovos de Ouro, A
Garça Branca do Bosque e o Gênio Mal-
  -assombrado, A
Gato de Botas e o Marquez de Carabás, O
Grande Romance: O Reino da Esperança
História de João Mimoso ou o Castelo Maldito
História de João Moleque e a Princesa Lindalva
História de João Preguiçoso e a Princesa
  Malvina
História de Rogaciano e Ritinha
História do Príncipe Jaci e a Negra "Moura
  Torta"
História do Rei Enchocalhado
Índia Fidalga, A
Lozarte e Orlando no País dos Xeleléus
Mãe Falsa ao Filho e os Dramas do Gigante
  Misterioso, A
Olavo e a Rainha Gerusa
Pombinha Encantada do Reino do Mundo
  Além, A
Princesa Anabela e o Filho do Lenhador, A
Princesa Gení e o Reino Monte de Ouro, A
Princesa Rosamunda e o Espelho de
  Prata, A
Príncipe que Trouxe a Sina de Morrer
  Enforcado, O
Prisão do Gigante da Montanha
  Assombrosa, A
Prisioneira do Egito ou a Vítima da Traição, A
Reino da Rosa Branca e o Guerreiro Antônio
  Alves de Moura, O
Reino do Limão Verde, O
Romance de João Cambadinho e a Princesa do
  Reino de Mira-mar
Romance de Pedrinho e Iracema
Romance de Sandoval e Anita
Romance do Pescador que Tinha Fé em
  Deus, O
Três Cavalos Encantados, Os
Três Cavalos Encantados e Três Irmãos
  Camponeses
Valente João da Mata e a Princesa da Gruta, O
Vingança da Princesa do Reino do Bom
  Jardim, A
Vitória de Floriano e a Negra Feiticeira, A

HISTÓRIAS DE AMOR — "JOÃO E MARIA"

Alfredo e Julinha
Alonso e Rosália
Amor de Josimar, O
Amor Fingido ou História de Cleia e
  Eremberg, O
Amor Supliciado nas Grades da Detenção, Um
Amores de Lindalva e as Bravuras de
  Nequinho, Os
Armando e Corina
Assassino da Honra ou a Louca do Jardim, O
Aventuras de Andrade e Jucelina, As
Aventuras de Genival e Jovelina, As
Aventuras de Renato e Elvira, As
Aventuras de Ricardo e a Grande Paixão da
  Tânia, As
Bravuras de Jaques e a Firmeza de Geí, As
Bravuras de Justino pelo Amor de
  Terezinha, As
Bravuras de Singleton e Suelí em o Ouro das
  Piratas, As
Casamento de Paulino e a Mulher de seu
  Qualquer, O
Cidadão Generoso Traído pela Consorte
Cidrão e Helena
Cinco Anos de Prisão
Coração de Luto
Desespero do Amor, Mílton ou Cléa, O
Dimas e Madalena nos Labirintos da Sorte
Domiciano e Rosete ou o Viajante da Sorte
Drama nas Selvas ou Zé Vicente e
  Marcelina, Um
Escrava do Amor, A
Escrava Nordestina, A
Espada Vingadora, A
Felisberto e Carmelita conta o Ódio e a
  Vingança
Filha Noiva do Pai ou Amor, Culpa e Perdão
Filho da Floresta Negra, O
Firmeza de Alzira e o Heroísmo de Zezinho, A
Galdino e Marieta
Galdino e Severina ou o Louco do Cemitério
Grande Amor, Um
Grinaura e Sebastião
Helena, a Virgem dos Sonhos

Heróis do Amor
História Completa de Renato e Mariana
História Completa de Valdemar e Irene
História de Amor, Paixão e Desenfreio
História de Aureliano e Doralice
História de Geraldo e Silvina
História de Inez e Alfredo de Souza Leão
História de Luís e Noêmia
História de Rogaciano e Ritinha ou o Amor
  Sacrificado
História de Veridiano e Valdina
História de Vicente e Josina
História do Poeta Ramos Patrício e Zulmira
  Feitosa
História e Martírios da Escrava Anastácia
História Emocionante de Celeste e Bitão
História: Romero e Carminha
Jorge e Luizinha
Josimar e Anita ou o Galo de Ouro
Juvenal e Cristina
Ladrão que não Roubou, O
Lágrimas de Amor ou a Vingança de um
  Condenado
Laureano e Carminha
Lourival e Terezinha
Manassés e Marili entre a Luta e o Amor
Marcelo, o Filho da Governanta
Mistério dos Três Anéis, O
Mulheres de Pedra ou Leonardo e Miramar, As
Na Selva Também se Ama
Nazaré e Damião
Nogueira e Jusselina
Olhos de Dois Amantes por cima da
  Sepultura, Os
Orlando e Dalva, os Escravos do Amor
Oscar e Aurora
Paulo e Rosita
Quatro Órfãs de Portugal
Queda do Egoísmo e os Laços de Amor, A
Roberto e Mariana (ou Suplício Maternal)
Rogaciano e Angelita
Romance de Epitácio e Marina, O
Romance de Julião e Marinete ou os Escravos
  da Montanha
Romance de Laurentino e Albertina, O Ego o
  Eu e a Alma

Romance de Maria Madalena
Rosinha e Sebastião
Segredo da Verônica, O
Sofrimentos de Célia ou Três Espadas de Dores, Os
Tragédia de um Amigo ou o Sofrer de Lenira, A
Triunfo da Pequena, O
Triunfo do Amor de Valério e Violeta
Vicente e Branca-Flor
Vitória de Floriano e a Negra Feiticeira, A

HISTÓRIAS DE ANIMAIS

Bicho do Mazagão, O
Boi de Minas, O
Boi do Pé da Cajarana, O
Boi dos Chifres de Ouro ou a Coragem de Pompeu, O
Boi Misterioso, O
Cachorro dos Mortos, O
Casamento da Raposa com o Cão, O
Casamento da Raposa com o Veado, O
Casamento do Bode com a Raposa, O
Casamento do Calango, O
Festa dos Bichos, A
Festa dos Cachorros, A
Garça Encantada, A
História Completa do Boi Araçá do Capitão Fernando
História da Novilha de Ouro ou a Princesa Anita
História de um Pato Misterioso, A
História do Boi Leitão ou o Vaqueiro que não Mentia
História do Boi Mandingueiro e o Cavalo Misterioso
História do Boi Misterioso
História do Cachorro dos Mortos
Jeca na Praça
Lágrimas de um Jumento Apaixonado, As
Lavrador e o Lobo e o Macaco Defensor, O
Macaco Misterioso, O
Menino dos Bodinhos e a Princesa Interesseira, O
Nascimento que Cortou o Rabo do Jumento
Pavão Misterioso, O (ver romances de amor)
Profecia da Garça Misteriosa, A
Romance de João Besta com a Gia da Lagoa, O
Rouxinol Encantado, O
Touro do Umbuseiro ou o Curandeiro Misterioso, O
Três Garças Encantadas no Açude do Barão, As
Três Irmãos Caçadores e o Macaco da Montanha, Os

HISTÓRIAS DE "QUENGOS" E "AMARELOS"

Astúcias de Zé da Luz, As
Aventuras de Chico Zé Malaba, As
Aventuras de Pedro Malazarte, As
Encontro de Cancão de Fogo com Pedro Malazarte
Neto de Cancão de Fogo, O
Perguntas do Rei e as Respostas de João Grilo, As
Proezas de João Grilo, As
Vida de Cancão de Fogo, A
Vida de Pedro Malazarte, A

HERÓIS DO CANGAÇO

Alma de Lampião Faz Misérias no Nordeste, A
Amor do Cangaceiro Cobra-Verde por Maria Bonita, O
Antônio Felix
Antônio Ferreira e o Cego Romeiro
Antônio Silvino e a Casa do Fazendeiro
Antônio Silvino e o Negro Currupião
Antônio Silvino no Juri: Debate de seu Advogado
Barulho de Lampião no Inferno, O
Bode, Cangaço e Lutas
Bravuras de Antônio Silvino em Honra de um Velho Amigo, As
Cangaceiro Antônio Felix, O
Cangaceiro Antônio Silvino, O
Cangaceiro Diferente, O
Cangaceiro que Deu pra Beato ao Fugir da Caipora, O
Cangaceiro, Baseado na Vida de Lampião
Cangaceiros Colchete e Jararaca
Cangaceiros e Revoltosos
Chegada de Curisco no Inferno, A
Confissão de Antônio Silvino, A
Dadá e a Morte de Corisco
Dila o Ex-Cangaceiro
Duelo de Curisco com Besouro Preto
Eleição do Diabo e a Posse de Lampião no Inferno, A
Encontro de Antônio Silvino com "um Falso Lampião"
Encontro de Antônio Silvino com o Valente Nicácio na Vila de Trapiá
Encontro de Lampião com a Negra dum Peito Só
Encontro de Lampião com Lamarca no Inferno
Encontro de Lampião com Lampião
Encontro de Rodolfo Cavalcante com Lampião Virgulino
Encontro do Cangaceiro Vilela com o Negrão do Paraná
Filha do Cangaceiro, A
Gilberto e Miriam nas Garras do Cangaço
História Completa da Vida de Antônio Silvino
História Completa de Lampião
História de Antônio Silvino
História do Cangaceiro João Serra Negra
História dos Crimes dos Cangaceiros do Icó
Interrogatório de Antônio Silvino, O
Jararaca o Cangaceiro
Justiça e Desordem de Lampião
Labareda o Capador de Covardes
Lampião – o Terror do Nordeste
Lampião de Vila Bela
Lampião e as Forças Legais
Lampião Fazendo o Diabo Chocar um Ovo
Lampião na Bahia
Lampião não era tão Cão como se Pinta
Lampião o Cangaceiro
Lampião o Terror do Nordeste
Lampião Virgulino
Lampiões
Luta de Lampião para Entrar no Inferno, A
Maria Bonita, Mulher Macho, sim, Senhor
Maxado é Lampião Reencarnado
Morte Comanda o Cangaço, A
Morte de Lampião, A
Morte de Lampião e a Vingança de Corisco, A

Nem tudo foi Lampião
Pormenores do Cangaço
Quem era Lucas da Feira
Rainha do Cangaço, A
Trechos da Vida de Lampião
Tremenda Briga de Lampião com Sabino
Último Dia de Lampião
Uma das Maiores Proezas que Antônio Silvino Fez no Sertão Pernambucano
Vida Criminosa de Antônio Silvino, A
Vida Criminosa de Lampião o Rei do Cangaço, A
Vida de Antônio Silvino, A
Vida de Lampião, Intriga, Luta e Cangaço

HERÓIS VALENTES

Amores de Rosinha e as Bravuras de João Grande ou os Valentões do Teixeira, Os
Antônio Dó – O Famoso Bandido do Rio São Francisco
Assassinato de João Caetano e a Vingança de seu Filho Oliveiros, O
Aventuras de João Desmantelado, As
Aventuras de um Boiadeiro, As
Aventuras do Amarelo João Cinzeiro Papa Onça, As
Aventureiro do Norte, O
Aventureiros da Sorte, Os
Bamba do Bairro, O
Bandidos da Serra Vermelha, Os
Bandoleiro Lutando em Defesa do Amor, Um
Bate-Mundo, O
Beato Pistoleiro ou o Aleijado da Cruz, O
Boidadeiro Valente, O
Brabão de Piancó
Bravuras de Cipriano e os Amores de Jacira, As
Bravuras de Juvino e os Amores de Domerina, As
Bravuras de um Vaqueiro na Fazenda Verdejante, As
Bravuras de Valdivino pelo Amor de Beatriz, As
Bravuras de Zé Vigia do Sertão, As
Bravuras do Valente 99, As
Bravuras do Vaqueiro que Casou com Carmelita, As
Briga do Zé do Norte no Morro de Mangueira, A
Cava-Mundo
Chico Tampa com Maria Tampada
Coronel Mangangá e o Seringueiro do Norte
Crime da Meia-noite, O
Defensor de Honra ou Marilene e João Miguel, O
Emboscada na Serra, A
Encontro de Dois Errados, O
Encontro de Dúbal Ribeiro com o Bandido Zé Cabelo, O
Encontro de João Faísca com Francisco Pinga Fogo, O
Encontro de Urutu com Dioguinho, o Valentão do Sul do Brasil, O
Encontro de Zé Lapada com Chico Topa Tudo, O
Encontro do Irmão do Negrão do Paraná com o Seringueiro do Norte, O
Encontro do Valente Rio Preto com Vicente Gomes Teixeira, O
Estória da Morte do Vaqueiro Valente
Fera de Petrolina, A
Filho de Zé de Souza Leão, O
Filho do Capitão e Rufino, o Rei do Barulho, O
Filhos do Boiadeiro, Os
Gatilho Sangrento, O
Glórias de um Fazendeiro, As
Grande Debate do Terror do Norte com João Miguel, em Defesa de Marilene, O
Heroísmo de João Canguçu no Engenho Gameleira, O
Heroísmo de Petronilha e as Bravuras de João de Deus, O
Heroísmo de um Sertanejo, O
História de Ana Rosa e Banda Forra, A
História de Braz e Anália, A
História de Cazuza Sátyro "O Matador de Onça", A
História de Cobra Assanhada, A
História de João Valente e o Dragão de Três Cabeças, A
História de Linda Luz e o Caçador Sertanejo, A
História de Lucelita, a Filha do Vaqueiro Valente, A
História de Três Irmãos Lavradores e os Três Cavalos Encantados, A
História do Assassinato do Manoel Machado e a Vingança de seu Filho Samuel, A
História do Defensor da Honra ou João Miguel e Marilene, A
História do Negrão ou André Cascadura, A
História do Vira-Mundo, A
Homem do Além, O
Irmão do Negrão, O
Itabaianense Valente ou Juarez e Guiomar
Joel e Creuza ou o Vingador do Cariri
Lasca-Mundo
Mara Mata Homem, a Valente da Paraíba
Matador de Onças, O
Na Sombra da Vingança
Negão do Paraná e o Seringueiro do Norte
Nero do Amazonas
Pau de Arara Valente
Pistoleiro da Serra na Caverna da Morte, O
Reinaldo e Marilena ou o Valente Alagoano
Romance de José de Souza Leão
Romance de Viriato e Susana (ou o Herói da Valentia)
Romance do Aventureiro do Norte
Sinhô Pereira e o Negro Furacão
Sertanejo Antônio Cobra Choca, O
Terror da Zona, O
Terror do Sertanejos, O
Traição de Alfredo e a Vingança de Justino, A
Valentão de Irará, O
Valentão de Sapé, O
Valentão do Mundo, O
Valentão do Norte, O
Valente Cascadura e o Mendonça do Pará, O
Valente Cascavel ou Assombro do Sertão, O
Valente Daniel, O
Valente Josué, O
Valente Tigre Preto e a Velha Treme Terra, O
Valente Vilela, O
Vaqueiro Destemido ou Daniel e Juliana, O
Vaqueiro Nordestino, O
Vaqueiro Zé de Melo e o Boi Misterioso, O
Verdadeiro Encontro de Antônio Cobra Choca com o Sertanejo Valente, O
Vingança Humana, A

Vingança de um Sertanejo no Engenho Pirapama, A

Volta de Zé Matraca o Valentão de Palmares, A

Zé Baiano, o Ferrador de Gente

ÁLBUM V. A VIDA É UMA LUTA, A VIDA É UMA ODISSEIA

ABC da Carestia
ABC da Inflação
ABC da Vida de Garimpeiro da Região do Garças e Araguaia
ABC de Delfim Neto e o Problema da Inflação
ABC do Feijão e os Tumultos nas Filas
Agricultor Nordestino que Veio Trabalhar na Obra no Rio de Janeiro, O
Arrocho da Inflação que Fez o Plano Cruzado, O
Belezas de Brasília e as Misérias do Nordeste, As
Cara Feia da Fome no Golpe da Carestia, A
Carreira da Sunab com Medo da Carestia, A
Carta dum Pau de Arara Apaixonado pra sua Noiva
Casamento na Roça, O
Casamento de Zé Piaba com Catarina Coité, O
Césio 137 e a Salada de Lixo à Brasileira
Choro dos Flagelados e a Crise do Sertanejo, O
Choro dos Nortistas no Rio, O
Clamor da Caristia, O
Crise e Carestia Matando o Povo de Fome
Cruzado que Derrubou a Inflação, O
Delfim Deu Fim ao Brasil
Depoimento que o Matuto Deu ao Delegado, O
Desemprego e a Fome no Mundo da Carestia, O
Dez réis do Governo, Os
Diferença do Rico para o Pobre, A
Dilúvio Faz Tragédia no Rio
Dinheiro, O
Discussão de Mocó e Azulão, A
Discussão do Carioca com o Pau de Arara, A
Discussão do "Paraíba" com o Carioca, A
Dívida de Funcionário nunca Termina, A
Drama de um Nordestino, O
Drama do Retirante, O
É a Gasolina Subindo e o Povo Passando Fome

Encontro da Velha que Vendia Tabaco com o Matuto que Vendia Fumo, O
Entre o Namoro e a Dança nas Festas dos Bastião
Escravidão Moderna, A
Família de Tabaréu em São Paulo, A
Filhos do Rei Miséria, Os
Fim do Arrocho e os Preços Congelados, O
Flagelo dos Sertanejos, a Seca, os Cangaceiros e os Tubarões, O
Greve e Mortes em Volta Redonda, RJ
Herói Presidente e o Famoso Pacotão, O
História de um Tabaréu Buscando a Vida na Capital
História do Feijão Preto e o Sofrimento do Pobre, A
História dos Retirantes Flagelados de 1958, A
Homem que Comeu o Pão de Açúcar no Rio de Janeiro, O
Horrores da Carestia, Os
Horrores do Nordeste, Os
Horrores e a Seca do Nordeste, Os
Invasão da Carestia, A
Jararaca e Ratinho, os Caipiras Nordestinos
Jesus da Silva Favelado
Canção e Lamentos do Soldado da Borracha
Lembranças do Passado
Martírios do Nortista Viajando para o Sul, Os
Matuto do Sertão Chegando no Rio de Janeiro
Matuto Vendendo Fumo Ambulante
Matutos na Igreja, Os
Migração do Nordeste a São Paulo, A
Mineiro que Comprou um Bonde no Rio de Janeiro, O
Misérias da Época, As
Mundo às Avessas, O
Na Fazenda do Tumais
Namoro do Matuto com a Professora, O
Ninguém Aguenta mais a Inflação e a Carestia

Nordestino no Rio, O
Nordestinos no Rio e o Nordeste Abandonado, Os
Novo Pacote Depois da Eleição – Foi Traição!, O
País e o Povo ou a Carestia Atual, O
Palestra Matuta
Palhaçadas de Zé Matuto na Praça, As
Palhaçadas do Caboclo na Hora da Confissão, As
Pau com Formigas, Um
Pau de Arara Valente
Pobreza em Reboliço e os Paus de Arara do Nordeste, A
Poder do Dinheiro / A Carestia da Vida / Crise para Burro
Política, Inflação e Carestia estão Matando de Fome os Brasileiros
Povo na Cruz, O
Propaganda de um Matuto com um Balaio de Maxixe
Quando há Seca no Sertão
Quanto Sofre o Motorista e o Cobrador de Ônibus
Reino da Pedra Fina – O Rei Miséria e seus Filhos, O
Retirante, O
Rico Invejoso e o Pobre Corcunda, O
Saudade dos Nordestinos
Seca e os Horrores do Nordeste, A
Seca mais Clamorosa da História do Nordeste, A
Seca, Enchente e o Presidente
Seca, o Flagelo do Sertão, A
Seca do Ceará / Panelas que muitos Mexem (Os Guizados da Política)
Seca do Ceará, A
Sertanejo no Sul, O
Sonegação da Carne Difama o Plano Cruzado, A

— 351 —

Sofrimentos dos Pobres que Pagam INPS, Os
Suspiros de um Sertanejo, Os
Todo Nordeste Entristece quando há Seca no Sertão
Tragédia das Enchentes em Todo Rio de Janeiro, A
Tragédia de Todos os Tempos, A

Trem da Madrugada, O
Vaca Misteriosa que Falou sobre a Crise Atual, A
Velho Caboclo e os Três Ladrões, O
Viagem de um Poeta através das Obras dos Engenheiros contra as Secas
Viagem dos Arigós ao Amazonas, A

Vida do Operário e o Nordestino no Rio, A
Vida do Pobre Hoje em Dia, A
Vida do Sertanejo, A
Vida dos Seringueiros, A
Violência no Rio, A
Voz da Crise, A
Zé Matuto no Rio de Janeiro

ÁLBUM VI. TEMOS NOSSAS DISTRAÇÕES

PELEJAS, REPENTES E CANTORIAS
Cantadores do Nordeste, Os
Diferente Peleja do Crioulo Doido com Coronel Ludugero
Encontro de João Ramos com Zé Pedreira
Esmagadora Peleja de João Vicente Emiliano com José Pedro Pontual, A
Grande Cantoria Realizada por: Manoel Camilo dos Santos em Casa do Monsenhor
Grande Peleja de Preto Limão com Inácio da Catingueira
Grande Peleja de Romano Elias com Azulão
Grande Peleja de Sérgio Malandro com Pedro de Lara
Mal-assombrada Peleja de Francisco Sales com o Negro Visão
Palavras de um Repentista
Peleja da Poetisa Baiana com o Sabiá do Sertão
Peleja de Adalgiso Carlos com João Severo (Cícero)
Peleja de Ana Roxinha com Maria Roxinha
Peleja de Antônio Machado com Manoel Gavião
Peleja de Antônio Rocha com Joaquim Pitu
Peleja de Azulão com Palmeirinha
Peleja de Bandeirinha com Mestre Avelino Pedro
Peleja de Bernardo Nogueira e o Preto Limão
Peleja de Bule-Bule com Valdomiro Galvão
Peleja de Caetano Cosme da Silva com Maria Lavandeira
Peleja de Cego Aderaldo com Zé Pretinho

Peleja de Costa Leite com Dila de Caruaru
Peleja de Domingos Fonseca com Siqueira de Amorim
Peleja de Egídio Lima com Clidenor Varela sobre a Escritura Sagrada
Peleja de Ferreirinha, com Apolônio Alves dos Santos
Peleja de João Athayde com José Ferreira Lima
Peleja de João Athayde com Leandro Gomes
Peleja de João Athayde com Raimundo Pelado do Sul
Peleja de João Galdino com Joaquim Pitu
Peleja de João Silveira com Egídio Lima
Peleja de João Vieira com o Padre do Jardim das Oliveiras
Peleja de Joaquim Jaqueira com João Melquíades
Peleja de José Carlos com Manoel Tomaz de Assis
Peleja de José Felix com Mangabeira
Peleja de José Ferreira da Silva (Rouxinol) com Pedro Bandeira Pereira de Caldas
Peleja de José Gustavo com Maria Roxinha da Bahia
Peleja de José Soares com Biui Silva
Peleja de José Tomaz de Lima com Antônio Pontes
Peleja de José Tomaz Lima com o Cb Vicente Rufino
Peleja de Laurindo Gato com Marcolino Cobra Verde
Peleja de Manoel Raimundo com Manoel Campina
Peleja de Manoel Riachão com o Diabo

Peleja de Manuel José da Silva "Passarinho" com Apolônio Alves dos Santos
Peleja de Maxado Nordestino com Raimundo Santa Helena neste Rio
Peleja de Minelvino com Odilon Pinto no Forró do Mate o Veio
Peleja de Natanael de Lima com Apolônio dos Santos
Peleja de Patrício com Inácio da Catingueira
Peleja de Rodolfo Cavalcante com Caboquinho da Bahia
Peleja de Serrador e Carneiro
Peleja de Severino Borges com João Barraca
Peleja de Severino Borges com Patativa
Peleja de Severino Borges com Patativa do Norte
Peleja de Severino Borges com Severino Ciríaco
Peleja de um Embolador de Côco com o Diabo
Peleja de Ventania com Pedra Azul
Peleja de Vicente Sabiá com Antônio Coqueiro
Peleja de Zé Cunha com Oliveira
Peleja de Zé Felix com Mangabeira
Peleja de Zé Limeira com o Crioulo Doido
Peleja de Zé Pitanga com Zabelê do Sertão
Peleja de Zé Quixabeira com Manoel Monteiro
Peleja do Cego Aderaldo com Zé Pretinho
Peleja do Cego Aderaldo com Zé Pretinho do Tucum
Primeira Peleja de Francisco de Souza Campos com Adalgiso Carlos de Oliveira
Segunda Peleja de José Costa com a Poetisa Baiana
Tremenda Peleja de Francisco de Paula com João José

A LITERATURA DE CORDEL, DIVERSÃO EM QUESTÃO

ABC a Franklin Machado, o "Maxado Nordestino"
ABC de Rodolfo Cavalcante
ABC do Trovador Rodolfo Coelho Cavalcante
Adeus de Rodolfo Coelho Cavalcante à Cultura Popular Brasileira
Arte do Cordel, A
Artista Injustiçado, O
Azulão Ganha mas não Leva
Azulão Vem aí! Brizola, Casanova, Biratan e Arí
Casa da Cultura São Saruê
Ciência Natural e Poesia, Eu e o Cordel
Cordel do Cordel, O
Crioulo Doido que era um Poeta Popular, O
Dificuldades do Cordel Mostradas por um Poeta, As
Doutor Faz em Cordel o que Cordel Fez em Dr.
Doutor! Que Faz em Cordel?
Espírito do Brasil Incorpora em Maxado, O
Estatutos da Associação Nacional de Trovadores e Violeiros
Estatutos da Ordem Brasileira dos Poetas da Literatura de Cordel
Falta que Faz Rodolfo, A
Filosofia de um Trovador, A
Gonçalo Ferreira da Silva, Biografia do Autor
História da Primeira Jornada da Literatura de Cordel em Campinas, SP
História do Primeiro Congresso Nacional de Literatura de Cordel no Rio de Janeiro
Juglares nunca Mueren
Lamentação dos Poetas na Morte de Sebastião Nunes Batista
Literatura de Cordel, A
Literatura de Cordel, o Prenúncio do Fim?
Marco Feito a Maxado Nordestino, Um
Morte de um Poeta, José Gentil Girão (Seu Ventura)
Morte do Poeta Rodolfo Coelho Cavalcante
Música, a Voz e o Som na Literatura de Cordel, A
Origem da Literatura de Cordel e sua Expressão de Cultura nas Letras de Nosso País
Palestra de: Elias A. de Carvalho com Pedro Bandeira
Papai Cordel Faz o Natal da Bayer
Philips Saúda e em Versos a Arte Popular do Nordeste
Pião Nordestino e os Poetas na Vida Cantarão as Saudades dos outros que Morreram, O
Plataforma de um Poeta de Cordel Imortável
Poeta Popular que Eu Conheci (Cuíca de Santo Amaro), O
Poeta Popular que foi Envenenado por uma Índia Suruí, O
Primeiro Congresso Nacional dos Trovadores e Violeiros, 1º a 5 de julho de 1955
Reabertura da Banca dos Trovadores e Repentistas na Praça do Mercado Modelo
Ressurreição do Poeta que não Morreu, A
Rodolfo Vive entre Nós
Vida, Profissão e Morte de João Martins de Athayde
Xilogravura Popular e a Literatura de Cordel, A
Zé Limeira

FEIRAS, MERCADOS E CULTURA POPULAR

ABC da Praça Cayrú
Azulão Canta Dizendo como é nosso Folclore
Ceguinho Violeiro e as Estórias da Feira, O
Feira da Bahia em S. Paulo "A Festa do Coração"
Feira de Feira Quer Voltar para a Praça, A
Feira dos Nordestinos do Campo de São Cristóvão, A
Feira-livre de Arte Total
Historiologia da Feira Nordestina
Inauguração da Fundação Casa de Jorge Amado na Bahia
O que o Mercado de São José Tem
Praça é da Poesia e Arte na República, A
Programa para a Noite de Cultura Popular da Bahia
Sobre um Circuito de Cultura e Arte nos Bairros
Tarde de Cultura Cearense
Vida em Tracunhaém e o Amor pela Arte, A
Xilogravura

HUMOR

Briga do Rapa com o Camelô, A
Cachimbo da Confusão, O
Casamento d'uma Moça Macho e Fêmea com um Rapaz Fêmea e Macho, O
Confissão de Caboclo, A
Desventura de um Corno Ganancioso
Discussão de um Fiscal com uma Fateira
Disputa do Português com o Fiscal
E a Porca me Comeu
Eleição dos Cornos
Encontro do Vendedor de Fumo com a Velha que Vendia Tabaco, O
Era do Chifre, A
Forró da Bicharada, O
Homem da "Gaia" Mole, O
Homem que Nasceu para ser Chifrudo, O
Homem que Nasceu pra ser Chifrudo e as Três Mulheres Galheiras, O
Intriga do Cachorro com o Gato, A
Japonês que Ficou Roxo pela Mulata, O
Malandro e a Piniqueira no Chumbrêgo da Orgia, O
Matuto Vendendo Fumo Ambulante
Mentira "Cabeluda" e a Carreira que Nós Demos! Traidores, A
Moça Beija no Escuro pra Poder Casar Ligeiro
Morte de Jericar o Jumento Papal, A
Mulher que Botou Xifre no Diabo, A
Mulher que Deu Tabaco na Presença do Marido, A
Mulher que Enganou o Diabo, A
Mulher que Engoliu um Par de Tamancos com Ciúme do Marido, A
Mulher que Matou o Marido de "Chifre", A
Mulher que Quebrou as "Gaias" do Marido com uma Mão de Pilão, A
Mulher que Rasgou o Travesseiro e Mordeu o Marido Sonhando com Roberto Carlos, A
Namorados de Hoje, Os
Negra Velha da Trouxa Montada no Bode Preto
Palestra de Três Donzelas
Papagaio e as Macacas que não estão na Mata, O
Perguntas do Rei e as Respostas de Camões, As
Periquito de Rosa e a Rolinha de Vicente, O

Pinto Pelado, O
Porca com Zé da Lasca, A
Se é do Homem ser chifrudo é muito Melhor Morrer
Seu "Mané" da Ponta Grande

O FUTEBOL
ABC Tetra Campeão
Amor de Genoveva por Germano Jogador, O
Botafogo, Campeão Brasileiro de 1955
Brasil, Campeão do Mundo
Brasil Entrega o Ouro e ainda Baixa as Calças (O Ex-País de Futebol), O
Brasil, Tri-Campeão em 86
Bravura dos Bacurais no Jogo dos 4 x 0, A
Brasil Bi-Campeão Mundial de Futebol de 1962
Brasil Campeão do Mundo 1970
Copa 86 das Oitavas ao Final, A
Copa de 1986 e o Sucesso de Maradona, A
Discussão de um Remista com um Paissandú
Estória do Matuto que "Enricou" com a Loteria Esportiva, A
Faleceu Mané Garrincha o Fabricante de Joãos
Famoso Veterano da Transporte Santo Antônio
Futebol no Inferno, O
Futebol dos Animais, O
História do Rei Pelé, A
Mané Garrincha
Peleja de Garrincha e Pelé
Porque é que em 60 Negro Vai Virar Macaco
Sapo que Desgraça o Corinthians, O
Samba de Murros no Jogo do Bahia com o Itabuna, Um
Venda de Zico e Mengo Bi-Campeão, A
Vida de Mané Garrincha
Vitória do Brasil Tetra Campeão Mundial de Futebol na Copa 94
Volta do Galinho Tetra Campeão

ÁLBUM VII. NA POLÍTICA ESPERAMOS, MAS NÃO CONFIAMOS

ABC da Luta dos Candidatos para Presidente da República
ABC da URV ou o Real
ABC das Eleições Diretas
ABC de Delfim Neto e o Problema da Inflação
ABC de Getúlio Vargas
ABC de Juracy Magalhães
ABC de Lacerda, a História do Político Jornalista
ABC de Octávio Mangabeira
ABC do Formoso
ABC Nacionalista
ABC para Franklin Machado, Candidato a Presidente
A Favor da Reforma Agrária no Brasil
Affonso Penna
Agonia de um povo e a Morte de Tancredo Neves, A
Agora Sou Revoltoso
Amor e a Dor de Tancredo Neves, O
Anistia Ampla e a Volta de Arraes, A
"Apagão" o Brasil Apagou a Luz
Arrocho da Inflação que Fez o Plano Cruzado
Assassinato do Presidente João Pessoa, O
Avalanche Comunista e a Prisão do Cardeal Primaz, A
Bagunça no Pleito Eleitoral
Bala Assassina Mata PC Farias
Batalha de Oliveiros com Ferrabrás, A
Belezas de Brasília e as Misérias do Nordeste, As
Biografia e Morte de Juscelino Kubitschek
Boi de Piranha (Militares no Brasil)
Boi Misterioso, O
Brasil 1958-1962-1970 Tri-campeão do Mundo
Brasil Campeão do Mundo
Brasil Chorando, O
Brasil da Nova República, Farol do Terceiro Mundo
Brasil de Luto com a Morte do Presidente Dr. Tancredo A. Neves
Brasil Desgovernado, O
Brasil Encontrou a Saída?
Brasil o Marco da Impunidade
Briga do Diabo com Saturnino por causa do Feriado de São Sebastião
Brizola na Cabeça de Todos
Brizola Quer Tocar Fogo no Bigode de Sarney
Brizolão para Brizocão
Caçador de Marajás, a Realidade Trágica da Política Brasileira, O
Cálculos de Antônio Silvino
Candidatura de Getúlio Vargas, A
Cangaceiro, O
Capacidade do General Lott, A
Capitão Assis de Vasconcellos, o Herói da Revolta de 24
Carta Aberta ao Presidente Collor
Carta de Alforria do Camponês, A
Carta de Getúlio
Carta de Jesus Cristo ao Presidente Sarney
Carta de Tancredo Endereçada ao Presidente F.H.C., Uma
Carta de Tancredo ao Presidente Sarney
Carta de Tancredo Endereçada a Sarney
Carta de Tancredo Neves aos Constituintes
Carta do Povo Brasileiro à Constituinte
Carta e Biografia do Ex-Presidente Getúlio Vargas
Carta que Veio do Céu para o Presidente Figueiredo Falando...
Carta-Testamento Getúlio Vargas
Casamento de Cheiroso o Bode Vereador
Chegada de Getúlio no Céu, A
Chegada de Lampião no Inferno, A
Chegada de PC no Inferno, A
Chegada de Tancredo Neves no Céu, A
Chegada de Tancredo Neves no Céu, A (outro autor)
Chegada do Presidente Tancredo Neves no Céu, A

Coisa é Diferente com Lula pra Presidente, A Collor
Colorido de Collor que o Globo nunca Mostrou, O
Como Lampião Entrou na Cidade de Juazeiro do Norte contra os Revoltosos
Comunicação de Lampião
Comunismo e a Reforma Agrária, O
Conselho do Padre Cícero a Lampião
Constituição e Constituinte
Cordel pela Anistia Ampla, Geral e Irrestrita
Coronéis do Nordeste, Os
CPI do Mensalão Estarrece a Nação
Crise de Dólares Aperta a Vida Cearense
Cruzado Furado, O
Cruzado II. Um Chute no Saldo da Classe Média
Cruzado que Derrubou a Inflação, O
De Cabral a Fernandinho (via PC)
De Presidente a Bufão, Jânio não Imita Reagan
Debate da ARENA com o MDB em Praça Pública antes de Morrer
Debate de Lampião com São Pedro, O
Debate de Machado com os Presidenciáveis
Debate de Octávio Mangabeira com Luís Carlos Prestes, O
Debate: Paulo Maluf vs. Ibrahim Sued
Defensores da Liberdade (a FEB)
Delfim Deu Fim no Brasil
Democracia Blindada
Derrota dos Golpistas (Lott), A
Desagravo ao Tancredo
Decepção do Lula, A
Despedida do João e a Vitória de Tancredo, A
Deus no Céu e Getúlio na Terra
Diabo na U.D.N., O
Dinheiro, O
Diretas Jaz na Cova do Satanás, As
Discurso de Carlos Prestes, O
Discussão de Collor de Mello com Brizola
Discussões de um Trabalhista com um Comunista
Disputa de Brizola pela Presidência da República, A
Disputa Violenta entre Maluf e Tancredo
Do Pau de Arara à Presidência do País

Dr. Sarney e o Brasil Dando Fim à Inflação
Dragão do Fim da Era, O
Ele Voltará
Eleições Diretas Já para um Novo Presidente
Encontro com Juscelino e o Pedido que Ele me Fez, O
Encontro com o Plano Cruzado
Encontro de Castelo Branco com Getúlio Vargas no Céu
Encontro de José Sarney com os Cordelistas
Encontro de Lampião com Antônio Silvino
Encontro de Tancredo com São Pedro no Céu
Encontro de Tancredo com Tiradentes no Céu. Machado.
Encontro do poeta Rodolfo C. Cavalcante com Presidente Café Filho
Encontro dos Presidenciáveis no Largo da Carioca no Rio
Entrada Triunfal de Getúlio Vargas em Recife
Espetacular Vitória de Jânio Quadros nas Eleições de 1960, A
Espírito de Getúlio Baixou em uma Sessão, O
Eu Quero é Botar meu Voto na Urna Direto para Presidente
Eu Quero é Votar Direto
Eu Também Quero Escolher o nosso Futuro Presidente
Eu Também sou Presidenciável
Eu Vi o Delfim Neto no Inferno
Ex-exilados e os Desaparecidos, Os
Famoso Mensalão e a Caixa Preta do Governo PT, O
Farra dos Marajás, A
Feitos da Revolução e Reformas Políticas
Fernando Henrique Cardoso do Exílio ao Planalto
Fim do Arrocho e o Congelamento dos Preços
Fiscais do Presidente, Os
Getúlio Fala a Seu Povo
Getúlio Vargas
Getúlio Vargas e o Estado Novo
Glorioso Mártir da Nova República
Glosas sobre o Comunismo 1946
Golpe do Comunismo
Governo do Marechal Humberto Castelo Branco, O

Governo do Presidente Médici e os Agradecimentos dos Trabalhadores, O
Grande Debate de Lula e Collor de Mello...
Grande Vitória do Povo Enviada por Sarney
Greve e Mortes em Volta Redonda-RJ
Guerra contra a Inflação e o Valor do Cruzado
Guerra de Canudos, A
Guerra contra a Ditadura ou Brizola e a Eleição, A
Herói Presidente e o Famoso Pacotão, O
História da Reforma Agrária e o Comunismo no Brasil, A
História Completa de Lampião
História da Guerra de Juazeiro em 1914
História de Carlos Magno e os Doze Pares da França
Homenagem da Musa Sertaneja ao Grande Chefe do Estado Getúlio...
Inflação Vai a Zero e a Miséria em Noventa, A
Interrogatório de Antônio Silvino, O
Jango e as Reformas
Jânio e Lacerda contra o Contrabando
Jânio Quadros, a Esperança do Povo
Jânio Quadros e as suas
José Sarney Obrigado pela sua Decisão
Justiceiro Mão Branca do Esquadrão da Morte
Lágrimas de Antônio Silvino por Tempestade, As
Lampião e a Velha Feiticeira
Lampião em Vila Bela
Lampião na O.N.U. Representando o Terceiro Mundo
Levante em São Paulo
Liga Camponesa e a Resposta de Julião, As
Ligeiros Traços Biógrafos... José Américo de Almeida
Light Deu à Luz e o Brasil Pagou o Parto, A
Lula o Porta-Voz do Povo
Luto da Paraíba, a Morte do Interventor no Desastre...
Males da Burocracia, Os
Maluf, que me Desculpe, mas sou "Baiano" também
Matuto e o Presidenciável, O
Maxado Apoia Tancredo, mas Luta pelas Diretas

MDB Derrota Arena, ... Duelo do Povo em contra os seus Exploradores
Mensalão do PT Envergonhou a Nação, O
Meu Encontro com Juscelino e o Pedido que Ele me Fez
Misteriosa Carta de Tancredo Neves ao Povo Brasileiro
Moça que Bateu na Mãe na Sexta-feira da Paixão, A
Momento Político Nacional, O
Morreu São Tancredo Neves, Deixando o Brasil de Luto
Morte de João Pessoa e a Revolução de 30, A
Morte de Lampião, a Chegada de Lampião e Maria Bonita a Maceió..., A
Morte do Doutor Juscelino e sua Chegada no Céu, A
Morte do Ex-Presidente Castelo Branco, A
Morte do Ex-Presidente Juscelino Kubitschek de Oliveira, A
Morte do Maior Presidente do Brasil, Dr. Getúlio, A
Morte do Presidente Tancredo de Almeida Neves, A
Morte do Presidente Tancredo Neves a Dor que Abalou o Mundo, A
Morte e o Enterro do Presidente Tancredo Neves, A
Movimento Estudantil e as Duchas Erasmo em S. Paulo, O
Mudança de Sarney e o Futuro do Brasil, A
Muita Sarna na Sarneira do Presidente Sarney
Namoro dos Políticos com Carlos Prestes, O
Nascimento, Vida, Paixão e Morte de Getúlio Vargas
No Brasil Vem Sendo assim
No Lamaçal do Mensalão
No Pacote de Sarney Cruzeiro Virou Cruzado
Nós Queremos é Getúlio
Nós Queremos Eleições Diretas agora para Todos os Brasileiros
Nossas Forças Armadas Discriminadas em Cordel
Nova Constituição e a Voz do Presidente, A
Novas Proezas de Lampião
Novo Balão, O

Novo Pacote depois da Eleição, Foi Traição!
O que Getúlio Vargas Fez pelo Brasil
O que Jânio Quadros Está Fazendo no Brasil
Osso Duro de Roer
P.T. na Paraíba Botou o Povo nas Ruas
P'ra Frente, Transamazônica
Pacotão do Sarney, O
Pacote, O
Pacote de 28 de Fevereiro de 1986, O
País dos Marajás, O
Paixão e Morte do Dr. Tancredo Neves
Palestra de JK com Getúlio Vargas no Céu
Panela da Política e a Câmara dos Deputados, A
Panelas que Muitos Mexem
Pau com Formigas, Um
Pela Reforma Agrária no Brasil
Peleja de Sarney com Tancredo
Peleja de Zé Sarney com Ulisses Guimarães
Peleja do P.T. com o Bicho Ditadura e o Monstro Capitalismo
Petrobrás e Nacionalismo
Plano Cruzélia, O
Plano de Verão e o Cruzado Novo, O
Plínio Salgado e o Galinheiro
PMDB, Orestes Quércia, Vamos Ganhar para Mudar, 1982
Política de Cincoenta Arrochando o Pessoal, A
Política, Inflação e Carestia estão Matando de Fome os Brasileiros
Porque Candidatei-me para Vereador
Porque o P.D.T. é o mais Cotado
Posse de Jango Goulart, A
Posse de João Goulart na Presidência da República, A
Posse do Dr. João Goulart na Presidência, A
Posse do Presidente e o Impacto do Plano Brasil Novo, A
Povo na Transamazônica, O
Pranteada Morte de Dr. João Pessoa ... da Parahyba, A
Presidente (Getúlio), O
Presidente João Teimoso, O
Presidente Médici e a Transamazônica, O
Presidente Operário, Um
Presidentes do Brasil, Os

Presidente Tancredo, a Esperança que não Morre
Primeiro Aniversário do Governo do Presidente Sarney, O
Prisão de Lott na Fortaleza da Lage, A
Prisão de Oliveiros, A
Procura-se um Presidente
Proezas de Antônio Silvino, As
Quem será o Presidente?
Quem Tem Inimigos não Dorme
Queremos Diretas, já para todos Brasileiros
Recordação de Juscelino Kubitschek de Oliveira
Reforma Agrária, uma Questão de Consciência
Reforma no Setor Financeiro ou o que Vão Fazer com meu Dinheiro
Regresso de Getúlio à sua Terra Natal
Renúncia de Collor e a Posse de Itamar, A
Renúncia de Jânio e a Prisão de Lott, A
Renúncia de Jânio Quadros e a Posse de João Goulart, A
Renúncia do ex-presidente Dr. Jânio Quadros
Resultado dos Cabeludos de Hoje em Dia, O
Retirantes, Os
Retumbante Vitória de Jânio Quadros, A
Revolta de Arary 1924, A
Revoltosos no Nordeste, a Hecatombe de Piancó..., Os
Revolução Acreana e o Acre Atual, A
Revolução do Rio de Janeiro, A
Revolução Militar de 1924 em São Paulo, A
Revolução Vai ou não Vai?, A
Resultado da Revolução do Recife; Enterro da Justiça, O
Resultado da Revolução do Recife, O
Rico sem Ter Dinheiro
Saída do Presidente Médici e a Posse do Presidente Ernesto Geisel, A
Sarney Congela o Verão com seu Pacote Pesado
Se o Povo Votou num Bode Cheiroso, por que não Votar num Grilo
Senhor Deus dos Exilados
Só Geisel Criou o Direito do Pobre Velho Participar no Plano
Soldados da Borracha, Os
Sonegação da Carne Difama o Plano Cruzado

Suicídio do Presidente Getúlio Vargas, O
Tancredo de Almeida Neves, o Mártir que não Morreu
Tancredo e Sarney
Tancredo é a Solução
Tancredo Envia do Céu Mensagem à Constituinte
Tancredo Foi Prestar Contas no Tribunal de Jesus
Tancredo, Mensageiro da Esperança
Tancredo, Trinta e Nove Dias de Agonia
Tancredo: O Segundo Tiradentes
Tem mais Partido Político que Chuchu na Parreira
Terror Extremista (no Brasil), O
Testamento de Getúlio, O
Todo Mundo no Brasil Apanhando da Quebradeira
Torturados e a Moral dos Calados, Os
Tragédia do Ex-Presidente Juscelino Kubitschek, A
Tragédia do Aeroporto dos Guararapes, A
Tragédia e a Morte de Juscelino, A
Transamazônica Rasgando as Selvas
Três Cruzados Furados
Últimos Dias de Getúlio Vargas
Vamos Dar o Calote para Sobrevivermos
Viagem a São Saruê
Vida de Carlos Prestes, A
Vida do Brigadeiro, A
Vida e Morte de Tancredo
Vida, Luta e Morte do Ministro Marcos Freire
Violência e a Reforma Agrária, A
Violenta Disputa de Maluf com Tancredo
Vitória da Democracia no Brasil e o Fim do Comunismo, A
Vitória de Arraes, A
Vitória de Cheiroso o Bode Vereador
Vitória da Arena, A
Vitória da Grande Revolução Brasileira 1930
Vitória da Vassoura, A
Vitória de J.J. ou a Vitória de um Morto, A
Vitória de Juscelino e Jango nas Eleições de 1955
Vitória Democrata e o Milagre do Rosário, A
Vitória do General Eurico Gaspar Dutra
Vitória do Marechal Castelo Branco e a Derrota dos Corruptos, A
Vitória, Doença e Luta do Presidente Tancredo
Vitória Getulista nas Eleições de 50
Volta de Getúlio, A
Volta de Jânio Quadros, a Esperança do Povo, A
Volta de Prestes, A
Votação do Impeachment e a Saída de Collor, A
Voz do Povo Pernambucano, A

ÁLBUM VIII. HÁ UM MUNDO GRANDE LÁ FORA

A PRIMEIRA GUERRA MUNDIAL
ABC da Conflagração Mundial de 1914-1918
Aflições da Guerra na Europa, As
Alemanha Nadando sobre um Mar de Sangue, A
Alemanha Vencida, A
Brasil em Guerra, O
Brasil na Guerra, Torpedeamento dos Vapores Paraná, Tijuca e Lapa...
Canto de Guerra
Crimes e os Horrores da Alemanha, Os
Duas Noivas Trocadas
Echos da Pátria
Fim da Guerra com Vitória dos Aliados
Guerra, a Crise e o Imposto, A
Incêndio das Casas Alemães, O
Lembranças do Passado
Multidão no Incêndio
Naufrágio do Vapor Uberaba, O
Pão e a Batata, O
Rapto Misterioso do Filho de Lindbergh
Sacco e Vanzetti aos Olhos do Mundo

Sorteio Militar, O
Sorteio Obrigatório, O
Sucessos do Recife, Os
Tempo de Hoje, O
Tragédia Lindbergh
Victória dos Aliados, a Derrota da Alemanha e a Influência Hespanola, A
www.juizlau.fhc.acm.corrupção.ladrão.justica.cobiça@senadocâmara.acodeacode.com.br

A SEGUNDA GUERRA MUNDIAL
ABC dos Horrores da Guerra
Afundamento do Vapor Alemão "Graf Spee", O
Alemanha Comendo Fogo, A
Alemanha e Polônia
Alerta Brasil. Defesa Passiva antiaérea
Alemanha contra Inglaterra, a Luta de Dois Gigantes
Batalha da Alemanha contra a Rússia, A
Batalha do Sarre, A
Brasil em Guerra contra o Eixo

Brasil em Guerra
Brasil Rompeu com Eles
Carta de Hitler aos Espanhóis
Chegada de Hitler no Inferno, A
Chegada de Mussolini no Inferno, A
Declaração de Guerra do Brasil contra a Brutal Agressão Alemã
Entrevista de Jonas com Hitler e Mussolini
Escrituras e a Guerra Atual, As
Europa Banhada em Sangue, A
Europa em Chamas, os Últimos Acontecimentos da Guerra
Falta de Gasolina e os Deveres dos Reservistas
Fim da Guerra, O
Fim da Guerra e a Morte de Hitler e Mussolini
Gênio das Três Nações, Poesia Anti-Nazista contra Alemanha, Itália e Japão...
Grande Guerra nos Três Continentes, A
Guerra Civil na Europa, A
Guerra Geral, A
Guerra Italo-Abyssínia, Dr. Jacarandá, Minhas Memóra

— 357 —

Guerra da Alemanha, A
Guerra da Itália com a Abissínia
Guerra da Alemanha e da Polônia
Guerra do Estrangeiro e seus Horrores
Guerra e Rumores da Guerra
Guerra Mundial, A
Guerra na Europa
Horrores do Nazismo, Os
Japão Vai se Estrepar
Luta contra Hitler na Itália, A
Maior Peso da Guerra Causado por Alemanha
Maior Peso da Guerra, os Grandes Desastres que Vêm Ocasionando em todos os Países
Morte de Caryl Chessman, A
Mundo em Guerra, O
Mussolini o Ditador
Nascimento do Anti-Cristo
Pacto de Hitler com Satanás
Poder do Brasil contra a Alemanha, O
Portugal dentro da Guerra, o Brasil Ameaçado
Primeiros Versos da Guerra Rompida na Itália e Abyssínia
Queda de Berlim, A
Quer Matar Papai? Oião! O Fim da Guerra e a Morte de Hitler e Mussolini
Rompimento de Relações do Brasil com a Rússia
Rompimento do Brasil com a Rússia, O
Testamento de Getúlio, O
Testamento de Hitler, O
Trocidade da Espanha, o Horror dos Horrores, A
Vitória dos Aliados, A

CONFLITOS NO MUNDO MODERNO APÓS A SEGUNDA GUERRA MUNDIAL

Acabou a Gasolina ou a Gasolina Acabou?
Bombas Terroristas Fazem Vítimas em Madrid
Bush, Ditador do Mundo dos Pés de Barro
Bush Vai Reinar no Inferno
Chegada de Stalin no Inferno, A
Conflito do Iraque e os 3 Tiranos da Guerra, O
Conquista do Homem à Lua, A
Da Ficção à Realidade, "Nova York em Chamas"
Debates de Guerra entre Buxe e Sadam Russem
Debate de Lampião com uma Turista Americana
Dragão do Fim da Era, O
Encontro da Rainha Elizabeth da Inglaterra com os Beatles
Guerra Civil Mundial da Rússia contra as Nações
Guerra da Coreia, A
Guerra das Malvinas e o Conflito Mundial, A
Guerra do Fim do Mundo entre o Povo Talibã e os Estados Unidos
Guerra do Oriente Médio e os Sinais do Fim do Mundo, A
Guerra contra Iraque, A
Guerra nas Malvinas, A
Guerra no Egito e os Horrores do Mundo, A
Guerra no Oriente ou o Inferno no Iraque, A
Guerra Palestina, A
Hecatombe dos Estados Unidos e o Porquê do Sofrimento Humano
História da "Invasão das Malvinas" e a Vitória dos Invasores
História sobre a Invasão de Cuba ou a Revolução contra o Regime de Fidel Castro
Homem na Lua, O
Homem na Lua, Armstrong, Collins, Aldrin, O
Homem na Lua, Partida e Chegada, Neil Armstrong, O
Kissinger Fura Greve dos Professores
Inglaterra e Argentina em Guerra pelas Malvinas
Lampião na O.N.U. Defendendo o Terceiro Mundo
Libertação dos Reféns Americanos no Cativeiro no Iran, A
Mahatma Ghandi
Malvinas, As
Monstro Americano Destrói Inocentes no Iraque
Morte que Abalou o Mundo (John F. Kennedy)
Mundo Abalado pela Tragédia da Guerra e do Terror, O
Nicarágua em Dez Línguas
Primeira Reunião de Líderes Mundiais no Inferno
Queda de Saddam, A
Quem é Fã de Frank Sinatra Desconhece a Grandeza dos Poetas e Artistas do Brasil
Reação Americana ao Tentado Terrorista, A
Revolução na Argentina
Senhores da Guerra, Os
Sorte de Eva Perón, A
Terremoto no México
Trágica Morte de John Kennedy, A
Uruguaios que Comeram Carne Humana
Visita de Bin Laden ao Inferno, A

FOLHETOS DE CORDEL COM CAPAS DO CINEMA

Boiadeiro Valente, O
Chichuca o Professor dos Ladrões
Firmeza de Edgar e o Amor de Adelina, A
Joana D'Arc
Rei Orgulhoso na Hora da Refeição, O
Sansão e Dalila
Valente Sebastião, O
Vida de João Malazarte, A

ÁLBUM IX. A VIDA ESTÁ CADA VEZ MAIS DIFÍCIL

AIDS Chegou Matando Bicha de Toda Qualidade
AIDS o Medo da Humanidade
AIDS, Fimose, Vasectomia, Potência de Gay
Amazônia e Etcétera
Aventuras duma Doutora Carioca e Feminista ou a Mulher do Século XXI, As
Bebê de Proveta
Brazilian Amazônia
Camisinhas para Todos
Crueldade dos Donos de Terras para com os Pobres Lavradores, A

Contagiosa AIDS Matando a Humanidade
Debate de Lampião com uma Turista Americana
Depoimento de um Menor Abandonado, O
Deus o Homem e a Violência
Devastar o Brasil?... Aqui pra Vocês!
Direito de Matar, O
Direito de Nascer, O
Doenças Sexuais, As
Droga é mesmo uma Droga, A
Eco Noventa e Dois
Eu Quero é ser Madamo e Casar com Feminista
Horóscopo das Bichas, O

Família de Jeca Tatuzinho Adoece de Tanta Poluição, A
Justiceiro Mão Branca do Esquadrão da Morte
Mal que Causa a Novela, O
Maneira da Mulher não Ter Filhos, A
Morte de Chico Mendes Deixou Triste a Natureza, A
Morte do Bicheiro Marquinho, A
Mulher que Concebe o Filho depois Mata sem Razão
Não sei se Choro ou se Rio da Violência no Rio
Nós, os Seres H'urbanos

Nosso Mundo Moderno, O
Nova Igreja Católica e o Socialismo Cristão do Frei Leonardo Boff, O
Parto Artificial da Cabocla Liberada, O
Posseiros do Maranhão, Os
Povo não Quer mais Fazer... Temendo o Vírus da AIDS, O
Roberta Close o Fenômeno do Século XX
Roberto Carlos no Ano 1 da Criança Brasileira
Só o Divórcio Conserta
Tragédia de Cubatão, A
Violência e a Reforma Agrária, A
Violência no Rio, A

ÁLBUM X. ISTO NÃO É O FIM

UTÓPICO E LÍRICO
Viagem ao Céu
Viagem a São Saruê

LEMBRANDO OS HERÓIS: VIDA E MORTE DE...
ABC de Rodolfo Cavalcante
Adeus a Luís Gonzaga o Rei do Baião
Adeus do Presidente John Kennedy ao Povo Brasileiro
Adeus Drummond
Adeus Menininha a Nossa Ialorixá
Adeus Princesa Diana
Adeus Sebastião (Nunes Batista)
Assassinato do Dr. João Pessoa
Austregésilo de Athayde – Um Vulto Singular (1898–1993)
Biografia e Morte de Juscelino Kubitschek
Brasil está Chorando, Morreu o Rei do Baião
Brasil Inteiro Chora a Morte de Clara Nunes, O
Câmara Cascudo
Clara Nunes
Combate e Morte de Lampião
Cruel Assassinato da Atriz Daniella Perez
Cuíca de Santo Amaro, o Poeta que Conheci
Falecimento de Sua Santidade, Paulo VI em Roma

Fim da Guerra e a Morte de Hitler e Mussolini, O
Glauber
Glauber Cineasta que Morreu pelo Brasil
Honra e Glória a Luís da Câmara Cascudo
Ira e a Vida de Antônio Silvino, A
Lamentável Morte do Santo Papa Paulo VI, A
Lamentável Morte do Senador Rui Carneiro, A
Luís Gonzaga Morreu
Maior Médium do Mundo Morre nos Braços do Povo (Chico Xavier), O
Morreu o Rei do Baião
Morreu o Valente Tenório
Morreu São Tancredo Neves Deixando o Brasil de Luto
Morte da Mãe Menininha do Gantois da Linha da Ialorixá, A
Morte de Chico Mendes Deixou Triste a Natureza, A
Morte de Clara Nunes a Sambista Guerreira
Morte de Cosme de Farias o Benfeitor da Pobreza, A
Morte de Daniella Perez Emociona o Mundo
Morte de Dom Helder Câmara, A
Morte de Lampião e seus Companheiros, A
Morte de Lampião e a Vingança de Corisco, A
Morte de Lampião e seus Companheiros, A
Morte de Luiz Gonzaga Rei do Baião, A

Morte de Mãe Menininha do Gantois: da Lina de Ialorixá, A
Morte de Sua Santidade Paulo VI em Roma
Morte de Zé Arigó, A
Morte do Bicheiro Marquinho, A
Morte do Cangaceiro Guabiraba, A
Morte do Doutor Juscelino e sua Chegada no Céu, A
Morte do Dr. Getúlio Vargas, A
Morte do Ex-Presidente Castelo Branco, A
Morte do Padre João Bosco Burnier, A
Morte do Papa João XXIII, A
Morte do Papa João Paulo I, A
Morte do Papa Pio XII, A
Morte do Presidente Tancredo de Almeida Neves, A
Morte que Abalou o Mundo, Assassinato do Presidente Kennedy, A
Mundo todo Chorou a Morte do Campeão! Ayrton Senna da Silva, O
Nascimento, Vida, Paixão e Morte de Jesus Cristo
Nascimento, Vida, Paixão e Morte de Getúlio Vargas
Rei do Baião Morreu, O
São Tancredo Neves Morreu Deixando o Brasil de Luto
Trágica Morte de John Kennedy, A

Trágica Morte do Ex-Presidente Castelo Branco, A
Trágica Morte do Senna, A
Trágica Morte dos Mamonas Assassinas, A
Últimos Versos do Poeta Manoel Camilo dos Santos
Vamos Lembrar Luiz Jacinto, Cel. Ludugero
Vida Criminosa de Antônio Silvino, A
Vida de Antônio Silvino, A
Vida de Lampião, seus Crimes e sua Morte, A
Vida do Bandido Lampião pelo Pau de Arara Poeta, A
Vida e Morte de Agamenon Magalhães
Vida e Morte de Carmen Miranda
Vida e Morte de Orígenes Lessa
Vida e Morte de Tenório o Homem da Capa Preta
Vida e Morte Gloriosa do Grande Músico Negro Pixinguinha
Vida, Luta e Morte do Ministro Marcos Freire
Vida, Agonia e Morte de Frei Damião
Vida, Luta e Morte do Ministro Marcos Freire
Vida, Paixão e Morte de Vinicius de Moraes
Violência contra a Mulher, O Assassinato de Daniella Perez, A

HOMENAGENS AO MUNDO DA ARTE

ABC de João Augusto Criador do Teatro do Cordel
ABC de Jorge Amado
ABC de Orígenes Lessa
Aristóteles o Grande Filósofo Grego
Ascenso Ferreira o Imortal Poeta de Pernambuco
Carlos Gomes o Imortal Maestro Brasileiro
Castro Alves e Camões – Dois Gênios da Poesia Universal
Castro Alves Não Morreu Vive na Alma do Povo
Castro Alves o Anjo da Liberdade
Castro Alves o Apóstolo da Liberdade
Castro Alves o Poeta dos Escravos
Catullo Nasceu Brilhando como o Luar do Sertão
Drummond

Entrevista com o Imortal Orígenes Lessa na Casa de Rui Barbosa no Rio
Euclides da Cunha Vida, Obra, Grandeza, Tragédia
Galileu Galilei Vida e Obra
Gregório de Mattos Guerra o Pai dos Poetas Brasileiros
História de José Joaquim da Silva Xavier – Tiradentes
Ira e Vida de Antônio Silvino
Jorge Amado em Cordel
Jorge Amado um Patrimônio da Literatura Brasileira e do Mundo
Julgamento de Sócrates Filósofo Grego, O
Machado de Assis, Fundador e Primeiro Presidente da Academia Brasileira de Letras
Mestre Pastinha o Rei da Capoeiraangola
Monteiro Lobato
Orígenes Lessa
Orígenes Lessa o Imortal da Cadeira n. 10 da Academia Brasileira de Letras
Pedro Nava
Platão o Filósofo da Moral
Rei Zumbi, o Herói do Quilombo de Palmares
Roquette Pinto
Santos Dumont, Pai da Aviação
Se Castro Alves Voltasse Formoso Pássaro da Liberdade
Shakespeare, Cultura Inglesa
Sílvio Romero na Literatura Brasileira
Simon Bolívar o Libertador
Tiradentes
Tiradentes o Grande Homem da História do Brasil
Tiradentes o Mártir da Independência
Tristão
Vida Criminosa de Antônio Silvino
Vida de Antônio Silvino
Vida de Carlos Prestes
Vida de Carmen Miranda
Vida de Rui Barbosa
Vida de um Grande Folclorista Brasileiro
Vida do Cangaceiro Lampião pelo Pau de Arara Poeta
Vida do Poeta Castro Alves

Vida do Grande Folclorista Luís da Câmara Cascudo
Vida Sofrimento e Morte do Poeta Luís Vaz de Camões
Vida, Obra, Glória e Morte de Dr. Oswaldo Cruz
Vida, Paixão e Morte de Vinicius de Moraes
Zumbi Rei dos Palmares

CHEGADA AO CÉU

Alma que Foi ao Céu e a Caveira de Adão, A
Carta de Jesus Cristo ao Presidente Sarney
Carta que Chegou ao Céu
Carta que Veio do Céu para o Presidente Figueiredo
Catullo da Paixão Cearense – o Trovador do Brasil e a Chegada de Catullo no Céu
Chegada da Prostituta ao Céu, A
Chegada de Cosme de Farias do Céu, A
Chegada de Getúlio Vargas ao Céu e seu Julgamento, A
Chegada de João Pessoa no Céu, A
Chegada de Lampião no Céu, A
Chegada de Lampião no Purgatório, A
Chegada de Tancredo Neves no Céu, A
Chegada Festiva de Getúlio no Céu, A
Debate de Lampião com São Pedro
De Cangaceiro a Santo
Discussão de São Pedro com Nelson Rodrigues
Encontro de Castelo Branco com Getúlio Vargas no Céu
Encontro de Lampião com Adão no Paraíso
Encontro de Lampião com o Padre Cícero no Céu
Encontro de Luiz Gonzaga com Padre Cícero no Céu
Encontro de Tancredo com São Pedro no Céu
Encontro do Soldado Paraíba com o Vigia da Usina no Outro Mundo
Filme de Castro Alves e Rui Barbosa Feito por Glauber Rocha no Além (Baianada no Céu)
Grande Debate de Lampião com São Pedro
Lampião e Maria Bonita no Paraíso do Éden, Tentados por Satanás

Morte do Doutor Juscelino e sua Chegada no Céu
Palestra de JK com Getúlio Vargas no Céu
Viagem ao Céu

CHEGADA AO INFERNO
Apresentação do Chacrinha no Inferno
Carta de Roberto Carlos ao Diabo no Inferno
Carta do Diabo no Inferno ao Roberto Carlos
Chegada de Delfim Neto no Inferno
Chegada de Juan Perón no Inferno
Chegada de Hitler no Inferno
Chegada de Lampião no Inferno
Chegada de Mussolini no Inferno
Chegada de Somoza no Inferno
Chegada de Stalin no Inferno
Eleição do Diabo e a Posse de Lampião no Inferno
Encontro de Lampião e Lamarca no Inferno
Vingança do Diabo depois da Apresentação de Chacrinha no Inferno

ISTO NÃO É O FIM
Tudo na Terra Tem Fim

BIBLIOGRAFIA

ALMEIDA, A. & SOBRINHO, José Alves. *Marcos 1. Romanceiro Popular Nordestino*. Campina Grande, MEC/Editel, 1981.

ALVES, Luiz Nunes. *A Vida de Delmiro Gouveia em Verso*. Campina Grande, MEC/Editel, 1979. Romanceiro Popular Nordestino. Biografias 1.

AMÂNCIO, Geraldo & PEREIRA, Vanderley. *De Repente Cantoria*. Fortaleza, LCR, 1995.

ANDRADE, Mário de. *Ensaio sobre a Música Brasileira*. São Paulo, Liv. Martins, 1962.

ANGELO, Assis. *Presença dos Cordelistas e Cantadores Repentistas em São Paulo*. São Paulo, Instituto Brasileiro de Difusão Cultural, 1996.

AUTORES de Cordel. Ed. Marlyse Meyer. São Paulo, Abril, 1980.

AZEVEDO, Téo. *Cantador Verso e Viola*, 2. ed. São Paulo, Letras e Letras, s. d.

_____. *Repente Folclore*. Belo Horizonte, SESC, n. d.

BARROSO, Gustavo. *Ao Som da Viola*. Rio de Janeiro, Dep. de Imprensa Nacional, 1949.

_____. *Terra do Sol*. Rio de Janeiro, J. Olympio, 1956.

BATISTA, Sebastião Nunes. *Antologia da Literatura de Cordel*. Natal, Fundação José Augusto, 1977.

_____. *Bibliografia Prévia de Leandro Gomes de Barros*. Rio de Janeiro, BN, 1971.

_____. *Poética Popular do Nordeste*. Rio de Janeiro, FCRB, 1982., Estudos. Nova Série.

BRADESCO/GOUDEMAND, Yvonne. *O Ciclo dos Animais na Literatura Popular do Nordeste*. Rio de Janeiro, FCRB, 1982. Estudos. Nova Série,

CADERNO de Letras, *Número Especial de Literatura Popular*, n. 3. ano 2. João Pessoa, UFPB, julho 1978.

CALASANS, José. *Canudos na Literatura de Cordel*. São Paulo, Ática, 1984. Ensaios 110.

CÂMARA CASCUDO, Luís da. *Cinco Livros do Povo*. João Pessoa, UFPA, 1979.

_____. *Cinco Livros do Povo*. Rio de Janeiro, José Olympio, 1953.

_____. *Flor dos Romances Trágicos*. Rio de Janeiro, Edição do Autor, 1966.

_____. *Vaqueiros e Cantadores*, 2. ed. Rio de Janeiro, Edições de Ouro, 1968.

CAMARGO, Nara Pereira de. "Usos da Forma da Literatura de Cordel", *Uma Questão Editorial*, ano 1, n. 1. São Paulo, 23 de junho de 1978.

CAMPOS, Eduardo. *Folclore do Nordeste*. Rio de Janeiro, Edições O Cruzeiro, 1959.

CARNEIRO CAMPOS, Renato. *Ideologia dos Poetas Populares*. Recife, MEC/IJNPS/Campanha de Defesa do Folclore Brasileiro/FUNARTE, 1977.

_____. *Ideologia dos Poetas Populares*. Recife, MEC/INEP/Centro de Pesquisas Educacionais do Recife, 1959.

CARVALHO, Gilmar de. *Publicidade em Cordel o Mote do Consumo*. Rio de Janeiro, Fundação Waldemar Alcântara, s. d.

CARVALHO, Rodrigues de. *Cancioneiro do Norte*, 3. ed. Rio de Janeiro, MEC/INL, 1967.

CORDEL (O) e os Desmantelos do Mundo. Rio de Janeiro, FCRB, 1983. Antologia, Nova Série.

CORDEL (O) no Grande Rio. Rio de Janeiro, INEPAC, Divisão de Folclore, 1985. Catálogo.

CORDEL (O) Testemunha da História do Brasil. Rio de Janeiro, FCRB, 1987. Antologia, Nova Série.

COUTINHO FILHO, F. *Violas e Repentes*. Recife, Saraiva, 1953.

CUÍCA de Santo Amaro Controvérsia no Cordel. Intr. Mark J. Curran. São Paulo, Hedra, 2000.

CURRAN, Mark J. "Grande Sertão: Veredas na Literatura de Cordel", *Brasil/Brazil*, ano 8, n. 14, 1995.

——. *A Literatura de Cordel*. Recife, Universidade Federal de Pernambuco, 1973.

——. *A Presença de Rodolfo Coelho Cavalcante na Moderna Literatura de Cordel*. Rio de Janeiro, Nova Fronteira/Fundação Casa de Rui Barbosa, 1987.

——. *Cuíca de Santo Amaro Poeta-Repórter da Bahia*. Salvador, Fundação Casa de Jorge Amado, 1990.

——. *História do Brasil em Cordel*. São Paulo, Edusp, 1998.

——. Introdução e Antologia. *Cuíca de Santo Amaro: Controvérsia no Cordel*. São Paulo, Hedra, 2000.

——. *Jorge Amado e a Literatura de Cordel*. Salvador, Fundação Cultural do Estado da Bahia/Fundação Casa de Rui Barbosa, 1980.

——. *La literatura de cordel brasileña: antología bilingüe*. Madrid, Editorial Orígenes, 1991.

DAUS, Ronald. *O Ciclo Épico dos Cangaceiros na Poesia Popular do Nordeste*. Rio de Janeiro, FCRB, 1982. Estudos. Nova Série.

DIÉGUES JÚNIOR, Manuel. *Literatura de Cordel*. 2. ed. Rio de Janeiro, MEC/FUNARTE, 1975.

FERREIRA, Jerusa Pires. *Armadilhas da Memória (Conto e Poesia Popular)*. Salvador, Fund. Casa de Jorge Amado, 1991.

——. *Cavalaria em Cordel*. São Paulo, Hucitec, 1979.

——. *Fausto no Horizonte*. São Paulo, Hucitec, 1992.

JOÃO Martins de Athayde. Intr. Mário Souto Maior. São Paulo, Hedra, 2000.

LAURENTINO, José. *Poesia do Sertão*. Olinda, Casa das Crianças de Olinda, 1996.

LESSA, Orígenes. *A Voz dos Poetas*. Rio de Janeiro, FCRB, 1984. Estudos. Nova Série.

——. *Getúlio Vargas na Literatura de Cordel*, 2.ed. São Paulo, Moderna, 1982.

——. *Getúlio Vargas na Literatura de Cordel*. Rio de Janeiro, Documentário, 1973.

——. *Inácio da Catingueira e Luís Gama, Dois Poetas Negros contra o Racismo dos Mestiços*. Rio de Janeiro, FCRB, 1982. Estudos. Nova Série.

"LITERATURA de Cordel e Comunicação", *Revista de Letras*. Fortaleza, UFC, ano 1981-2, n. 2-1, vols. 4-5.

LITERATURA de Cordel. Antologia. Fortaleza, Banco do Nordeste, 1982.

LITERATURA Popular em Verso, vol. 1. Antología. Rio de Janeiro, MEC/FCRB, 1964.

LITERATURA Popular em Verso, vol. 1. Catálogo. Rio de Janeiro, MEC/FCRB, 1961.

LITERATURA Popular em Verso, vol. 1. Estudos. Rio de Janeiro, MEC/FCRB, 1973.

LITERATURA Popular em Verso, vol. 2. Antologia. Leandro Gomes de Barros – 1. Rio de Janeiro, MEC/FCRB/Universidade Regional do Norte, 1976.

LITERATURA Popular em Verso, vol. 3. Antologia. Leandro Gomes de Barros – 2. Rio de Janeiro, MEC/FCRB/UFEPB, 1977.

LITERATURA Popular em Verso, vol. 4. Antologia. Francisco das Chagas Batista. Rio de Janeiro, MEC/FCRB, 1977.

LITERATURA Popular em Verso, vol. 5. Antologia. Leandro Gomes de Barros – 3. Rio de Janeiro, MEC/FCRB/UFPB, 1980.

LITERATURA Popular Portuguesa. Lisboa, Fundação Calouste Gulbenkian, 1992.

LONDRES, Maria José F. *Cordel do Encantamento às Histórias de Luta*. São Paulo, Duas Cidades, 1983.

LOPES, António. *Presença do Romanceiro*. Rio de Janeiro, Civilização Brasileira, 1967.

LUNÁRIO Prognóstico Perpétuo. Jeronymo Cortez, Valenciano. Porto, Lello e Irmão, s. d. Cópia xerocada.

LUYTEN, Joseph M. *A Notícia na Literatura de Cordel*. São Paulo, Estação Liberdade, 1992.

—— (org.). *Um Século de Literatura de Cordel, Bibliografia Especializada*. São Paulo, Nosso Studio Gráfico, 2001.

——. *A Literatura de Cordel em São Paulo Saudosismo e Agressividade*. São Paulo, Edições Loyola, 1981.

——. *Bibliografia Especializada sobre Literatura Popular em Verso*. São Paulo, Comunicações e Artes, 1981.

——. *O Que é Literatura Popular*. São Paulo, Brasiliense, 1983.

——. "Literatura de Cordel: Tradição e Atualidade", *Uma Questão Editorial*, ano 2, n. 2. São Paulo, 27 dezembro de 1979.

——. *A Notícia na Literatura de Cordel*. São Paulo, Escola de Comunicações e Artes, tese, 1984.

MANOEL Caboclo. Intr. Gilmar de Carvalho. São Paulo, Hedra, 2000.

MARANHÃO DE SOUZA, Liedo. *Classificação Popular da Literatura de Cordel*. Petrópolis, Vozes, 1976.

——. *O Folheto Popular, Sua Capa e Seus Ilustradores*. Recife, Fundação Joquim Nabuco/Massangana, 1981.

——. *O Mercado, Sua Praça e a Cultura Popular do Nordeste*. Recife, Prefeitura Municipal do Recife, Sec. de Educação e Cultura, 1977.

MATOS, Edilene. *Ele o Tal Cuíca de Santo Amaro*, 2. ed. Salvador, Sec. da Cultura e Turismo do Estado da Bahia, 1998.

——. *Notícia Biográfica do Poeta Popular Cuíca de Santo Amaro*. Salvador, Centro de Estudos Baiano/UFBA, 1985.

_____. *O Imaginário na Literatura de Cordel.* Salvador, UFBA, 1986.

MAURÍCIO, Ivan; CIRANO, Marcos & ALMEIDA, Ricardo de. *Arte Popular e Dominação.* Recife, Alternativa, 1978.

MAXADO, Franklin. *Cordel, Xilogravuras e Ilustrações.* Rio de Janeiro, Codecri, 1984.

_____. *O Cordel Televivo.* Rio de Janeiro, Codecri, 1984.

_____. *O Que É Literatura de Cordel?* Rio de Janeiro, Codecri, 1980.

MOTA, Leonardo. *Cantadores*, 3. ed. Fortaleza, Imprensa Universitária do Ceará, s. d.

_____. *No Tempo de Lampião.* Fortaleza, Imprensa Universitária do Ceará, 1967.

_____. *No Tempo de Lampião.* Rio de Janeiro, Edições de Ouro, 1968.

_____. *Sertão Alegre.* Fortaleza, Imprensa Universitária do Ceará, 1965.

_____. *Sertão Alegre.* Rio de Janeiro, Edições de Ouro, 1968.

_____. *Violeiros do Norte.* Fortaleza, UFC, s. d.

PATATIVA do Assaré. Intr. Sylvie Debs. São Paulo, Hedra, 2000.

PEREGRINO, Umberto. *Literatura de Cordel em Discussão.* Rio de Janeiro, Presença, 1984.

PEREIRA DA COSTA, Francisco Augusto. *Folklore Pernambucano.* Rio de Janeiro, Livraria J. Leite, 1908.

PROENÇA, Ivan Cavalcanti. *A Ideologia do Cordel.* 2. ed. Rio de Janeiro, Ed. Brasília/Rio, 1977.

REVISTA de Ciências Sociais. Núm. especial: cordel. Fortaleza, UFC, n. 1-2, vol. VIII, 1977.

REVISTA do Departamento de Extensão Cultural. Recife, DECA, ano IV, n. 6, 1962.

REVISTA do Departamento de Extensão Cultural. Recife, DECA, ano VI, n. 7, 1964.

RIBEIRO, Lêda Tâmego. *Mito e Poesia Popular.* Rio de Janeiro, Funarte/INL, 1985. Prêmio Sílvio Romero.

RODOLFO Coelho Cavalcante. Intr. Eno Wanke. São Paulo, Hedra, 2000.

ROMERO, Sílvio. *Cantos Populares do Brasil*, vols. 1, 2 e 3. Rio de Janeiro, José Olympio, 1954.

_____. *Estudos sobre a Poesia Popular do Brasil.* 2. ed. Petrópolis, Vozes, 1977.

SALLES, Vicente. *Repente e Cordel.* Rio de Janeiro, Funarte, 1981. Prêmio Sílvio Romero.

SANTOS, Manoel Camilo dos. *Autobiografia do Poeta Manoel Camilo dos Santos.* João Pessoa, Ed. Universitária da UFEPB, 1979.

SARAIVA, Arnaldo. *Literatura Marginalizada.* Porto, 1975.

SLATER, Candace. *A Vida no Barbante.* Rio de Janeiro, Civilização Brasileira, 1984.

_____. *Stories on a String, the Brazilian "Literatura de Cordel".* Berkeley, University of California, 1982.

SOBRINHO, José Alves. *Glossário da Poesia Popular.* Campina Grande, Editel, 1982.

SOUZA, Arlindo Pinto de. *Editando o Editor.* São Paulo, Edusp, 1995.

TAVARES Júnior, Luíz. *O Mito na Literatura de Cordel.* Rio de Janeiro, Tempo Brasileiro, 1980.

TERRA, Ruth Lemos Brito. *A Literatura de Folhetos nos Fundos Villa-Lobos.* São Paulo, USP, IEB, 1981.

WANKE, Eno Teodoro. *Vida e Luta do Trovador Rodolfo Coelho Cavalcante.* Rio de Janeiro, Folha Carioca, 1983.

XILOGRAVURA (A) Popular e a Literatura de Cordel. Rio de Janeiro, FCRB, 1985. Brochura.

ZÉ VICENTE. Intr. Vicente Salles. São Paulo, Hedra, 2000.

Título	Retrato do Brasil em Cordel
Autor	Mark Curran
Editor	Plinio Martins Filho
Produção Editorial	Aline Sato
Projeto Gráfico	Gustavo Marchetti
Capa	Antonio Bob
Editoração Eletrônica	Gustavo Marchetti
	Daniela Fujiwara
	Glaucia Dam Gomes
Revisão	Geraldo Gerson de Souza
Formato	25 x 25 cm
Tipologia	Minion
Papel	Pólen Soft 80 g/m² (miolo)
	Cartão Supremo 250 g/m² (capa)
Número de Páginas	368
Impressão e Acabamento	Lis Gráfica e Editora